Diamond；

鮮血、汗水與泥土，
一部鑽石貿易的全球史

Tijl Vanneste
蒂爾・瓦內斯特——著
陳雅馨——譯

Blood, Sweat and Earth :
The Struggle for Control over
the World's Diamonds Throughout History

目次

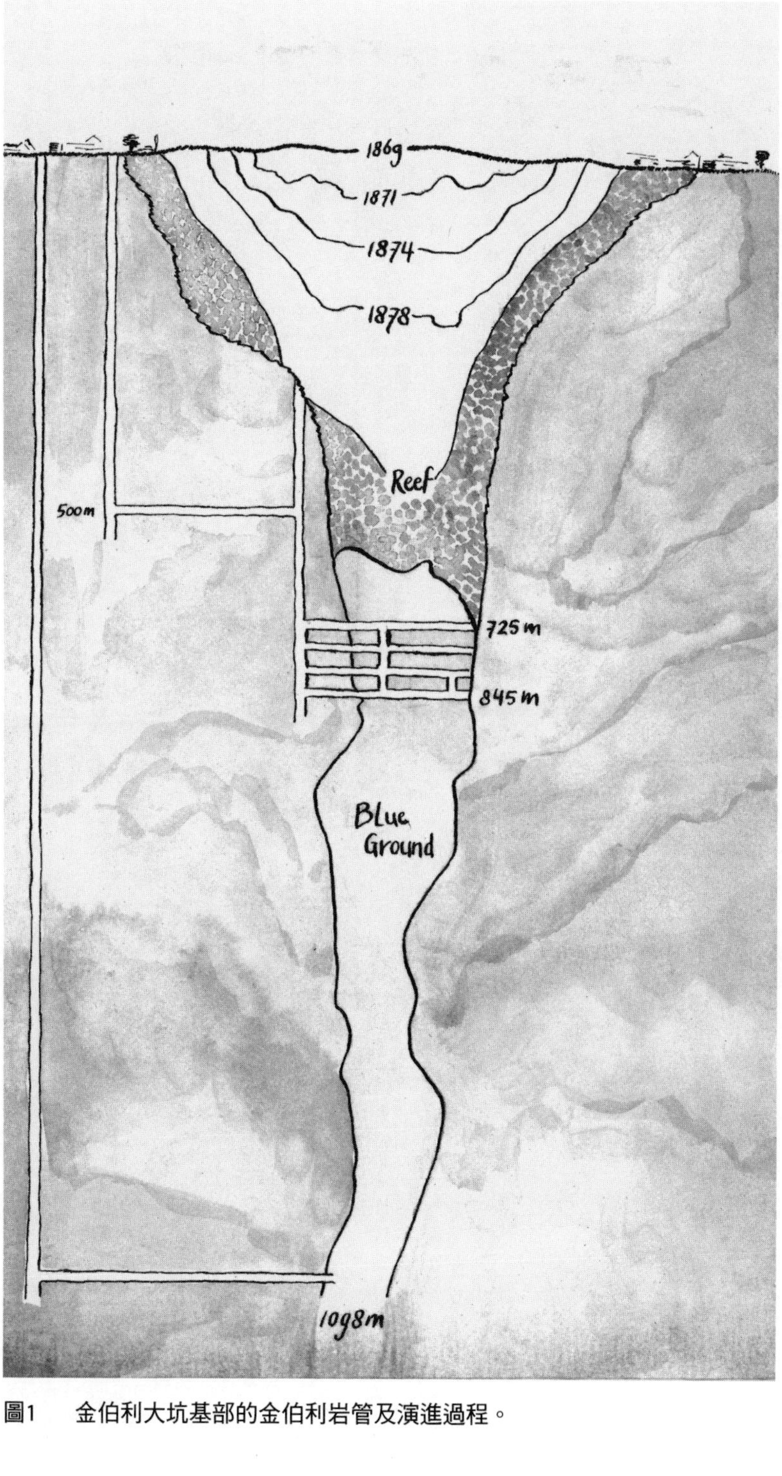

圖1　金伯利大坑基部的金伯利岩管及演進過程。

導讀　鑽石恆久遠，壓迫永流傳？

國立陽明交通大學人文社會學系助理教授　朱華瑄

一直以來人類文明都藉由創造有形之物以寄託無形的信念與價值，「鑽石恆久遠，一顆永流傳」這句經典的廣告台詞也在訴說類似的人性基礎。鑽石因其稀少性，王公巨賈趨之若鶩以之彰顯權力財富，在現代更成為人類希望真愛堅不可摧最具代表性的象徵物。不意外地，鑽石擁有這般意象，也與現代資本主義的商品生產與商業運作高度相關。本書作者瓦內斯特教授長年研究鑽石開採的議題，此書展現了他熟稔運用極為豐富的史料文獻，在數世紀的時空推移中，藉由特定主題將相關事件與人物串聯起來，深入淺出地說出一則又一則精采絕倫、關於鑽石從古至今在世界各地充滿戲劇張力的歷史。這些事件橫跨的時間之長、地域之廣、人物之多、可以探討的議題之豐富，難以總述，瓦內斯特教授聚焦於歷史動態本身，留給讀者最大的思想與解讀空間，但他實則藉由鑽石的歷史回應了許多對於如何理解現代資本主義的經典史觀，並提出個人獨特的觀察。

資本主義的興起與演變

資本主義興起成為主導力量的經濟體制，常被認為演變自歐洲封建制度崩壞以來的長遠歷史，這個過程中歐洲內部人口到社會各個面向都有劇烈轉變，但同時也體現了歐洲在漫長數世紀的發展中，與其他區域密切互動下形成的國際政治與經濟關係。換句話說，「資本主義特色」的生產關係、財產權、市場經濟等特徵，或許最早是在歐洲確立並成為經濟體制的組織原則，但絕非是歐洲內部閉門造車就偶然或必然出現，而是在廣闊互連的世界體系（world-systems）網絡中促發而成。

除了戰爭以外，貿易幾乎是上述互動中最重要跨地域來往媒介，各種商品互通有無，串聯起各地對不同事物的生產消費及體現其中的政治權力與文化觀念。瓦內斯特教授特地從鑽石進入人類文明視野開始談起，其中要角蒙兀兒帝國掌握早期主要產地印度的鑽石開採與貿易，爾後鄂圖曼帝國下的城市與商人開始將鑽石帶入歐洲人的文化想像，而待大航海時代將歐洲人帶入「新世界」後，鑽石生產與貿易開始逐漸從亞洲轉向美洲。

然而，改變的不僅是地理位置。瓦內斯特教授或因個人背景而具有別有洞見的視野，特別鋪陳了葡萄牙把鑽石生產與貿易從亞洲帶向美洲的角色，這有兩個非常獨特的意義。首先，後世探討現代資本主義歷史的著作常常忽略了葡萄牙在大航海時期作為先驅的角色。如同此書所示，葡萄牙在巴西對鑽石生產與貿易所施行的技術與策略，在許多面向均表現出不同於亞洲貿易時期的邏輯。由於當時完全仰賴廉價勞動力開採鑽石，葡萄牙透過殖民帝國與非洲奴隸貿易，形成由暴力鞏固的特定生產關係（奴隸勞動的剝削形式），再加上控制供給面壟斷貿易，創造了以實現利潤最大化為目標的經濟體制，可以說是讓鑽石的生產與貿易第一次出現了充分的資本主義性格。此外，葡萄牙的先驅角色讓我們得以一窺幾乎可以說是最早的商業資本主義（雖然這是具有一些爭議的概念），也就突顯了與之後的工業資本主義時代的異與同。此書後半部瓦內斯特教授聚焦於鑽石開採的機械化，但他談的不只是鑽石在原本的沖積扇開採地耗竭而必須大量轉向地底岩脈的歷史，而是工業的機械化這樣的生產特性，如何進一步帶動了勞動、供需、市場等等再一次體制性的轉變。儘管剝削與資本積累的本質沒有改變，但形式隨著時空與生產條件而有所轉移。

因此無論是鑽石開採與貿易，或者其所展現的現代資本主義經濟性格，葡萄牙的經驗發揮了承先啟後的作用。必須說明的是，葡萄牙鑽石帝國事業之興衰，雖然具體而微地體現了資本主義經濟體制的歷史轉變，這或許也是為何瓦內斯特教授明言聚焦於鑽石生產與流通而非文化消費面向，但其中不可忽視的是歐亞各國從大航海時代到工業化時代之中，眾多帝國事業與地緣政治之間的抗衡折衝，政治與經濟互為內在核心要素，從來沒有「政治歸政治、經濟歸經濟」的可能。最後值得一提的是，作者提到葡萄牙常被認為遠比其他歐洲殖民者較不苛酷的例外現象，但這例外狀態是因為葡萄牙本身，還是因為商業與工業資本主義的差異以及殖民技術發展的關係？讀者在綜覽全書後或可再思量。

透過上述時代與地域的轉折，瓦內斯特教授呈現了一個很經典、常見的世界經濟史觀，或者說是理解現代資本主義源起與發展的解釋模型：許多現代經濟的要素與制度——包括其要發揮重要力量的企業與政治治理模式——所源起的歷史舞台，確實與十五世紀以降歐美非的跨大西洋貿易、殖民帝國以及源自於歐洲的工業化密不可分，但早在十五世紀之前的亞洲，就已為鑽石的世界貿易提供蓬勃發展、生動有力的社會商業網絡以及文化政治底蘊。因此現代資本主義經濟雖然看似由歐洲發軔，但如果沒有亞洲與美洲等地區提供滋潤肥沃的土壤，根本也無法發芽茁壯；或者說，就如書名「鮮血、汗水與泥土」所暗指的意象，前者的發展是建立在以暴力對後者的人與自然的剝削之上。

瓦內斯特教授也藉由追溯著名（惡名昭彰）企業戴比爾斯縱橫世界鑽石生產與貿易的歷史，道盡現代資本主義中政府治理與商業利益如何緊密彼此依賴、互為表裡，不同於前現代經濟中政治菁英往往有壓抑商人集團的需求與實質權力。戴比爾斯象徵的不只是一個鑽石商業帝國，它展現的政商關係正是完全不同的社會運行邏輯。瓦內斯特教授藉由鑽石全球史提供了相當豐富的材料，讓讀者在依序閱讀各章時，從較偏向前資本主義的亞洲貿易時期，到邁向商業與工業資本主義時期，得以思索鑽石所牽涉的社會各面向，究竟在歷史的長流中有哪些變與不變。

鑽石開採的物質性與勞動人權

除了宏觀全球經濟的相互關聯與轉變之外，無論是在所謂金伯利岩管的開採現場，還是不同切割技術如何影響市場走向，瓦內斯特教授也以相當篇幅描述了鑽石這個商品所展現的物質性。資本主義下商品的生產與流通所在乎的最基本原則，不外乎壓低勞動力成本、提高售價以增加利潤，而這些特點並非鑽石產業所獨有。然而，鑽石不同於日常生活消費品或者以機械化可以大規模複製生產的大宗貨物，人們必須翻攪大片土地的土壤、砂石、地脈，以接近海底撈針的方式「發現」鑽石，即使科學與技術的介入可以提高對礦脈的預測以減輕開採的機會成本，但不得不說仍是相當仰賴運氣，甚至當機械化無法完全克服開採的困難時，資本家仍必須不時回到利用廉價勞動力的老方法，這使得鑽石開採始終難以脫離以赤裸的暴力奴化勞動力的剝削形式。瓦內斯特教授特別在書的後半部大幅描寫戰後非洲國家的內戰、南非的種族隔離、被高度去人性化且集體監管的雇工等等新型態的勞動狀態，講述的正是鑽石開採的物質性與奴隸勞動力之間的內在關聯——換句話說，這些新型態的現象不過是在不同地緣政治、社會制度下所展現的不同形式，但內在理路與數世紀以來對非洲黑奴的剝削並沒有太大差異。

鑽石礦的存在，使殖民時代的非洲部落社會到脫離殖民獨立後的軍閥政府，都陷入某種程度的「資源詛咒」（resource curse），意即由於有這樣得以利用的自然資源，因而高度仰賴盡可能開採該自然資源的方式來資助政治經濟面的需求，因此往往停留在以更暴力的手段競爭土地與權力、剝削自然與勞動的低度發展狀態，而不是創建政治、經濟、文化之間正向循環的健全社會。然而讀者一定要有所警覺而不要被誤導，資源詛咒的確存在，但啟動，或者至少說極端強化這個詛咒的並不是鑽石礦本身的存在，而是歐洲殖民（及其殖民遺緒）！因此，瓦內斯特教授最後探討加拿大等地鑽石開採與較平等的勞動狀態時，就提供了很好的對照組。但另一方面，加拿大等地的事例，也絕對不能簡單地歸因於這些國家比較先進、有人權觀念所以比較沒有血鑽石，因為綜觀長遠的現代資本主義發展歷程中，加拿大等地開採鑽石的（歐裔）社會與開採時間，都使他們遠比非洲國家有能力、有條件、有餘裕採取更加人道的勞動條件。即使是現在，加拿大鑽石開採工人與非洲鑽石開採工人之間，也存在著由殖民決定的結構性不平等。

最後，數百年下來非洲黑奴所承受的非人道對待，包括種族主義造成非裔在政治、社會、經濟上被長期結構化而難以翻轉的劣勢地位，都持續地以各種血淚的方式滋養資本主義經濟。甚至在新自由主義時代殖民遺緒依舊發揮重大作用，美國藉「掃毒」名義創造出可以輕易犯罪化（criminalize）非裔的大規模監禁體制（incarceration），不但塑造出將黑人與犯罪者劃上等號此般新種族主義的社會心理，大量被丟入牢獄的非裔美國人也成了新一批得以合法、被免費使用的勞動儲備軍。對於大部分較習慣東亞文化脈絡的臺灣讀者而言，瓦內斯特教授這本書極大貢獻之一，即在於增進我們對非洲黑奴在現代世界經濟中的關鍵性角色的認識，因而能更有脈絡地理解至今在世界各地仍尖銳刺人心骨的種族主義問題。

尋求認同與連結的人們希望相信真愛堅不可摧，或者正因恐懼其脆弱而轉向鑽石的文化與商業召喚。這本書不否定真愛，但它揭露了象徵真愛的鑽石完全相反的另一面，真正恆久遠與永流傳的，是圍繞著利益爭奪與財富積累而不斷在時空中生滅流轉的各種苦難。或許正如書末所示，只有藉由另一種價值信念——崇尚平等與人性尊嚴以創建美好社會的道德信仰——才能真正中斷血鑽石。

引言

鑽石礦特有的所謂火山岩管（volcanic pipe），其實只是因為巨大的流星撞擊堅硬地表所造成的空洞而已……雖然這種理論聽起來很詭異，但我還是必須承認，有許多情況表明天上掉下鑽石的想法可不是異想天開。[1]

這段話寫於一九〇八年，作者認為鑽石有可能來自外太空。根據那個時代對鑽石的認識，他不可能知道自己雖然沒有說對，但也不是全錯。在一八七〇年代南非的金伯利（Kimberley）發現巨大的鑽石礦藏之後，科學界已經十分確立鑽石是在地底深處的岩管中形成的理論。很快，人們就根據首次發現這種岩管的小鎮名字，將文中所述含有鑽石的「所謂火山岩管」稱為「金伯利岩管」（圖1）。這個革命性發現帶來重大後果，因為在此之前，人們一直都只在接近地表處、河床裡或靠近河床的地方開採鑽石。人們如今已經知道金伯利岩管是火山噴發遺跡，這些火山的噴發時間多半在地質年代的白堊紀時期（距今約一億四千六百萬年至六千五百五十萬年前）。[2]只有一小部分的金伯利岩管蘊藏具有商業價值的鑽石礦，在七千個已知鑽石岩管中，比例僅占百分之一。[3]鑽石是碳元素的同素異形體（allotropes），在地函的高壓及高溫下形成，位於至少一百五十公里深的大陸地殼或至少兩百公里深的海洋地殼底下，形成後才會被帶到地表的金伯利岩管中，所以金伯利岩管是種岩漿岩（magmatic rock，圖2）。[4]最近的一份研究顯示，這些地底深處的鑽石床所蘊藏的鑽石數量，可能遠遠超出研究人員之前的估計。[5]

雖然沒有人懷疑金伯利岩管起源於我們星球的深處，但天文物理學家在一九八七年發現，流星中存在著年代可追溯至太陽形成前的鑽石微粒。[6]雖然人們尚未完全了解太空中形成鑽石的機制，但較近的研究發現指出，流星中發現的鑽石尺寸可能比我們至今以為的還要大，這意味著一九〇八年的那篇文章可能終究還是說對了。[7]

圖2　南非杜托伊斯賓礦（Dutoitspan mine）挖掘出的金伯利岩管。

人們其實不難想像這篇文章的作者、英國物理與化學家威廉・克魯克斯（William Crookes）為何對於天降鑽石的想法如此著迷。比起形成於地球深處泥巴坑裡的說法，外星起源說更符合這種最珍貴的寶石所呈現出來的迷人形象。綜觀歷史，鑽石的璀璨形象一直是精心打造下的產物，首富擁有巨大知名鑽石的故事，以及西方人對於蘊藏鑽石礦之神祕異國的東方主義幻想，均被用於打造鑽石璀璨的形象。這個形象在二十世紀的廣告宣傳中登峰造極，不但將鑽石與魅力聯繫在一起，更將鑽石與人們對忠誠及婚姻的浪漫嚮往緊密相連。這個現代的品牌打造工程使得前所未有的大量消費者接觸到鑽石，進一步使鑽石在現代大幅擴張生產後成為了一項必需品。

有些人認為鑽石被認定為最珍貴的寶石是人為的精心設計，目的是為了滿足那些控制鑽石的人，因此鑽石的成功與內在品質無關。不像其他色彩鮮豔、具有獨特性的寶石，大部分的鑽石看起來都很像，因為它們通常透明無色並被切割成劃一的形式——現代的圓形明亮式（round brilliant，圖17）。[8]然而，雖然鑽石公司戴比爾斯控制了大半個二十世紀的鑽石生產與銷售，並空前成功地把這種沒有顏色的小石頭大量賣給全世界，但是「鑽石很珍貴」的想法自古已存在，即使一開始並不是因為美麗而欣賞鑽石。未經加工的鑽石其實其貌不揚，但因質地堅硬，再加上在現代之前極為稀有的緣故，使得原鑽無論在歐洲或亞洲都被人們用於製作護身符，為佩戴者提供魔法的保護。隨著基督教的傳播，鑽石的這種象徵性用途在中世紀期間幾乎消失了，在當時的珠寶工匠心中，鑽石的地位遠低於紅寶石和祖母綠等其他貴重寶石。[9]

儘管如此，仍有個做法確實流傳了下來，那就是藥用。鑽石被用來預防疾病，正如一六九一年的《倫敦藥典》（*Pharmacopoeia Londinensis*）所言：「鑽石為諸寶石中最堅硬者，因此從來不被拿來內服，而是作為戒指等首飾佩戴。據說有消除恐懼、抑鬱及強心之效。」[10]然而在當時，相較於將鑽石作為美麗飾物的傳統用途，藥用仍屬邊緣，因為鑽石切割技術的發展在明亮式切工（the brilliant）的發明後達到了高峰，除了賦予鑽石讓人們高度讚賞的亮光（lustre）之外，更令它們擁有迷人的火光（fire）：亮光是鑽石在反射光下的外觀，而火光則是當光線穿過鑽石並透過鑽石的多重切面，即鑽石切割後的拋光面而產生偏移時，人們所看見的閃光。事實上，愈來愈多消費者開始相信鑽石具有強化心臟的功效，不是因為它發揮了藥物的作用，而是因為鑽石是種可以恆久永存的美麗物品。

在近代早期發展出切割技術，並同時出現生產及消費持續增加的趨勢之後，鑽石作為寶石鑲嵌在首飾上的主要功能就固定下來，並持續至今。原鑽的類別有一萬兩千多種，可大致粗分為三種類別，由高至低分別是寶石級（gem quality）、近寶石級（near-gem quality）及工業級（industrial quality）。當然了，銷售寶石級鑽石獲利最為豐厚，這種等級的鑽石也是大多數人提到鑽石時會聯想到的商品，它們經過切割及拋光，可被製作成珠寶首飾或單鑽呈現。今天，這類鑽石的價值乃是根據四C標準來衡量：切工（Cut）、克拉（Carat）、顏色（Colour）及淨度（Clarity）。[11]切工指的是鑽石從未加工狀態變成成品後的形狀，而圓形明亮式是至今最受歡迎的切工。根據戴比爾斯最近的估計，美國售出的含鑽珠寶首飾中，有百分之四十均採取圓形明亮式切工，而美國是世界上最重要的鑽石消費市場。百分之二十二的鑽石採用明亮式的公主方形切工，百分之十二使用枕形切工，百分之六是心形鑽石。[12]克拉是重量單位，一克拉等於兩百毫克，[13]鑽石愈重愈值錢，在其他三個C的等級一致時，一顆四十二克拉鑽石的價值遠高於四十二顆一克拉的鑽石。顏色從價值最高的白色到偏黃不等，還有所謂「彩鑽」(fancy diamond)：粉紅色、紅色、棕色、藍色、黃色或綠色的鑽石，價格也可能相當高昂，端視流行和品味而定。淨度衡量的是外觀是否含有礦物、未結晶的碳或小裂縫等瑕疵。

這種分類方式只適用於很小一部分的鑽石，因為全世界生產出來的鑽石中只有百分之二十屬於寶石等級。二〇一六年共開採出六千兩百萬克拉的工業級鑽石，約占該年總產量的百分之四十九。[14]雖然在歷史上，除了將「鑽石粉

圖3　兩毫米鑽石塗層。

塵」（diamond dust）與油混合，並作為鑽石磨機切割之外，這些工業級鑽石不曾發揮太大用處，但在二十世紀卻找到了可以廣泛運用的新用途：作為鋸片、砂輪跟鑽頭的磨料（圖3）。

一九四一年，荷蘭電子公司飛利浦（Philips）從法國走私工業鑽石到加勒比海南部的庫拉索島（Curaçao），以製作燈泡中的鎢絲。[15]一九六五年，一位委內瑞拉科學家申請並取得了鑽石刀的美國專利，這種刀子後來成為有用的眼部手術工具。[16]鑽石擁有優良的導熱性，卻不具導電性，這種特質令它們可在電子及雷射應用上發揮用處。近寶石級是介於兩個極端中間的類別，這一類別和工業級鑽石之間的界線並不明確。有些近寶石級鑽石經過切割和拋光成為品質較低的寶石珠（gemstone）後，可用於比較便宜的珠寶首飾，端視需求而定，但通常這些近寶石鑽也可在不同產業中找到用途。

天然的工業鑽石如今占比極小，因為人造的合成鑽石產量已大幅超越天然鑽石——二〇一五年估計約製造出四十四億克拉的人工鑽石。[17]綜觀歷史，騙子與科學家一直都在製造假鑽，但是直到十九世紀初，科學家才開始認真嘗試製造與天然鑽石具有相同物理屬性的合成鑽石。一九五〇年代，瑞典最大的電機公司瑞典電機公司（ASEA，一九五三年）和美國奇異公司（General Electric，一九五四年）首次成功製造出人工鑽石。[18]事實證明，人工鑽石非常成功，人們於是產生了將人工鑽石用於珠寶首飾上的想法。二〇一八年七月，美國聯邦貿易委員會（United States Federal Trade Commission）裁決：「光學、物理及化學特性均與天然開採鑽石基本無異的實驗室人造（lab-created，下簡稱人造鑽石）產品，亦為鑽石。」[19]然而，針對如何處置這些所謂的「實驗室人造鑽石」，整個產業卻意見分歧。一些人認為這些鑽石是威脅舊有壟斷勢力的假鑽，而戴比爾斯一開始批評人造鑽石，現在卻成立了一間名為燈箱（Lightbox）的公司來行銷這些鑽石，在該公司網站上，戴比爾斯的名字明顯地缺席了。[20]一些珠寶商則認為人造鑽石是這個產業的未來，一位設計師告訴《紐約時報》（*New York Times*），人造鑽石「使人們有機會打造一個象徵現代的高層次、合乎倫理的產品系列」。[21]

目前在實驗室製造鑽石的能力，也許真的已侵蝕鑽石在許多個世紀以來一直享有的迷人聲譽，但人們很容易認為這件事只是暴露出沒有更早揭穿鑽石的魅力假面，是多麼令人遺憾的歷史偶然。二十世紀末，多家非政府組織曝光了「血鑽石」（blood diamond）的醜聞，血鑽石指的是在發生軍事衝突的地區開採並非法走私至歐洲，並回頭資助非洲戰事的鑽石。當時該產業迅速採取行動，推出了保證鑽石出身清白的認證措施，然而，這些「金伯利憑證」（Kimberley Certificate）被濫發與偽造，鑽石開採事業很快就恢復了原樣。鑽石消費進一步成長，而從一開始就圍繞著鑽石開採且從未停止的人類及環境虐待，再一次消失在公眾眼前。

儘管揭穿血鑽石貿易背後的黑幕確實產生了一些好結果，但它並未根除這些歷史錯誤，並且在某個意義上，還讓這些行為更難被察覺。雖然某些非政府組織及新聞記者努力向人們展示更複雜的真相，但大部分的人還是只把血鑽石與非洲及當地暴力成性的軍閥聯繫在一起。這種狹隘的詮釋詆毀了非洲國家，卻不必坦白承認西方政府、貿易商及礦業經營者也是其中的一分子，這是一種結合過時的新殖民主義、歐洲中心主義及西方優越論的思維方式，也是一種基本上不顧歷史的詮釋。鑽石的黑暗面歷史悠久，比它璀璨閃亮的那一面還要古老。當人們考察鑽石開採及貿易的歷史時，就會看到一段關於財富如何累積到少數人手上的漫長歷史，而這些財富卻是由數百萬無名礦工及切割工的鮮血與汗水積累而成，他們為了幾乎微不足道的報酬被迫在殘虐、不健康的環境下工作。鑽石的歷史就是一段種族剝削及社會不平等的歷史，是富裕菁英從窮人的勞動及注定破滅的夢想中賺得盆滿缽滿的歷史，而窮人在地下礦坑及危險的河流中沒日沒夜地工作，只希望有天能找到一顆將他們從桎梏中解放的鑽石。

這本書提供了關於這段漫長壓迫的歷史敘事，透過觀察少數人如何企圖限制他人以取得一種比人們自認還更不稀有的商品，並控制許多被認為只是可有可無的無名礦工的生活。一九三四年，當獅子山（Sierra Leone）的英國殖民當局正在思考如何處理那裡新發現的鑽石礦藏時，自由城（Freetown）殖民辦事處的助理祕書說，只有兩件事需要考慮——首先，重要的是要建立私人公司管理礦區的精確邊界，其次是要回答這個問題：「我們要如何保護這個國家的鑽石不被別人開採和拿走？」[22]換言之，就是如何保護殖民地的鑽石礦藏，以及如何控制勞動力的問題。這本書述說的就是統治政權及民間企業如何在不同的時空環境下回答這兩個問題的故事。

這個敘事的連續性，可以從持續上演的剝削礦工悲劇中看見，也可以從政府與私人企業的特殊混合體所制定的策略上看見。值得注意的是，這些企圖想要持續控制鑽石開採的做法幾乎一成不變，歐洲殖民主義發揮的作用很大程度上可以解釋這點。從十八世紀初於巴西發現鑽石，到一九五〇年代的非洲獨立運動，在這期間，幾乎世界上所有的鑽石生產都受到某種形式的殖民控制，而在生產鑽石的亞洲及非洲國家宣布獨立之後，殖民者與被殖民者之間切不斷的經濟糾葛，就注定了殖民主義的陰魂持續糾纏著許多在鑽石產業工作的男男女女以及兒童。強迫勞動、依賴政治壓迫、在生產擴大的情況下囤積鑽石以控制價格，並致力於實現壟斷——這些手段已經用了好幾個世紀，目的就是要確保鑽石在持續擴大的消費者市場心中，仍然是最珍貴的寶石，不管是誰從地下開採出來，也無關是不是真的那麼稀有或美麗。

對礦工的剝削及一再試圖壟斷原鑽的貿易與開採，是本書的兩個關注焦點。印度蘇丹令一個個家庭成為奴工；葡萄牙政府將數百萬非洲奴隸帶到殖民地巴西，成千上萬的奴隸被迫去開採黃金與鑽石；在南非，英國實業家在工人間實施種族區隔，肆無忌憚地將黑人勞工關在圍籬內的宿舍裡，常常連人類的基本需求都被剝奪，這種做法也重複出現在非洲大陸上的其他地方。種族主義的勞動分工就在光天化日下上演：「技術工人及黑人工人無休無止地做苦工——日以繼夜。」[23] 壟斷及囤積的企圖也一直都存在，領土內發現鑽石的統治者常擁有將品質最好的鑽石留給自己的特權。當十八世紀初、巴西新發現的鑽石礦藏顛覆了既有的秩序時，人們就企圖壟斷貿易及開採，並取得了程度不等的成功。後來，從南非起家的戴比爾斯成功打造了一個鑽石帝國，其影響力一直持續至二十一世紀初。

管理鑽石流動及其背後勞動力的決定，影響了拋光鑽石的消費，反之亦然，但作為珠寶首飾的鑽石則是本書不會談到的另一個故事。[24] 如有必要，我仍會談到一些關於消費模式變遷、拋光鑽石需求以及發展切割技術的事，但基本上本書是關於從地上提取原鑽所需的勞動力管理，以及人們為了壟斷鑽石貿易所做的努力。這本書說故事的方式主要是按照事件發生的時間序進行，但有時在世界上不同地方同時出現的進展，也會讓故事稍微岔離軌道。

從古代到十八世紀初，人們一直在印度及婆羅洲各公國的沖積礦床中開採鑽石。鑽石礦場幾乎總是在地方統治者的直接控制之下，大量的鑽石從未離開過被開採出來的地方。至少早在羅馬時期，亞洲的鑽石就已進入歐洲，但是在文藝復興時期才變得愈來愈受歡迎，當時的義大利與葡萄牙旅行者開始以一種激起歐洲人迷戀的文筆，書寫這些具有異國風情的礦場的事。十七世紀前十年，由於各個歐洲東印度公司的建立，亞洲寶石貿易再次得到了推波助瀾，這一次的推力甚至更為強大。英國東印度公司（English East India Company）尤其設法全面控制印歐鑽石貿易，但他們的支配地位並未持續太久。印度蒙兀兒帝國（Mughal）的征服事業讓印度日漸統一，進一步緊縮了對鑽石的控制。第一章處理的是亞洲礦業勞動及鑽石貿易的演變，時間從鑽石最早的行跡，直到十八世紀最初幾十年在巴西發現鑽石礦為止。雖然這一章討論鑽石開採及貿易的起源，而關於這一時期的史料來源十分不足，且很少談及勞工的生活，但仍有足夠的證據顯示，從採礦勞動力成為正式組織管理對象的第一時間起，礦工就已經受到了剝削。我們還能斷言，那些嘗試支配原鑽貿易的勢力全都明白，盡可能控制原鑽流動有多重要。

同時掌控勞動與貿易的企圖第一次真正成功或許是在殖民時期的巴西，而這是第二章的主題。當人們在賽羅弗里奧（Serro do Frio）的偏遠河床上發現鑽石，就開始擔憂鑽石會變得太常見了。大衛．傑弗里斯（David Jeffries）是位英國珠寶商，一七五一年發表過一篇關於鑽石及珍珠的論文，他說巴西鑽石的發現「令許多人，甚至是許多倫敦的大貿易商認為，鑽石可能會變得像透明的鵝卵石那樣多，他們深受這種意見影響，導致大多數人無論如何都拒絕購入鑽石」。[25]面對這樣的憂慮，葡萄牙政府決定實行一種雙重壟斷的做法。巴西鑽石的開採權被賣給一家公司，只有這家公司才被允許在指定地區使用黑奴挖掘鑽石，包括以昔名特烏柯（Tejuco）、今稱為蒂雅曼提納（Diamantina）為首府的「鑽石區」。約十五年後，只有一家外國公司能夠銷售原鑽的第二種壟斷手法建立了，開採的壟斷者將這些原鑽運到里斯本，再從這裡送往歐洲的商人及鑽石經銷商手上。這一控制鑽石開採及銷售的企圖，比英國東印度公司更有效，因為英國雖壟斷從印度運送鑽石至歐洲的官方貿易路徑，但從來無法控制勞動力。當英國成為印度殖民者並能夠管理勞動力時，印度鑽石礦的產量已經減少到可以忽略不計了。

相形之下，葡萄牙國王就有辦法利用對巴西的殖民統治，完全按照自己的意願來塑造鑽石產區。他不僅保有留下上好鑽石的權利（這也是印度統治者通常擁有的特權），葡萄牙人也許更首創了「囤積鑽石」這種人為策略來維持鑽石的高價，這一策略至今仍是鑽石市場運作不可或缺的一部分。同樣地，儘管里斯本不是使用壟斷及奴工的發源地，但這些手法在殖民地巴西的應用規模及國際性質，使得葡萄牙的鑽石管理部門成為二十世紀戴比爾斯所使用之技巧的先驅。

巴西鑽石生產將會毀掉整個市場的聳動消息，促使相關人員採取了囤積及壟斷的保護性措施，但事實證明這些說法大錯特錯。新世界發現鑽石的半個世紀後，舊世界的鑽石產量出現了螺旋式下降趨勢，從此不曾恢復。十九世紀時產量下跌更為普遍，因為巴西的鑽石產量也開始下滑了。即使一七七一年殖民政府接管了礦業管理的工作，也無法阻止巴西產量下滑，這種衰退趨勢一直持續到十九世紀。事實證明，十九世紀是鑽石歷史的一個轉折期，而我將在第三章討論。這一章考察的是巴西、婆羅洲及印度舊沖積地帶礦業的組織程度如何變得日益低落，導致工作的悲慘本質已經不再只是被迫勞動和奴役或非法行為之間的選擇，而是不可能靠著開採鑽石維生的問題。但冒險者仍然前仆後繼，幾次的採礦熱為這個看似垂死的產業提供了曇花一現的動力，卻旋又消失。歷史總是重蹈覆轍，這次的拯救來自非洲：一八六七年，非洲南端發現了鑽石，人們很快明白，鑽石不只出現在河床上，真正蘊藏鑽石的岩石屬於地表深處岩管的一部分，人們根據發現第一個大型岩管「大坑」（Big Hole）的小鎮金伯利鎮，將這種岩管命名為金伯利岩管。這一發現除了導致世界上前所未見的鑽石熱（圖37）之外，也導致了一種制度的建立，使得非洲黑人受到最窮凶惡極的剝削。當代的視覺資料幾乎從未捕捉到針對黑人礦工的暴力，少數的例外是發表在一八七二年《倫敦晚報》（*London Evening News*）上的一幅版畫（圖4）。在這幅版畫的左下角可以看到，一個白人監工顯然正在踢一個黑人礦工。

殖民者的暴力及不斷擴大的峽谷只是個開始而已。隨著南非鑽石的發現，鑽石開採的現代工業時期於焉展開。[26]鑽石、銅和黃金成為現代南非建設不可或缺的一部分，而這個種族壓迫與殖民主義畸形幻想的結合，很快就在非洲其他地方被複製。[27]危險的地下礦坑，而不是沖積地帶，成為了受到種族虐待的低薪黑人勞工專屬的工作場域。很快地，控制南非鑽石礦場的混亂局面，和為已然龐大的帝國再添一個強大非洲分支的英國夢便交織在一塊了。在英國礦業大亨塞席爾·羅德茲

（Cecil Rhodes）的推動下，一家支配南非鑽石產業的公司出現了，那就是戴比爾斯，公司名字是根據兩位荷蘭兄弟而命名，他們擁有一個農場，後來的鑽石鎮金伯利鎮就是蓋在這座農場的土地上。從一八八四年成立這家公司到一九九〇年蘇聯垮台為止，這整整一個世紀可稱是戴比爾斯的世紀，這都要歸功於這家公司形成階段的主要管理者恩內斯特・歐本海默（Ernest Oppenheimer）的卓越領導。整個二十世紀，戴比爾斯就是鑽石產業的代言人，第四章將考察該公司如何設定基調，並克服一路上遭遇的異議，包括第二次世界大戰期間的暴行如何對鑽石產業的人員造成了嚴重打擊。

雖然戴比爾斯因其壟斷地位以及只有一小群珠寶商才能雀屏中選的經銷制度而惡名昭彰，但是他們精心打造的廣告宣傳卻鞏固

圖4　在金伯利鎮大坑岩管上演的種族暴力，一八七二年。

了鑽石作為永恆愛情象徵的形象。儘管他們的浪漫廣告確實打動了許多消費者，但他們無法掩蓋一個事實：戴比爾斯主動參與了二十世紀史上若干最黑暗的時刻。戴比爾斯建立了種族區隔的勞動環境，非洲黑人礦工被迫生活在封閉的區域裡，這便是戴比爾斯對種族隔離制度最具體可見的貢獻。身為南非最大的企業，他們與既存體制狼狽為奸，各種關係糾葛不清。但戴比爾斯不是只因在南非不光彩的礦業管理受到質疑，身為一個批發商，該公司也捲入了血鑽石的貿易，他們開採並出售這種非洲鑽石的目的，是為了資助二十世紀史上最殘暴的戰爭。

第五章將分析血鑽石的出現脈絡，也就是現代沖積帶開採（alluvial mining）的背景。在金伯利岩管進行的工業化大規模開採作業以戴比爾斯為首發展出來之後，不僅在婆羅洲、巴西和印度舊鑽石產區仍持續採行沖積帶開採方式，採行範圍更擴大到非洲撒哈拉以南：從迦納（Ghana）到獅子山、剛果民主共和國（Democratic Republic of the Congo，DRC）和安哥拉（Angola），乃至納米比亞（Namibia）、坦尚尼亞（Tanzania）等地新發現的礦藏，以及幾個僥倖逃脫戴比爾斯控制的南非礦區。沖積帶開採現在也被用來指「手工式開採」，以便跟工業開採區隔。一直到一九五〇年代及一九六〇年代發生的偉大非洲獨立運動為止，發現沖積帶礦藏的地區大部分都屬於歐洲殖民帝國的一部分，這些鑽石出現在英、法、比利時和葡萄牙在十九世紀占領的領土上，使得這些國家的政府成了現成受益者。但是控制沖積帶礦藏十分困難，因為分布範圍比在金伯利岩管中發現的礦藏更為廣泛。沖積帶跨越邊界，有時坐落在極為偏遠的地區。當發現新的沖積帶礦藏時，往往不久就會被成千上萬的冒險者入侵，並造成官方根本無法控制的真正鑽石熱潮。

隨著非洲獨立浪潮席捲整個大陸，情況甚至變得更複雜。新生的地方政權追求經濟發達及國有化，而前殖民者則要求持續保障其經濟及政治利益，剛開始這兩者很難調和。此外，新的國家政權經常受到政治對手的挑戰，導致數個非洲國家爆發內戰，再加上冷戰地緣政治考量的火上澆油，獅子山、剛果民主共和國和安哥拉就是最悲慘的例子。因為鑽石價值高昂且容易走私，於是控制鑽石產區就成了交戰派系的當務之急。這些涉入了武裝衝突的沖積帶鑽石開採使得人們創造出「血鑽石」一詞，而不再交易血鑽石的約定則促使幾乎全球都採行了金伯利流程（Kimberley Process），因為這一協議約定所有原鑽均必須附證書，以便讓買家能夠追溯其來源。

金伯利流程的發展確實是個進步，但是更重要的也許是二〇〇二年在獅子山及安哥拉爆發的戰爭正式結束。人們很快就意識到，金伯利流程不是一切問題的萬靈丹，因為掩蓋鑽石的真實產地是件相當容易的事——金伯利流程制度建立後，一些從來不產鑽石的非洲國家忽然變成了鑽石的重要生產國。此外，一個區域在國際社會眼中可能被認為已經擺脫了戰爭與衝突，但真實情況卻未必如此。最終，金伯利流程對於鑽石產業的規範，還是無法達到所有流通的原鑽均是無衝突（conflict-free）鑽石的程度。在開國領袖穆加比（Mugabe）長期執政的辛巴威看似和平，但實際上礦工們卻承受著低薪、強迫勞動、暴力及不健康的勞動環境所帶來的痛苦。但現在看來，因為在較少遭到血腥暴力及殖民控制玷污的地區發現了豐富鑽石礦藏，鑽石產業也許幸運地得到了一次喘息機會，因此第六章和最終章將探討鑽石開採的地理多樣性。鑽石的開採時間雖然始於上個世紀，但直到二十一世紀才隨著戴比爾斯的壟斷地位喪失而達到高峰。二十世紀末，人們在加拿大和澳洲的偏遠地區意外發現了豐富的鑽石礦藏；而俄羅斯鑽石的存在雖然從十九世紀就已經為人所知，但直到二次世界大戰後才被大規模開採。蘇聯解體後的俄羅斯及內戰結束後的安哥拉都決定將鑽石出售給戴比爾斯鑽石同業壟斷聯盟以外的買方，而戴比爾斯過去在非洲建立寡頭壟斷，也就是形塑一個由少數礦業巨頭控制原鑽市場的這種模式，也不可能複製到加拿大和澳洲。倒是這些公司中有幾家明目張膽地利用了出售「乾淨鑽石」（clean diamond）的想法，將自己包裝為替代非洲血鑽石的良心西方選項來販售。

二〇一五年，為了在戴比爾斯同業壟斷聯盟解散後能廣泛控制市場，七家最重要的鑽石開採企業在倫敦成立了鑽石生產商協會（Diamond Producers Association），會訓為「真鑽難得」（real is rare）。[28]該協會最引人注目的缺席者是安哥拉國營鑽石公司（Empresa Nacional de Diamantes，Endiama），一家管理著整個安哥拉鑽石礦的部分國營企業。二〇〇五年，根據官方資料全球生產了一億七千七百萬克拉的原鑽，共售得一百一十六億美元。十年後，鑽石產量已下降至一億二千七百萬克拉，銷售額則為一百三十八億美元。[29]在二〇一九年戴比爾斯針對鑽石市場的報告中，該公司評估自己占據了前一年全球原鑽銷售額的百分之三十四點五；而俄羅斯鑽石開採公司阿羅莎（Almazy Rossii-Sakh，Alrosa）則設法取得了百分之二十六；其他包括安哥拉國營鑽石公司在內的大型生產商占約百分之十二點五；非正式部門及小型生產商則蠶食剩下百分之二十七。[30]這些礦業公司透過在新舊鑽石中心建立的行銷分支企業，將大部分的產品出售給小型企業及鑽石切割公司，而這些公司通常位於印度，但也有的位於以色列、比利時和美國。這些買家均屬於世界鑽石交易所聯盟（World Federation of Diamond Bourses，WFDB）的三十一位成員之一（該聯盟創立於一九四七年，總部設於比利時安特衛普）。聯盟在各大洲均設有鑽石交易所，其中四個位於安特衛普，其他則位於孟買、拉馬特甘（Ramat-Gan）、紐約、莫斯科、約翰尼斯堡、阿姆斯特丹、倫敦、雪梨、杜拜、曼谷、新加坡、香港、伊斯坦堡、德國的伊達爾奧－伯斯坦（Idar-Oberstein）、米蘭、維也納、多倫多、邁阿密、洛杉磯、東京、首爾及巴拿馬。[31]最後，經過拋光的鑽石再由珠寶商銷售給顧客。根據戴比爾斯的說法，二〇〇八年時最大的珠寶市場為美國（銷售額為三百六十億美元），當時全球銷售額為七百六十億美元，中國占了一百億美元、日本五十億美元、印度及波灣國家共三十億美元。[32]

戴比爾斯的壟斷瓦解後，幾家最大生產商團結在一個保護傘下所建立的世界鑽石交易所聯盟，堪稱是控制原鑽生產及售價水準的歷史在二十一世紀重現。人們很容易以為企圖控制和剝削廉價勞動力的漫長歷史也終於走到了盡頭，畢竟奴隸制已經廢除，種族隔離制度似乎已經是不同年代的事了。然而，勞動中的種族和性別不平等依然存在，尤其是在偏遠、不受控制的沖積帶礦區，虐待行徑仍十分猖獗。今日對礦工及勞權的關切，與居住在鑽石產地上卻從土地上被逐出者的人權環環相扣，這是在巴西各個部落和澳洲原住民身上發生的事，也讓人們更加理解鑽石開採所造成的環境破壞。無論是在當代還是在處理鑽石開採歷史的研究中，鑽石開採的環境影響及不公正的土地占有都長期被忽視。[33]我選擇在結語中討論這兩個主題，因為這本書的終點也很可能是另一本書的起點。

結語中所討論的議題正好呼應了我們今天於人類經濟活動對地球造成負面後果的擔憂，而零影響的夢想正進一步推動實驗室育成鑽石的發展。[34]儘管這種對環境的額外關注是人們最樂見的，但我們不應忘記，鑽石開採始終存在著黑暗的一面。[35]只需看看許多窮困的手工挖掘者就知道了，他們唯一的夢想就是在某個非洲和南美的祕密礦區幸運地發現鑽石，從此永遠地改變他們的生活。這些男女和兒童們往往在不人道的環境下工作，這件事提醒了我們，儘管關於宇宙形成的理論與鑽石璀璨永恆的名聲十分相稱，但它們仍是許多人滴下了鮮血與汗水從地裡挖掘出來的。[36]

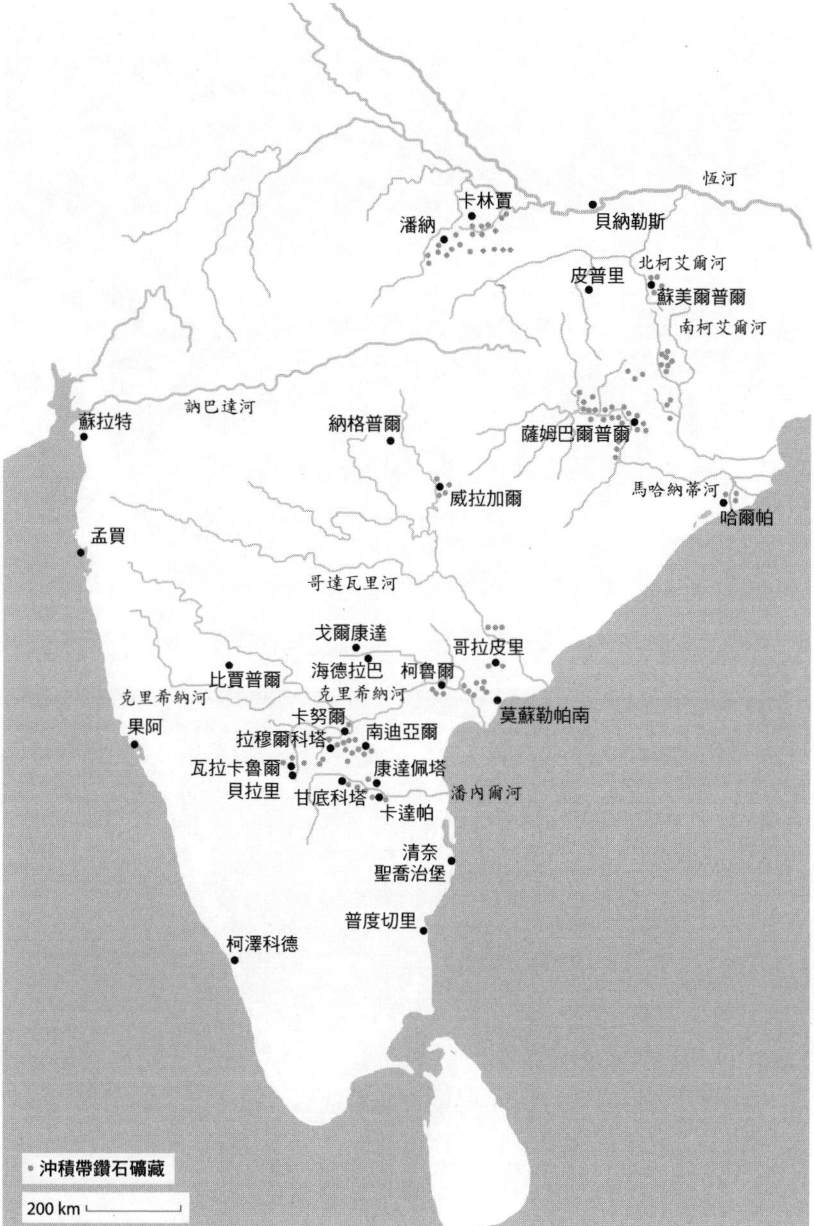
恆河
卡林賈
貝納勒斯
潘納
北柯艾爾河
皮普里
蘇美爾普爾
南柯艾爾河
訥巴達河
蘇拉特
納格普爾
薩姆巴爾普爾
威拉加爾
馬哈納蒂河
哈爾帕
孟買
哥達瓦里河
戈爾康達
哥拉皮里
海德拉巴
比賈普爾
柯魯爾
克里希納河
克里希納河
莫蘇勒帕南
卡努爾
果阿
南迪亞爾
拉穆爾科塔
瓦拉卡魯爾
康達佩塔
貝拉里
甘底科塔
潘內爾河
卡達帕
清奈
聖喬治堡
普度切里
柯澤科德
沖積帶鑽石礦藏
200 km

圖5　印度的鑽石礦藏。

1 亞洲鑽石：奢侈品的發現（五〇年至一七八五年）

您是否在戈爾康達的洞穴中見過一顆寶石，
純淨如山上凍結的冰珠？
明亮如蜂鳥頭戴的綠冠，
當它在穿透噴泉的陽光中翩翩起舞？

這是約翰・濟慈（John Keats）的詩〈關於收到相同的女士們寄來的奇怪包裹和一本詩集〉（On Receiving a Curious Shell, and a Copy of Verses, from the Same Ladies）開頭的詩句，發表於一八一七年。[1]濟慈會將戈爾康達的洞穴稱為最燦爛寶石的發現地並不令人意外，而「戈爾康達」（Golconda）一詞在十九世紀末被收錄進英文辭典中，意思是「巨大財富的來源」。[2]許多個世紀以來，印度半島上的礦坑一直是這些寶石的主要來源，現在，關於印度鑽石的討論終於進入了人們的集體記憶和語言中。濟慈寫這首詩時，世界上只有兩個地方發現過鑽石，那就是巴西的米納斯吉拉斯（Minas Gerais）和婆羅洲。戈爾康達城位於今天印度的海德拉巴（Hyderabad）附近，是從戈爾康達蘇丹國的山丘和田野裡開採出來的鑽石最主要的市場之一。雖然戈爾康達是印度寶石礦藏最具代表性的區域，但這個國家還有許多地區生產鑽石，有些名聲響亮，其他則早已被人遺忘（圖5）。一九二五年，印度歷史學家費里西塔（Ferishta）曾提到印度中央邦（Madhya Pradesh）幾個已經枯竭的鑽石礦，他的描述可能包括威拉加爾（Wairagarh）的礦脈。[3]十七世紀末，一位歐洲旅行者在戈爾康達蘇丹國找到了多達二十三個鑽石礦，在比賈普爾（Bijapur）找到了十五個，而比賈普爾是蒙兀兒皇帝奧朗哲布（Aurangzeb）征服的一個蘇丹國，位於南部的卡納塔卡邦（Karnataka）。[4]

本章從頭說起，詳述圍繞著亞洲某地發現鑽石的古老神祕故事。那個某地就是印度半島，在那裡，各式各樣的地方王公（maharajah，音譯為摩訶羅闍）、帝國君王（蒙兀兒帝國的皇帝們），以及歐洲的海上強權，尤其是英國東印度公司，競相爭奪被認為是當時唯一鑽石礦的控制權——當時一直謠傳有個出產鑽石的島嶼，而傳言後來被證實是真的。

關於寶石的神祕傳說

中世紀和古代文獻中提及鑽石礦區的敘述多半都有問題，因為對確切地點語焉不詳，且經常將神話與現實混為一談。要辨識古代和近代早期提到的印度鑽石礦位於今天的哪個地方並不容易。一些人曾經企圖將歷史上的礦場分成不同群組，其中的一些群組今天仍可派上用場。德國地理學家、被稱為人文地理學之父的卡爾．李特爾（Carl Ritter，一七七九至一八五九年）將鑽石產區分為五類：

（一）潘內爾河（Penner）的卡達帕群（Kedapa，昔稱丘德達帕〔Cuddapha〕），位於安得拉邦（Andhra Pradesh），包括康達佩塔（Condapetta）及瓦拉卡魯爾（Wajra Karur）。

（二）鄰近的南迪亞爾群（Nandial），介於克里希納河（Krishna）和潘內爾河之間，包括拉穆爾科塔礦（Ramulkota）。

（三）西北方的埃羅拉（Ellore）或戈爾康達群，位於克里希納河上，擁有知名的柯魯爾礦（Kollur），但也包括馬拉維利（Malavilly）。

（四）位於馬哈納蒂河（Mahanadi）的薩姆巴爾普爾群（Sambalpur），內有蘇美爾普爾礦（Soumelpur）和威拉加爾礦（Wairagarh），位於印度東部的喬塔納格普（Chota Nagpur）高原。

（五）最後是潘納群（Panna），位於本德爾肯德（Bundelkhand），喬塔納格普高原西北方。[5]

雖然對印度鑽石產區的區分，有助於我們確定一些較知名鑽石礦的地點，但要根據歷史資料來確認所有李特爾的鑽石礦仍是個不可能的任務。因為對於地點的歷史描述經常語焉不詳、名字變來變去，好幾個礦脈從被廢棄那一刻起就再也找不到參考資料了。

關於鑽石，最早的參考文獻是一本叫《實利論》（*Arthaśāstra*）的梵文典籍，相傳為考底利耶

（Kautilya）所作，他是孔雀王朝（Maurya）的第一位皇帝旃陀羅笈多王（Chandragupta）的顧問，而旃陀羅笈多王在公元前三二一年至二九七年間統治印度的大片土地。該文獻明確說明海洋及礦務主管的任務為負責「蒐集海螺殼、鑽石、寶石、珍珠、珊瑚及鹽」。[6]《實利論》也是確認鑽石貿易存在的最古老文本之一，因為它具體指出從事金銀、珍珠、珊瑚、鑽石及其他寶石交易的商人必須向孔雀王朝的國庫繳納一筆商業稅。[7]人們很難評估這份手稿的年代及其資料來源，但最近從梵文轉英文的一個譯本作者、印度學者派崔克．奧利維爾（Patrick Olivelle）得出結論，這份手稿的創作時間肯定比公認的還更晚，約介於五〇年至一二五年之間。[8]

正如大部分提到鑽石礦的古代及中世紀文獻一樣，事實證明，人們很難確認這些文獻中提到的鑽石礦在現今準確位置何在。《實利論》提到了六個鑽石礦。[9]阿倫．比斯瓦斯（Arun Kumar Biswas）是一位古代礦物及寶石專家，他曾試圖確認這六個地點，並設法區分出七個地理區域：威拉加爾，位於納格普爾（Nagpur）附近的薩特河（Sath）上，喬塔納格普高原的西南方；[10]潘納地區；戈爾康達礦群；蘇美爾普爾區域；馬哈納蒂河谷的沖積帶；薩姆巴爾普爾區；以及最後的柯艾爾河（Koel），都在李特爾的五個鑽石礦群中。[11]然而，其他文本中的不同訊息更令識別地點難上加難。[12]

在托勒密（Ptolemy，一〇〇年至一七〇年）的《地圖學》（*Geographia*）中，他曾提到一條開採鑽石的河流，名叫「阿達瑪斯」（Adamas），被認為是指馬哈納蒂河，這一說法仍具爭議。[13]最近一篇文章運用了地理資訊系統（GIS）的方法來識別《地圖學》中提到之處在今天的位置，文章指出，鑽石河應是蘇伯爾納雷卡河（Subarnarekha），位於馬哈納蒂河以北。[14]「阿達瑪斯」是個希臘字，用來指鑽石，但其字面意思為「無法被火摧毀的」。指稱鑽石的不同詞語，彼此之間的語言學關係說明了關於鑽石知識的地理分布。英語的鑽石「diamond」在俄語中是「almaz」，在蒙古語中是「alama」，在阿拉伯語和吉爾吉斯語中則被譯為「almas」。[15]利用最近的技術來識別托勒密提到的鑽石地理位置是個令人興奮的進展，但是重度依賴文字、知識及商品本身的傳播來確認古代亞洲鑽石礦的確切位置時，卻會因為三個問題而變得更為複雜。首先，資料來源可能是模糊的。《厄立特里亞海航紀》（*Periplus of the Erythrean Sea*）是本關於航海及貿易的書，寫作時間可能約於一世紀中葉，書中雖描述了印度的鑽石礦，卻沒有具體說明位置。[16]儘管這本書提到鑽石的內容，有利於更加了解鑽石開採及貿易的年代順序，但除了模糊的「印度」一語之外，它對於提供鑽石礦的更具體位置就愛莫能助了。

其次，我們並不總是能肯定「阿達瑪斯」一詞與鑽石的連結。在古羅馬作家老普林尼（Pliny the Elder，二十三年至七十九年）的《自然史》（*Natural History*）一書中，他便用了這個單詞來形容「不僅是寶石中最有價值者，也是所有人類財產中最有價值者」。[17]老普林尼記錄「阿達瑪斯」的碎片被用來切割「已知最堅硬的物質」，但他所指的是否真是鑽石仍令人存疑，因為他提到在印度、衣索比亞、馬其頓和賽普勒斯均可找到「阿達瑪斯」。[18]

第三個問題跟國際貿易有關，國際貿易可能混淆發現鑽石的原始地點訊息，而傳統上圍繞著鑽石及其他寶石貿易的那種保密、甚至常常是神祕的氛圍，更加重了問題的嚴重性。例如，雖然斯里蘭卡沒有發現鑽石，但是在五世紀時，一位法號為法顯（Fa-Hien）①中國僧人仍描述佛陀如何前往該島，並中斷了島上「阿拉伯商旅和島上原住民之間進行的一樁驚人的寶石交易」。[19]法顯的說法被當成斯里蘭卡島上存在鑽石的證據，但他的話充其量只能顯示貿易商曾在斯里蘭卡出售印度鑽石或其他寶石而已。九百年後的十四世紀，關於哪裡可以找到鑽石的困惑仍然存在，當一位十四世紀的亞美尼亞旅人提到一個盛產鑽石、叫作暹（Sym）的省分時，[20]人們不禁好奇這個地區究竟在哪裡。也許他指的是暹羅王國（kingdom of Siam），但那裡只產紅寶石和藍寶石，不產鑽石。不過，鑽石（也許來自婆羅洲）在運往中國途中確實會經過暹羅。

由於缺乏早期亞洲鑽石貿易規模的資料，要識別採礦地點甚至變得更加困難。人們已經知道從亞歷山大東征開始，鑽石的足跡就跨越了地中海，但幾乎沒有跡象表明希臘人和印度人之間有定期的寶石貿易，[21]倒是有證據顯示羅馬時期歐亞鑽石貿易已有所發展。考古資料指出，至少自一世紀以來，鑽石就成為印度與羅馬帝國的貿易商品，而阿里卡梅度城（Arikamedu，昔稱龐底切里〔Pondicherry〕，即今天的普度切里〔Puducherry〕）便扮演了關鍵角色。[22]針對該城發現的一塊岩石晶體進行技術分析後發現它是用鑽石加工的，加工時間約介於公元前二五〇年至三〇〇年之間，因此羅馬雕刻工很可能就是從阿里卡梅度城學到了技術。[23]羅馬皇帝奧古斯都統治期間（公元前二十七年至公元後四年），人們提到寶石的次數增加了，資料也顯示羅馬人對於寶石的求知欲愈來愈旺盛。《厄立特里亞海航紀》便提到印度和羅馬帝國的商業往來，人們用寶石來交易金銀製品、工具和衣服。[24]

人們目前還不清楚中國在當時是否與印度直接進行鑽石貿易，但已知漢朝（公元前二〇六年至公元後二二〇年）與羅馬帝國之間確實存在著貿易聯繫，包括了寶石的貿易。[25]人們同樣不清楚寶石貿易路線的範圍有多廣，但根據老普林尼的說法，這些貿易路線可以一路延伸到衣索比亞。[26]然而，大部分的貿易還是僅限於印度及其周邊地區，原因是當地的朝貢制度將寶石納入支付單位，再加上地方王公擁有保留上好鑽石的特權的緣故。大多數的鑽石從來沒到過歐洲，尤其是基督教的興起造成鑽石需求下滑時更是如此，因為這一發展導致人們不再能從文化的角度珍賞與鑽石硬度有關的超自然力量。[27]然而，隨著時間流逝，連結亞洲、中東以及西歐部分地區的陸路路線發展起來了。波斯學者比魯尼（Al-Biruni，九七三年至一〇四八年）出生於花剌子模（Khwarazm），這是阿拔斯王朝的疆土，而比魯尼聲稱他從伊斯法罕（Isfahan）和南德納堡（Fort Nandna，即今日巴基斯坦的耶勒姆〔Jelum〕）獲得了鑽石。[28]鑽石通過紅海，經由葉門亞丁港和埃及亞歷山大港運往西方，以忽魯模斯（Ormus）為主要的轉運港並跨越波斯灣，隨後透過敘利亞阿勒坡（Aleppo）和君士坦丁堡運輸。開羅成了重要的貿易中心，鑽石商人現身於此的時間最早可追溯至十一世紀。[29]其中，將這些中東路線與歐洲連結起來的地方是威尼斯，因為這個城市至少早從八世紀起就扮演了從亞洲引進奢侈品的門戶，並成為向歐洲供應亞洲寶石的主要商業中心，這些寶石中就包括了鑽

① 編按：東晉高僧，第一位到海外取經求法的大師，也是傑出的旅行家和翻譯家。

石。[30]威尼斯商人親赴亞歷山大港和阿勒坡收購寶石，再將這些寶石賣給義大利帕維雅（Pavia）的法蘭克商人。[31]北義大利城邦和比利時法蘭德斯（Flanders）、布拉班特（Brabant）及法國之間的貿易關係透過香檳集市（Champagne fair）②得以進一步發展，也促進了鑽石貿易向西傳播。威尼斯人則在德國紐倫堡（Nuremberg）、巴黎和比利時布魯日（Bruges）出售鑽石，其中布魯日成為了十分重要的鑽石中心。[32]

伴隨這些陸上貿易網絡的發展而來的，是阿拉伯對鑽石知識的增長，許多著名中世紀阿拉伯地理學家都曾寫過鑽石和其他寶石的文章。[33]阿拉伯歷史學家馬蘇第（Al-Masudi，八九六年至九五六年）曾提及來自印度洋的鑽石。[34]十一世紀初，比魯尼曾在他一篇關於礦物學的重要著作中討論鑽石，聲稱這些寶石是在「面對『塞倫迪布』（Serandib）的花耳（Khwar）③」所開採。[35]塞倫迪布是斯里蘭卡的阿拉伯語舊名，意為「喜悅之島」，而比魯尼暗示那裡也產鑽石。他的著作是最早努力戳破圍繞鑽石之既存傳說的作品之一，因為他表明關於隼和麻雀將鑽石從山谷銜到巢穴、冒險者再從鳥巢中拾取的故事是假的。[36]這個鑽石谷傳說相當知名，歷史學家追溯起源為希臘化時期的東方，在七世紀下半葉之前，不同版本的故事從那裡傳播到中國、印度、阿拉伯半島、波斯和西方世界，證實關於鑽石的知識可能也會伴隨商品本身四處旅行。[37]這個故事的大多數版本皆同意鑽石出現在被蛇包圍的地方，但關於這個山谷的位置以及如何取得鑽石的細節卻大相徑庭。某個版本曾被誤認為是亞里斯多德的作品（但真正的起源可能是阿拉伯），敘述亞歷山大大帝曾造訪過這個位於中亞呼羅珊（Khorasan）邊界外的山谷。這個山谷裡有種用眼神就能殺人的蛇，但亞歷山大用鏡子殺了牠們。[38]在唐朝張說（六六七年至七三〇年）記述的中文版鑽石谷故事中，是在一個叫作拂林（Fu-Lin）的地中海島嶼上找到鑽石。[39]拂林可能指的是古城泰西封（Ctesiphon，或稱馬達因〔Al Mada'in〕），位於美索不達米亞的巴格達附近，唐朝人認為這裡是礦石和珠寶的產地。[40]

這個故事最流行的版本是敘述水手辛巴達（Sinbad the Sailor）第二次航行時提到的內容。故事中提到辛巴達造訪該地，看見商人把大塊大塊的肉扔進山谷，鑽石會黏在這些肉塊上，食肉的猛禽銜起肉塊並帶回自己的巢裡，於是商人就可以很輕鬆地蒐集到這些寶石。[41]據說盛產寶石的塞倫迪布島是這個特殊情節的靈感來源。[42]

在歐洲，馬可．波羅（Marco Polo，一二五四年至一三二四年）也將這個蛇出沒的山谷故事版本寫進遊記中，但他不像幾世紀前的比魯尼抱持批評的態度。[43]後來，義大利旅行家尼可洛．孔提（Nicolò de' Conti，一三九五年至一四六九年）也提到這個故事，而他的版本被教皇祕書波吉歐．布拉丘里尼（Poggio Bracciolini）寫下，描述了以一座鑽石礦山為中心，環繞著這座山的潟湖棲息著蛇和其他有毒動物，只要從鄰近的鑽石山上扔下肉塊就可以獲得鑽石。[44]孔提和波羅一樣，不假思索地接受了這個故事。後世學者認為不同歐洲旅行家均承認這故事的原因，可能是當地有在採礦

② 編按：十二世紀至十四世紀時期歐洲著名的國際貿易集市。

③ 譯按：波斯語，意為太陽。

前用動物獻祭的習慣，而這一習慣吸引了禿鷹前來。[45]孔提必然親眼目睹過這類儀式，因為他曾造訪過幾座位於南印度毗奢耶那伽羅帝國（Vijayanagara Empire）首都約十五天路程外的鑽石礦。[46]

也許這一傳說最古老的雛型，可在一三七五年的《加泰隆尼亞地圖集》（*Catalan Atlas*）找到，這幅地圖由猶太製圖師亞伯拉罕・克雷斯克斯（Abraham Cresques）及其子耶胡達（Jehuda）為阿拉貢的胡安王子（Prince Juan of Aragon，圖6）所繪製。[47]其中鑽石谷圖像所附的加泰隆尼亞文圖說翻譯如下：

> 這些人被選去撿拾鑽石。但因為他們無法爬到發現這些鑽石的山上，所以他們就聰明地想到將肉塊扔在有寶石的地方。寶石附著在肉上並（從岩石上）脫落，之後，又從鳥兒叼起的肉塊上掉下來。亞歷山大這樣說。[48]

在地圖上，亞伯拉罕・克雷斯克斯將鑽石谷放在巴達西亞山脈（Baldassia Mountains），此處可確認是巴達赫尚（Badakshan）地區，主要位於今天中亞的塔吉克（Tajikistan）。這一地區在古代貿易網絡中非常重要，更是絲路的中途停留地。比魯尼曾提到這裡可以找到尖晶石（spinel），而史上最偉大旅行家之一伊本・巴杜達（Ibn Battuta，一三〇四年至一三六九年）和波羅均說這地方產紅寶石。[49]雖然關於中亞鑽石礦的敘述似乎均無法得到物理證據的證實，但這些記述所指的地方必然位於今日的印度。雖然鑽石黏在肉上的故事被公認為傳說，但背後仍可能存在某種真實性。一八九

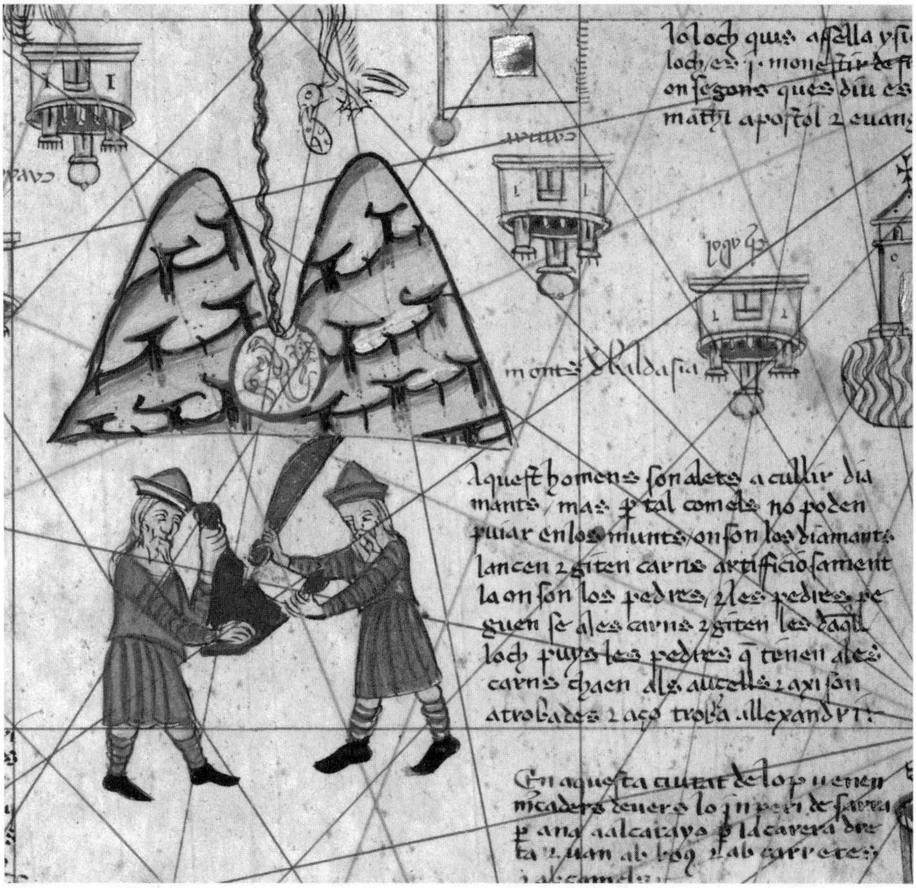

圖6　《加泰隆尼亞地圖集》的細部，繪製於一三七五年。

七年，在金伯利鑽石礦區工作的一位戴比爾斯雇員發現鑽石會黏在油脂上，與從該礦挖出來的含鑽泥土中出現的其他礦物不同。這一發現促使了礦場裝設用來篩選鑽石的油脂平台（grease table），並大大提高了尋找鑽石的效率。[50]

早期的歐洲遊記

波羅的旅行日記寫於十三世紀尾聲，是歐洲旅行家提到印度鑽石的最早著作之一。「不要以為基督徒能拿到從那裡來的好鑽石，它們是大汗和那些擁有巨大財富的地方王公貴族的囊中物。」[51]當時，毗奢耶那伽羅王朝的皇帝們統治著印度中南部的德干（Deccan），幾個歐洲人也跟隨波羅的腳步描寫了毗奢耶那伽羅的鑽石礦。這些早期歐洲人最重要的描寫，一是來自波羅的同夥、威尼斯人孔提，因為他曾在一四二〇年代造訪過毗奢耶那伽羅首都北方、克里希納河附近的鑽石礦；還有來自葡萄牙探險家杜阿爾特．巴爾波薩（Duarte Barbosa，一四八〇年至一五二一年）。[52]

雖然波羅和孔提的經驗和由陸路貿易路線主導的舊世界就像拼圖般十分契合，但巴爾波薩的著作指出，因為歐洲和印度之間建立了通過好望角的海上航線，使得歐亞商業活動的重心正在轉移。很快地，海上航線就取代了經由威尼斯的陸路路線，商業中心的轉移讓葡萄牙里斯本成為亞洲鑽石進入歐洲的新門戶。再往北，在布魯日因泥沙淤積在茲溫（Zwin）導致失去通往北海的捷徑後，安特衛普一躍成為主要的貿易中心。愈來愈多義大利和葡萄牙貿易商人在安特衛普安頓下來，而安特衛普的商人也在里斯本和威尼斯建立分支機構。[53]面對這些競爭，威尼斯作為國際貿易中心的地位雖節節下滑，但仍是重要的鑽石加工中心，在十七世紀頭幾十年，威尼斯雇用的工匠人數仍比安特衛普還多。之所以如此，很大程度是因為威尼斯與鄂圖曼帝國（Ottoman Empire）聯繫良好——伊斯坦堡是威尼斯作坊生產的拋光鑽石的重要消費市場。[54]

葡萄牙船隻不只把鑽石運到歐洲，也把歐洲教士、冒險家和貿易商送到其他地方，自十六世紀起，從事寶石、珠寶首飾和珍珠交易的歐洲商人就開始在印度出現。有些歐洲人甚至將他們的貨物賣到中國和菲律賓群島，然後從這些地方出口寶石到新西班牙（New Spain）。[55]一五二八年，一位叫做季克默・布魯日（Guylherme de Bruges）的商人從印度港口城市科欽（Cochin）將藍寶石、紅寶石和珠寶運送到里斯本。在同一期間，一位奧古斯堡（Augsburg）公司的代理人從一名安特衛普貿易商那裡購買了鑽石，而貿易商曾在毗奢耶那伽羅帝國的鑽石礦附近待過一段時間。[56]葡萄牙國王的首席寶石工藝家法蘭西斯科・佩雷拉（Francisco Pereira）曾在一份一五四八年所寫的手稿中提到了印度貝拉里（Bellary）、卡達帕和瓦拉卡魯爾的鑽石礦。毗奢耶那伽羅皇帝們有時也會將鑽石當成禮物送人，例如比賈普爾的蘇丹就曾收到一份十六顆鑽石的大禮，最大的一顆重達一百六十二克拉，葡萄牙旅行家費爾南・努內斯（Fernão Nunes）在一五三五年至一五三七年間訪問該帝國的遊記中，便寫下了這件事。[57]

這些來自葡萄牙人的早期記述大大拓寬了歐洲人對亞洲鑽石的認識，很快地，歐洲其他地方的旅行家以親身的見聞補充了其中的空白處，甚至提供了更多在印度鑽石產地進行開採及貿易活動的細節。有關印度鑽石礦的最知名記載之一，可在荷蘭商人及旅行家楊・林氏侯登（Jan huyghen van Linschoten，一五六三年至一六一一年）所寫的《東印度水路誌》（*Itinerario*）中找到。[58]林氏侯登對於毗奢耶那伽羅鑽石礦的討論，比起之前的多數旅行家更為詳盡，雖然他也大量採用了葡萄牙人賈西亞・奧爾塔（Garcia da Orta）在《印度香藥談》（*Coloquios dos Simples e Drogas da India*）中的敘述，而該書於一五六三年在印度果阿（Goa）出版。[59]根據林氏侯登的說法，上好的鑽石是在位於德干的一座山上發現的，山的名字叫作侯薩維勒（Roça Velha，葡萄牙語，意為「老岩石」），這些鑽石被運到位於果阿和坎貝（Cambay）中間的一座城市，接著印度西部古吉拉特邦的商人再前來採購這些鑽石。[60]林氏侯登描寫了鑽石是如何和黃金一樣，「在差不多一個人身高深度的地方開採」，[61]且有時一個礦坑閒置了好幾年後，才會重新開採。

孔提提供了另一個詳盡的記述，內容是一位來自布魯日的鑽石貿易商，曾在南亞和中東住了三十多年。一六一一年，這位貿易商旅行到一座位於拉瑪納科塔（Ramanacota）的鑽石礦，親眼看見五萬個成年男女和兒童在那裡工作。他形容這些人一貧如洗，工作時除了一塊纏腰布外，幾乎什麼都沒穿——這是為了防止他們偷走鑽石而採取的措施。礦工們組成小公司，由商人出資並支付工資和開銷。這些貿易商只付一點錢就能買到礦工協會挖掘出來的鑽石，此外每月還要上繳礦石抽頭給「礦主」，而礦主是國家指派的監督者，在孔提時代的礦主便是毗奢耶那伽羅皇帝的姪子，七克拉或更重的鑽石自動歸他所有。[62]在印度帝國和蘇丹國，普遍的做法是將鑽石開採視為統治者專屬的壟斷事業，不是由代表統治者的官員進行管理，就是賣給承包商。[63]一些礦場的礦產更完全是統治者的囊中物，例如在十七世紀成為戈爾康達一部分的庫魯爾（Currure）。[64]然而一般來說，雇用礦工的商人還是可以支付一定費用來取得開採許可；統治者則經常要求對鑽石的商業交易徵收附加稅。[65]

孔提也描述適用於沖積帶的開採方法，且這種方法並未隨著時間而改變。首先，礦工會架設一個平台，周圍架起柵欄。他們會蓋一座小小的寺廟在平台旁邊，裡面供奉塗抹了藏紅花的神像。進行過獻祭儀式後，礦工就會開始用鐵鎬和鐵鍬挖掘藏有鑽石的土地，他們從土的顏色可以辨識出這種藏有鑽石的土壤。這些泥土會被放在平台上晾乾，風的侵蝕力會將這堆「跟人一樣高」的泥土變少，當土堆變成一小堆卵石時，就可以很輕易從裡面挑撿出鑽石。挖礦的人時時受到監督，並被禁止將他們發現的鑽石賣給外國人。挖掘土壤的工作並非毫無風險，孔提便描述了一樁悲劇：一場暴雨導致一個挖掘中的坑洞坍塌，活埋了一百五十名礦工，而這些礦工留下的三十名寡婦隨後在一個名為娑提（sati）的儀式中遭活活燒死。[66]

近代早期印度鑽石礦的少數已知插圖之一，來自荷蘭插畫家羅梅恩．胡格（Romeyn de Hooghe，一六四五年至一七〇八年。圖7）的作品。雖然帶有明顯的浪漫色彩，但這幅插圖仍展現出近代早期印度鑽石開採的幾個經典特徵，例如商人就在附近、工人一絲不掛，以及宗教雕像和「神職人員」在場等。胡格是名聲響亮的插畫家，他的幾幅畫被根據地在荷蘭萊頓（Leiden）的出版商彼得・德爾（Peter van der Aa）④買下，並在他出版的《愉快的世界畫廊》（*Galerie agréable du monde*）地圖集中有幾卷用上了這些畫而這幅鑽石礦的插畫，便印在關於波斯及蒙兀兒帝國的第二卷中。[67]無論是德爾或胡格都沒有提供圖中鑽石礦所在位置的細節，但是德爾曾在他那本書的第一卷《東印度群島》（*Les Indes Orientals*）中簡單描述了戈爾康達和奧里克薩（Orixa）這兩個王國。根據德爾形容，可以確定為如今印度奧里薩（Odisha）的奧里克薩盛產鑽石，且產量之豐。為了保證鑽石產量不會多到導致價格崩潰，一六六二年時，戈爾康達附近的統治者甚至下令用岩石碎塊將鑽石礦堵上。德爾進一步指出，在戈爾康達工作的礦工超過十萬人，附近還有許多商人以及兩萬多名特別登記造冊的娼妓業者。[68]

德爾的波斯及蒙兀兒帝國卷只有另一幅畫與鑽石有關，該畫復刻尚—巴普提斯特・塔維涅（Jean-Baptiste Tavernier，一六〇五年至一六八九年。圖18）賣給法國國王的二十顆最美麗鑽石，由亞伯拉罕・伯斯（Abraham Bosse）所繪。塔維涅是為宮廷工作的珠寶商，在寫過關於印度鑽石礦的歐洲旅行家裡，他是最知名的一個。他曾造訪過五個採礦地區，包括已知存在的兩條出產鑽

圖7　鑽石礦，印度，一七二九年。

石河流的其中一條。他描述的第一個鑽石礦是一六四五年造訪的羅爾康達（Raolconda），位於今日的卡納塔卡，後被確認為拉穆爾科塔礦（圖5）。[69]該礦位於比賈普爾蘇丹國，約在塔維涅造訪前被人發現，其所產的鑽石均藏在岩脈之中。[70]根據這位法國人的說法，礦工們分組挖掘這種含有鑽石的岩脈，每組人數約五十至一百不等，此說法和林氏侯登的說法一致。塔維涅也說雇用這些礦工的商人會出現在礦場，並且每出動一組五十名礦工，他們就得每天付給統治者兩個帕哥達金幣（印度貨幣）。[71]雖然這種稅包含了組織性監工服務，但政府也擁有留下良好鑽石的特權。塔維涅的描寫證實林氏侯登對採鑽礦工的描繪：窮困、工作時近乎一絲不掛，幾乎賺不到錢，因此為了偷鑽石不禁想方設法將它們吞下肚。[72]礦工往往是一貧如洗的農民，他們採礦的工資很低，而且有一部分是以食物和菸草的形式支付。[73]偷竊行為十分常見，塔維涅便曾聽說有位礦工把一個兩克拉的小鑽石藏在眼角。為了預防偷竊，商人會付給一小群、最多十五人的礦工一點額外費用，任務是監視。如果找到大一點的鑽石，工人也會得到獎勵，如額外的食物等。[74]

塔維涅繼續前往著名的柯魯爾礦旅行，柯魯爾礦在一條河附近，距離戈爾康達約七天的路程。[75]這個礦場是一百年前一位種小米的農夫發現的，尤以出產大顆鑽石而知名，不過鑽石的品質未必最純淨。[76]在塔維涅的時代，這個礦場一定是勞動密集度最高的礦場之一，因為他提到有六萬

④ 編按：因善於編纂地圖與地圖集而聞名。

人在此工作。正如印度其他地方的風俗，他們開始工作前會先向一座雕像祈禱並用餐。在這之後，這些人會掘出約四公尺深的坑洞，婦女和兒童則負責將含有鑽石的泥土送到一個整平並用牆圍起來的空地上，水流經這些土壤後，與孔提的描述類似，工人會用爬梳及切剁泥土的方式，找出送去沖洗的樣土中所含的鑽石。[77]從河床上挖出的含鑽土壤，被送到一個地方，再由工人從土壤中翻找出鑽石，這種沖積帶採礦的萃取方式幾乎不曾隨著地點和時間而改變，就連勞動的性別分工也原封不動（圖78、81）。

這個知名的法國人所描寫的最古老鑽石礦位於孟加拉的柯艾爾河上，而從他對那裡採礦作業的描述，可清楚知道河床上的採礦深受季節影響。[78]二月時，雨季已經結束，河水也變得清澈，約八千名來自蘇美爾普爾及鄰近村落的人抵達了河床。他們做的第一件事就是排乾部分區域的河水，以便取得河中的土壤——這種做法跟羅爾康達的乾掘所採用的方式不同。柯艾爾河出產的尖角鑽石無法在當時的歐洲市場見到，因此人們以為這些礦場已經關閉了，但原因可能只是它們根本從未到過歐洲。[79]

荷蘭商人彼得·朗吉（Pieter de Lange）在塔維涅抵達後二十年所寫的一份報告，可以補充塔維涅對該地區的描寫。這份報告由荷蘭東印度公司（Dutch East India Company，VOC）所編纂，報導了四個鑽石礦的消息，包括塔維涅造訪過的幾個礦場。[80]首先，朗吉描述一個他聽說在孟加拉的鑽石礦，位於皮普里（Pipri）東南方、今天的北方邦（Uttar Pradesh），據說那裡出產古老的岩鑽，但由於有害健康的氣候和糟糕的政府，人們通常避免前往。第二座鑽石礦被稱為「羅弗里寇德」

（Rauvelecotte）或「隆扣達艾爾」（Roncoldael），位於比賈普爾，「自古以來」就為人所知，[81]這很可能就是塔維涅所描述的羅爾康達礦。這裡的鑽石是從岩石中開採出來，其中有不少「裂面切割鑽」（lask），這種不規則切面據說是取出鑽石的過程中石頭被用力擊碎導致。「裂面切割鑽」這名字指的是原鑽的一種特殊切工，即「沿著劈開的面切割，產生的鑽石薄而平整，過程中整體損失的重量較少」。[82]「裂面切割鑽」源自印度，動機是為了盡可能保留原鑽的重量，因此犧牲了鑽石的對稱性。由於鑑賞的角度不同，這種「裂面切割鑽」並不受到歐洲商人歡迎。[83]更一般的說法是，歐洲有股認為印度鑽石切工很糟糕的趨勢，這導致格拉利亞．尤格夫（Gedalia Yogev）等學者做出結論，認為「裂面切割鑽」（他定義為在印度切割的鑽石）個別的品質差異很大，因為「印度的工藝很糟糕」——這是相當歐洲中心主義的說法，因為他沒有把品味差異考慮進去，而隨著二十世紀的發展，這種陳述也已完全過時了，[84]因為「羅弗里寇德」礦據說在朗吉報告當時就已經耗竭了。第三座鑽石礦位於卡達帕地區的甘底科塔（Gandikota）要塞附近，從那裡可以看到潘內爾河，但是產量在朗吉報告時也已經處於下滑狀態，而且由於當時的政治因素，礦工和商人均避免前往此地。這座礦生產小顆的白

圖8　礦工正在清洗鑽石，印度戈爾康達，一八三〇年。

鑽，一六三八年，荷蘭東印度公司曾在此進行了重要的採購。[85]也許甘底科塔礦跟後來亨利・霍華德（Henry Howard）在報告中描寫的那個礦是同一座，被霍華德稱為「甘吉康達」（Ganjeeconta），當時屬於私人所有。[86]

報告中最後寫到的鑽石礦，是塔維涅已經提過的柯魯爾礦，這座礦占地約五十二平方公里，包括柯魯爾鎮在內，裡面已有十四個村莊。[87]柯魯爾鎮及其他三個主要村鎮是榕樹商人（banyan，泛指印度商人）⑤住的地方，礦工們則住在其他十個村莊。商人或冒險家每雇用一個工人都需要支付一筆費用，那些自行從事採礦工作的人每個星期則需為國王工作一天，以交換微薄薪資。[88]來到柯魯爾的冒險家和商人可以自由雇用礦工，想雇多少就雇多少，並以每十人為一組的方式花錢雇用他們。礦工使用鐵十字鎬和橇棍挖掘，鑿穿一層紅色的石頭，直到碰到含鑽土層為止，這些土壤會被送去清洗，甚至要連洗六次之多，洗到剩下的大土塊露出所藏的鑽石為止。和其他地方一樣，超過一定大小的鑽石自動歸地方統治者所有。懲罰竊賊的常見方式是把他們和家人當成奴隸，強迫他們在這些礦場裡無償勞動。在柯魯爾，商人招募礦工為他們工作，這點和塔維涅在羅爾康達觀察到的一樣，但是在柯魯爾，如果一個礦工找不到人雇用，他可能會被迫直接為統治者工作。[89]隨著塔維涅和朗吉這類專業人員所寫的詳盡官方報告和親身見聞錄愈來愈多，歐洲人愈來愈渴望直接在礦場進行交易，甚至夢想著控制這些礦場。雖然偶爾也有關於歐洲人直接在礦場進行交易的說法傳出，但蒙兀兒帝國擴張的勢力，以及對於在帝國境內和外國人進行交易的限制，阻礙了這些夢想與渴望。[90]

蒙兀兒帝國時期

在幾個近代早期的歐洲旅行家將印度經歷書寫下來的同時，不同印度鑽石礦的所有權也正受到政治動盪的挑戰。到了十七世紀頭幾十年，蒙兀兒皇帝已經征服了幾個產鑽地區。在北方，阿克巴大帝（Akbar，一五四二年至一六〇五年，蒙兀兒帝國的第三位皇帝）在十六世紀末前就已經把孟加拉及其鑽石礦納入統治。《阿克巴政事錄》（*Ain-i-Akbari*）是一五九〇年一份記錄阿克巴大帝當政作為的詳細報告，其中有三處提到了鑽石礦：位於下孟加拉馬達朗（Madáran）區的哈爾帕（Harpah）鑽石礦據說生產很小的鑽石；靠近本德爾肯德地區卡林賈（Kálinjar）要塞的沖積地帶同樣生產小顆的鑽石，由當地農民開採；第三處提到一個名叫比拉賈爾（Birágarh）的鑽石礦，位於印度中部馬哈拉施特拉邦（Maharashtra）的卡拉姆（Kallam）。[91]

這些敘述顯示出蒙兀兒帝國對鑽石的興趣，也證實征服這些地區的統治者均十分了解當地蘊藏豐富的寶石。後來關於蒙兀兒帝國征服的故事提供了更多關於鑽石礦的細節。一五八五年，阿克巴大帝將喬塔納格普及其首都柯克拉（Khokhra）納為帝國朝貢國，[92]但喬塔納格普國王杜爾建・薩

⑤ 譯按：一說是印度商人經常坐在樹蔭下談生意，英國人將印度商人叫作banian，故將此種樹取名為banyan。為保留其文化特色，此處譯為榕樹商人。

爾（Raja Durjan Sal）拒絕納貢。阿克巴大帝的繼位者賈漢吉爾（Jehangir，一五六九年至一六二七年）知道該地生產鑽石，便於一六一六年下令出動大象軍隊入侵喬塔納格普及其鑽石礦區，此時距離阿克巴大帝最初試圖控制該地區已經過了三十一年。[93]在賈漢吉爾的回憶錄中，他將延遲出兵歸咎於這些柯艾爾河和山克河（Sankh）的沖積帶位於茂密叢林之中。[94]蒙兀兒帝國入侵後，薩爾王被囚，賈漢吉爾強迫他為人們之前從柯克拉帶來的兩顆鑽石估價，結果因此得到赦免。故事是薩爾王注意到其中一顆鑽石有瑕疵，實驗證明他的看法是正確的：人們將兩顆鑽石拴在一隻公羊的角上，並令這隻公羊與其他公羊打鬥，結果有瑕疵的鑽石裂開了。賈漢吉爾因此釋放了薩爾王，讓他回到喬塔納格普。[95]

薩爾王的反抗不是蒙兀兒帝國在生產鑽石的土地上遇到的唯一一次抵抗。一五六九年，阿克巴大帝已經征服了位於恆河南方、本德爾肯德地區的潘納鑽石礦，但事實證明該地區易征難治，蒙兀兒皇帝為長年的叛亂傷透腦筋。像是當地的席哈特拉索爾（Chhatrasal）為了回應賈漢吉爾的孫子奧朗哲布（一六一八年至一七〇七年）實施的不寬容宗教政策，在一六七一年組建了一支反蒙兀兒帝國的軍隊，起而叛亂。席哈特拉索爾利用來自當地鑽石礦的收入當上了本德爾肯德的王，且一直保持獨立地位，直到十八世紀才落入馬拉塔帝國（Maratha）⑥的控制之下。[96]

在南印度，直到毗奢耶那伽羅帝國在一五六五年的塔利科塔（Talikota）之役、被包括比賈普爾及戈爾康達在內的德干蘇丹國聯盟擊潰為止，毗奢耶那伽羅一直維持著強大的政治影響力，但是在這之後就不曾完全恢復昔日榮光。此役之後，毗奢耶那伽羅的鑽石礦落入了比賈普爾蘇丹手中。

雖然在整個十六世紀，比賈普爾和戈爾康達設法維持了蘇丹國的獨立地位，但是蒙兀兒皇帝沙賈罕（Shah Jahan，一五九二年至一六六六年）仍在一六三六年時將它們納為臣屬國。[97]由於這兩個蘇丹國被認為擁有印度半島上蘊藏量最豐富的鑽石礦，因此蒙兀兒帝國分別在一六五六年及一六八七年入侵這兩個國家，也就不令人意外了。敘述這些侵略戰爭的當代資料提供了一些細節，使人們能夠多少了解唯一已知的近代早期鑽石礦場管理者——波斯人穆罕默德．亞德斯塔尼（Muhammad Sayyid Ardestani，一五九一年至一六六三年），他後來被稱為米爾．朱姆拉（Mir Jumla）。朱姆拉出生在伊斯法罕附近，在一個跟戈爾康達有聯繫的鑽石交易商那裡受訓，準備成為職員。他用另一個名字在柯魯爾礦場擔任監工，在管理階層中步步高升，並因此發了財。他先是成為皇室紀錄的保管者，後來又成為軍隊指揮官和行政長官，[98]最後，他當上總理大臣（wazir），侵吞了在塔利科塔戰敗後甫建立新王朝及王都的毗奢耶那伽羅帝國土地，成功擴張了戈爾康達的領土。一六四六年，身為總理大臣的朱姆拉帶領戈爾康達征服了瓦拉卡魯爾鑽石礦。當毗奢耶那伽羅新王都於一六四六年陷落，戈爾康達與比賈普爾建立了短暫的聯盟，並瓜分了毗奢耶那伽羅帝國的領土。[99]位於卡納塔卡的鑽石礦大部分落入戈爾康達手中，但根據塔維涅的說法，朱姆拉關閉了其中六座礦場。[100]著名而古老的庫魯爾鑽石礦也大約在當時被併入戈爾康達。[101]

⑥ 編按：印度次大陸上的一個近代帝國，始於一六七四年，終結於一八一八年，鼎盛時期的疆域曾覆蓋整個印度北部。

毗奢耶那伽羅帝國最後滅亡於戈爾康達和比賈普爾蘇丹國手中，但這並未帶來德干地區的長久和平。這兩個蘇丹國很快就陷入交戰，與此同時，蒙兀兒皇帝沙賈罕及其子奧朗哲布的威脅也正在逼近，因為奧朗哲布當時擔任蒙兀兒的德干總督。[102]於此同時，朱姆拉決定改變效忠對象，加入蒙兀兒帝國。奧朗哲布便以此為藉口，代表父親入侵戈爾康達，[103]但沙賈罕接受了戈爾康達的朝貢，迫使奧朗哲布從戈爾康達的領土上撤退。奧朗哲布於是將注意力轉向了比賈普爾（比賈普爾蘇丹於一六五六年過世），包圍了首都，直到皇帝沙賈罕下令停止圍城，敵意才暫時得到緩解。一六八七年，蒙兀兒帝國再次入侵這兩個蘇丹國。奧朗哲布已於一六五八年繼位，當上皇帝的他對於朱姆拉印象深刻，決定任命他擔任孟加拉省長。[104]朱姆拉死於一六六三年，當時他仍擔任（或者說再次擔任）柯魯爾礦的行政官，雖然他已將日常管理工作交給一位名叫比瑪西（Bimmassie）的婆羅門（Brahmin）⑦打理了。[105]一六六五年十一月，塔維涅獲准參觀奧朗哲布收藏的部分珠寶，他看到朱姆拉送給沙賈罕的一顆「巨大鑽石」。[106]這顆鑽石原本重達七百八十七點五克拉，但經過切割後，重量縮減到兩百八十克拉。不過，塔維涅似乎搞混了，因為他在描寫柯魯爾礦時提到了同一顆鑽石，但是由朱姆拉送給奧朗哲布。[107]有人指出塔維涅在奧朗哲布宮廷中看到的鑽石當然不是送給沙賈罕的那一顆，因此朱姆拉必然至少送了兩顆鑽石當禮物，而塔維涅似乎把送給沙賈罕和奧朗哲布的兩件禮物寫成一件了。[108]

鑽石礦由蒙兀兒帝國管理而不是由地方控制，並未為礦業管理帶來任何結構性的變化。重要的位置如今交由蒙兀兒官員而不是當地人擔任，也需要額外上交貢品給皇帝，而既有的制度仍然原封不動。即使蒙兀兒人想要改變鑽石開採事業的結構，他們也幾乎沒有時間進行，因為他們對西德干的掌控很快就遭到馬拉塔人的挑戰，而馬拉塔人在十八世紀征服了蒙兀兒帝國大部分的領土。[109]到了十八世紀中，馬拉塔的統治範圍已經遍及潘納、威拉加爾和喬塔納格普。[110]一七二九年，一支蒙兀兒帝國軍隊擄獲了席哈特拉索爾，挑戰了他對本德爾肯德的統治，不過他成功出逃，向馬拉塔軍隊請求援助，並加入了他們。馬拉塔軍隊成功協助席哈特拉索爾重新登上本德爾肯德的王位，席哈特拉索爾因此迎娶了馬拉塔最重要的將軍之一——巴吉．拉奧一世（Baji Rao I）的女兒，也因此在席哈特拉索爾死後，本德爾肯德落入馬拉塔帝國手中。[111]

蒙兀兒帝國勢力已搖搖欲墜，又進一步受到波斯沙阿納迪爾（Nader Shah）的入侵，一七三九年二月，納迪爾於卡爾納爾（Karnal）擊敗蒙兀兒軍隊，並率領大軍進入德里洗劫。在蒙兀兒帝國皇帝與波斯沙阿隨後進行的談判中，波斯沙阿不只得到大量寶石裝飾的蒙兀兒孔雀王座，就連著名的「柯伊努爾」（Koh-i-Noor，光之山）鑽石都落入他們手中。[112]就跟塔維涅混淆了朱姆拉的兩顆鑽石一樣，柯伊努爾鑽石的故事也指出了識別著名鑽石更常見的問題：一些著名鑽石不知所蹤，其他的則遭到重新切割與打磨。此外，歐洲歷史學家也發現，人們總是不禁會用未經確認的巨鑽傳聞來填滿著名鑽石所留下的歷史空白。維多利亞時代的作家不是把朱姆拉送給沙賈罕的九百克拉大禮

⑦ 編按：印度教種姓制度的祭司。

說成是巴伯爾（Babur）的鑽石，就是說這顆鑽就是光之山（有時還同時說成這兩者）。但巴伯爾鑽石的主人正是蒙兀兒帝國首位皇帝巴伯爾，人們皆知這顆巨鑽早已遺失；[113]而光之山這顆印度鑽約重達一百零九克拉，屬於英國王權珠寶（British Crown Jewels），也是難以追溯鑽石起源的最知名例子，[114]它是旁遮普邦（Punjab）境內最後一位錫克王國大君（Sikh kingdom maharaja）⑧在一八四九年送給維多利亞女皇的禮物，後來人們為這顆巨鑽編造了一段歷史，讓它從此穿上神祕面紗。[115]

在印度南方，海德拉巴的尼贊姆（nizam）⑨控制了比賈普爾鑽石礦與一些鑽戈爾康達的石礦。與此同時，英國東印度公司（British East India Company，EIC）此時已擊敗對手們，成為支配印度市場的歐洲勢力，印歐之間的鑽石貿易遂通過英國東印度公司活躍地發展起來。然而，想在採礦點建立直接的商業據點仍是個不可能的任務。一七六六年初，英國人羅伯特．克利夫（Robert Clive）擔任孟加拉行政長官，他派遣湯瑪斯．莫特（Thomas Motte）前往位於奧里薩的薩姆巴爾普爾鑽石礦，這地方靠近西碧河（Hebe）和馬哈納蒂河的交會處，希望能和馬拉塔帝國的地方諸侯建立商業合作。克利夫同時也是英國東印度公司自身軍隊的指揮官，當時為管理巴西鑽石供應已建立了開採及貿易活動的壟斷制度，克利夫可能就是受到這項進展的啟發，因為他的朋友約瑟夫．薩爾瓦多（Joseph Salvador，是那個時代首屈一指的猶太鑽石商人之一）便曾一度參與了巴西鑽石的商業壟斷事業。[116]但克利夫在奧里薩的計畫⑩沒有太多收穫：「山裡蘊藏大量的黃金和鑽石，但當地人性格懶散且懼怕馬拉塔帝國而不願去挖礦，因為財富只會讓馬拉塔人把他們當成更理想的獵物。」[117]

英印鑽石貿易

莫特的任務失敗意味著英國在印歐鑽石貿易長達一世紀的支配地位告終，英國東印度公司對海上貿易及印度原鑽運輸的控制即是顯例。儘管個別的歐洲貿易商始終在印度十分活躍，但幾家東印度公司的崛起很快便掩蓋了他們的重要性。葡萄牙是第一個與印度次大陸（Indian subcontinent）⑪建立商業往來的歐洲海上強權，他們對鑽石的興趣日益濃厚使得里斯本成為將鑽石出口到安特衛普的商業中心。十六世紀時，海上貿易被葡萄牙的「印度長跑」（*Carreira da Índia*）航線支配，當時前往印度的歐洲商旅及鑽石工作者也經常搭乘葡萄牙船隻。一四九二年後，大批猶太人被迫改宗並先後被逐出西班牙及葡萄牙，葡萄牙便設法透過這些離散的猶太人建立了他們的貿易網絡。詹姆斯·博亞吉安（James Boyajian）的著作顯示，這些新基督徒（即被迫改變宗教但仍堅持信奉舊有宗教的猶太人）不僅活躍於連結里斯本與歐洲更北方鑽石中心的貿易路線，同時更在印度建立了自

⑧ 編按：錫克帝國，一七九九年至一八四九年，為南亞地區曾存在的國家。領土包含今天的巴基斯坦北部，以及印度西北部的小部分地區。

⑨ 譯按：印度土邦君主的稱號。

⑩ 譯按：原文為 Not much camd of Clive's plain in Odisha.，其中的 plain（平原）疑為 plan（計畫）之誤植。

⑪ 編按：又稱南亞次大陸或印巴孟次大陸，是南亞的一個地理區域。由於受喜馬拉雅山阻隔，形成一個相對獨立的地理單元，但面積又小於通常意義上的大陸，所以稱為次大陸。

己的貿易中心，發展出進一步的貿易人脈。[118]葡萄牙商人巴爾塔薩爾・韋加（Balthasar da Vega）即是個例子，他自一六一八年起便在果阿行商，供應鑽石給駐在里斯本和安特衛普的往來行號，但在一六四四年被宗教裁判所（Inquisition）逮捕，理由是他是個「猶太教信徒」（Judaizer）。[119]類似這樣的網絡是果阿、里斯本和安特衛普這條商業軸線的支柱，但隨著宗教裁判所的迫害，以及荷蘭和英國東印度公司的勢力擴張，這些網絡也逐漸遭到摧毀。[120]

荷蘭東印度公司成立於一六〇二年，並壟斷了亞洲及聯省（United Porvinces）⑫之間的貿易。[121]雖然荷蘭早期的這些努力威脅了葡萄牙，但荷蘭東印度公司從來無法取得葡萄牙在亞洲鑽石貿易中的地位，不過他們確實成功壟斷了香料貿易，過程中殘酷地屠殺並奴役當地人民。一六〇八年，荷蘭在印度沿海城市莫蘇勒帕南（Masulipatnam，今天的莫克勒巴南〔Machilipatnam〕）成立一家貿易代理處，因為這裡是戈爾康達王國的主要港口，也是紡織品、靛藍染料和鑽石的貿易中心，當地所交易的鑽石直接出自戈爾康達礦，荷蘭人便成功藉此將葡萄牙人趕出當地的貿易市場。[122]十年後，英國人接踵而至，莫克勒巴南成為英國在印度從事私人貿易的重要出貨口，包括運送鑽石。[123]英國與荷蘭東印度公司很快就試圖阻止私人貿易。荷蘭東印度公司曾嘗試直接在鑽石礦進行銷售協商，但大部分努力均告失敗，一六三一年，該公司雇員從事的所有私人貿易均受到禁止，此時距離英國東印度公司發布類似禁令後已有二十二年。[124]一六四三年，荷蘭終於能夠和卡納塔卡國王簽訂合約，保證可在京吉（Gingi，位於今天的印度南部泰米爾納都邦〔Tamil Nadu〕）附近的鑽石礦直接進行交易，雙方同意英國、葡萄牙和丹麥人不能在那裡交易，當地居民只能將鑽石賣給荷蘭東印度公司；而作為回報，荷蘭只能將他們的大象和馬匹出售給國王。[125]雖然做了這些努力，但荷蘭東印度公司從來沒有成功取代經由果阿和里斯本的供應渠道，而大多數低地國的原鑽便是藉由這條路線抵達。[126]

到了一六六〇年代，情勢已經明朗，無論是葡萄牙航線還是荷蘭東印度公司都無力抵抗英國東印度公司的擴張。[127]葡萄牙經由果阿出口的鑽石從兩百萬克魯札多（cruzado）⑬下滑至三千克魯札多，而荷蘭從印度出口的鑽石也已變得微不足道。[128]自從一六四〇年葡萄牙從西班牙獨立以來，英國就與伊比利半島上的王國締結了牢固的商業關係，一六六一年，葡萄牙國王約翰四世（D. João IV）的女兒卡塔琳納（Catarina）與英格蘭國王查理二世的聯姻更鞏固了這段關係。卡塔琳納在隔年抵達倫敦，陪同的還有一位新基督徒貿易商杜阿爾特·希爾瓦（Duarte Silva），很快地，為了逃離天主教宗教裁判所的迫害，其他被迫改宗的猶太人群體也隨之而至。[129]在葡萄牙從果阿出發的鑽石貿易中，葡萄牙猶太人和新基督徒非常重要，但宗教裁判所卻令他們在進入葡萄牙經營的貿易網絡時遇到了困難。一六五五年，英國護國公奧立佛·克倫威爾（Oliver Cromwell）允許猶太人重新定居英格蘭，幾個猶太教及新基督徒鑽石商把握機會，將商業活動融入了發展中的印歐鑽石貿易結

---

⑫ 譯按：應指當時的尼德蘭聯省共和國，下簡稱尼德蘭聯省。

⑬ 譯按：葡萄牙古幣。

構。此舉大致上受到英國政府歡迎，因為商業動機也是推動允許猶太人重新定居的部分原因。[130]塞法迪猶太人（Sephardic jew）⑭很早就開始深刻參與鑽石貿易，其中一個主要原因可能是幸運之神的眷顧，讓他們兩次都在正確的時間出現在正確的地方：第一次是在葡萄牙，當時該國牢牢掌握了從印度到歐洲的進口生意，但他們後來被葡萄牙驅逐；當他們重新出現在倫敦（和阿姆斯特丹）時，英國東印度公司正好實施了新貿易政策，為鑽石貿易商提供了良好的機會。

葡萄牙經果阿出口的鑽石金額巨幅下滑，很大程度要歸因於新基督徒愈來愈不願意利用葡萄牙的渠道，而英國則趁機為這群貿易商提供了另一條商業渠道。雖然英國東印度公司一般政策經常是以壟斷歐印之間的貿易為導向，但該公司仍逐漸向私人貿易商開放亞洲鑽石貿易，並指示他們用該公司的船隻運送鑽石。甚至連外國人也能參與鑽石貿易，只是必須付出較高的關稅。[131]一六六四年，該公司允許猶太商人從倫敦運送金條到果阿，以換取鑽石作為回報。[132]這些做法促使英國鑽石貿易迅速擴張。一六六九年，以一萬七千零八十二英鎊購入的原鑽從印度運到倫敦，百分之四十都是委託猶太商人。一六七七年，八十八位倫敦商人收到了買入成本總計八萬三千八百二十九英鎊的原鑽，近半數金額出自六家企業，每家平均花費超過兩千英鎊，而其中兩家就是猶太企業。[133]

廢除所有在印度的鑽石交易均需要英國東印度公司官員執行的規定後，導致愈來愈多位於倫敦的公司或是在倫敦具有良好人脈的公司均派遣代理人到印度參與鑽石貿易。[134]待過印度的商人中最知名的是夏爾丹（Chardin）家族的尚（Jean，一六四三年至一七一三年）和達尼埃爾（Daniel，一六四九年至一七〇九年）兩兄弟。夏爾丹兄弟出生於一個成功的巴黎珠寶商之家，後來兩人均成為珠寶商且因為專業原因而前往亞洲旅行。一六六四年，尚・夏爾丹第一次前往波斯，在薩非王朝（Safavid）宮廷出售珠寶。三年後，他造訪了蒙兀兒帝國統治下的印度鑽石礦，並於一六七〇年回到巴黎；翌年，與來自里昂、也認識塔維涅的珠寶商安托萬・黑桑（Antoine Raisin）同行，尚・夏爾丹再次啟程，這兩人在印度待了四年，尚・夏爾丹也因此學會了波斯語。當時，尚・夏爾丹決定揮別天主教法國的原因之一是，身為胡格諾派基督徒（Huguenot）的他有可能會遭受天主教徒的宗教迫害。[135]當他決定在一六七九年返回歐洲時，他已經不再來往各處行商並定居倫敦，全心投入撰寫關於他在波斯及印度的遊記。他最後受封為爵士（約翰・夏爾丹爵士〔Sir John Chardin〕），並成為皇家學會（Royal Society）的成員。[136]現在輪到他的弟弟達尼埃爾・夏爾丹在印度生活，並從聖喬治堡（Fort St. George）接續了家族事業，當時的聖喬治堡是英國的貿易殖民地，屬於今天印度東南部清奈（Chennai，昔稱馬德拉斯〔Madras〕）的一部分（圖9）。儘管尚・夏爾丹已不再出國做珠寶行商，但他還沒完全放下生意，因此夏爾丹兩兄弟一人在倫敦、一人在聖喬治堡，同時與另一對塞法迪猶太兄弟合作，而這對塞法迪兄弟中，年紀較輕的名叫薩爾瓦多・羅德里哥斯（Salvador Rodrigues，也被稱為以薩克・薩爾瓦多〔Isaac Salvador〕），較年長的則是法蘭西斯・薩爾瓦多（Francis Salvador），前者加入達尼埃爾・夏爾丹的行列去了印度，後者則留在倫敦。這段

⑭ 譯按：主要為來自伊比利半島的猶太人。

合作關係一直維持到薩爾瓦多．羅德里哥斯捲走合夥的錢，在一座鑽石礦附近展開新生活為止——薩爾瓦多．羅德里哥斯在那裡學會了當地的泰盧固語（Telugu）、娶了名當地婦女，穿著打扮也與當地人無異。[137]

最早定居印度的英國私商之一是納坦尼爾．喬姆利（Nathaniel Cholmley），他是一名倫敦鑽石貿易商。一六六七年，納坦尼爾．喬姆利前往戈爾康達蘇丹國的鑽石礦場為自己和他的兄弟約翰．喬姆利採購鑽石。他在一六六二年至一六七五年間居住在莫克勒巴南，也曾在聖喬治堡待了五年，於一六八二年返回英國，而當時聖喬治堡已經取代了古吉拉特邦的港口城市蘇拉特（Surat），成為英國最重要的貿易港。喬姆利兄弟按著英國東印度公司的規定辦事，透過廣泛的網絡在歐洲銷售寶石，觸及英格蘭、比利時的法蘭德斯、尼德蘭聯省以及法國的買家。[138]其他商

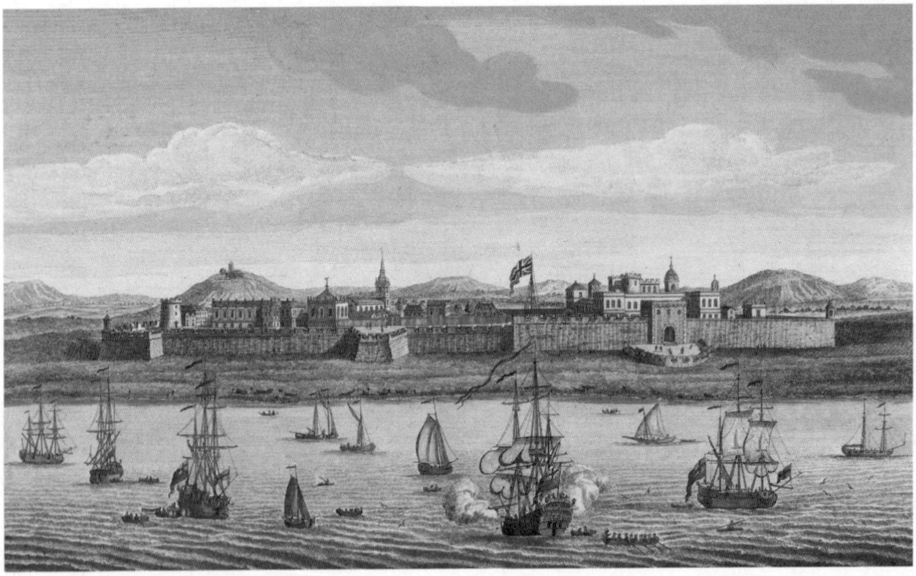

圖9　聖喬治堡，印度，一七五四年。

人紛紛跟隨夏爾丹及喬姆利的腳步，於一六八七年成立了英國清奈公司，由一位市長及十二位市政官（alderman）領導——這些人之中，有幾位是猶太人，還有兩位葡萄牙天主教徒和三位印度教商人。[139]

在十七世紀最後幾十年，情勢已十分明顯，許多基督徒及猶太教徒設在倫敦的鑽石公司生意十分興隆，這要歸因於英國東印度公司對於私商從事印度鑽石交易的縱容。隨著私人利潤擴大，英國東印度公司又重新點燃了壟斷的興趣，於是在一六七九年，該公司董事會討論了重新針對鑽石私人貿易祭出限制措施的可能性。[140]結論是，徹底修訂規定的做法既不可行也不可取，因此在這之後，私人貿易非但沒有受到限制，反而被鼓勵。一項於一六八二年發表的決議規定，英國商人乘坐英國東印度公司船隻從印度攜帶原鑽，須支付百分之四的進口稅，外國人則支付百分之八，但這些稅率幾乎立刻就被調整為公司股東須支付百分之三的稅，其他商人則支付百分之六。修正的內容不僅是降低進口稅，更取消了本籍與外籍商人的差別稅率——因為猶太商人無法成為英國國民，便將差別稅率視如眼中釘。[141]一六八七年，英國東印度公司決定廢除外國人須支付較高進口稅率的規定，於是擁有英國東印度公司股票的商人與沒有擁有股票者的最後一項差異也遭到移除。此外，將用來購買鑽石的金銀運送到印度須支付的費率，則訂為股東百分之二，非股東也相同。[142]

開放貿易體制的其中一名主要規劃者，同時也是該公司最重要的董事之一——約西亞·柴爾德爵士（Sir Josiah Child，一六三〇年至一六九九年），他支持「在印度的英國人之中建立一個荷蘭政府」，意思是希望建立一個以宗教寬容為基礎的政府，以促進貿易活動。[143]英國貿易進展也成為一六五五年允許猶太人重新定居的動機之一，正如柴爾德在他的《貿易新論》（*New Discourse on Trade*，最早出版於一六九三年）所述：「他們喜歡增加貿易，因為他們做的貿易愈多，對整個王國就愈好。」[144]儘管有關印歐鑽石貿易的規則演變似乎在一六八七年即已告終，但翌年發生的光榮革命卻讓英國政府、英國東印度公司及私人貿易商踏進了一段長達三十年的艱難關係，而第二家東印度公司也在這一時期臨時成立，並挑戰了英國東印度公司在印度的壟斷地位。[145]

隨著特許私人貿易制度的建立，情況終於在一七一八年穩定下來。想要購買原鑽的商人將白銀、珠寶、鴕鳥毛、拋光寶石及地中海珊瑚送到印度，當地代理人或往來行號再將所需商品寄回。[146]當時遵循十七世紀的重商主義思想，禁止從英格蘭出口國內金銀，因此送往印度的白銀不是來自英國，但政府允許出口外國貨幣，因此也導致跨國貨幣貿易盛行，猶太人的離散在其中影響甚鉅，[147]像是從地中海海域打撈的珊瑚貿易便控制在離散商人手中；雖然通常是猶太人，但也有定居於義大利利佛諾（Livorno）的亞美尼亞人，因為在[148]十六世紀末，托斯卡尼大公爵（Grand Duke of Tuscany）宣布利佛諾成為自由港以吸引外國商旅、活絡當地商業活動。[149]一七二五年後，鑽石商人透過英國東印度公司船隻送到聖喬治堡的珊瑚數量，已經超過了白銀。[150]

雖然印度鑽石及歐洲珊瑚、珠寶及白銀的特殊交易，是在十八世紀英印鑽石貿易的背景下才得以開花結果，但歐洲人用以物易物的方式取得印度鑽石早已行之有年。鑽石貿易商賈克·庫特（Jacques de Coutre）就是個例子，他曾在日記中寫到，在十六世紀晚期至十七世紀初，抵達果阿的葡萄牙船隻從新西班牙帶來了珠寶、紅寶石、祖母綠和珍珠，從地中海帶來珊瑚，這些商品均被用來購買未經加工的鑽石。[151]雖然孟加拉、孟買、加爾各達和蘇拉特也有鑽石的易貨交易，但在整個十八世紀，英國海外殖民點聖喬治堡始終是貿易的中心。[152]

歐洲商品搭乘英國東印度公司船隻抵達、原鑽則透過地方貿易網絡從內陸深處的礦場運出，因此聖喬治堡正是商業所需的兩股動力的匯合處。一旦歐洲貿易商或代理人取得用白銀、珊瑚和珠寶交換來的原鑽，這些原鑽便在聖喬治堡被登記、放入由皮革製成的袋子（寶石袋〔bulse〕）中，然後送到英國東印度公司船隻上由船長保管，並收取鑽石價值百分之一點四的費用。這些寶石袋被送到倫敦的英國東印度公司總部，法律規定這些鑽石必須公開出售。學者格拉利亞．尤格夫指出，對私人獲得的鑽石進行公開拍賣「不過是場鬧劇而已」，只是為了保證形式上符合法律規定。事實上，人們將這些鑽石交給已經事先委託的貿易商。[153]隨後，原鑽抵達合法主人的手上，可能賣給倫敦或海外的批發商，之後進行切割與拋光，接著可能鑲嵌在消費者委託的珠寶首飾上，也可能被專門交易成品寶石的珠寶商拿來出售。[154]

十七世紀末至十八世紀中葉，官方管理下的印歐鑽石貿易的三大最重要特徵，也許就是英國東印度公司支配的海上航路建立、塞法迪離散猶太人的參與，以及對易貨貿易的仰賴。這些特徵確保倫敦與阿姆斯特丹作為鑽石中心的重要性日益增加，雖然犧牲了里斯本和安特衛普，但也讓不同的跨國貿易網絡連結愈來愈深刻，從而造就了一種愈來愈跨文化的貿易環境，將印度洋、地中海和歐洲西北部商業城市連結起來，甚至自巴西發現鑽石之後，更含括了大西洋體系。這些相互連結的網絡，有幾個是基於共同的親屬關係或宗教信仰，並且經常是離散群體的一部分，猶太貿易商就是其中最典型的例子。由於葡萄牙在印度歷史的角色，以及一四九二年後將猶太人逐出葡萄牙的政策，參與鑽石貿易的猶太商人主要是源自伊比利半島的塞法迪猶太人，但隨著時間推移，有愈來愈多的東歐猶太人（亞實基拿猶太人〔Ashkenazim〕）⑮也開始從事鑽石貿易，有時也引發這些不同群體商人之間的激烈競爭。[155]在近代早期的商業世界仰賴親屬及宗教連結並不是什麼新鮮事，因為這個商業世界的運作極大程度上是以信任為基礎，但這並不表示新教徒、猶太人、胡格諾派基督徒、天主教徒及亞美尼亞人之間的跨文化合夥關係就很罕見。在最近幾十年，歷史學家開始探究，當缺乏能夠懲罰騙子的國際法律框架時，是什麼機制讓這類跨文化商業合作得以存在。[156]

猶太鑽石貿易商馬庫斯・摩西（Marcus Moses）和理查・霍爾（Richard Hoare）之間的關係是一個很好的例子。馬庫斯・摩西派兒子李維・摩西（Levy Moses）前往印度擔任他的代理人，而霍爾則是霍爾銀行（C. Hoare & Co.）的創辦人，是英國今天仍存在的最古老私人銀行。[157]十八世紀初，這兩個人合夥從事固定的鑽石買賣，在阿姆斯特丹和漢堡銷售印度鑽石。[158]他們的鑽石部分透過李維・摩西取得，因為李維・摩西在聖喬治堡與一個名叫喬治・瓊斯（George Jones）的基督徒貿易商合作，而這個貿易商不僅成為馬庫斯・摩西的供應商，也收取佣金為其他人提供服務。[159]十八世紀下半葉，霍爾的銀行代表了一個合夥事業參與鑽石交易，這段夥伴關係的一方是威廉與查理・透納（William and Charles Turner）的基督徒公司，另一方則是印度商人戈考爾・特瓦蒂（Gocaul Tervady），由特瓦蒂將未經加工的鑽石送到倫敦出售，款項則匯入他們的共同帳戶。[160]現有關於這類合夥關係的資料，多半來自提貨單、帳戶或商業書信。只有在少數情況下，人們才會用書面契約來鞏固這類跨文化合夥關係，正如一份一七二一年起草的契約，兩造分別是羅伯特・南丁格爾（Robert Nightingale）和喬治・德瑞克（George Drake），以及安東尼・柯斯塔（Anthony da Costa）和約瑟夫・奧瑟里歐（Joseph Osorio），而奧瑟里歐和柯斯塔是塞法迪猶太人，前者住在阿姆斯特丹，後者則住在倫敦。當兩造都同意合夥從事鑽石貿易，南丁格爾與柯斯塔便為此搬家到聖喬治堡。[161]

著名的「奧洛夫鑽石」（Orlov Diamond，圖10）的歷史足跡，很好地展示許多鑽石交易的跨文化本質。這顆鑽石出土於戈爾康達礦場，重達一百九十四點七五克拉，並保存於位於莫斯科的鑽石庫（Diamond Fund）中。[162]為了避免重量損失，這顆鑽石以印度典型的不對稱方式進行切割，並可能是在十八世紀中被一位法國逃兵給偷走，而後便輾轉流傳於一名英國船長以及猶太、亞美尼亞和伊朗商人手中，最終由俄國伯爵格里高利・奧洛夫（Grigory Orlov）在阿姆斯特丹買下它，並送給了那位曾經把他當成情人的女皇凱薩琳大帝（Tsarina Catharine the Great）。一七七四年，奧洛夫鑽石被鑲在屬於凱薩琳的權杖上。[163]

幾個局外人在倫敦上流社會的崛起，也反映了與英國東印度公司連結的跨文化鑽石合夥關係的成功。之前提到的尚・夏爾丹成為了著名的知識分子，其他人也成功地躋身了社會頂層——比如約

⑮ 譯按：祖先來自東歐的德裔猶太人。

瑟夫・薩爾瓦多（Joseph Salvador）出身鑽石商人之家，後來也成為極成功的塞法迪猶太商人，並在當時變得相當知名。他提倡給予猶太人公民權，而他菁英般的生活方式以及與倫敦最著名交際花之一基蒂・費雪（Kitty Fisher）等聲名狼藉女性的風流韻事，也讓他成了報紙八卦專欄的討論話題。[164]社會地位的提升，為約瑟夫・薩爾瓦多這類人帶來了有力盟友，因為這些人具體地影響了英國政策制定以及英國東印度公司。約瑟夫・薩爾瓦多是克利夫的好友，當克利夫被捲入公司內部的權力鬥爭時，他曾提供有關殖民政策的建議。[165]這樣的友誼不只對商人有好處，而是對雙方都有利的互惠關係，這便是近代早期友誼觀念的一個基本特徵——對官員和商人都有好處。[166]

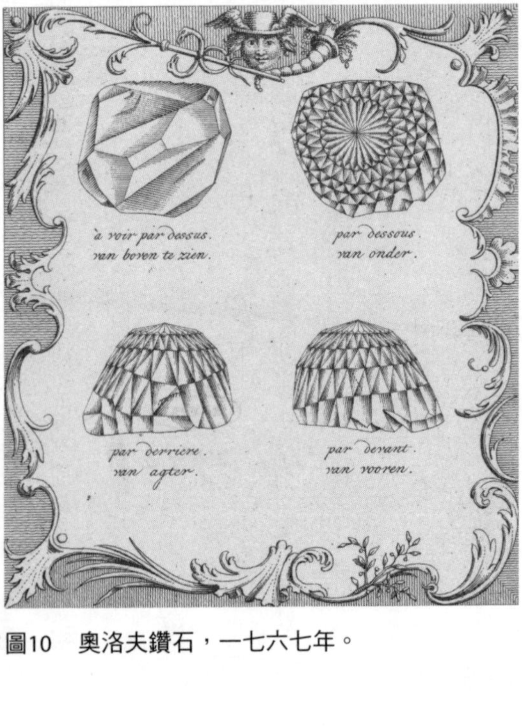

圖10　奧洛夫鑽石，一七六七年。

柴爾德的開放政策就是英國東印度公司行政長官逐步涉入私人貿易的結果，先是擔任中間人，後來也以自己的名義出面。他們的成功往往取決於與信譽卓著的鑽石商之間的關係經營有成。其中有些行政長官因鑽石生意而變得極為富有，埃利胡・耶魯（Elihu Yale）就是個好例子，他曾在一六八四年八月至一六八五年一月，以及一六八七年七月至一六九二年十月這兩段時期，擔任英國在清奈殖民點的負責人。他靠著非洲奴隸和鑽石的買賣積累了大量財富，甚至成為耶魯大學的第一位捐贈者。[167]另一個著名的官員是多馬・皮特（Thomas 'Diamond' Pitt），他是一六九八年七月至一七〇九年九月的清奈負責人，最出名的事蹟是買了一顆重達四百二十六克拉的巨大原鑽，這顆鑽石自一六九八年從柯魯爾礦開採出來後便在英國切割。其中最大的一顆鑽石叫作「攝政王」（Regent），重達一百四十克拉，在一七一七年賣給法國攝政王菲利浦・奧爾良（Philippe d'Orléans）。[168]

隨著時間流逝，鑽石成為一種流行的手段，耶魯、皮特和克利夫等在印度發財的歐洲人（nabob），利用鑽石將他們在印度積累起來的財富帶回英國，這令印歐鑽石貿易承受了巨大的壓力。[169]從印度發財後回國的歐洲商人的活動、參與鑽石貿易的行為，以及用鑽石來購買議會席次的做法，經常受到英國公眾輿論的負面評價。《吃鑽石的人》（*The Diamond Eaters*，圖11）等諷刺版畫作品就描繪了這一現象：在這幅畫中，第一位總督華倫・黑斯廷斯（Warren Hastings）將鑽石（印度戰利品）倒入他的盟友瑟洛男爵（Baron Thurlow）的嘴裡，畫中出現的國王喬治三世及夏洛王后則長出了惡魔般的手。而將東方奢侈品視為墮落象徵的既有負面印象，則進一步加深了這樣的觀感。當時存在的社會文化觀念，甚至將這種財富的墮落消費行為貼上女性標籤，而在這幅諷刺版畫中，唯一完全可見的臉孔就是一位女性——嘴巴張得大大的王后，這或許不是個巧合。[170]

在印度致富的歐洲人愈來愈常將鑽石當成工具，儘管有來自巴西鑽石加入競爭，但鑽石貿易仍持續擴大——一七六七年對英國的鑽石出口飆升到頂峰，從印度進口的鑽石總價值達到了三十萬英鎊。但這將是英印鑽石貿易的最後高點，因為在一七六〇至一七七〇年間，英印鑽石貿易開始崩潰，並在一七九〇年代跌到了微不足道的數字，[171]從參與貿易的猶太商人數量減少，也可觀察到下滑的現象：一七六七年前，他們進口的鑽石比例從未低於百分之五十，但在一七八〇年代，此一數字卻跌到了百分之十。[172]下滑現象與巴西鑽石的崛起以及幾個印度鑽石礦的逐漸枯竭有關。儘管巴西鑽石逐漸在歐洲取代印度鑽石，但一些歐洲商人仍嘗試多角化經營，企圖迎合成長中的印度消費市場，但這些努力均告失敗。其他人則嘗試成立企業來迎合印度歸國富豪們的需求。一七七七年，一位名叫雅各·巴內特（Jacob Barnet）的人代表猶太人摩西·法蘭克斯（Moses Franks）的鑽石公司前往聖喬治堡。他很快發現北方的生意更好，並於一七七八年至一七八五年間一直住在印度貝納勒斯（Benares），鄰近帕特納（Patna）鑽石礦。他在那裡為任何想把錢轉回英國的人提供鑽石匯款，或是從事以鑽石為擔保的匯票匯款服務。[173]巴內特離開貝納勒斯那一年，一位東歐猶太鑽石商以色列·薩羅門斯（Israel Levin

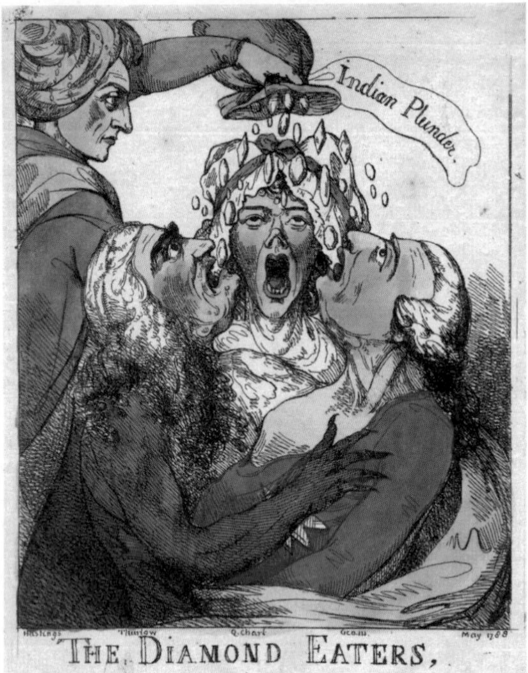

圖11　「吃鑽石的人，可怕的怪物！」諷刺版畫，一七八八年。

Salomons）、又名耶希爾．普拉傑（Yehiel Prager）企圖壟斷英印鑽石貿易，但計畫失敗了。[174]至此，印度鑽石的黃金時代已來到尾聲。

東印度公司之外的世界

在來自巴西的競爭改變了鑽石世界的樣貌之前，英國東印度公司控制的商業體系，是十七世紀中至十八世紀中印度鑽石抵達歐洲的主要渠道，但這不應掩蓋一個事實：在亞洲各地存在著的大量寶石貿易中，沒有任何來自歐洲的介入，因為這些貿易利用的是英國東印度公司殖民勢力範圍之外的陸路路線。除此之外，還有很多商人至少有部分的生意是在法律框架外進行。走私和祕密交易都很難追蹤，但有時還是能發現這兩種活動廣泛存在的跡象，例如在印度半島東南部科羅曼德爾海岸（Coromandel Coast）進行的大量非英國東印度公司貿易，其中也包括鑽石的買賣。[175]英國東印度公司和歐洲競爭者一直都得面對來自另類網絡的競爭，但它們也需要這些網絡，因為印度官方不允許歐洲人在印度鑽石礦場直接做生意。雖然塔維涅等貿易商獲得了參訪許可，甚至可能還進行了一些非法交易，但一般來說，西方貿易商必須在蘇拉特、果阿或其他貿易中心購買鑽石時，貿易對象則經常是來自古吉拉特王國的耆那教（Jain）或印度教榕樹商人，而後者則是印度生產者與歐洲買家之間的中間人。[176]

印度貿易商是連結礦場與主要貿易中心網絡的一部分，一些力量較大的網絡甚至可以延伸到海外。有些最成功的印度商人因身為富有的企業家而知名，如尚提達斯．札維利（Shantidas Zaveri，一五八五年至一六五九年）和韋爾吉．弗拉（Virji Vora，一五九〇年至一六七〇年）這類人就變得十分富有且名氣很大。札維利是位耆那教商人，住在印度西北亞美達巴德（Ahmedabad）的珠寶商區，他倚靠一個延伸至勃固（Pegu，今日的緬甸）的藍寶石和紅寶石礦的商業網路，且他自己設計珠寶，蒙兀兒皇帝更是他的重要客戶；被英國人認為世界上最有錢的商人之一的弗拉，則從事香料、珊瑚和鑽石買賣，商業網絡連結了亞美達巴德、阿格拉（Agra）、德干和戈爾康達。[177]由於某些印度商人團體直接掌控了礦場，使得歐洲人想出一些巧妙的辦法，企圖規避貿易規定，繞過中間人取得原鑽。

一六九一年一月，法國旅行家侯貝．夏勒（Robert Challe）待在蘇拉特，記錄了一些關於耶穌會士參與鑽石買賣的故事。他寫到，裡面有些人「打扮得像榕樹商人，語言說得跟他們一樣好，和他們同住同吃，也喜歡他們，還參加他們的儀式。總之，不知道內情的人，會以為他們是真正的榕樹商人呢」。[178]夏勒也描述了耶穌會士發明的一種走私鑽石方法，方法是將葡萄牙鞋的木製鞋跟換成歐洲製造的一種特殊空心鐵鞋跟。[179]

儘管普遍禁止歐洲人前往印度鑽石礦，但還是有少數人寫下了造訪幾座鑽石礦的經歷，留下的旅行日誌提供了關於當地人如何在這些礦場交易鑽石的絕佳觀察。儘管塔維涅無疑是這些歐洲見證人中最知名的一位，但卻不是唯一一位。以荷蘭東印度商人威廉．朵斯特（Willem den Dorst）為例，他曾描寫於一六一五年末，在卡納塔卡一座鑽石礦進行的鑽石交易。維薩普爾（Visapur）、果阿和其他城市的商人差遣代理人到那裡購買原鑽，有些甚至重達四百克拉，部分用來交換珠寶首飾和珍珠。[180]霍華德在六十年後寫了一份關於印度鑽石礦的報告，他觀察到，維薩普爾礦工和商人都是非穆斯林的印度人，其中礦工往往是當地的泰盧固人，而商人則是古吉拉特人，「好幾代的人離鄉背井從事鑽石貿易」，維持著連結果阿、蘇拉特、阿格拉和戈爾康達及維薩普爾蘇丹國的貿易網絡。[181]歐洲人出現在礦場在當時可能仍屬傳聞，但確實有為數不少的印度商人移居到鑽石產區。一份一六六三年的荷蘭觀察中，提到榕樹商人居住在柯魯爾礦周圍十四個村莊中的四個村莊，共有三千至四千個榕樹商人家族，或說占總人口數的百分之九十，他們原本因礦場管理不善而離開，但在一位婆羅門被任命為礦長後又返回了。[182]

關於鑽石貿易的最佳描寫之一來自塔維涅，因為他親眼見證了位於卡納塔卡的羅爾康達礦的鑽石交易。他記述，每天早上十點到十一點，礦主會向商人展示鑽石商品，有興趣的貿易商必須迅速完成交易並簽下某種本票，接著賣方就能在蘇拉特、阿格拉或其他地方，從放債者或開錢莊的人（sharaf）那裡拿到即期匯票。年紀約十五、十六歲大的商人孩子早上會聚集在一棵大樹下，帶著一袋砝碼和一個金寶塔錢包來等候賣家；等到一天結束了，孩子會將買到的東西集中在一起，將鑽石分等次後再賣給商人。[183]印度教徒和穆斯林都有完成鑽石交易的獨特方式，比如買家和賣家面對面蹲下，其中一人解開他的腰帶，接著賣家握住買家的右手，用自己的手及腰帶的末端蓋住它；如果整隻手都蓋住，他指的是一千這個數字。他們握手及用手指做出手勢進一步談定價格，整個談判過程因此不需要說話或眼神接觸（圖12）。根據塔維涅的說法，除了買賣雙方之外，目擊交易過程的人也不知道最後價格。[184]比起書面或口語（圖13），肢體語言是鑽石交易中十分重要的一環，這便是鑽石交易的本質，且常被認為是非正式、隱密的，並且自成一個世界。

鑽石礦那裡的買賣談成後，榕樹商人網絡確保了部分原鑽可供蘇拉特、果阿和清奈這些主要商業中心的外部買家購買。歐洲人一直無法控制來自礦場的原鑽流向。一些鑽石落到蒙兀兒皇帝手中，其他一些去到當地王公貴族那裡，因為他們有權利獲得從領土上開採出來的上好鑽石；其他鑽石則在亞洲網絡中尋找亞洲買家並出售。而那些最後抵達歐洲市場出售的鑽石，也不是所有鑽石都由英國東印度公司船隻運輸。該公司的海上航路及相關規定雖然有效打擊了來自其他歐洲印度公司的競爭，但連結印度和歐洲的幾條古代及中世紀陸路路線仍保持活絡，不同的貿易網絡也因此蓬勃發展。[185]歐洲東印度貿易公司的官員屢次寫到面對傳統陸路貿易路線競爭時遇到的困難，例如一封寫於一六二六年的信中，一位荷蘭官員就抱怨來自印尼亞齊（Aceh）、古吉拉特和其他亞洲地方的商人幾乎買走了所有的鑽石。[186]

儘管來自歐洲海上航線的競爭日益激烈，但在屹立不搖的陸上網絡中，最重要的也許是亞美尼亞貿易家族在伊斯法罕附近的新朱利法（New Julfa）所建立的網絡。[187]一六〇六年，波斯沙阿阿拔斯一世（Abbas the Great）在一場爭奪亞美尼亞部分地區霸權的戰役中擊敗了鄂圖曼人，之後他將一個亞美尼亞貿易團體遷居到此地，因為波斯沙阿希望波斯的生絲貿易能夠利用亞美尼亞人豐富的商業經驗而獲利。[188]雖然亞美尼亞鑽石貿易網絡的完整範圍仍不得而知，但我們清楚知道，對歐

圖12　討價還價中的東方鑽石商人，一八五九年。

圖13　握手確認鑽石交易成交，於安特衛普。

洲競爭者而言，他們是一股不容小覷的商業力量。在新朱利法建立之後，亞美尼亞離散者亦在土耳其港口城市伊茲密爾（Izmir）、利佛諾、威尼斯、馬賽，及後來的倫敦和阿姆斯特丹安頓下來，[189]這些網絡也在蒙兀兒帝國統治下的印度成功取得商業影響力。雖然一些亞美尼亞人在十七世紀之前就已定居於此，但是在歐洲東印度公司到來的這段期間，才有大群的亞美尼亞貿易商定居在蘇拉特和清奈。[190]隨著英國東印度公司的影響力不斷上升，鑽石和珊瑚的易貨貿易變得日益重要，使得這些易貨貿易所仰賴的亞美尼亞貿易商的網絡範圍也變得不可或缺。[191]

這些起源自新朱利法的網絡十分倚賴親屬關係，相較於其他同樣由離散者組成的網絡（如塞法迪猶太鑽石商人），他們對親屬關係的倚賴程度也許更高。尚．夏爾丹發現和亞美尼亞人做生意特別困難，正如他寫給兄弟的信中所說：「亞美尼亞人桀驁不馴的精神不容許他們把自己的事交到任何人手中。」[192]由於寫這封信的人本身就與幾個亞美尼亞商人有私交，也和他們有生意上的往來，因此我們必須認真看待這種說法，但從另一方面來說，倚賴親屬關係和共同的宗教連結絕不是亞美尼亞人獨有。此外，就像其他人一樣，亞美尼亞商人也與猶太人、基督徒和蒙兀兒貿易商有跨文化的往來。在達尼埃爾．夏爾丹活躍於亞洲的同時，一位被人叫作魯普利（Rupli）的亞美尼亞貿易商和塔維涅合夥從事寶石生意，他們的生意十分興隆，讓魯普利動了念頭，想去法國賣寶石。一六七一年，魯普利抵達法國南部尼姆（Nîmes），他被那裡的海關官員誆騙，因為那位海關官員也為尼姆的稅務員工作。他沒收了魯普利的鑽石，儘管在蒙貝里耶（Montpellier）進行了審判，但稅務員卻拒絕受理魯普利的申訴，直到魯普利設法到凡爾賽向路易十四陳情，案子才得以解決：魯普利在凡爾賽宮得到一位舊上流社會成員的協助，他用搞笑的方式向國王解釋了這案子，國王雖忍不住笑了出來，但也相信了這番話，那位稅務員後來受到審判，被判處終身監禁。魯普利除了因被沒收鑽石而得到了四十五萬里弗爾（livres，法國舊貨幣）的賠償之外，還另外得到十二萬里弗爾以補償各項開支。[193]魯普利的經歷肯定不會鼓勵亞美尼亞貿易家族更常和歐洲商人聯繫往來，尚・夏爾丹形容魯普利「對這一大堆花招感到厭倦和厭惡，這種事在他的國家根本沒聽說過」。[194]

魯普利有能力面見路易十四說明了這位亞美尼亞鑽石商人的成功。十七世紀中葉，通往歐洲的鑽石供給路線的控制權仍然開放各方競爭，儘管英國東印度公司的支配地位日益增強，但亞美尼亞商人表現得很不錯。一六五八年，荷蘭東印度公司的代表不得不全面停止採購鑽石，因為亞美尼亞貿易商的大手筆採購讓價格揚升了百分之四十。[195]三十五年後，尚・夏爾丹寫信給印度的兄弟，說將貨物從蘇拉特運送到倫敦的亞美尼亞貿易商獲利非常豐厚，他們匯回的鑽石有百分之九十到一百的收益。尚・夏爾丹以欽佩的口吻跟他的兄弟說：「跟他們比起來，我們算不得商人。」[196]

亞美尼亞貿易網絡的重要性大到連崛起中的英國東印度公司也無法將它們擠出競爭行列。更有甚者，英國東印度公司在印度的代理人經常需要貸款，有時債權人便是亞美尼亞貿易商。一六九〇年，在亞美尼亞商人和英國東印度公司的交易中扮演中間人的尚・夏爾丹告知該公司，威尼斯的亞美尼亞貿易商社群願提供英國東印度公司在蘇拉特的辦公室相當於四十萬盧比（rupee）的信用狀。[197]自從一六一五年英國東印度公司開始企圖在薩非王朝統治下的波斯從事貿易以來，亞美尼亞貿易商與英國東印度公司的商業摩擦就與日俱增，直到一六八八年雙方簽訂了一項協議，衝突才宣告平息。當時代表亞美尼亞簽署協議的是柯亞・凱倫德（Coja Panous Calendar），這項協議具體指出允許亞美尼亞人在印度定居，並通過英國東印度公司運送商品，交換條件是他們必須放棄從印度到歐洲的陸路路線。[198]

果然，從那一刻起，亞美尼亞人就開始愈來愈常出現在公司簿本裡要求貿易及結算的登記名單上。凱倫德也名列其中，該公司簿本上登記了幾樁與他有關的交易，但從來不是交易鑽石。[199]一六九五年時，柯雅・薩哈德（Coja Israel Sarhad）與鮑佛・亞格哈梅爾（Baugher Aghamell）獲得搭乘該公司護衛艦的許可前往孟加拉灣，帶著兩個裝有「衣服、起司和其他可食用食物」的箱子。[200]當商人正式請求參與受該公司監管的鑽石貿易時，英國東印度公司都會將姓名登記在簿本上，但這些簿本上幾乎不曾出現亞美尼亞貿易商的名字，部分原因是英國東印度公司的簿本有時只會提到商業請求，而不會具體說明商品為何，如一條一六九一年的登記資料提到：「要付給亞美尼亞人四千英鎊，因他們藉由公司的拍賣賣出了商品。」[201]亞美尼亞商人用英國東印度公司船隻運輸寶石的罕見例外，是一位亞美尼亞貿易商柯雅・道拉特（Coja Sukia D'Oulat）在一七三三年從孟加拉灣帶了價值一千一百六十一英鎊的紅寶石，但我們仍遍尋不著鑽石交易的具體跡象。[202]亞美尼亞人沒有請求用英國東印度公司船隻運送鑽石不表示他們放棄了鑽石貿易，而是意味著他們沒有遵守與英國東印度公司的協議。

歷史證據顯示，亞美尼亞人在十八世紀期間持續利用陸路路線買賣鑽石及珊瑚。參與這項貿易的最重要利益集團之一是瑟里曼（Sceriman）家族，他們雖發跡於舊朱利法（Old Julfa），但也於一六〇四年定居新朱利法。[203]後來，他們的家族成員定居於威尼斯和利佛諾，並在那裡經營寶石和珊瑚買賣，也活躍於銀行業。[204]在十八世紀前幾十年，大衛．瑟里曼（David Sceriman）被人們認為是利佛諾最富有的亞美尼亞人，[205]他的財富部分來自隱密的鑽石貿易，而為了從事鑽石生意，大衛．瑟里曼有時會派遣替他辦事的代理人前往印度。我們會知道這樣一樁特殊買賣是因為過程中出了點岔子。事件是這樣的，一七二五年，大衛．瑟里曼雇用了三名亞美尼亞人從倫敦前往蘇拉特和聖喬治堡（圖9），要在那裡購買來自戈爾康達礦的原鑽。大衛．瑟里曼給他們現金和珍珠來支付買原鑽的錢，而他們應該從義大利出發，行經馬賽、里昂和巴黎前往倫敦。[206]三人中的其中兩人來自威尼斯，認識當地的瑟里曼家族，第三個人是喬凡．賈瑪爾（Giovan Battista Giamal），是利佛諾的亞美尼亞貿易商社群成員，跟大衛．瑟里曼也相熟。但這個賈瑪爾竟欺騙了雇主，他決定在倫敦買入絲綢，並以大衛．瑟里曼的名義開出了一張匯票來支付這筆金額，但大衛．瑟里曼沒有授權他這麼做，因此將他解雇；而其他兩人則在塞法迪猶太人雅各及亞伯拉罕．法蘭柯（Jacob and Abraham Franco）的公司協助下，在沒有賈瑪爾的情況下啟程前往蘇拉特。[207]撇開賈瑪爾的行為不談，這趟旅行似乎還算成功，兩個代理人也帶著原鑽返回倫敦，並在大衛．瑟里曼的特殊安排下於作坊切割。[208]之後，其中一名代理人皮雅特洛．努利（Pietro di Saffar Nuri）更常代表大衛．瑟里曼前往印度，有一次他甚至帶回了利潤高達百分之六百的黑金剛石，而賈瑪爾則不再是考慮人選，[209]因為他和大衛．瑟里曼之間的關係已經惡化，大衛．瑟里曼拒絕給賈瑪爾的任何服務付錢，更別說是用來買絲綢的那張匯票了，但這也讓賈瑪爾決定把雇主告上位於義大利比薩的海事法庭。

大衛・瑟里曼最終被判需支付賈瑪爾一筆錢，但他堅持上訴，同時還寫信給人在倫敦的兄弟法蘭科・瑟里曼，要求他們不要支付給賈瑪爾一絲一毫。[210]

這不是大衛・瑟里曼和他的事務第一次受到法律的審查。在幾年前，一七一九年，大衛・瑟里曼和彼得・瑟里曼（Peter Sceriman）就不得不為自己辯護，因為印度商人佐拉伯・亞盧坎（Zorab di Alucan）就一樁十年前的交易控告他們——亞盧坎當時將瑟里曼兄弟的商品從果阿帶到了里斯本，[211]隨後亞盧坎聲稱這兩個亞美尼亞人還欠他錢，這件事也是在法庭才得到了解決。[212]

亞美尼亞人涉足印度的鑽石貿易顯示了幾件事。首先，雖然他們傾向跟亞美尼亞同胞做生意，而這也是參與鑽石貿易的其他群體（如猶太人、基督徒或古吉拉特人等）的共同特徵，但是亞美尼亞人也存在著跨文化的合夥關係，而且還很重要。第二，這些合夥關係和網絡利用英國東印度公司建立的制度，將商品運到印度以交換原鑽；但與此同時，這些網絡所涉足的合法、半合法及非法貿易也挑戰著英國東印度公司的商業運作，而即使該公司對此心知肚明，也只能以有限的手段來加以反制。

島嶼上的寶石

儘管印度長久以來一直是世界最知名、最大的亞洲鑽石供應國，但並不是唯一來源。印尼的婆羅洲島也出產鑽石，不過始終不清楚是從什麼時候起知道這些鑽石礦的存在。「亞洲有個鑽石島」的想法至少可以追溯到中世紀，在阿拉伯和歐洲均可找到起源。馬蘇第曾在十世紀的頭幾十年寫過關於寶石的文章，認為不是只有印度，還有更多地方生產鑽石，他提到了在「塞倫迪布」（今日的斯里蘭卡）上有座山，山裡面有閃閃發光的寶石。[213]馬蘇第指的在斯里蘭卡島上的這座山可以確認是聖足山（Sri Pada），坐落於斯里蘭卡的西南部，在佛教、印度教、伊斯蘭教和基督教中皆十分重要，而對基督徒和穆斯林而言，這座山的名字是亞當峰（Adam's Peak），因為一些人認為它是亞當和夏娃被趕出伊甸園後隱居的地方。[214]義大利方濟會托缽修士波代諾內的鄂多立克（Odoric of Pordenone，一二八六年至一三三一年）曾編寫過不同的手稿，敘述他在亞洲旅行的見聞。他似乎曾親自造訪過斯里蘭卡，並確認那裡有鑽石，儘管他將那座山上的湖裡有亞當與夏娃滴下的眼淚的說法斥為迷思，但他的確聲稱在水裡看過鑽石和水蛭，而他認為水蛭就是蛇。根據傳說，這些鑽石生長在亞當的足印裡。[215]

人們很久以前就知道關於亞當峰附近或山上有鑽石的傳說沒有真實性可言，直到十九世紀人們仍對此抱持懷疑態度。但在一八六〇年，曾擔任當時仍稱為錫蘭的斯里蘭卡殖民大臣的詹姆斯・坦能特（James Emerson Tennent）爵士在描述該島時如此道：

> 卡斯維尼（Caswini）和一些阿拉伯地理學家聲稱在亞當峰找到鑽石，但這是不可能的，因為這裡沒有像巴西的含鑽砂礫（cascalho）地質形態或是戈爾康達的鑽石礫岩。在這些阿拉伯航海家

的時代，如果有人在錫蘭出售鑽石，這些鑽石一定是從印度帶去的。[216]

坦能特的評論證實，關於神話或古代遺址出現鑽石的無知傳聞，的確可能通過貿易網絡傳播開來，而正是這些貿易網絡從遠方將原鑽帶來。

即使斯里蘭卡不產鑽石，但關於一個產鑽石的亞洲島嶼故事仍有意義，原因有兩個。首先，有趣的是我們看見這個島嶼的敘述是如何與鑽石谷的討論出現了意外的重疊。早在十世紀，一位波斯船長伊本．沙赫里亞爾（Ibn Shahriyar）就曾提到在亞當峰附近有個很多蛇出沒的山谷出產鑽石。鄂多立克曾敘述冒險家們如何將肉扔到山谷裡，然後像鷹嘴豆一樣大的鑽石就會黏在肉上，接下來禿鷹叼起這塊肉，將肉上的鑽石帶到較高的地方，人們再去撿拾留下來的鑽石——這個敘事和鑽石谷的故事一模一樣；[217]水手辛巴達的故事中，描述了當辛巴達被困在島上時，他覲見了塞倫迪布（斯里蘭卡）的國王，甚至還造訪過亞當峰；[218]比魯尼曾經誤以為斯里蘭卡島上有鑽石，但他後來明確地說不管鑽石谷是從哪裡聽來的，故事都是假的。[219]其次，舊的鑽石島故事之所以有意義是因為它們說對了一件事，那就是有個亞洲島嶼蘊藏著豐富的鑽石礦，但是這座島不是坐落在印度海岸線以外，也不是斯里蘭卡。唯一已知發現鑽石的島嶼是婆羅洲，位於斯里蘭卡以東近四千公里遠的印尼群島中。

但人們不知道婆羅洲是從何時開始開採鑽石，一些證據指出可能早在六〇〇年時就開始了，但某些學者主張婆羅洲遲至十六世紀才開始開採，這就讓所有關於鑽石島的歷史敘事更加無法解

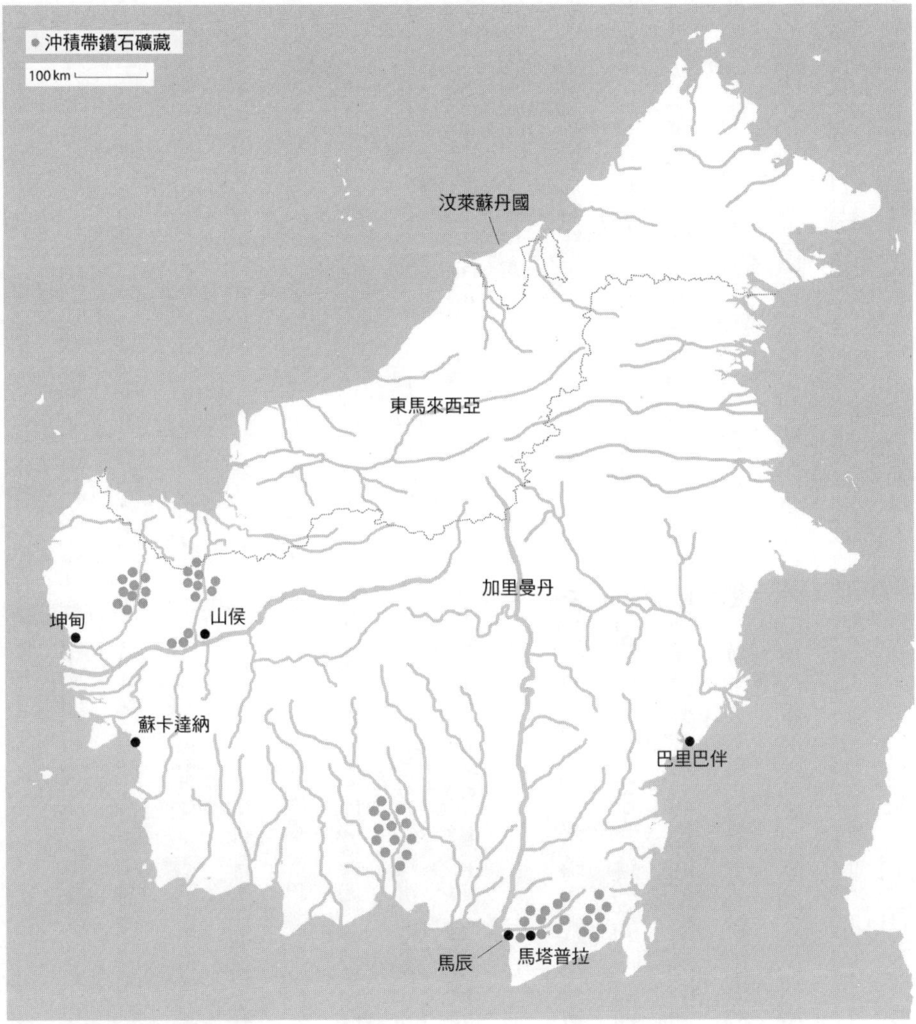

圖14　婆羅洲的鑽石礦藏。

釋。[220]這些學者的評估並不可能，因為婆羅洲鑽石與中國的歷史淵源很長，時間至少可追溯至宋朝（九六〇年至一二七九年），因在婆羅洲的鑽石產區曾發現宋朝的瓷器。根據塔維涅的報告，婆羅洲當地統治者向中國皇帝進貢的物品中就包括了鑽石。[221]當歐洲殖民者開始對幾個印尼島嶼可提供的財富感興趣時，年代順序就變得更清楚了。荷蘭從十七世紀初就開始從事婆羅洲的鑽石貿易，但在當時，葡萄牙編年史家們知道鑽石貿易的存在已將近一百年了——葡萄牙歷史學家在費爾南・卡斯達聶達（Fernão Lopes de Castanheda，一五〇〇年至一五五九年）所寫、針對葡萄牙在東印度群島的發現與征服的歷史中，他提到來自蘇卡達納（Sukadana）地區塔尼安普羅（Taniampuro）的鑽石——他指的是馬坦（Matan）的舊首府丹戎城（Tanjung Pura），位於婆羅洲西海岸，離蘇卡達納不遠的地方。這是婆羅洲鑽石首次出現在歐洲資料中，也許正因如此，歐洲學者才會誤以為婆羅洲是直到那時才開始開採鑽石。

著名的荷蘭探險家林氏侯登曾寫過關於丹戎城發現的巨大鑽石，當時丹戎以「塔米亞巴耀」（Tamia baiao）之名出現在一六〇二年希奧多・布里（Theodore de Bry）繪製的一幅地圖上。[222]但和歐洲人對印度的描寫不同，近代早期關於婆羅洲的歐洲文獻大部分討論的是貿易的面向，而不太關心對採礦，這跟之前缺乏對這方面的認識有關，但也跟歐洲人著重於島上的統治者們建立商業關係有關。然而不久後，某個歐洲強權就開始對貿易以外的東西感興趣了。歐洲人很快發現，婆羅洲的鑽石礦藏分散在各個王國的領土上，這些王國頻繁交戰，而衝突似乎有時便是因鑽石所引發。[223]

荷蘭人是第一個試圖殖民婆羅洲的歐洲強權，他們設法在該島的西海岸建立永久據點，即使一開始他們只是有限地參與鑽石貿易。荷蘭東印度公司自從一六〇二年成立以來便活躍於印度，但也必須面對來自葡萄牙、法國和英國東印度公司的競爭。事實證明，英國東印度公司占據印度的支配地位後，荷蘭東印度公司很快便決定不要將活動範圍侷限於印度。一六〇九年，一名使者在指示下代表荷蘭東印度公司進行貿易談判，談判的對象是婆羅洲西部幾個產鑽的小型穆斯林蘇丹國，如蘭達克（Landak）、蘇卡達納和三發（Sambas）。[224]該使者與三發達成了一項協議，協議保證在「野外地方」開採出來的鑽石將被運到三發首都市場，而荷蘭則是唯一有權購買這些鑽石的歐洲人。此外，協議也允許荷蘭東印度公司建立一個據點，交換條件是當三發提出要求時，他們必須提供軍事協助。[225]荷蘭也跟馬辰（Banjarmasin）蘇丹國培養關係，馬辰是島上該地區最強大的政治實體，但是荷蘭直到一七五〇年在蘇丹要求下送了一把鑽石切割刀後，才企圖更全面地控制馬辰的鑽石礦，但僅取得了有限的成功。[226]總的來說，荷蘭東印度公司在婆羅洲建立結構性鑽石貿易的努力並未取得太多成果，除了當地戰爭頻仍讓島上的政治局勢十分艱難之外，來自中國貿易商的強大競爭是另一個原因。一六一〇年，荷蘭在三發的據點遭摧毀；十三年後，荷蘭在蘇卡達納的商館（comptoir）也關閉了。

儘管遭遇失敗，荷蘭東印度公司在婆羅洲的事業仍激起英國的興趣，一六〇八年十二月一份送達倫敦的報告說：「我已多次向閣下證實佛拉芒人（Flemming）前往盛產鑽石的蘇卡丹納（Soocadanna）的貿易活動，以及他們主要以金子交易來自馬參（Baniermassen）的鑽石，交易商品還包括中國製造跟銷售的藍色玻璃珠子。」[227]珠寶商修・葛利特（Hugh Greete）被派往蘇卡達納蒐集未經加工的鑽石，他在一六一三年抵達，隨行的還有一位年輕俄國人，他們不久就冒險進入三發和蘭達克，但他們試圖建立長久關係的努力失敗了，島上鑽石貿易仍由當地人、荷蘭人與中國人把持——[228]中國與荷蘭貿易商建立了一條貿易路線，連結婆羅洲與荷蘭在東印度的首府巴達維亞（Batavia）。[229]

荷蘭的努力在一六九八年得到了助力，當時蘭達克蘇丹請求並得到了荷蘭及爪哇的蘇丹國萬丹（Bantam）的支持後，便進攻蘇卡達納。當時萬丹蘇丹剛繼承王位並渴望擴大勢力，因覬覦蘇卡達納統治者所擁有的一顆巨大鑽石而進攻婆羅洲。最終，蘭達克和蘇卡達納王國均成了萬丹的臣屬，而蘭達克發現的所有鑽石均必須以估計價格的一半賣給萬丹蘇丹。[230]此一情況持續了一段時間，一直到一七七八年，歐洲強權始終無法摧毀萬丹蘇丹國的主權，以及它對婆羅洲產鑽地區的控制。一七七八年，蘇卡達納和蘭達克兩王國由萬丹蘇丹易手給荷蘭東印度公司，婆羅洲西岸因此建立了一個荷蘭殖民地。[231]在接下來的一個世紀裡，荷蘭試圖進一步在島上開採鑽石，但沒有取得太大進展，不過荷蘭從未完全放棄，雖然婆羅洲鑽石生產的最高峰應是在近代早期，荷蘭殖民時早已結束。一七八九年，在蘭達克河附近發現了一個重達三百六十九克拉的鑽石，名為「馬坦」（Matan），而它的故事反映了人們對婆羅洲鑽石其實了解不多。這顆鑽石由馬坦國王所有，十九世紀時有些人認為它是當時世界上最大的鑽石，但也有些人認為它是石英。一八九二年，一位工程師塔維達．波瑟維茲（Tivadar Posewitz）寫到，一八六八年進行的一次詳細檢查發現，該鑽石其實是顆水晶。[232]但針對印度、東亞及南亞著作甚豐的蘇格蘭科學家愛德華．鮑佛爾（Edward Balfour，一八一三年至一八八九年）則堅稱馬坦鑽石是真的，混淆的原因是因為馬坦國王只給陌生人看假的水晶鑽。[233]不過在今天，人們普遍認為馬坦鑽石是石英製成。[234]

鑽石切工的早期發展

許多世紀以來，關於騙子和造假者以假亂真的傳說、鑽石竊案的新聞，以及桑西（Sancy）、光之山、奧洛夫和其他名聲響亮的知名鑽石充滿異國風情的故事，一直令消費者深深著迷。「希望鑽石」（Hope Diamond），原名「法蘭西之藍」（French Blue），是一顆在柯魯爾礦開採出來、重達四十五點五二克拉的藍鑽。它是塔維涅帶回巴黎的鑽石之一，並在巴黎將這顆鑽賣給了路易十四。鑽石在法國大革命的騷動中被竊，在一八三九年以被重新切割的模樣現身於倫敦。一世紀後的一九四九年，知名紐約珠寶商海瑞．溫斯頓（Harry Winston）買下此鑽並捐贈給位於華盛頓特區的美國國立自然史博物館（National Museum of Natural History），並展出至今。[235]十九世紀末二十世紀初，有人捏造出詛咒傳說，根據這說法，凡是持有希望鑽石的人都會遭遇不幸。這個詛咒跟東方學者的論述很相符，並且仍吸引著今天的閱聽人，但我們可以將其歸類為傳說、一種行銷工具。[236]

知名鑽石的故事強力地誘惑了消費者，即使昂貴的鑽石是國王和王后才能擁有，但這些故事只提到少數幾顆幾乎已被神話的鑽石，可從它們經過切割後呈現的外貌來識別。儘管絕大多數的鑽石

（無論是否符合寶石的標準）消費史或許平淡無奇，但外觀仍是重點，任何關於鑽石使用的歷史也因此是鑽石外表的歷史。儘管這些鑽石中有些是因為顏色、尺寸、形狀和切工而符合了消費者眼中的鑽石標準，但這些因素也決定了一顆鑽石的價值。顏色是一個自然特徵，但切工就取決於人類的專業技能了，而尺寸和形狀則同時取決於自然與人類專業。直接從鑽石礦拿來的原鑽並無法立即展現美麗物品的魅力，無論找到的是封存在石頭中的鑽石（圖2），還是散落在河床上的鑽石（如圖18下方那三顆未經切割的鑽石）。在發現能夠讓鑽石發光的切割和拋光技術之前，這些鑽石並非因為作為珠寶的品質而受到重視，而是因為在硬度上表現出色。哥德哈德．藍岑（Godehard Lenzen）堅稱，關於寶石的印度歷史資料，普遍根據與鑽石硬度有關的神話特質來評估鑽石的價值，當然，鑽石的稀有性也影響了估價。人們將佩戴鑽石作為護身符與戰無不勝的期待聯繫在一起，並常說未經切割的鑽石擁有魔力。[237]對藍岑而言，這些與鑽石聯繫在一起的「宗教－魔法觀念」，令鑽石成為珍貴商品，且不僅在它們的產地印度，在更遠的羅馬時期歐洲和中國也是如此。[238]

在印度，人們將不同顏色的鑽石與不同的印度神祇連結起來。白鑽成了戰神與雷霆閃電之神因陀羅（Indra）的象徵。在印度神話中，因陀羅是發生雷電的原因，雷電由鑽石做成，並被稱為金剛（vajra）。在梵文中，「鑽石」一詞被譯為金剛與因陀羅烏達（indrayudha），意即「因陀羅的武器」。[239]另一個故事是這麼說的，印度神話中最強大的神明之一因陀羅與叫作伯利（Bali）的惡魔打鬥，因陀羅打敗伯利後，他的眼睛噴出藍寶石，血液變成了紅寶石，骨頭則變成鑽石——而骨頭是人體最堅硬的部分，這點不是巧合。[240]黑鑽則與死神閻摩（Yama）有關，另一種聯想則與天神毗濕奴（Vishnu）有關。[241]另外，保護人們不受「蛇、火、毒、疾病、小偷、水災及黑魔法」傷害的世俗魔法，則補充了鑽石與印度神的關係。[242]

只有少數幾位作者曾詳盡說明，鑽石在印度的宗教—魔法意義，與印度貿易商能夠在羅馬帝國創造出鑽石市場之間的關係，藍岑便是其中之一。根據他的說法，正是鑽石的象徵價值建立了印度人對鑽石的需求，[243]而對於鑽石的需求隨著基督教發展而衰退的觀察也證實了這一連結：「隨著評估價值的宗教基礎發生了變化，鑽石必然失去其尊榮地位。鑽石能夠奪回寶石價值等級中的寶座地位，全拜歐洲切割工法的傳播及完善所賜。」[244]當然，這一觀察並不適用於基督教沒有傳播的地區。在鑽石進入主流宗教為伊斯蘭教、佛教或印度教地區的同時，亞洲的鑽石銷售並未受到影響，而且必然持續發展甚至擴張。由於缺乏資料來源，令評估切割工法發明前亞洲和歐洲消費者需求的性質更加難解，但是關於寶石的阿拉伯說明書中對鑽石的紀錄，至少可以證實人們對所有寶石中最堅硬的鑽石持續感到興趣，儘管在中世紀歐洲著作中，鑽石已不如其他寶石。當奧爾塔於一五六三年發表《印度香藥談》時，人們已經發明了鑽石切割及拋光技術，但他觀察到「在這裡和世界各地」，珠寶工匠認為鑽石的重要性在寶石中占第三位，僅次於祖母綠和紅寶石。[245]奧爾塔繼續說，鑽石的價值估計來自人們的需求以及稀缺性，因此即使是磁石（lodestone，一種帶有磁性的礦物）也擁有比鑽石更「高尚」的力量。[246]

儘管基督教的出現大大影響了印歐之間的鑽石貿易，但人們不應忘記，在切割工法發明前，鑽石貿易一直都只是相對較小的貿易。此外，品質中上的鑽石，也就是那些最大顆或是擁有最佳自然形態的鑽石，從來就沒有到過歐洲——因為在印度的鑽石礦場，人們會將最大的鑽石保留給當地統治者，這些鑽石幾乎從未進入商業鏈，[247]且在古羅馬和中世紀，所有印歐之間的貿易路線均是陸路，並由阿拉伯和波斯中間人所支配，而他們雖然是印歐商品鏈之中的一個關鍵要素，但也在自己國內的市場銷售鑽石。因此，我們應該得出一個結論，歐洲需求只是近代早期以前鑽石貿易的一環而已，甚至不是最重要的一環。[248]

然而印度鑽石礦當時生產大量的鑽石，不斷增加的鑽石供給，擴張了十四世紀初歐洲消費者對寶石的需求，尤其是來自宮廷的需求。一三六九年，巴黎的勃艮第公爵（Duke of Burgundy）為他的母親買了一件飾品，這件飾品上面鑲有四顆珍珠與四顆鑽石，中央則鑲著一顆紅寶石。[249]雖然這一配置顯示，在歐洲其他寶石的地位仍舊高於鑽石，但也表明統治者及宮廷對於鑽石的消費興趣日趨濃厚。根據國際社會史研究所教授凱琳·霍夫米斯特（Karin Hofmeester）的說法，當時不分性別的君主都開始在王冠和權杖鑲上鑽石，根據的即是堅硬、無敵及力量的古老象徵性連結。[250]從最早的勃艮第公爵和法國宮廷開始，後來英國及其他歐洲君主國也加入行列，鑽石的使用進一步傳播到貴族階層。法國國王查理七世將鑽石當成禮物送給了逝於一四五〇年的情婦阿涅絲·索黑爾（Agnès Sorel），人們普遍認為這是首次有平民出身的女性獲得鑽石並將鑽石作為珠寶首飾佩戴的例子。[251]索黑爾顯然喜歡被稱為「珠寶套組」（parure）的珠寶首飾，這是由耳環、項鍊等不同珠寶飾品組成的成套珠寶，精心製作成可以搭配在一起佩戴的形式。一四七七年，神聖羅馬帝國皇帝馬克西米連一世（Maximilian I）和勃艮第的瑪麗（Mary of Burgundy）在維也納舉行婚禮，根據記載，她是第一位收到鑲有鑽石的訂婚戒指的準新娘——當然，她不是最後一位。[252]

十五世紀下半葉，歐洲宮廷使用鑽石的例子愈來愈多，這並不是巧合，因為正是在這一時期鑽石切工成為歐洲工匠所掌握的知名技術，而人們目前還不清楚可將原鑽切割成多個刻面的工序是在哪裡、何時、由誰發明出來的。長久以來，雖然也會使用一些初級的改造方式，但人們一直使用自然模樣的原鑽，從歷史來看，天然形狀為八面體的鑽石最受歡迎，人們會將它們的表面拋光以增強亮度。在古老的梵文文獻中，例如可追溯至第五或第六世紀的《布達巴塔的寶石鑑定術》（*Ratnapariska of Buddhabhatta*）等，不僅是鑽石估價的古老例子，也證實了鑽石的象徵性保護特質，並提到打磨鑽石外部形狀的一種方式：「明智的人不該把有明顯瑕疵的鑽石當作寶石使用，因為它只能用於寶石拋光，而且價值不高。」[253]一位十三世紀印度珠寶工匠證實，只有用其他鑽石才能將鑽石拋光。[254]另一位印度珠寶工匠在十四世紀末前發表過一份未註明日期的手稿，並在手稿中提及在一個輪子上使用鑽石以便為其他鑽石進行加工。[255]然而，拋光跟切割不同，切割是將鑽石的外形重新塑造成擁有多個刻面的對稱物體，而拋光的目的是讓鑽石發光。

改造鑽石形狀的工法發展促使更多製成品可擁有更高價格。早在一四〇三年，一位威尼斯珠寶商就觀察到原鑽與加工後鑽石的價格差異。[256]早期最基本的切割方式是尖角切割，讓鑽石看起來就像將兩個金字塔的底部黏合在一起（圖15）。一三七五年，紐倫堡的拋光工匠就已知這種切割形式，以作為桌形切工（table cut）的基礎——這是十五世紀時發明的切割形式，可能是在印度發明，並且肯定是從印度經過威尼斯傳到了歐洲。然而，桌形切工鑽石的上半部會被磨平。[257]在這之後，人們很快就發明第二種切工——菱形切工（lozenge），這種切割形式被運用在八面體上，正如圖16正中央的那顆鑽石。

儘管這類加工技術會大大損及鑽石重量，但由於在紋章中使用了這種形式的做法，使得它仍有很大的吸引力。[258]一四六七年，勃艮第公爵大膽查理（Charles the Bold，一四三三年至一四七七年）就擁有一件鑲有桌形切工鑽石的飾物。[259]一六六九年，羅伯特·勃肯（Robert van Berken）寫了篇關於寶石的論文，並在文中聲稱他的祖父洛德維克（Lodewijk）是第一個用鑽石粉為鑽石進行拋光的人，[260]人們因此漸漸認為來自布魯日的佛拉芒珠寶商洛德維克·勃肯在為大膽查理工作時，偶然發現了鑽石切割工法。人們現在仍用這一說法來證

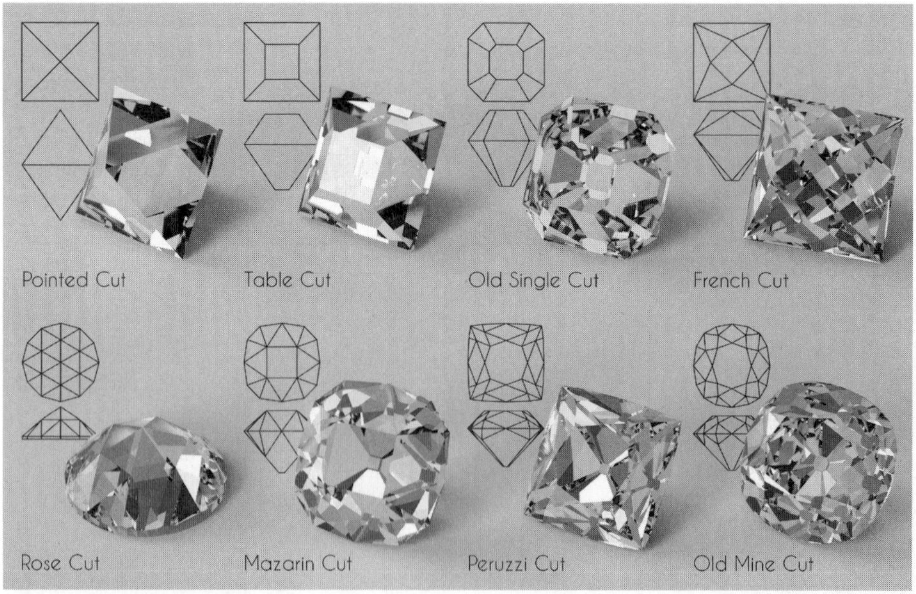

圖15　舊鑽石切工之插圖。

明法蘭德斯長期參與鑽石產業，但其實在這個時期之前就已經有其他地方知道這個工序了。然而洛德維克．勃肯確實可能對於轉輪的技術開發作出了貢獻（轉輪即所謂的鑽石磨盤〔scaif〕），[261]而羅伯特．勃肯也提出比較符合事實的說法，他敘述祖父「用磨機和一些自己發明的鐵輪子」為鑽石拋光。[262]

隨著切割技術在歐洲傳播，鑽石切割工業在幾個地方發展起來，威尼斯也許是最早發展的地方，而在一四三四年，威尼斯金匠公會禁止成員向猶太人傳授寶石加工知識；[263]之後，威尼斯的工匠遂成為製作工藝的典範。本韋努托．切利尼（Benvenuto Cellini，一五〇〇年至一五七一年）是文藝復興時期金匠兼雕刻家，曾多次在自傳中提及鑽石，其中有段文字提到他為教皇製作一枚鑽石戒指，這枚戒指上的鑽石是由切利尼所稱「世界上最知名的珠寶商，一位叫作米利安諾．塔格塔（Miliano Targhetta）的威尼斯人」鑲上的。[264]一五〇三年，威尼斯人巴多羅買．帕西（Barhtolomeo di Pasi）發表了一份有關義大利城市和其他地方貿易關係的概述，這份文章提到，人們將自然形成的尖角形狀或尖琢形切工（point cut）的鑽石（尖頭鑽石〔diamanti di punta〕）從威尼斯運送到里斯本和巴黎，而需要切割的「一般鑽石」（diamanti）則從威尼斯送到安特衛普，以及從阿勒坡送到米蘭。[265]不同城市之間不斷深化的貿易關係也帶動鑽石切割技術的傳播——威尼斯很早就建立了切割工業，也曾有記載提及紐倫堡（一三七三年）、巴黎（一四〇七年）和奧古斯堡（一五三八年）也從事這項工法；[266]在安特衛普，一項於一四四七年發布的城市法令警告不得從事銷售假鑽行為，這表示在安特衛普一定有鑽石作坊。[267]現行可找到提及此項職業的記載為一四九一年的一份紀錄，當時一名鑽石切割匠（cutter）彼得．胡東客（Peter van der Hoodonk）簽訂了一份婚約。[268]鑽石切割匠公會的建立花了更久的時間：一五八〇年，在收到人們對於缺乏訓練的切割匠卻仍活躍的抱怨之後，鑽石切割匠開始向金匠諮詢有關他們成功獲得的那些專屬權利；兩年後，一項確認鑽石切割匠公會成立的法令公布了。[269]公會組織立刻吸引了人群，因為那一年稍晚就有幾個外國鑽石切割匠試圖成為安特衛普城的自由人，以便加入公會。[270]

阿姆斯特丹擁有近代早期最重要鑽石切割工業之一，而一五八六年時常被視為是這項發展的起點。那一年，一位來自安特衛普的移民威廉．維爾馬特（Willem Vermaat）結了婚，自稱是名鑽石切割匠，這是阿姆斯特丹的婚姻登記資料中第一次有人提及這項職業。[271]鑽石切割匠開始離開安特衛普並不是個巧合，而是新教信仰傳播以及荷蘭獨立戰爭（Dutch Revolt）爆發導致了許多新教徒出走的結果，而一五八五年西班牙軍隊攻占安特衛普後，出走情況加劇。[272]霍夫米斯特指出，安特衛普鑽石切割匠不僅影響了阿姆斯特丹切割工業的建立，十七世紀初也透過學習契約將

圖16　一件金匠花束形狀的珠寶，一六二一年。

他們的知識傳遞給倫敦與里斯本的有志工匠。[273]然而，這些城市並沒有為鑽石切割匠單獨建立一個公會，因此讓外國人更容易在這一行業活躍。

鑽石加工的工序在十六世紀變得更加複雜，切割作坊因此雇用了不同類型的人員。分割匠（cleaver）先將鑽石分割為更小的鑽石，然後將鑽石加工成更適合的形狀，這是三段工序中的第一段，[274]這個步驟對於最後成品極為重要，因此分割匠領的薪水最高。[275]當無法把鑽石分割成小顆的時候，鋸切匠（sawer）就會用塗有鑽石粉的線將鑽石加工為更適合切割的形狀。這是個漫長而磨人的過程，可能需要長達十個月的時間才能完成。[276]第二階段稱為磨削（bruting），藉由兩顆鑽石彼此摩擦使其邊緣變得圓潤，這是進行拋光之前的最後一個準備步驟。在第三也是最後一個階段，拋光匠（polisher）手持鑽石抵住一個塗有鑽石粉的沾油圓盤，打磨出最終的多面體形狀鑽石。[277]有幾位作者曾說分割鑽石是後來的發明，原因是巴西鑽石的品質較差，需要新的鑽石加工形式，但是在十七世紀就已有人清楚提及分割匠這一職業。[278]

一顆特殊鑽石所採用的切工取決於原鑽的形狀與時尚。不是所有原鑽都會被形塑成適合切割為菱形和桌形鑽石的八面體。在湯瑪斯．尼可斯（Thomas Nicols）的十七世紀寶石史中，曾提到鑽石也會被切割成金字塔形狀，不過這些鑽石的價值低於桌形切工的鑽石。[279]一五二〇年左右，人們發明了玫瑰切工（rose cut），且很快就流行起來。直到突破性的明亮式切工在十七世紀末問世前，玫瑰、桌形和菱形切工始終三足鼎立（圖15、16）。[280]

技術的發展與消費者對鑽石的喜愛攜手並進。鑽石在歐洲愈來愈成為一種奢侈品、地位與權力的象徵、富人佩戴的飾物。[281]到了十六世紀下半葉，鑽石的客群已擴展到宮廷外，在珠寶首飾中的使用也愈來愈跟性別密不可分，女性如今是這些鑽石項鍊、胸針及耳環的主要佩戴者。[282]對英國藝術史學家瓊安．伊凡斯（Joan Evans）而言，那個時代的珠寶「是國王與王后宮廷的產物，他們尋求的是權力與財富，而不是精神上的修養」。[283]十六世紀末、十七世紀初，人們重新燃起了對寶石「本身」的興趣，並影響珠寶設計風格走向更為簡約。[284]塔維涅等珠寶商的著作在這個世紀步入尾聲時出版，他對印度鑽石礦的描寫，與人們日益將鑽石視為美麗物件來欣賞的潮流不謀而合。這個觀念與鑽石加工技術的發展相伴而行，因為這些技術的目的即是為了盡可能清楚地展現那種美（或說歐洲人以為的美），而十七世紀末明亮式切工（老式歐洲切工〔old European cut〕，圖17）的發明，使得這種追求達到頂峰。[285]

在印度，鑽石消費與切割走上了一條不同的道路。印度人對加工鑽石的欣賞僅僅取決於重量與淨度，這解釋了許多在印度作坊中切割的鑽石呈現的不對稱性，因為重點並不是製造光與對稱，而是保留重量與尺寸（圖10）。雖然蒙兀兒人喜愛鑽石，但他們已經習慣擁有

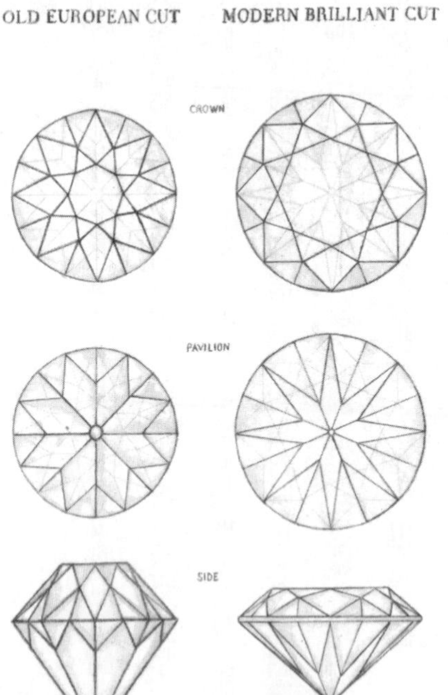

圖17　老式與現代明亮式切工。

大量珠寶首飾，更別論在他們心中，紅寶石與尖晶石的價值都比鑽石更高。[286]歐洲君主們必須透過國際貿易網絡才能拿到鑽石，而印度統治者可以直接從鑽石礦取得鑽石。此外，蒙兀兒皇帝處在一個複雜的送禮朝貢網中，珠寶首飾是其中很重要的一環，因為在印度佩戴寶石不會讓人變得女性化，人們經常描寫蒙兀兒帝國皇帝佩戴大量珠寶首飾。[287]然而，這種不同的鑑賞力，並不意味著蒙兀兒皇帝或其他印度地方統治者對於歐洲形式的珠寶首飾絲毫不感興趣，蒙兀兒宮廷對異國文化的好奇心也許正是夏爾丹兄弟和塔維涅這樣的珠寶商能夠在印度從事鑽石生意的主要原因。塔維涅帶回法國給路易十四的那張鑽石畫中，就有幾顆切割成不規則狀的鑽石（圖18）。

印度出現歐洲工匠也反映了這種對歐洲珠寶日益濃厚的興趣。歐洲商人嘗試買賣印度風格與歐洲風格的珠寶首飾，而為了滿足蒙兀兒人對於外表具異國風情的鑽石的好

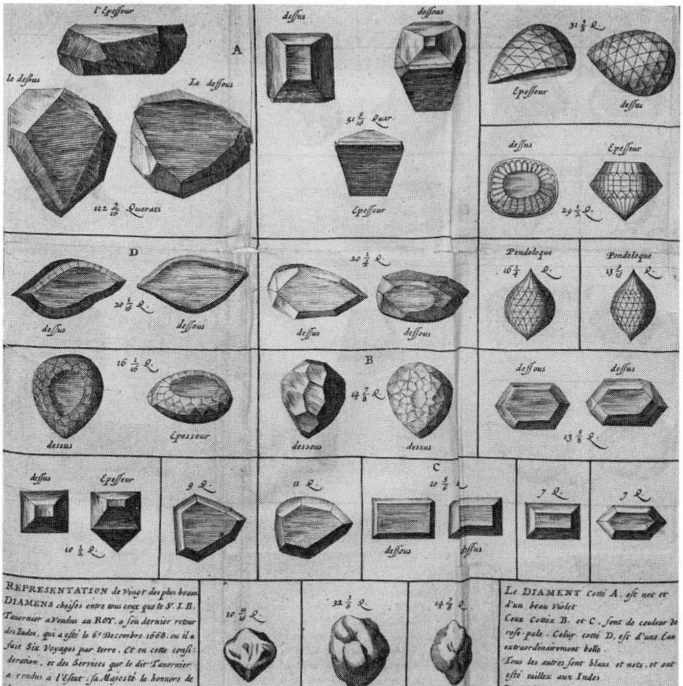

圖18　塔維涅的鑽石，一六七六年。原製版者為亞伯拉罕・伯斯。

奇心，歐洲切割匠和拋光匠有時也會因而得到工作。[288]林氏侯登曾在他的遊記中述說了一個著名的故事，這故事是關於安特衛普鑽石切割匠法蘭斯・科寧（Frans Coningh），他在倫敦度過大部分的青春歲月，但是在約莫一五八〇年時被送到威尼斯的叔叔那裡。一年後，因想要累積鑽石貿易方面的經驗，他啟程前往阿勒坡，但揮霍無度的生活最後令他變得一文不名，於是他開始在果阿從事鑽石切割匠工作，也在那裡結了婚。一五八八年，他遭到妻子和她的情人殺害。[289]

隨著歐洲工匠在蒙兀兒帝國受雇為鑽石切割匠，鑽石作坊的數量也多了起來。我們會知道一些歐洲手藝人在印度的故事，很可能是因為他們的出現引起了歐洲旅行家的注意，但是大多數蒙兀兒鑽石作坊裡的鑽石切割匠必定是當地人，或至少不是歐洲人。當法國旅行家尚・帖維諾（Jean de Thévenot）於一六六六年造訪戈爾康達要塞時，他觀察到——

> 國王〔作者按：指的是戈爾康達蘇丹〕希望優秀的工人留在那裡……他甚至讓珠寶商待在宮殿裡……宮殿裡的工人都忙著製作國王的一般珠寶，而國王擁有的珠寶實在太多了，這些人很難抽出時間幫別人工作。[290]

塔維涅也告訴我們，切割作坊設立在鑽石礦附近。和歐洲一樣，鑽石被放在鑽石夾中固定以保持穩定，之後人們會用磨機驅動盤的力量來加工，再上油潤滑，然後在磨盤上用鑽石粉拋光。這位法國珠寶商注意到，在歐洲這個過程用的是木製磨盤，但是在印度用的則是速度較慢的鐵製磨盤。[291]他還觀察到羅爾康達的鑽石磨坊是由黑人來推動的，他們被叫作「黑鬼」（nègre）。[292]雖然我們確實掌握一些關於印度鑽石作坊的資訊，但是對近代早期婆羅洲鑽石切割實作卻一無所知：「似乎沒有證據顯示，在十七世紀東南亞的婆羅洲或其他地方有在進行鑽石切割。」[293]

在亞洲工作的歐洲鑽石切割匠可能是亞洲薪水最高的工人，所以他們的經驗無法說明一般工人的薪水和工作環境，歐洲鑽石作坊的薪資差異也是同樣情形。一六七〇年三月，五名鑽石切割匠和分割匠在阿姆斯特丹一位公證人面前起草了一份聲明，具體指出鑽石加工不是按時薪計酬，而是根據「工作的細膩度和工藝」來計算。[294]他們聲稱一個好的切割匠一天工作五小時，可以賺得二十至三十荷蘭盾，有位鑽石分割匠托比亞斯．德爾貝克（Thobias Delbeck）先前曾在安特衛普工作，他聲稱一天甚至可以賺得四十荷蘭盾。[295]他們更進一步聲稱鑽石切割與分割被認為是門特殊手藝和科學，有經驗的工人可以和有才華的畫家一樣生意興隆。[296]這表示有才華的鑽石工人可以獲得很高的工資，像木匠師傅等專業工人一天約賺得一點五荷蘭盾；而在荷蘭城市裡工作的畫家，一天最多約賺得三荷蘭盾，前提是他們一週要生產多達兩幅畫作。[297]

這些薪資也反映了鑽石切割匠若工作品質不佳，可能遭遇法律追訴風險。例如一六八五年，有位珠寶商向一位阿姆斯斯特丹的切割匠求償，因為後者在切割時損害了一顆鑽石的光澤。[298]

雖然專業切割匠和分割匠可賺取高工資這件事具有可信度，但這並不適用於位階較低的工人，如加工低品質鑽石或推動磨盤的工人。在阿姆斯特丹，女性經常從事推動鑽石磨盤的工作（圖19），這種做法甚至導致基督徒抱怨猶太人的競爭，因為工坊雇用整個家庭以降低成本。[299]儘管有這樣的抱怨，但早在一六一五年，猶太和基督徒鑽石切割工就已經在同一個作坊裡工作，並以工作人員或學徒的身分為彼此提供服務，基督徒婦女也從事推動鑽石磨盤的工作。一七三五年，在阿姆斯特丹公證人面前起草的一份聲明，描寫了鑽石拋光匠朱里安．胡普客（Juriaan Hupker）的不良行為，因為他太用力壓磨盤，讓安吉．韓德里克斯（Antje Hendriks）幾乎沒辦法轉動磨機。她還抱怨他愛抽菸、唱一些下流歌曲。[300]也許他唱的是自己的煩惱——一個一七七四年的荷蘭歌本收錄了一段歌曲對話，兩個鑽石切割匠哀嘆著自己的悲慘境遇：欠債、沒錢、失業，其中一人考慮當水手去東印度群島，那段航程可是出了名的艱難危險。[301]像這樣的歌曲顯示，即使是對需要技術的鑽石切割匠而言，他們的工作艱苦、朝不保夕，而這種情形一直到二十世紀都不曾改變。但是當阿姆斯特丹的工人正在抱怨生活困苦時，鑽石產業已經因為在世界另一頭發現的鑽石礦藏而動搖，這些在葡萄牙統治下的巴西發現的新礦場蘊藏量極為豐富，而古典的亞洲鑽石世界已經走到了盡頭。

圖19　鑽石切割匠，一六九四年。

2 奴役與壟斷：殖民時期巴西的鑽石（一七二〇年至一八二一年）

冒昧寫信告知您，和另外的一或兩家一起，我們已經簽下了未來幾年在歐洲銷售所有巴西鑽石的合同。我們希望能通過您的幫助大量銷售，當此事完全敲定時我們會寫信跟您詳細說明。[1]

這段話節錄自猶太鑽石商人法蘭西斯・薩爾瓦多和約瑟夫・薩爾瓦多所寫的一封信，收信人是他們最重要的商業夥伴之一、信奉天主教的英國人詹姆斯・多默爾（James Dormer），他住在安特衛普。[2]由於許多原因，這封信透露出相當多訊息。首先，它證實了猶太商人和他們的國際網絡在鑽石貿易中扮演的角色。巴西鑽石的發現雖對猶太商人構成挑戰，但有些人，像薩爾瓦多兄弟的公司，卻設法適應這些新的情況。其次，這封信顯示壟斷原鑽流動的渴望不是現代才有，各方人士在更早期均曾試圖這樣做，結果是成敗參半。薩爾瓦多兄弟和多默爾從未取得對巴西鑽石的壟斷權，即使有也為時不長。

一七二〇年代，在米納斯吉拉斯省幾條河床上活動的淘金者偶然發現這些河流也產鑽石。葡萄牙宮廷收到有關這些發現的報告之後，就開始努力防止供給的增加傷害到鑽石在歐洲的價格。首先是一七三九年建立的鑽石開採壟斷確保了對產量的控制，並將鑽石開採地區劃為鑽石區（圖21），由殖民地軍隊負責守衛。其次，是在一七五〇年代推行了商業壟斷，以確保對原鑽貿易的控制。這兩種壟斷的建立是人類史上第一次認真努力地想控制所有來自某一特定地區的原鑽的流動。

法蘭西斯・薩爾瓦多曾經短暫地參與這一貿易壟斷，但當他祕密參與貿易壟斷一事被葡萄牙總理發現時，

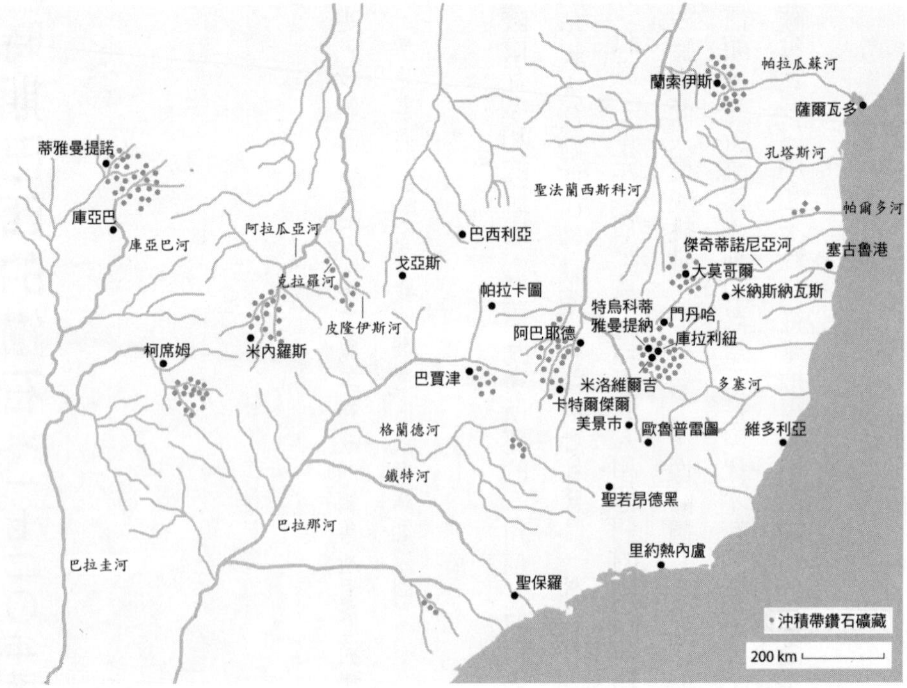

圖20　巴西鑽石礦藏。

他的合約就遭到取消並賣給了新的買方。從一七二〇年代到一八七〇年代，巴西一直是鑽石的主要來源，無論是殖民政府還是獨立後的政府，都企圖透過不同的手法來控制鑽石開採：從免費開採但課以重稅，到壟斷、某種王室的利益榨取形式，然後又回歸到免費開採。儘管做出了這些努力，但祕密盜採（即葡萄牙語所謂的garimpo）始終是巴西鑽石開採中重要的一面，重要性僅次於用於開採鑽石的奴隸勞動。

在巴西高地發現鑽石

自從一五〇〇年葡萄牙航海家佩卓・卡布羅（Pedro Álvares Cabral）偶然在航向印度的途中踏上巴西開始，葡萄牙君主們就企圖從巴西豐沛的自然資源中獲利。[3]一開始，葡萄牙對巴西的殖民僅限於海岸地區，這些地區被劃分為稱作總督府（captaincy）的行政區域，不是由東北部馬拉瑙州（Estado do Maranhão）的殖民政府統治，就是由位於殖民地剩下地區的巴西州（Estado do Brasil）統治。從殖民地出口到里斯本的產品是巴西木料和糖，後來也出口菸草。莊園制度始終是殖民地經濟基礎，但很快地，總督府米納斯吉拉斯（Minas Gerais，葡萄牙語中為綜合礦〔General Mines〕之意）中各個黃金和鑽石礦業小鎮的發展也加入了經濟體系。從十六世紀中以來，一群群被稱為冒險先驅（bandeirante）①的探險家們就在寶藏與黃金國（Eldorado）傳說的激勵下，出發前往官方尚未開發的內陸地區探險。這群人有時可以少到由幾十個不把法律放在眼裡的男男女女組成，但有時也會成長到數百人之多，他們從十六世紀中葉開始到達這個後來被稱為米納斯吉拉斯的地區。由於缺乏食物、當地人好戰成性以及傳染病不時來襲，阻礙了永久定居的可能。起初，他們在捕捉當地人方面做得比從土地挖掘寶石或黃金還成功，根據估計，十七世紀的前三十年他們捉住的原住民可能多達四萬名。[4]

然而，追求礦業帶來的大筆財富仍是一個重要的動機。一五五〇年，葡萄牙國王收到某個人的來信，這人想要探勘位於巴伊亞（Bahia）南部塞古魯港（Porto Seguro）附近的河床，希望能挖到祖母綠和其他種類的寶石。[5]十九世紀上半葉，德國地質學家威廉・艾施維格（Wilhelm Ludwig von Eschwege）在里約熱內盧工作，根據他的說法，早在一五七三年，人們就已經在巴西河谷發現了祖母綠。[6]終於，在十七世紀的最後十年，那群冒險家在據說蘊藏祖母綠的河床上挖到了黃金。根據一位曾發表過關於巴西財富文章的耶穌會士的說法，第一個挖到黃金的人是名混血男子，是在黃金區後來的首府歐魯普雷圖城（Vila Rica de Ouro Preto）②附近發現黃金的。[7]這一發現很快就引發了淘金熱，據估計約有八千到一萬人在十八世紀上半葉移民到米納斯吉拉斯的產金地區，許多人來自葡萄牙北部的米諾（Minho）。[8]在這次移民潮中，有大量受到奴役的非洲人被送往米納斯吉拉斯，他們被迫從事大部分的實際挖掘工作。一六九八年，在繳納王室五一稅（即針對不同貨品徵收百分之二十的稅，包括寶石和奴隸在內）的登記單上，沒有提到在這整個總督府有任何奴隸；

但是二十年後，卻有三萬五千零九十四個非洲奴隸的名字被登記在繳稅單上。[9]

在巴西發現黃金之後五十年間，這個葡萄牙殖民地的黃金產量占了高達世界供給量的百分之八十五。[10]在一七二〇年代的某個時間點或更早，淘金客偶然在河床上發現了黃金，而這些河床位於賽羅弗里奧寒冷、多風又多山的地區。人們通常會說，第一個知道自己發現鑽石的人是巴爾納多・羅波（Bernardo Fonseca Lobo），在給地方當局一份沒有註明日期的請願書上，他聲稱自己在一七二三年就發現了鑽石，但直到五年後才向總督D・阿爾梅達（D. Lourenç de Almeida）展示。[11]國王獎賞了羅波的發現，他被拔擢為陸軍上尉，但他的故事很快受到了挑戰。一七三二年，一位葡萄牙官員拜訪了一個名叫希爾韋斯特・阿瑪雷爾（Sylvestre Garcia do Amaral）的垂死之人，並記錄下他的故事——阿瑪雷爾自稱是個珠寶匠，曾被派到米納斯吉拉斯，一七二七年時他在那裡發現了鑽石。但是直到一七二八年聽說了阿瑪雷爾的發現，羅波才意識到他在一七二三年發現的東西是鑽石。[12]由於阿瑪雷爾實在病得太厲害，無法親自前往歐洲，因此是那位官員前往里斯本向國王報告這個發現，國王將獎賞給了說法聽起來更為可信的阿瑪雷爾，但原因不僅是他是個珠寶匠而已。[13]一七三四年一位被派到鑽石產地的政府官員也曾寫下回憶錄，其中就記載了早在一七一四年、一七

---

① 譯按：葡萄牙語，字面意義為攜帶著旗子的人，下譯為冒險先驅。

② 編按：名字有「黑色金子」之意，以出產黃金知名的礦業城市，位於巴西東南部。

二一年和一七二二年便發現了鑽石。[14]

關於發現鑽石最初幾年的最有趣故事之一，是有關四個男人之間的合夥關係，其中包括了一位把巴西鑽石當成印度鑽石來賣的義大利神職人員。[15]這份官員回憶錄確實記載了一個和羅波的故事稍微不同的版本，他說一七二六年時羅波曾經到過歐魯普雷圖，並將十六顆鑽石送給了那裡的總督，謠傳總督向葡萄牙國王隱瞞了鑽石的存在，並將水晶送到里斯本。同一個總督也被指控祕密參與先前提到的那四個男人的合夥事業，後來更因為擾亂公共秩序而被驅逐。一七二八年，原本是個淘金客的羅波已經離開了他發現鑽石的地區，前往米納斯納瓦斯（Minas Novas）新發現的金礦（圖20）。他是離開賽羅弗里奧前往米納斯納瓦斯的許多冒險家之一，因為當時每個人都知道黃金，但是對於巴西鑽石的前景會變得如何並沒人能說得清，然而那些留下來的人深信這些最早的發現所暗示的大好機會。瑪爾提鈕．普羅恩薩（Martinho de Mendonça de Pina e Proença）的回憶錄在一七三四年送到了賽羅弗里奧，提供了關於最初這些年的有趣細節。其中，他說了一個牧師雇用了十五個奴隸找鑽石的故事。[16]這些提到神職人員的早期文字很有意思，也幫助解釋了後來針對神職人員進入產鑽地區的法律限制。圍繞著一些早期故事的祕密氛圍以及總督的涉入都指出一個可能性：早在一七二九年十二月葡萄牙國王正式得知發現鑽石之前，巴西鑽石貿易就已經存在了。[17]進一步的證據也可佐證這點，例如在那之前五個月，一封從巴西寄給某位里斯本商人的信中，就討論了從巴西殖民地送來的鑽石價格和切割問題。[18]

葡萄牙國王在回應發現鑽石的官方消息時，要求米納斯吉拉斯的總督制定一套規則，例如礦工們被分配到特定的土地，為每名奴隸配給十二平方公尺；每年必須為每名奴隸繳納五千雷斯（reis）的人頭稅，這個金額相當於當時的三英鎊六先令；[19]還有禁止黃金開採、限制人員自由流動，尤其是貿易行商和神職人員。國王將獲得一塊專門為他開採鑽石的土地，並由一位專職的政府官員，即欽差官（intendente）。③負責監督鑽石開採及解決採礦發生的爭端。得知這些規劃後，國王希望能制定更嚴厲的懲罰形式，以便嚴懲那些違反開採規定的人，包括沒收貨物及將違規者放逐至安哥拉。[20]不久，有關鑽石礦藏的消息傳到了巴西其他地方，早在一七三〇年就有殖民地官員抱怨，在巴西東北部的巴伊亞附近金礦工作的奴隸，為了加入在米納斯吉拉斯尋找鑽石的冒險行列而逃跑。[21]由於擔心鑽石開採將會受到來自殖民政權的更嚴厲監督，導致地方經常出現騷亂，一群礦工也聚集在普林西比城（Vila do Príncipe，今天的賽羅〔Serro〕）市政廳前陳情不滿。[22]他們希望採礦活動完全不受限制、價格大幅降低，也不願接受限制混血者及自由黑人自由流動的法規。[23]礦工們提出的一份反制提案雖然遭到了拒絕，但總督基於個人利益而急於和鑽石礦工們維持良好關係，因此對他們的示威抱持同情。[24]最後雙方達成共識，每名奴隸的人頭稅為兩萬雷斯（十三點二英鎊），並且有權「在賽羅弗里奧的所有河流和土地上開採鑽石，正如過去實行到現在的做法」。[25]

那一年的九月，新總督到任，不到一年他就將人頭稅調高了一倍並擴大適用於在礦場工作的自

③ 譯按：葡萄牙語，意為國王委託行使職務的官員，下譯為欽差官。

由黑人和混血者，規定官方貿易只能在鑽石區的首府特烏科（今天的蒂雅曼提納）進行。[26]不難猜到葡萄牙國王為何要指示這名新總督實施更嚴厲的措施——這是因為巴西鑽石的發現造成了歐洲市場的價格大幅下滑，安特衛普和倫敦的幾名知名鑽石貿易商已經開始寫信向葡萄牙政府表達憂慮，尤其是在瓜皮亞拉（Guapiara）和庫拉林諾（Curralinho）的新礦開採再次提高巴西鑽石的產量之後，情況更為嚴峻。一七三四年六月，一名新的欽差官拉斐爾．帕迪諾（Rafael Pires Pardinho）在普羅恩薩的陪同下抵達了特烏科（普羅恩薩也許是第一本關於巴西鑽石的回憶錄作者）。帕迪諾的任務是驅逐所有「有害無益的人」並正式劃定鑽石區的界線，將鑽石區與其他巴西殖民地分開，單獨接受一個殖民行政部門的管轄。[27]鑽石區的邊界劃定後，第一個行動便是按照法蘭西斯．薩爾瓦多的建議完全封閉鑽石產區，（他與印度的鑽石貿易獲利極大）。[28]鑽石產區內的任何人都不准攜帶採礦工具或參與公眾集會，[29]礦工們在絕望下提出請願，要求准許他們開採黃金以維持生計也被拒絕，直到一七三八年官方才允許他們在幾個被認為礦藏已經枯竭的地點淘金。[30]

若昂．奧利維拉的開採壟斷

葡萄牙殖民當局利用封閉鑽石產區的這些年來評估不同的解決方案，以便更好地控制巴西鑽石產量。一七三四年，幾個辦公室設在倫敦的外國商人提出購買獨家採礦權的想法，但他們的提議被拒絕了，因為官方還是傾向完全封閉。四年半後的一七三九年一月，壟斷的想法死灰復燃，鼓勵有興趣的各方人士出面爭取的海報在鑽石區四處流傳。[31]官方和當地人進行了幾次會晤，但一位葡萄牙裔移民若昂・奧利維拉（João Fernandes de Oliveira）出了最高價。他住在歐魯普雷圖，已經拿到一份在馬里亞納（Mariana，附近的一個金礦小鎮）徵收王室稅的合約。一七三九年六月，奧利維拉簽訂了一份合約，並得到在劃定區域內開採鑽石的獨家權利。[32]合約為期四年，奧利維拉獲准雇用六百名奴隸，同時一年必須為每個奴隸支付人頭稅二十三萬雷斯。這份合約還包含了應

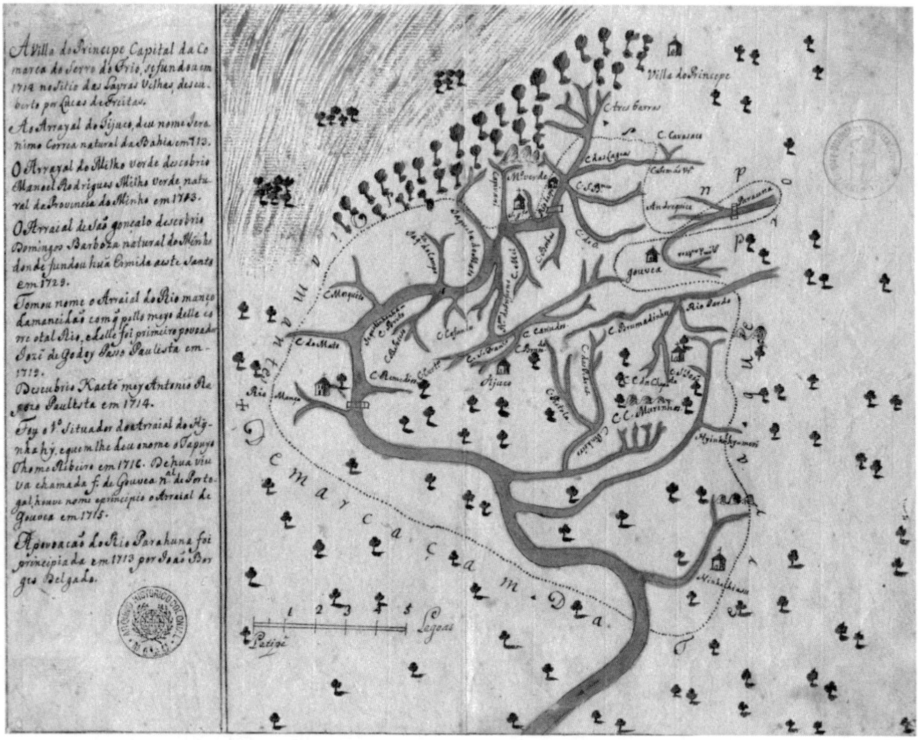

圖21　巴西鑽石區地圖，一七三四年。

對非法開採和走私的條款，合約也讓渡給奧利維拉極大權力，只要他懷疑某人就足以施加懲罰，且對於違規行為可以採取不同的懲罰，從以金子支付的罰款到流放里約普拉特（Rio Plate）或聖卡塔琳納島（island of Santa Catarina）不等（兩個地方都在巴西南部）。鑽石區由三個連、每連六十人的龍騎兵（dragoons）負責維持秩序，並在一七四六年增設了第四個連。所有貿易批發商人均不得進入該地區，零售商必須遵守嚴格規定，沒有得到官方雇用的人都必須離開。所有發現的鑽石必須保存在一個特殊的盒子裡，只有合約持有人及欽差官才有打開盒子的鑰匙。鑽石必須在指定時間送到里約熱內盧，再從那裡轉運至里斯本，而在這個葡萄牙的首都裡，代表奧利維拉的人可以出售這些鑽石，但必須有一位葡萄牙大臣在場才行。此外，國王也擁有優先購買鑽石的權利。[33]

奧利維拉可以動用的金融工具不多，他倚賴合夥人法蘭西斯科・希爾瓦（Francisco Ferreira Silva）來籌集大部分的必要資金。希爾瓦曾經跟普羅恩薩以及安東尼奧・安德拉德（António Gomes Freire de Andrade）搭同一條船前往巴西，而後者是一七三三年至一七六三年里約熱內盧的總督，也曾三次擔任米納斯吉拉斯總督，第二次任期是在一七三七年至一七五二年。安德拉德很有權勢，極力支持合約持有人奧利維拉，以至於甚至有傳言說奧利維拉和希爾瓦只是中間人，這位總督才是合約真正的持有人，但官方消息仍無法證實。[34]當奧利維拉和帕迪諾因為雇用奴隸的人數發生衝突時，安德拉德站在壟斷者這一方，並向里斯本要求取消只准雇用六百名奴隸的上限。[35]這個要求雖然被正式拒絕，但帕迪諾也下台了，隨著帕迪諾的消失，奧利維拉和安德拉德排除了最大反對者，採礦業務從此蒸蒸日上。四年後，這份合約又獲得了另外四年的展延，條件照舊。

然而，採礦壟斷需要大量的資金投入。人頭稅是筆很大的開銷，奴隸們需要住房和食物；此外，鑽石屬於沖積帶開採，主要位於河床上，因此需要排乾河水。要蓋河堤、要抽水，還要讓水流改道，這些建築工事可能所費不貲，在里斯本銷售鑽石的收益也可能需要一段很長時間才能送回巴西，為了支付這些開銷，奧利維拉必須倚賴葡萄牙首都和里約熱內盧的投資人。當第二份合約在一七四七年底到期時，合約持有人已經債台高築，以至於無法參與第三份合約的競爭，合約最後落到了費利斯伯爾托和約基姆．布蘭特兄弟（brothers Felisberto and Joaquim Caldeira Brant）手上。這對出生於總督府聖保羅的兄弟有暴力傾向，曾在一七三〇年被控向莫爾蒂斯河（Rio das Mortes）地區的一位官員開槍，當地是靠近聖若昂德黑（São João del Rei）的一個老產金區。[36]但他們順利從地方上得到大量支持，而非倚賴在里約熱內盧或海外的投資人，在合約上他們總共有十九名合夥人，幾乎所有人都住在特烏科，其中還有一個牧師。[37]布蘭特兄弟從一七三五年起就在戈亞斯（Goiás）從事礦工，並活躍於當地，儘管第三份合約正式納入了位於巴西中部戈亞斯的新鑽石礦藏，但條件沒有根本變化，僅有一個新的條款規定：要將兩百名奴隸移居到這些新發現鑽石的地方。[38]現在鑽石區是控制在本身就是礦工的人手裡了，而他們對鑽石走私和祕密盜採活動採取睜一隻眼閉一隻眼的做法，贏得了更多支持；他們也跟殖民當局維持良好關係：欽差官為費利斯伯爾托．布蘭特立了一份遺囑、總督則是路易斯．佩雷拉（Luís Alberto Pereira）兩個孩子的教父，而佩雷拉則是住在特烏科的合夥人之一。總督也出席了費利斯伯爾托女兒泰瑞莎的洗禮儀式。[39]

所以得知在布蘭特兄弟管理的年代官方產量下滑了將近百分之十三，也就不令人意外了

（圖30）。新的欽差官到任了，他打算徹底剷除非法雇用過多奴隸和祕密鑽石交易，這很快就導致這對兄弟和他們合夥人的垮台。一七五二年二月，安德拉德前往里約熱內盧，並將米納斯吉拉斯交給他的兄弟荷塞（José）治理。六月，欽差官和費利斯伯爾托．布蘭特互控對方偷竊鑽石，衝突升高。由於受到包括費利斯伯爾托．布蘭特和佩雷拉在內的一群武裝暴徒威脅，新欽差官下令逮捕費利斯伯爾托．布蘭特，但他自己的職位也遭到拔除。[40]情況似乎很類似之前奧利維拉和帕迪諾的對峙，費利斯伯爾托．布蘭特和他的合夥人再次在總督的支持下成功得逞。但他們意料不到的是，自己竟然在隔年就迎來了垮台：一七五三年一月，這群合約持有人開始付不出在鑽石區投資開出的一系列匯票和本票；兩個月後，一艘從巴西出發抵達里斯本的船上查出大量祕密交易鑽石，決定了這群承包商的命運。被查出的鑽石數量極大，政府因此認定這種規模的走私活動只有在巴西鑽石開採壟斷者知情的情況下才可能發生，費利斯伯爾托．布蘭特和佩雷拉從此消失在里斯本惡名昭彰的利莫艾羅監獄（Limoeiro）鐵閘後。據說，費利斯伯爾托．布蘭特活著見證了一七五五年那場摧毀葡萄牙首都的大地震。根據一些資料來源，蓬巴爾侯爵（marquês de Pombal）後來釋放了他，並允許他在里斯本北方的一個海邊小鎮卡爾達斯萊納（Caldas da Rainha）度過生命的最後一年；其他人則說他在一七六九年因中風死於獄中。[41]

布蘭特垮台的時間正好是葡萄牙歷史上的動盪時期。葡萄牙國王若昂五世（João V）死於一七五〇年六月，繼位者D．荷塞（D. José）任命塞巴斯提昂．梅洛（Sebastião José de Carvalho e Melo，即後來的蓬巴爾侯爵），擔任戰爭及外國商務部長，他也曾任駐倫敦與維也納大使，並在地震後成為葡萄牙最重要的政治人物。一七五一年，奧利維拉回到里斯本，希望能簽下第四份的鑽石開採合約，而在一七五二年初，當費利斯伯爾托・布蘭特和合夥人在特烏科和欽差官簽下他們那份合約時，奧利維拉正被他的債權人告上法庭。在絕望日益升高之下，他請求覲見新國王，蓬巴爾侯爵也出席這場會面。這位部長曾說奧利維拉是個「粗鄙不堪的男人，性格單純且極不理智……才會簽下一份他根本履行不了的合約」，[42]儘管對奧利維拉沒有好感，但一七五三年的那些事件還是讓國王接受了奧利維拉對新鑽石合約的出價。由於其無法償付第三份合約累積的債務，曾經導致葡萄牙首都的鑽石貿易全面崩潰，蓬巴爾侯爵決定親自負責這件事。[43]最後，奧利維拉不僅還清了債務，還得到官方全力支持，因為於此同時官方決定要壟斷巴西的鑽石貿易。[44]

一七五三年八月十一日，政府頒布了一項極為嚴峻的新法，建構了運作兩種壟斷所必須遵行的法律框架：禁止鑽石區裡的任何人在沒有得到奧利維拉允許的情況下交易、開採或運輸原鑽，並確認了幾項現行的懲罰措施，如驅逐出境、沒收貨物和奴隸以及罰款等。具體的懲罰則取決於違法者的膚色：居住在巴西的自由白人被送去安哥拉，而在從事非法活動時被抓的非洲黑奴則必須戴著鐐銬繼續採礦；被判有罪的非洲裔自由人也會被判處一段時間的強迫採礦，但不用戴鐐銬；告密者會得到獎勵。除此之外，法律也規定嚴格控制進入鑽石區的人流：零售商必須登記，並且身家清白才行；士兵每六個月輪替一次，以防止他們參與走私活動。[45]鑽石區於是成了「殖民地裡的殖民地」。[46]

第四份合約生效期間開採出大量鑽石，奧利維拉和跟他同名的兒子又簽下了兩份合約。這個兒子以他著名的情婦而知名——奴隸女子奇卡·希爾瓦（Chica da Silva）。她已成為巴西文化遺產的一部分，在肥皂劇、電影，甚至是現代音樂中都十分常見。[47]直到一七七一年葡萄牙國王決定拿回巴西鑽石產區的榨取事業之前，小奧利維拉都掌管著鑽石區。

奴工與被迫害的礦工

在印度的鑽石礦場裡，保證勞動力供應的方式是雇用當地工人，他們在接近奴役的勞動條件下工作，而這些常是本地人的工人，在採礦業裡的處境跟在當地社會中所處的底層地位並沒有什麼不同。另一方面，巴西礦業的勞動力則來自海外。在米納斯吉拉斯的鑽石區，巴伊亞和戈亞斯經常是非法礦工與冒險家活躍的地方，但他們並不屬於結構性勞動力的一環。與印度相反，巴西礦業當局（一開始是個人，後來是奧利維拉和布蘭特兄弟的私人企業，最後則是葡萄牙殖民政府）完全倚賴從大西洋彼岸送來的非洲奴隸作為勞動力，主要來源地是今天的安哥拉和剛果民主共和國。[48]根據維護線上跨大西洋奴隸貿易資料庫的學者估計，約有一千萬名非洲奴隸被迫通過中央航路（the middle passage）來到新大陸，其中超過總數的三分之一，即三百五十萬名奴隸，是在一五五一年至一八七五年間被運往巴西。[49]這些男男女女大多落腳在巴西沿海眾多甘蔗種植園中的某一個莊園，但是也有很多人是沿著特別修建的皇家大道（Estrada Real）從里約熱內盧被運往米納斯吉拉斯的礦區。一七五二年，米納斯吉拉斯總督府有百分之五十四的人口是非洲奴隸，且比例始終維持穩定，直到一七七六年才輕微下滑至百分五十二。[50]

礦區裡的非洲奴隸比例當然就更高了，然而人們很難得知究竟有多少非洲奴隸在鑽石區生活與工作，因為一七三九年推行礦業壟斷前的歷史證據十分缺乏。一份一七三四年繳納人頭稅的奴隸名單顯示——也就是鑽石區展開為期五年封閉期之前的那一年，需繳納人頭稅的非洲奴隸有一千一百名。[51]一七三九年至一七七一年的壟斷合約條款中，始終將官方奴隸勞動力限制在六百名，但根據產量來推估，真實數字一直是高於兩千名，某些年分甚至超過五千名（圖22）。歷史資料也可進一步證實這些估計數字的正確性，這些資料指出，葡萄牙殖民巴西期間經常性雇用的非洲奴隸在四千至六千名之間。[52]

我們掌握了一些關於非洲奴隸來源的線索，儘管仍需更多調查，但根據研究顯示，米納斯吉拉斯總督府的人口主要來自安哥拉、本格拉（Benguela）以及米納海岸（Costa da Mina，位於幾內亞灣的一個地區）。直到一七六〇年為止，米納斯吉拉斯的非洲奴隸中有百分之四十來自米納海岸，而直到十八世紀末，該比例則降至百分之二十六。[53]這麼多的人來自米納海岸是有原因的，因為普遍認為來自該地區的人具有找到黃金和鑽石礦藏的特殊才能——[54]西非米納海岸附近地區自中世紀以來就在開採黃金，二十世紀時人們也在那一帶發現了豐富的沖積帶鑽石礦藏。[55]巴西歷史學家已證明，來自米納海岸的奴隸不分性別確實擁有採礦技術方面的知識，而這些知識也在賽羅弗里奧的產鑽流域派上了用場。[56]

非洲奴隸的總人數仍舊顯著的高，圖22縱軸的數字只了鑽石區中的受雇者，必須加入顯示女奴隸每年的平均人數，以及為採礦事業提供服務的農業、食品供應及其他服務業的未知人數才是合理數字。女性是礦業經濟中很重要的一環，雖然出現在採礦聚居地的女性極少，其中一些人受雇從事家事服務，其他人則必須靠賣淫或作妾維持生計，只有少數人擁有房子，其中又只有極少數人擁有奴隸。[57]在鑽石區的女性最常從事的經濟活動，是女奴隸從事的街頭小販，所謂女黑人小販（negras de tabuleiro）。④[58]奴隸每天僅能得到微薄的零用錢，可以將這些錢存起來購買自由，即黑奴解放（alforria），也可以把這些錢拿來買食物補充貧乏的飲食攝取。那些前來礦場購買食物的人可以從非裔奴隸

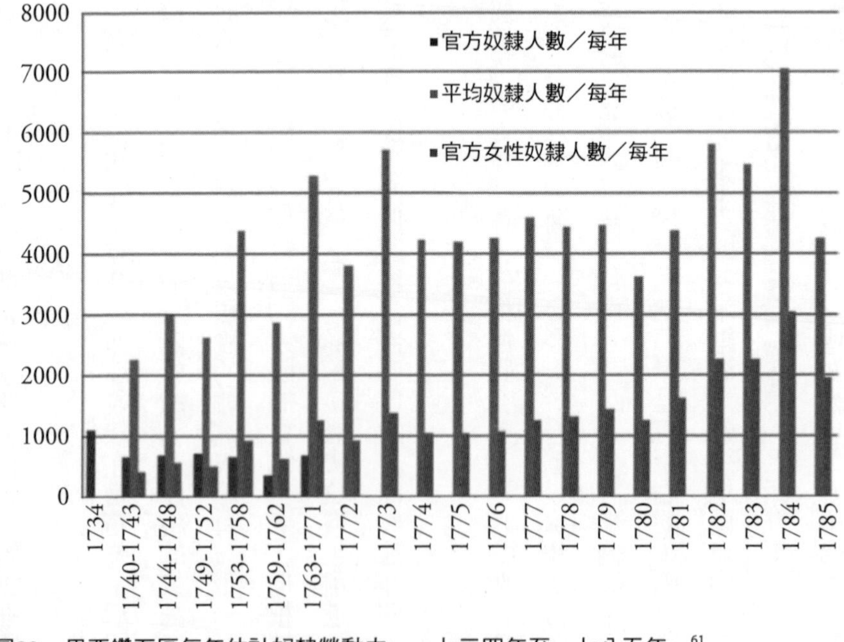

圖22　巴西鑽石區每年估計奴隸勞動力，一七三四年至一七八五年。[61]

和自由女性手上購買魚、甘蔗酒（cachaça，葡萄牙語，一種巴西特有的發酵甘蔗汁飲料）、菸草和其他消費品。由於在鑽石區人的移動（尤其是黑人）受到嚴格限制，這些婦女的移動能力讓她們成為祕密網絡的一環，將逃逸奴隸的非法聚居地，也就是所謂的基倫博（quilombos）⑤，與特烏科當地居民和奴隸連結起來。這些網絡具有情報交換功能，並成為走私鑽石的工具。[59]官方也意識到這一點，因此想要透過迫使這些女性在固定地點開店來限制移動，有時也會進行適度的取締，但官方從來無法完全切斷她們的活動以及跟非法走私的聯繫。[60]

儘管學者可能可以估計鑽石礦場雇用的奴隸人數，但是要根據十八世紀的文獻來描寫他們的日常生活就複雜得多了。從一七三九年起，這些奴隸就成為礦業壟斷合約持有者的雇員，一七七一年後，葡萄牙殖民政府成為剝削他們的人，因為在這之後巴西的鑽石開採直接受到王室監管。儘管這兩家礦業公司均擁有大量奴隸，但他們也額外雇用來自當地的奴隸。在米納斯吉拉斯的鑽石開採成為壟斷事業前，仍允許自由採礦，更吸引著冒險家前來，包括那些已經靠著淘金積攢了一小筆財富的礦工。這令冒險家有能力投資非洲奴隸的採購生意，而奴隸或是被迫為這些人工作，或是出租給

④ 譯按：葡萄牙語，意為捧著托盤的女黑人，下譯為女黑人小販。

⑤ 譯按：源自安哥拉最常用的語言之一金邦杜語（kimbundu），字面意義為戰爭營，在巴西社會脈絡中被用來指逃逸的非洲奴隸和其他邊緣人在偏遠內陸建立的聚居地。

其他人。有時當地的礦工也會聯合起來，例如一七三〇年，一群主要住在金礦鎮歐魯普雷圖的富裕居民就成立了一家鑽石開採公司，雇用了四十名奴隸。[62]

無論就地理上還是行政上，整個鑽石區在殖民統治期間都自成一格，能夠記錄見聞的旅行家沒有人獲准進入該區參觀。實際上，所有近代早期的資訊都來自與殖民官方有關的資料。

這些資料來源包括兩幅十九世紀晚期的圖畫，原本是由欽差官附在寄往葡萄牙的一封報告信中。[63]第一張圖展示了採礦是如何進行，並畫出了一個去除水分的機械裝置（圖23）；第二張圖則畫出了奴隸

圖23　巴西鑽石開採景象，一七七五年。

是如何時時受到白人的監督，被迫在含有鑽石的土地上尋找鑽石（圖24）。

描繪巴西殖民時期鑽石掠奪的最知名圖像來自卡洛斯・朱里昂（Carlos Julião，一七四〇年至一八一一年），他是一位義大利工程師，十八世紀下半葉在巴西為葡萄牙官方工作。他的水彩畫很好地描繪了非洲奴隸在礦區的工作與生活（圖25、26）。[64]朱里昂描繪鑽石開採的畫作與這兩幅圖畫約在同一時間完成，因為這些畫作（尤其是圖25、26）所展示的含鑽土水洗過程都非常類似。和朱里昂插畫幾乎一模一樣的圖像也出現在約翰・馬威（John Mawe，一七六四年至一

圖24　巴西鑽石開採景象，一七七五年。

八二九年）的著作中，他是位英國礦物學家，曾在一八〇九年及一八一〇年造訪鑽石區，而當時巴西的鑽石產量已經下滑。

單方來源的資料造成的扭曲效果在這些殖民時期圖畫中表現得極為明顯。採礦工作被浪漫化並描繪成某種平靜祥和的戶外活動，對於揭露奴隸勞動嚴酷、壓迫且危險的真實本質根本毫無幫助。此外，這些作品對非洲奴隸身穿衣服的描繪也是錯的，因為為了防止走私，奴隸們被迫裸體工作，身上除了一條纏腰布什麼也不能穿。朱里昂畫了一個男人被迫接受搜身（圖26）的情景，但是跟一個多世紀後，人們在南非鑽石礦所拍攝到的更加寫實、更令人不安的畫面相比，朱里昂的畫已經是最接近卻仍與真實有相當大的差距（圖60、61）。

圖25　巴西鑽石開採景象，一七七〇年代。卡洛斯・朱里昂繪。

從十八世紀至今，這些男性奴隸參與的採礦勞動並沒有多少改變，仍是從河流土壤裡找鑽石的體力活，所以十九世紀初對於奴隸礦工工作環境的觀察也適用於更早的時期；然而，我們必須記住，到了十九世紀初，巴西鑽石礦已進入衰退期，並且再也沒有恢復過了。巴西鑽石的衰退期早自第四份、也就是最後一份壟斷合約生效期間就已開始，這也促使葡萄牙國王改變政策。小奧利維拉的合約在一七七一年到期後，國王決定不再將開採壟斷權授予私人企業，並引進一個額外的殖民機構來監督所有在巴西的鑽石開採活動，這一被稱作皇家礦業（Extracção Real）的時期持續到一八三二年才結束。一七七一年八月二日，在蓬巴爾侯爵監督下起草了一部新法，後來被稱為《*Livro da Capa Verde*》，意即綠色封皮的書，綠皮書維持或緊縮了禁止走私及非法採礦行為的大部分既存規定，而這些規定對於有色人種尤其嚴厲，即使是非洲裔的自由人也不能進入商店或販賣產品，男女皆同，也不能攜帶武器；奴隸人口主要仍是從當地人那裡雇用來的，監工被明確允許可任意鞭打奴隸；告發犯罪會得到獎勵，除非沒有其他證據才會接受來自非洲奴隸的證詞。[65]一七九八年，皇家礦業共雇用了五百零五名自由

圖26　奴隸接受檢查，查明身上是否藏有鑽石，一七七〇年代。卡洛斯．朱里昂繪。

人，其中的大部分（三百五十一名）是被雇來監督奴隸工作。[66]一七五三年時制定的法律已經很嚴厲了，但在某些方面一七七一年的規定甚至更為嚴苛，貿易商人不再被允許進入鑽石區，零售商不得不從鑽石區外尋找食品來源。這帶動商業網絡的發展，商人從米納斯吉拉斯、里約熱內盧、聖保羅和巴伊亞的農場，將菸草、白蘭地、玉米和豆子帶進鑽石區。隨著淘金的獲利下降，供應鑽石區所需成了許多礦工（mineiros）的另類謀生手段，[67]少數人因此可取得允許糧食輸入的年度許可證。[68]

所有在皇家礦業中任職的人都是自由人，不是白人就是混血兒（pardo，指的混有歐洲人、原住民及非洲血統的後裔），但是和龐大的奴隸人口相比，這群人占比很小。一七七二年，鑽石區首府特烏科計有四千六百位居民，其中三千六百一十人為奴隸。[69]一七八一年，鑽石管理局（dimaond administration）雇用了三百四十名自由人及四千三百八十三名奴隸。[70]和之前一樣，鑽石區雇用的奴隸絕大多數的工作都是尋找鑽石，人們有時認為來自某些地區的奴隸比其他奴隸更擅長這項工作。不過，隨著時間的推移，奴隸的人數也下降了，當一八一八年德國旅行家約罕・斯皮克斯（Johann Baptist Ritter von Spix，一七八一年至一八二六年，生物學家）和卡爾・馬齊烏斯（Carl Friedrich Philipp von Martius，一七九四年至一八二六年，植物學家）造訪該地區時，他們估計鑽石礦區雇用的奴隸只有一千零二十人。[71]在鑽石區和非裔奴隸比鄰而居的還有各種祕密聚居地的居民，他們是逃逸的奴隸，也就是逃奴（quilombos）⑥。資料來源提到，當時至少有十二個這樣的聚居地，每個聚居地的居民約十五至六十人，[72]這些聚居地不受白人的歡迎，使得許多逃奴受到暴力襲擊。[73]不意外地殖民政府發布一系列法令試圖壓制黑人群體，但一般而言黑人在鑽石區內不能攜帶武器。[74]

大部分的奴隸住在他們採礦礦場附近的棚屋裡，唯一能參加的社會組織是宗教兄弟會，也就是所謂的兄弟會（irmandade）。一七五三年法律頒布後，官方不再允許牧師進入鑽石區，雖然十八世紀的人口清單顯示有六名神職人員住在特烏科。[75]缺少教會於焉產生了對其他形式宗教組織的需求，兄弟會因而成立，其中有幾個位於鑽石區，成員資格經常取決於自由人的地位、財富和膚色。[76]奴隸們有自己的兄弟會，其中一個為「玫瑰聖母兄弟會」（Nossa Senhora do Rosário）；小奧利維拉也是兄弟會成員，他加入的是嘉模聖母兄弟會（Irmandade de Nossa Senhora do Carmo）。[77]這些兄弟會大部分都蓋了自己的教堂，有幾個如今仍矗立於蒂雅曼提納（特烏科現今的名字）。[78]這些兄弟會發揮了重要的宗教作用，它們的信仰實踐清楚地具有兼容並蓄的性質；它們組織彌撒、宗教節日和遊行；它們也扮演了重要的慈善與社會角色，從事扶病濟貧的工作。[79]一些白人兄弟會會將房子和奴隸出租以取得活動資金，一九七二年，聖體兄弟會（Irmandade do Santíssimo Sacramento）的收入有超過百分之九十來自出租男女奴隸。[80]歷史學家朱利塔·史卡拉諾（Julita Scarano）認為，種族區分和隨之而來的虐待在整個近代早期都司空見慣，且被大部分的

⑥ 譯按：葡萄牙語，意為逃亡社區或逃逸的奴隸。

黑人兄弟會所接受。[81]但這種情況逐漸改善，到了一七九四年已有數個兄弟會廢除了針對成員資格的種族限制。[82]儘管這是一大進步，但我們不應忘了奴隸制在巴西持續了相當長的時間，直到所謂的《黃金法》（*Lei Áurea*）通過後才結束。即使像兄弟會這樣的大型組織順應了殖民的虐待體制，但仍有許多人，如祕密盜採鑽石的礦工、逃奴等通過建立聚居地，尤其是基倫博，挑戰了殖民政府。[83]

由於十八世紀進入鑽石區受到高度限制，因此，除了殖民時期檔案以及兩份匿名的十八世紀手稿《摘要》（*Deducçaó Compendiosa*）和《編年史》（*História Chronológica*）之外，我們無法取得太多詳盡描繪礦業社會的原始資料，[84]直到葡萄牙政府允許一些旅行家造訪，十九世紀的資料才比較多，其中最有名的可能是馬威。他在旅行日誌中描述了曼丹納（Mndanha）的礦場，這裡有一千名非洲奴隸住在一百座用土和樹枝蓋成的棚屋裡（圖27）。[85]奴隸的供餐為米和豆類，如著名的巴西豆（feijão），也會吃到培根和甘蔗酒。[86]他們會將每天得到的零用錢花在購買女黑人小販賣的食物。鑽石區的工作十分辛苦，奴隸不分男女從「比日出稍早」做到「日落」為止，一天有四到五次的休息時間，午休時間為兩小時。[87]另一位法國植物學家兼旅行家奧古斯德．聖—西萊爾（Auguste de Sanit-Hilaire）曾寫到，非洲奴隸經常會唱關於他們家鄉的歌曲。[88]

巴西鑽石是沖積帶鑽石，採礦點位於鑽石區中的傑奇蒂諾尼亞河（Jequitinhonha）、佩德拉斯河（Rio das Pedras）和西貝若昂寧菲諾河（Ribeirão do Inferno）的河床上。採礦作業後來擴展到阿巴耶德河（Abaeté）和因達伊亞河（Indaiá）以及巴伊亞，也在帕拉瓜蘇（Paraguaçu）、穆庫熱

（Mucugê）和孔塔斯河（Rio de Contas）固定開採鑽石（圖20）。鑽石較少在陸地、甚至山脈的斜坡上被發現。開採鑽石所需要的體力勞動和印度礦場的情形非常類似，奴隸必須穿過好幾層泥巴尋找含有鑽石的砂礫沉積物（cascalho），⑦由卵石和土壤組成，有時呈現黃色，有時則是黑色或白色。為了接觸到這層砂礫，人們修築了石牆和水壩，用帶有木輪的發動機抽乾水（圖23、27），這過程不是沒有危險，在一七六八年便有七十個奴隸溺死於傑奇蒂諾尼亞河。[89]此外，在潮濕的環境下工作也導致許多人罹患疝氣，肺炎也是常見疾病，但病人能夠得到的醫療照護十

⑦ 譯按：下譯為含鑽砂礫。

圖27　在河床上開採鑽石，巴西，一八二五年。

分有限，因為鑽石區直到一七九〇年才蓋了第一家醫院。[90]

人們將含鑽砂礫運到沖洗的地方，奴隸會站在木製的輸送機槽上，在水流不斷循環下透過孔洞過篩，只留下鑽石。在十月至四月的雨季期間，河流上的採礦作業經常停止，所以清洗之前開採出來的土壤就變成礦場中最重要的活動。領班（feitores）會從一個高處，舒適地監督整個過程（圖24）。[91]奴隸礦工發現鑽石時會鼓掌，用拇指和食指夾住鑽石，再將它交給監工（圖28）。

儘管流傳下來的插圖顯示出奴隸穿著衣服工作，但實際上卻是不得不在半裸狀態下工作，以防止他

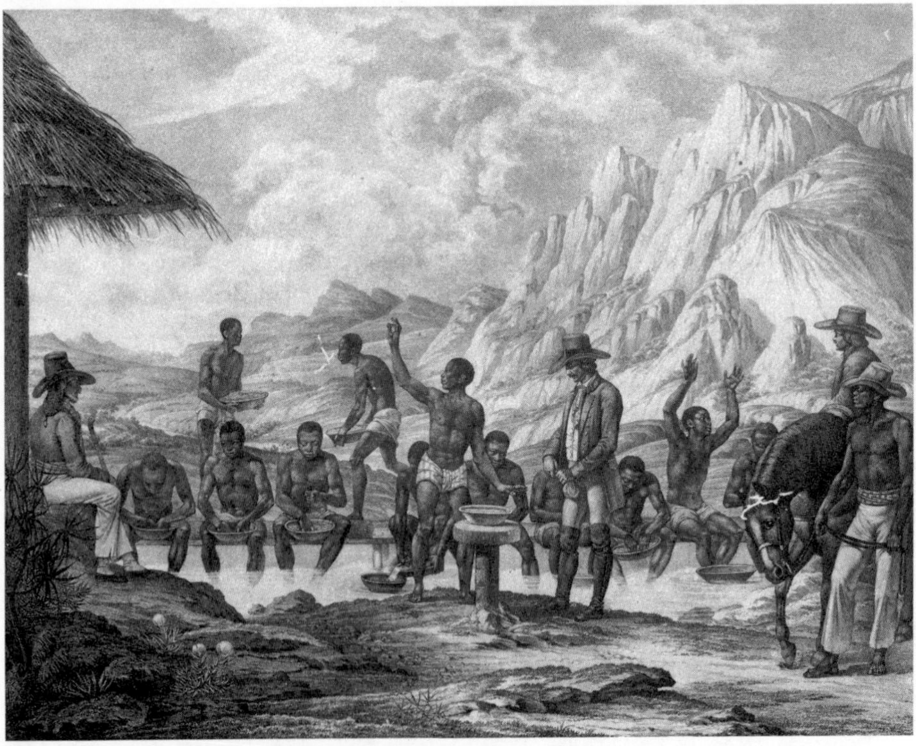

圖28　洗鑽石，巴西庫拉林諾，一八二四年。

們偷藏鑽石，他們身體上的所有腔孔都必須定時接受檢查，極具羞辱性。據說，找到重達十七點五克拉以上鑽石的奴隸就可重獲自由，小一點的則有次等獎勵。[92]儘管馬威觀察到當地開始使用水輪驅動的車子將含鑽土壤運走、使用滾筒清洗含鑽砂礫，也不再使用奴隸，但是在整個十九世紀，礦場裡的工作方法基本上並未改變（圖29）。[93]在一八八八年《黃金法》廢除奴隸制之後，採礦就成為薪資勞動者或是可從利潤抽成的礦工的工作了。

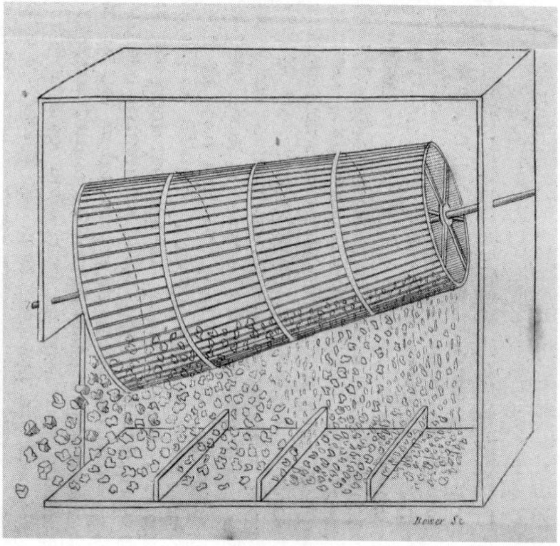

圖29　用來清洗含鑽砂礫的滾筒，巴西，一八一二年。

不是所有採礦均由為壟斷者或皇家礦業工作的非洲奴隸從事，許多冒險家也決定冒著生命危險從事非法採礦活動。逃逸的奴隸或其他邊緣人有時也會加入他們的行列，這些人被稱為盜採者（garimpeiros）。選擇這種祕密採礦生活的人數目不詳，但想必十分可觀。盜採者的生活艱苦，由於官方強力迫害，他們總是在不斷移動。殖民時期的採礦社會特徵為暴力，一七八二年，米納斯吉拉斯總督的評論便證實了這點，他曾表示他十分希望「消滅盜採者」。[94]這個說法出現在總督回覆幾個月前一位特使寄來的信，他在信中解釋，鑽石是在一七八二年初於一座聖安通尼伊塔坎比路蘇山（Serra do Santo Antônio de Itacambiruçu）中發現的，距離特烏科不遠；他說已經有一大批冒險家去了那裡，導致普林西比城和特烏科幾乎鬧空城。這名特使可能是第一個使用盜採者一詞的人，他稱他們是小偷（ladrões）。[95]

鑽石區裡有很多難以控制的偏遠地區，因此葡萄牙政府從未能徹底杜絕祕密盜採活動。事實上，這些礦工似乎都很窮困，找到鑽石可能是他們僅存的希望之一。他們時常得到來自當地居民的支持，因為對很多人來說，這些盜採者不是罪犯，而是英雄，因為他們起身對抗不公不義的殖民政權，例如編年史家若阿金·山多斯（Joaquim Félicio dos Santos）就持這個看法，有一些人甚至在他們身上看到了一種原始的巴西民族主義情懷的體現。[96]旅行家也注意到這些盜採者的存在。一八一八年，斯皮克斯和馬齊烏斯在鑽石區四處遊歷時，曾描寫到非法礦工使用過的廢棄營地。[97]一些營地後來成為永久的居住地，例如「大莫哥爾」（Grão Mogol），便是祕密盜採的礦工在一七八一年建立的營地，位於今天米納斯吉拉斯北部、一個約擁有兩萬五千名居民的小鎮。[98]

雖然非法礦工經常被描寫成來自下層階級，但是特烏科採礦社會的上層階級也參與了鑽石走私活動，整個十八世紀均有不同的總督涉入其中，這是公開的祕密。到了十八世紀末，有成員在皇家礦業和軍隊中任職的家族鑽石走私活動，開始與反殖民抵抗產生連結，並體現在幾個知名人物身上，如羅利姆神父（Father Rolim），他的父親是任職於鑽石管理局的財務主管。[99]

知名的米納斯密謀（Inconfidência Mineira）是一七八九年三月十五日在特烏科發生的一場起義，幾位革命人士都活躍於皇家礦業和軍隊中。其中有幾人和一些家庭成員任職於鑽石管理局，他們也被控從事走私，由此可見，走私這一活動似乎讓富人與窮人團結了起來。反葡萄牙起義終告失敗，雖有幾個人被處決，但巴西獨立的種子已經播下，再也不可逆轉。[100]

鑽石區有一種超越階級的凝聚力，這也是因為在這裡的一切完全聚焦在採礦活動上。官方禁止神職人員進入鑽石區，貴族階級人口也占比很小，當米納斯吉拉斯總督想要改革當地軍隊，他很訝異地發現能夠參與的貴族人數極少——這也是針對鑽石區土地所有權的規定所導致，因為在鑽石區要擁有土地相當困難。[101]自從一三七五年葡萄牙國王D・費南多一世（D. Fernando I）頒布的法令規定土地必須具有生產力開始，農業活動的受限，使得幾乎所有鑽石區的土地均被用於從事採礦活動。[102]當奧利維拉控制鑽石區的許多土地之後，他將一些土地用於農業，有幾個人先是為他工作，後來則為皇家礦業工作，他們把一些土地拿來種植作物，並由奴隸負責照管。[103]這一切意味著有一小群礦工菁英或是礦業投資者，他們擁有奴隸並和先後當權的奧利維拉與皇家礦業關係良好；他們可以將自己的孩子送到葡萄牙讀大學，尤其是孔布拉大學（Coimbra），並經常任職於殖民地機構。[104]儘管他們剝削奴隸的勞動並企圖鎮壓所有下層階級的非法採礦活動，但他們之中的一些人也和其他階級的成員一起參與了鑽石走私，少數人甚至還在十八世紀末的動盪年代挺身反抗殖民統治。

鑽石區之外

特烏科附近的鑽石區相對較小，即使在之後數十年，更多偏遠地區的礦藏被含括進來後，整個鑽石區仍然不大。米納斯吉拉斯總督府則領土廣大，有許多無人居住的地區是河流流經的森林與山脈地帶（*sertões*）。冒險家、非法礦工以及為壟斷公司工作的代理人一直在這些土地探勘，尋找黃金、鑽石及其他種類的寶石，他們也會冒險進入鄰近的巴伊亞和戈亞斯總督府。其中後兩者早在一七三四年就在克拉羅河（Rio Claro）和皮隆伊斯河（Rio dos Pilões）的河床上發現鑽石，那裡是卡亞波族（Caiapó）居住的土地（圖20）。

礦工們時常與當地人發生衝突，布蘭特兄弟曾在這些鑽石礦區工作過。[105]在遠征軍掃蕩了此地的多個基倫博後，官方劃定了一個鑽石地區，並交由一位欽差官負責管理。從費利斯伯爾托・布蘭特簽訂鑽石合約開始，官方允許壟斷者從正式雇用的六百名奴隸中選出兩百人送往該地區。[106]戈亞斯的鑽石開採事業始終帶有某種祕密色彩，部分是由於位處偏遠使然，而針對該地開採出來的鑽石數量也始終存有爭議，一位歷史學家甚至曾對那裡是否真的開採過鑽石提出質疑。[107]儘管有組織的鑽石挖掘規模可能比人們迄今認為的要小得多，但是至少有足夠證據支持小規模個人盜採者曾經存在於這個邊境總督府的說法。法國博物學者法蘭西斯・卡斯特瑙（Francis de Castelnau）曾在一八四四年造訪戈亞斯，他觀察到許多當地居民在河畔紮營並從事黃金及鑽石開採，一些村民甚至冒著與卡亞波族人發生衝突的危險深入內陸，期望他們「痛苦的搜尋」（pénibles recherches）能夠換得巨大報償。[108]

戈亞斯出產鑽石的土地被納入壟斷體制內，迫使冒險家到別處去尋找寶石。到了十八世紀中，有多個瀑布的大河阿巴耶德河與因達伊亞河沿岸已可見到礦工們活躍的蹤影。這是個廣袤的蠻荒之地，沒有官方聚居地，吸引了眾多盜採者及逃奴，並與殖民勢力發生了激烈衝突。一七九一年，官方決定派兩百名工人到阿巴耶德河岸，想要控制鑽石開採，但幾乎入不敷出，於是在四年後放棄了該計畫。民間流傳著幾個關於礦工挖到巨大鑽石的故事，例如有三個遭到定罪的罪犯在阿巴耶德河尋找黃金的傳說，經過六年的開採，他們終於「在食人族與野獸的虎口下」偶然挖到了一顆重達一百四十四克拉的鑽石，但曾在印度待過七年的知名英國旅行家理查．柏頓（Richard Francis Burton，一八二一年至一八九〇年）認為這個故事是假的。柏頓曾將《天方夜譚》（*Arabian Nights*）和《愛經》（*Karma Sutra*）翻譯成英文，並曾大範圍遊歷非洲及美洲，包括巴西。但另一個故事，關於一七九一年或一七九二年時有個十五歲男孩在因達伊亞河發現鑽石的傳說，則被認為是真的。[109]這類故事吸引了許多冒險家前仆後繼，他們的一些聚居地後來發展成城鎮，例如距離蒂雅曼提納約三百公里遠、阿巴耶德河畔的聖貢薩洛（São Gonçalo do Abaeté）即是其中之一（圖20）。[110]

葡萄牙政府對於如何處理這種狀況時常舉棋不定。一七九一年，特烏科的殖民官員曾彙報這些鑽石礦藏沒什麼重要性，而其他人則宣稱這個地區盛產鑽石。當一群盜採者的領袖、某個被稱作伊希多羅隊長（Captain Isidoro）的人告知總督巴爾納多．羅倫納（Bernardo José de Lorena）他們在阿巴耶德河找到鑽石的事時，總督決定派一個探險隊到那裡，由家族來自特烏科的礦物學家荷塞·庫托（José Vieira Couto）領軍。[111]庫托得出結論，該地區不僅土地十分肥沃、適合發展農業，還蘊藏了豐富的白金、鉛、銅、銀、金，尤其是鑽石。庫托為特烏科官員之前的錯誤判斷找理由，說他們的專長是河流採礦，而不是在諾瓦羅倫納（Nova Lorena）這樣的旱地上挖掘——羅倫納因而成為人們對阿巴耶德河鑽石礦區的稱呼。羅倫納因此被提拔，成為葡萄牙統治下的印度總督（viceroy），一八〇七年時，新總督獲得指令，要在諾瓦羅倫納建立一個由政府控制的採礦事業，人員和奴隸都由特烏科派過去，但由於成效不章，因此隔年這個地區由國家控制的採礦活動就宣告結束，也再次成為盜採者的地盤。之後，此地改名為卡特爾傑爾（Quartel Geral），繼續吸引著冒險家前來，一八二三年八月，當地的軍隊指揮官曾寫到人們從小路或乘坐獨木舟來到此地，人數超過三百名。[112]

巴西鑽石的兩大壟斷

壟斷在巴西實施得更為成功。當來自米納斯吉拉斯的鑽石開始抵達歐洲，原鑽價格應聲下跌，並引起許多人的恐慌，認為鑽石會泛濫到令人們不感興趣的地步。[113]據說一七三二年時巴西鑽石的進口總量高出印度鑽石四倍之多。[114]那一年，英國駐里斯本領事泰羅里（Tyrawley）爵士寫了封信給南部大臣（Secretary of State for the Southern Department）表達了他的憂慮：

在巴西礦脈發現鑽石的事已經暫時讓來自東印度的鑽石貿易陷入停頓，但倫敦市場不受影響，因為相較於其他鄰國，英國與里斯本的貿易占了優勢……因此從巴西來的鑽石有一大部分到目前為止都運往倫敦，再從那裡分銷到歐洲其他地方。[115]

在阿姆斯特丹和安特衛普的鑽石貿易商和珠寶商開始陷入恐慌。位於阿姆斯特丹的知名貿易銀行佩爾斯氏銀行（Andries Pels & Sons）送了一封信到里斯本，並在信中堅稱應採取必要措施；來自安特衛普的莫勒納里（Meulenaer）鑽石貿易公司也寫了一封信給葡萄牙當局，抱怨他們很難為鑽石找到買主，被迫要降價求售；[116]倫敦的鑽石商集體請命，要求東印度公司採取行動，英國東印度公司則試圖以降低珊瑚及鑽石關稅的方式改善印度的貿易處境。[117]聲譽卓著的鑽石貿易商試圖保護他們的印度生意，他們採取的方式之一是散布耳語，說巴西鑽石不過是從印度鑽石礦場祕密進口的未切割鑽石。[118]根據十九世紀旅行家柏頓的說法，某些巴西鑽石礦工甚至利用這些謠言謀取好處，他們將手上鑽石送到果阿，然後這些鑽石被當成真的印度鑽石送往歐洲。[119]這種做法讓腦筋靈光的礦工可以從「印度鑽石品質更良好」的傳統描述中獲利，但這個漏洞形成的網絡很快就成為想要完全控制巴西鑽石流向的歐洲鑽石貿易商和葡萄牙國王所針對的對象。很快地，有幾位商人表示想要購買巴西鑽石的商業壟斷地位，而葡萄牙政府也收到來自里斯本和低地國家商人所提出的報價，但他們都被拒絕了。[120]在法蘭西斯．薩爾瓦多的建議下，他們決定禁止開採。一七三九年，官方決定在壟斷的基礎上管理採礦，同時也同意原鑽貿易（大致上）維持自由不變。鑽石一年會運到里斯本幾次，這些鑽石被放入一個鐵盒裡，保管在海外委員會（Conselho Ultramarino，葡萄牙語）；政府和壟斷者的代表們，則稱為收銀者（caixas），被任命管理鑽石的銷售；國王的代表擁有這些血汗鑽石的優先購買權，之後聯合代表團就可自由地將鑽石出售給任何買家，但過程中必須要有一位政府官員在場，[121]銷售所得的利潤歸於壟斷者，可用來償付合約持有者開出、用來維持採礦作業進行的匯票，因此里斯本和里約熱內盧的投資人買下了這些匯票。[122]

一七五〇年代初期，第三位合約持有者費利斯伯爾托．布蘭特從事詐欺和走私活動，導致支持採礦特許經營權的金融系統崩潰。獲得第四份合約的是奧利維拉，但他在里斯本的收銀者卻拒絕償付第三份合約下開出、仍須支付的匯票，這令危機更形惡化。[123]此外，費利斯伯爾托．布蘭特在里斯本的特許權合夥者之一——塞巴斯蒂及曼諾埃爾范德頓（Sebastian and Monoel Vanderton）公司以信貸方式購買鑽石，再將鑽石拿來當作抵押品。有人認為范德頓公司是第一家擁有商業壟斷權的公司，這說法是錯的，但十八世紀晚期一位法國外交官的報告的確證實了該公司支配市場的地位：「恩內斯特．范德頓（Ernest Vanderton）的兒子塞巴斯蒂．范德頓是買下所有原鑽的人之一，他是土生土長的安特衛普人、專業珠寶匠，在這行的經驗豐富。」[124]布蘭特兄弟和范德頓家族的舉動造成里斯本鑽石貿易陷入停頓，[125]但有一個人認為他可以利用這次的危機改變全球鑽石貿易的既有格局，這人就是權傾一時的第一大臣蓬巴爾侯爵。他支持一種反猶觀點，認為猶太人控制了鑽石貿易，他們在知識上互通有無、建立祕密夥伴關係，藉此買下在倫敦、阿姆斯特丹、利佛諾和威尼斯市場上出售的所有鑽石。對這位首相而言，鑽石貿易實際上等於猶太人壟斷事業，而法蘭西斯．薩爾瓦多則是其主要保護者之一。[126]儘管許多猶太商人確實參與了鑽石貿易，但蓬巴爾侯爵對猶太人的看法極為負面，他早前與法蘭西斯．薩爾瓦多的互動是造成他這種態度的部分原因。事件發生當時蓬巴爾侯爵擔任葡萄牙駐倫敦大使，法蘭西斯．薩爾瓦多曾借他一筆錢，用來重建葡萄牙大使館，結果這件事造成了兩人不睦。[127]法蘭西斯．薩爾瓦多也積極參與多項請願活動，要求英國東印度公司降低對印度鑽石課徵的關稅，以利於與巴西鑽石的競爭，[128]蓬巴爾侯爵在一份回憶錄中曾寫到，法蘭西斯．薩爾瓦多向葡萄牙官員們提供了「邪惡的建議」，關閉巴西鑽石礦場「令這位著名的希伯來人高興極了」。[129]

一七五三年的危機給了蓬巴爾侯爵一項工具，建立起一個能夠和猶太商人競爭的基督徒貿易網絡，至少蓬巴爾侯爵在他的回憶錄中是這麼說的。[130]他意識到鑽石貿易需要外國資本，以及在阿姆斯特丹和倫敦有人脈的人，而他曾是駐倫敦大使。他提到了赫曼．布拉坎普（Herman Joseph Braamcamp，一七〇九年至一七七五年）這個名字，這是名荷蘭商人，曾擔任普魯士駐里斯本領事，也曾和他的兄弟一起試圖取得巴西鑽石的開採壟斷權。[131]後來布拉坎普和約翰．布里斯托（John Bristow）合作，獲得了鑽石的商業壟斷權。布里斯托是名英國貿易商，也是布里斯托瓦德公司（Bristo, Warde & Co.）的合夥人，而這家公司自一七一一年起就在里斯本營運。布里斯托曾在一七三〇年代和一七五〇年代從里斯本走私金銀，但因蓬巴爾侯爵親自干預而得以全身而退。[132]一七五三年八月十日，布拉坎普和布里斯托兩人與葡萄牙政府簽署了一項協議，同意以每克拉八千雷斯的價格（等於當時的五點二八英鎊，或一千零五十六英鎊至一千五百八十四英鎊之間的購買力），每年購買四萬五千克拉巴西原鑽。選那個日子並非巧合，因為那是應對巴西鑽石開採新法公布的前一日。合約規定在葡萄牙帝國境內，只有布里斯托和布拉坎普的合夥企業才能銷售巴西原鑽，但是在殖民政府的管轄範圍外仍可自由貿易。這份合約的最初期限為六年，由蓬巴爾侯爵負責監督其執行。其中一項條款規定，如果巴西新鑽石礦的發現導致歐洲價格下跌，布里斯托和布拉坎普則可享有折扣。葡萄牙最富有的兩名商人多明哥斯．維亞納（Domingos de Bastos Viana）及安托尼歐．品托（Antonio dos Santos Pinto）則扮演收銀者，擔任不同壟斷者之間的中間人，這是蓬巴爾侯爵計畫吸引葡萄牙商業資產階級涉足殖民地貿易的第一步。[133]

里斯本重新恢復平靜後不久，人們就發現法蘭西斯．薩爾瓦多和他的兒子約瑟夫．薩爾瓦多是這份合約的祕密合夥人，正如約瑟夫．薩爾瓦多於一七五七年證實的：「我曾正式簽訂但在過去十二個月放棄的那份合約中的巴西鑽石，現在已經被布里斯托和他的公司拿走了。」[134]事實證明，這份合約對這兩個立約人是個致命的打擊，因為他們本來就難以完成規定的採購額度了。布里斯托在一七五五年的里斯本大地震中損失了大筆金錢，導致一七五六年布里斯托瓦德公司破產。[135]駐倫敦的葡萄牙官員接獲命令要尋找替代者，一七五六年十二月，葡萄牙和英荷裔貿易商約書亞．內克（Joshua van Neck）及英國人約翰．戈爾（John Gore）簽訂了一份合約——戈爾是國會議員、貿易商、前南海公司（South Sea Company）董事，也是軍隊包商。[136]即使最初商量好的合約期限是三年，但歷史再度重演，這份合約被提早終止了。[137]一七五八年，戈爾和內克想要擺脫合約義務，葡萄牙駐倫敦大使收到內克的來信，他在信中表示，抵達倫敦的船所載運的印度鑽石比內克的巴西鑽石更值錢，這讓他沒辦法賣出巴西鑽石。[138]火冒三丈的蓬巴爾侯爵看出這件事中有「猶太人公司」在搞鬼，因為猶太人對於不能分一杯羹感到憤怒，所以想要毀掉參與這件事的基督徒商人的聲譽。[139]

這次蓬巴爾侯爵可受夠英國人了。他本來就認為他們參與葡萄牙的殖民貿易會對國家不利，因此他的經濟政策目標即是將外國人排除在葡萄牙海外貿易之外，為此他在一七五五年成立了一個貿易委員會，還在一七五六年和一七六〇年分別成立了兩家巴西貿易公司。但第三次壟斷權卻還是給了一個外國人，這次雀屏中選的是荷蘭人丹尼爾・格爾德密斯特（Daniel Gildemeester）。這人的兄長簡恩（Jan）在十六歲時來到里斯本並成立公司，而丹尼爾・格爾德密斯特則是他的合夥人之一；丹尼爾・格爾德密斯特後來被任命為荷蘭駐里斯本領事，當哥哥簡恩・格爾德密斯特回到阿姆斯特丹，丹尼爾・格爾德密斯特則繼承了他留下的位置，並成功在一七六一年獲得商業壟斷權。[140]丹尼爾・格爾德密斯特獲得了比前任們更有利的條件：他承諾每年購買四萬克拉的鑽石，每克拉價格為八千六百雷斯；這份合約原訂為期三年，但如果展延，則價格將提高至九千兩百雷斯。同時，他也被明確禁止從事印度鑽石貿易。[141]直到一七八七年為止，丹尼爾・格爾德密斯特以及他的兒子丹尼爾兩人一直都擁有巴西鑽石的商業壟斷權，這讓他們變得十分富有，得以在里斯本附近的辛特拉（Sintra）鎮蓋了瑟特拉斯宮（Seteais Palace）。

格爾德密斯特家族仍與阿姆斯特丹保持聯繫，他們在里斯本的成功確保阿姆斯特丹可獲得比過去更多的原鑽供應，這也有利於切割業，而當時阿姆斯特丹的切割業已是全歐最大，一七五〇年時有六百個家庭的生計倚賴切割鑽石。[142]在格爾德密斯特時期，蓬巴爾侯爵計畫更緊密地將在地商業資產階級與殖民貿易聯繫起來。班代拉（Bandeira）、克魯茲－索布拉爾（Cruz-Sobral）及昆特拉（Quintela）家族的成員們獲得了商業組織及政府（如皇家財政部〔Royal Treasury〕）中的重要職位；[143]鑽石管理局的另外兩個收銀者職位則給了荷塞．克魯茲（José Francisco da Cruz）及荷西．班代拉（José Rodrigues Bandeira），他們的家人在接下來的幾十年一直占據著這些位置。[144]這些關係透過幾次聯姻進一步強化，不只是在地家族之間的聯姻，也與知名的外國家族如布拉坎普家族聯姻，另外我們從當時法國大使的日記中可知，昆特拉家族（至少）維持著與格爾德密斯特家族的社交往來。[145]這些家族出現在開採合約的投資人行列也說明了葡萄牙商人的參與漸增。一份清單記載了一七七〇年時仍未付清、用來支付鑽石區開支的匯票，其中昆特拉、班代拉和克魯茲－索布拉爾家族便占了百分之二十九。[146]

一開始，丹尼爾．格爾德密斯特的買賣做得非常好，這位荷蘭領事買下的鑽石比他承諾要購買的還多，最高峰是在一七六七年，他買下了九萬一千三百八十克拉的鑽石。一七七六年，丹尼爾．格爾德密斯特還買了六萬六千克拉的鑽石，但是從一七八〇年開始，他的採購量就迅速下滑，那年他買入了三萬七千克拉的鑽石，一七八一年和一七八二年的購買量都是兩萬克拉，到了一七八七年只剩下一萬兩千克拉。[147]當時巴西鑽石的產量正在下滑，採礦壟斷也已經被皇家礦業制取代，但是距離商業壟斷的末日仍需要一段更長的時間。丹尼爾・格爾德密斯特在一七八七年不再參與鑽石壟斷，長達二十六年的壟斷終告結束；兩個葡萄牙貿易商保羅・喬治（Paulo Jorge）和若昂・費雷拉（João Ferreira）短暫取代了他，但當歐洲和鄂圖曼帝國的戰爭導致原鑽價格下跌時，他們便甩手不幹了。[148] 一七八八年，蓬巴爾侯爵去世六年後，三名來自漢堡的商人代表阿姆斯特丹的班傑明和亞伯拉罕・柯恩（Benjamin and Abraham Cohen）兄弟和葡萄牙政府談妥了一筆交易，直到一七九〇年為止，柯恩兄弟共以八億四千零八十萬雷斯的價格購買了九萬五千克拉的鑽石。在那之後，鑽石商業特許權就落到了佩卓・昆特拉（Pedro Quintela）手中，他在一七九一年至一八〇〇年總共購買了十五萬八千一百六十八克拉的鑽石，[149] 這數字等於平均一年購買一萬五千八百一十七克拉，而在這些年，巴西鑽石的平均產量為兩萬零四百二十三克拉，這意味著佩卓・昆特拉買下了巴西鑽石百分之七十七的年產量。

那時歐洲已掀起革命熱潮。中立的葡萄牙在壓力下放棄了與英國的長期結盟，同時也不得不在一七九六年和一八〇一年向商人借款。[150] 部分的錢用來付給法國，以避免戰爭威脅，但一八〇一年仍爆發了短暫的橘子戰爭（Guerra das Laranjas），西班牙在法國支持下入侵了葡萄牙，迫使葡萄牙不得不額外付出鉅款並將奧利維薩鎮（Olivença）割讓給西班牙。隨著來自法國的壓力與日俱增，葡萄牙決定向兩家銀行借款一千三百萬弗羅林（florin），分別是倫敦的霸菱兄弟銀行（Baring Brothers & Co.）和阿姆斯特丹的霍普銀行（Hope & Co.），其中，幕霍普銀行過去曾參與巴西的鑽石貿易，至少從一七四〇年代開始，就在俄羅斯及土耳其出售鑽石。在里斯本，他們與范德頓公司保持聯繫，也在阿姆斯特丹出售佩卓．昆特拉的鑽石。[151]說服這兩家銀行核可這筆貸款的人正是佩卓．昆特拉，而這筆款項將在一八〇二年至一八一一年間以巴西原鑽的形式償還。[152]一八〇二年至一八一〇年間，霸菱銀行共收到了二十四萬三千五百克拉的鑽石，霍普銀行則收到了二十五萬八千克拉，這一數量遠遠高出了巴西鑽石這些年的總產量，導致葡萄牙不得不掏出其鑽石儲備。[153]這筆錢大部分用來討好拿破崙，但最終證明還是不夠，無法阻止朱諾（Junot）將軍於一八〇七年帶兵入侵葡萄牙，葡萄牙陷入了一片混亂，許多仍儲存在首都的原鑽遭劫並被送到巴黎。接著，載著一萬五千人（包括葡萄牙王廷）的三十六艘船在英國船隻的護送下駛離里斯本航向巴西，並於一八〇八年三月抵達里約熱內盧，葡萄牙王廷在那裡避難到一八二一年。[154]直到回到葡萄牙的兩年前，葡萄牙政府才結清了所有在霍普銀行的帳戶，而從皇家礦業開始運作到一八一九年這段期間，官方開採出來的巴西鑽石有百分之四十以上被用於償還一八〇一年向兩家銀行借貸的款項。[155]

當王廷遷往里約熱內盧時貸款尚未結清，因此葡萄牙政府試圖強化對巴西鑽石的掌控。他們嘗試透過一八〇八年成立的巴西銀行（Banco do Brasil）控制鑽石銷售，算是部分成功了，[156]但是大門已經打開了，幾家對巴西豐富的礦產感興趣的英國公司在里約熱內盧成立了分公司。山謬菲利普斯公司（Samuel, Phillips & Co.）與德國金融家納坦．羅斯柴爾德（Nathan Mayer Rothschild）有姻親關係，該公司開始代表羅斯柴爾德買入巴西的黃金與鑽石，他們與葡萄牙皇室的良好關係也幫上了忙，直到十九世紀中，他們都持續參與鑽石產業。[157]鑽石的世界其實不大，羅斯柴爾德後來和李維．柯恩（Levi Barent Cohen）的女兒結婚，而李維．柯恩是阿姆斯特丹出生、於一七七〇年代移民英國的猶太人，他從事各種商品貿易，包括巴西鑽石，並將這部分貿易委託給霍普銀行，他因此被稱為是一七八一至一七九四年間倫敦最重要的鑽石貿易商。一八〇二年，他與其他猶太商人聯手，以更高的開價擊退霸菱和霍普兩家銀行，在巴黎收購了大量巴西鑽石。[158]李維．柯恩有個姪子班傑明在荷蘭從事菸草、白銀、穀物和巴西鑽石貿易，此人似乎就是在一七八八年至一七九〇年間擁有巴西鑽石壟斷權的那對兄弟中的班傑明．柯恩。[159]

一八二一年三月，就在葡萄牙王廷遷回里斯本不久前，為了償還皇家財政部所欠下的債務，葡萄牙國王下令鑽石管理局所持有的所有原鑽和拋光鑽石都必須交給巴西銀行，而巴西銀行可在巴西或歐洲銷售這些鑽石。[160]當年稍晚，巴西銀行開始受到密切審查，因為里斯本的一個革命委員會決定將所有巴西鑽石收歸國有，此舉引發了關於這些鑽石所有權歸屬的政治紛爭。當巴西於一八二二年自行宣布獨立，獨立政府獲得所有巴西鑽石的所有權，這又反過來導致米納斯吉拉斯當地的抗議活動。[161]當巴西銀行在一八二九年進入破產清算，巴西鑽石的貿易再度恢復自由，但那時米納斯吉拉斯的鑽石產量已經大幅下滑了，直到發現了巴伊亞鑽石礦，巴西鑽石貿易才重新復甦。但是六十年後在南非，人們又開始做起擁有政府支持的壟斷事業美夢。

十八世紀的歐洲鑽石消費

沖積帶採礦的方法並未隨著時間推移而有太多改變，而且十九世紀幾乎沒有引進任何新技術。開採出來的原鑽數量的起伏波動，主要取決於沖積帶鑽石田的逐漸枯竭以及新礦藏的發現。在一七四〇年至一八〇六年這段期間，官方開採了兩百七十萬克拉的鑽石，其中百分之六十一是在壟斷者為時三十二年壟斷期間開採出來的，剩下的則是皇家礦業頭三十五年的總產量。[162]在合約生效期間以及皇家礦業的頭十年，鑽石產量經常超過年平均產量的四萬零八百七十二克拉，但是在一七八四年後，產量就再也不曾超越這個平均數字了。[163]鑽石產量在第四份合約生效期間上升，這並不令人意外，因為這份合約為期較長，而且米納斯納瓦斯的礦藏（位於巴伊亞和米納斯吉拉斯之間的有爭議領土）也是在這段期間被納入了鑽石區及官方數字中。

關於里斯本鑽石銷售的現有資料顯示，除了一些例外，每一克拉的價格持續下滑，雖然有各種因素可以解釋，但品質的下降便是主因之一。我們也掌握了一些關於開採所需成本的資料：在合約期間，我們已知的開銷僅限於支付給國王的奴隸人頭稅；在皇家礦業時期，錢的總數即代表一年的全部成本，包括雇用奴隸。將成本與銷售價格相較，成本的占比極為明顯：在合約期間，人頭稅可以高達銷售額的百分之四十以上；而在一七七五至一七九〇年這段期間，百分之八十五銷售收入需要用來支付開支，占比極大。然而還有兩點需要注意，首先是國王可以要求獲得一些高品質鑽石；

其次，銷售數字並不包括所有官方開採的鑽石，因為始終會有相當數量的未售出鑽石被貯存在巴西或里斯本，例如在一七九〇年，就有總數高達十三萬七千六百二十二克拉的原鑽始終未售出。儘管如此，這些比例仍表明殖民時期的鑽石開採事業已變得多麼缺乏效率，非法活動猖獗尤其是一大原因。

巴西鑽石的年平均產量在十八世紀中葉達到了高峰，當時人們已清楚知道巴西鑽石的穩定開採打亂了整個歐洲市場，無疑是訴求建立貿易壟斷背後的原因之一。然而與佩爾斯、莫勒納里和其他從事鑽石貿易的歐洲公司所投訴的理由相反，有人聲稱拋光鑽石的價格並未受到巴西進口原鑽數量增加的影響。首先，巴西鑽石彌補了印度產量下滑的缺口，但更重要的是，

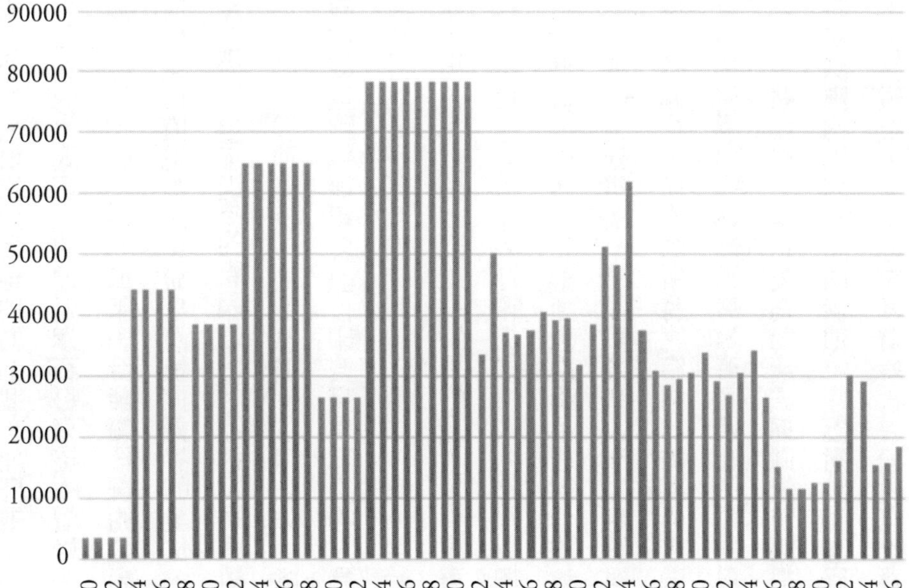

圖30　官方開採之巴西鑽石產量，單位為克拉，一七三四年至一八〇六年。[164]

對歐洲消費市場而言，原鑽與拋光鑽石的價格並非連動。根據近代早期的記載，如塔維涅、傑弗里斯和藍岑的著作中所提到的價格行情，藍岑便主張採明亮式切工的拋光鑽石每克拉的價格一直保持穩定；塔維涅在一六六五年引述的行情價為兩百金法郎，而一六七二年一份談論珠寶的匿名手稿也給出了同樣的價格；傑弗里斯在一七五〇年聲稱每克拉價格為八英鎊，而根據藍岑的說法，這相當於兩百金法郎。[165]藍岑認為，形成這種令人注目的價格穩定現象的原因是，十八世紀初原鑽與拋光鑽石的貿易是分開的。[166]

於更早期時，歐洲珠寶商經常通過葡萄牙的印度長跑航線親自前往印度交易鑽石的成品與未完成品。當荷蘭以及（尤其是）英國東印度公司開始控制歐洲原鑽進口時，一群倫敦商人開始專門從事原鑽交易，他們透過英國東印度公司進口原鑽，再轉售給珠寶商或是國外的商人。英國東印度公司也舉行原鑽的公開拍賣，吸引了跟印度可能沒有可靠商業人脈的珠寶商。[167]公開拍賣可控制進入市場的供給，而在國王可以選擇自己想要的鑽石情形下，巴西鑽石壟斷也達到了相同目的。當皇家礦業取代了鑽石合約制，大量鑽石被囤積起來的事實便十分明顯。一些與第二、三、四份採礦合約有關的帳戶仍尚未結清，根據登記資料，合約持有者運往里斯本的所有原鑽中，約百分之三十三的原鑽被囤積起來，[168]這些鑽石會在帳目結清後轉給皇家礦業。通過囤積來控制鑽石供給是鑽石開採及貿易壟斷不可或缺的一部分，也是東印度公司的策略之一，但是公司仍無法控制鑽石開採。葡萄牙的雙重壟斷是第一次有人能夠成功控制全球原鑽供應的原因，而同樣地，蓬巴爾侯爵推行的機制則啟發了戴比爾斯，讓他在二十世紀成功控制了全球鑽石生產。霍夫米斯特曾評論，在十八世紀，

「一個成長中的資產階級消費圈開始買入珠寶，時尚的明亮式切工引領了對鑽石的特殊品味。相對低廉的價格讓更多人能夠接觸這種明亮式切工鑽石」。[169]確實，十八世紀是明亮式切工的時代。十七世紀下半葉，人們開始用法文的明亮（brillant）一詞來稱呼切割成多個面的鑽石。紅衣主教朱勒・馬札林（Jules Mazarin，一六〇一年至一六六一年）曾擔任法國國王路易十三和路易十四的首席大臣，讓早期明亮式切工成為一股風潮的功勞應歸於他。馬札林非常欣賞鑽石，擁有令人印象深刻的鑽石收藏，一種將鑽石切割為十六面體的早期明亮式切工便因此被稱為「馬札林式切工」（Mazarin cut，圖15）。[170]根據工程師馬叟・托考斯基（Marcel Tolkowsky）⑧的說法，十七世紀末一個威尼斯人文森佐・佩魯濟（Vincenzo Peruzzi）進一步改善了馬札林式切工，設法將刻面的數目從十六倍增為三十二。[171]這種切工很快就變得十分流行，而且傳播得相當快，到了世紀之交，英國的切割工匠已經以專精於三十二面切割技術而知名，導致一些人認為這種切工是在英國發明的。[172]三十二面切工透過盡可能拉長光線在鑽石內的經過路徑而使得光的色散達到最大，成為二十世紀前的切工標準。一七五一年，英國珠寶商傑弗里斯曾寫過一篇文章討論不同拋光鑽石的方式，他評論道：

⑧ 編按：其利用數學公式計算鑽石切割的角度與比例，制定了全世界公認「最完美」的鑽石切割參數。

> 沒有什麼比得上堅持製作精確且更能長久維持的玫瑰切工鑽石至今在世上所享有的尊崇。沒有比現在更適合推薦這種切工的時候了，因為最近時興的一種墮落品味將玫瑰切工鑽石加工為明亮式，藉口是（通過這種方式）可以讓鑽石變成更美麗、更出色的珠寶。[173]

明亮式切工支配了整個十八世紀，其特點是消費者對於「光線及輕盈的強烈愛好」。[174]這種切工的對稱性和卓越的光色散能力，成為今天鑽石形狀的主流，不過流行程度低許多的其他形狀切工仍持續存在於市面上（這類切工常被稱為「花式切工」）。[175]

顏色的變化也是同樣情形。法國王室的珠寶傳統轉向崇尚簡潔，有色寶石甚至在一七二二年被宣布已經過時。[176]這種轉向持續到法國大革命期間，又進一步削弱了以階級為基礎的舊有品味。「一種強調自然美及簡潔的道德模式穩固地取代了貴族的時尚及工藝模式……簡潔和能見度是強而有力的概念，因為它們允許新的秩序證明自己優於舊貴族傳承的正當性，而不必推翻那個小圈子內的成員。」[177]

一七三〇年代，一位來自法國亞爾薩斯（Alsace）的珠寶商喬格·史塔斯（Georg Friedrich Strass）開發了一種技術，他在萊茵石（rhinestone）之類的鉛玻璃上塗上金屬粉末，即可製造出假鑽，而這也許不是個巧合。史塔斯不是憑空發明出這個製程，一些跡象顯示至少從一六五七年起巴黎就有人嘗試製造假鑽，但經過他改良後的技術似乎特別成功；到了一七三四年，史塔斯已經成了法國的王室珠寶商，他的姓氏在法國也成了人造珠寶（paste jewellery）的代名詞，在三十年後，已有三百一十四位仿珠寶匠（joailliers-faussetiers）在法國的首都工作。[178]根據性別而產生變化的歐洲消費模式始於十七世紀，並持續至十八世紀。雖然穿戴珠寶的女性比男性更多，但人們不應忘記：「雖然男性的鑽石時尚有起伏波動，但在漫長的歷史長河中，男性也曾佩戴著鑽石戒指與帽飾、領帶上別著鑽石領針、將鑽石鑲在儀式佩劍的劍柄，或用在鼻煙盒及最普遍的鞋釦等配件上。」[179]歷史學家瑪西亞・波因頓（Marcia Pointon）從鑲鑽鞋釦的重要性中理解到，在史塔斯手上臻於完善的那種假鑽之所以得以成功，背後的一個原因是：如果從鞋釦上掉落弄丟的是假鑽，便可降低金錢損失。[180]

假鑽在十八世紀的出現，是指出消費者對鑽石的興趣正不斷上升的強而有力跡象。一份阿姆斯特丹的報紙曾在一七三〇年發布公告，稱將在星期三早上九點至十二點間在海牙公開展示一顆相當大的鑽石；在開放公眾觀賞的前一天，有興趣的人可以去某位嘉瑪（da Gama）先生的房子，他們會在那裡拿到一張由鑽石主人簽名的紙條作為入場券。[181]五天後發布的新聞，又稱發現鑽石是假的，公眾觀賞會已經取消。[182]這類的故事證實了鑽石作為奢侈品，重要性正在不斷增加，接觸的客群也愈來愈大。市場專業化、原鑽與拋光鑽石商品鏈的分離，以及供應量的成長，均與發現巴西礦藏後鑽石世界所發生的變化有關，其中的一些變化，在未來幾個世紀將持續主導原鑽開採與貿易的運作。儘管巴西鑽石的發現引起了混亂，但是和一百五十年後在非洲大陸南端將要發生的變化相比，就相形見絀了。

十九世紀末，非洲鑽石的發現撼動了鑽石產業的核心，而歐洲作為主要鑽石中心的地位則在十八世紀得到了鞏固。[183]與印度和巴西原鑽貿易擁有直接聯繫的倫敦是主要的鑽石進口中心，而阿姆斯特丹則成為歐洲最重要的鑽石切割重鎮，於一七四八年時有超過三百名拋光匠活躍於此地。[184]比阿姆斯特丹更早建立切割行業的安特衛普，當時正努力維持其於鑽石產業中的地位，並設法透過將較小、品質較差的鑽石切割成玫瑰式的專業來達成目標。[185]一七三九年，巴西鑽石開採採取壟斷制的那一年，安特衛普鑽石切割公會（Antwerp Diamond Cutters’ Guild）的學徒人數達到了近八十位的高峰，到了一七五四年，有一百八十名切割匠活躍於安特衛普，靠鑽石吃飯的人高達一千五百位之多（包括商人、分割匠、切割匠和拋光匠）。[186]倫敦也擁有小型的切割行業，據說曾在十八世紀初生產出一些最高品質的明亮式切工鑽石，如攝政王鑽石。[187]

傑弗里斯曾在關於鑽石的一篇論文中評論，英國工人切割鑽石的技術不遜於任何其他地方的工人，他並（不無傲慢地）繼續說到，他們也許是世界上技巧最高超的工人，但和鄰國相比，他們賺取的高工資令英國無法建立一個更大的切割行業。[188]倫敦的切割行業在十八世紀下半葉幾乎消失了，而威尼斯在一七七三年時只剩下二十六個拋光匠仍在活躍。[189]一七八〇年代，法國曾嘗試在巴黎設立一家皇家切割工廠，由來自阿姆斯特丹的猶太切割匠埃薩克·夏布拉克（Isaac Schabracq）負責管理。夏布拉克希望從當時持有壟斷合約的格爾德密斯特家族那裡直接取得巴西鑽石，但皇家切割工廠仍然失敗了。[190]就像莫斯科、伊斯坦堡還有幾個義大利城市一樣，巴黎不得不安分地做個消費市場，並主要參與珠寶貿易和加工。

直到十九世紀晚期，儘管曾經受到了幾次挑戰，這種專業化的情形基本上維持不變。這類挑戰背後的重要動機，有時是宗教因素。巴西貿易壟斷的建立，明確的理由是希望在延伸到印度的猶太貿易網絡之外提供另一個選擇。安特衛普和阿姆斯特丹的基督徒商人抱怨猶太人的競爭，「我們的朋友在這裡（阿姆斯特丹）充當毛猶（smous，對猶太人的蔑稱）的掮客，或跟猶太人祕密交易，不把貨送到誠實的基督徒這裡」。[191]一七五三年，安特衛普的貿易商抱怨猶太人和其他外國商人。[192]而在四年前，約有一百名非猶太裔鑽石工人向阿姆斯特丹政府請願，要求建立公會來處理猶太人競爭的問題，他們威脅如果願望得不到滿足就要出走。[193]

一些基督徒鑽石切割匠在請願書中的一些反猶評論，非常能夠說明猶太人主導切割行業的變化。在試圖說明他們為何比猶太人需要更多的維生手段時，一些基督徒寫道：「由於我們的天性，我們不可能像猶太人一樣，靠著擦鞋子或買進梳子、眼鏡和舊衣服維生，我們不可能像豬那樣吃喝拉撒，十頭或十二頭豬待在一個豬圈裡。」[194]這個評論指的是一種舊觀念，認為許多亞實基拿猶太人的職業是流動小販，並且一大家子同住一個屋簷下。但這種惡毒的反猶主義未能阻止鑽石產業朝向猶太工人主導的方向發展。

里斯本在印度鑽石貿易中的角色在十七世紀時就下台一鞠躬了，但這個城市卻設法利用巴西鑽石重新找回自己的重要性，然而，重要性也僅限於作為政治決策中心。儘管鑽石貿易商在這個葡萄牙首都中活躍著，儘管在十八世紀末、十九世紀初葡萄牙政府努力向當地商人兜售商業壟斷權，但商業壟斷權的實施也讓里斯本無法發展成為一個商業鑽石中心。里斯本曾經嘗試過，但從未能成功挑戰低地國在切割業的地位。我們從寥寥可數的檔案資料中得知，有人曾企圖在里斯本的鬥牛場

（Campo Pequeno）附近成立一家鑽石切割廠，當時皇家礦業控制著巴西的鑽石開採，葡萄牙商人佩卓．昆特拉擁有貿易壟斷權，因此這樣做的目的可能是想要把原鑽業務的三大分支都掌控在葡萄牙人手中。然而這座切割廠存在的時間並不長，我們只找到了一八〇六年和一八〇七年受雇於該工廠的鑽石切割匠的收據。[195] 一八〇八年，拿破崙入侵後，葡萄牙王廷逃到里約熱內盧，從而中斷了將巴西鑽石產業集中控制於里斯本的葡萄牙人手中這進一步的企圖。當葡法兩國的敵對狀態結束，巴西已經穩穩邁上了獨立之路，而葡萄牙必須等到二十一世紀才有另一個殖民地（這次是安哥拉）為他們奉上全新的璀璨寶藏。

3 駛向現代化工業的雲霄飛車（一七八五年至一八八四年）

當戈爾康達和維薩普爾已日落西山，好望角、澳大利亞和加利福尼亞才剛剛起步，而人們還在把錢打水漂般投資在巴黎跟伯明頓（Birmingham）製造的那些垃圾時，巴西（Brazil，原文如此）可能還是希望能在「鑽石這行」做出一番偉大事業。[1]

一八六五年，當探險家柏頓因一份外交任命前往巴西山多斯（Santos）時，他已經去過印度、中東和非洲，他是在十九世紀親自拜訪印度鑽石礦場的眾多歐洲旅行家之一。前面的引文說明了人們對巴西鑽石曾經抱持的樂觀態度，這股樂觀情緒自十八世紀初米納斯吉拉斯發現鑽石不久後便開始出現。然而，柏頓仍懷有的這種不確定希望卻沒有成真，因為當他寫下觀察報告時，巴西鑽石礦場的產量已經進入了衰退期，從此不曾東山再起。而即使他已經知道開普殖民地（Cape Colony）①發現了鑽石，但他顯然沒有約莫同時期的其他觀察者對南非抱持的先見之明。

一八七〇年，一位來自蘇格蘭格拉斯哥（Glasgow）的地質學家約翰・蕭（John Shaw）搬家到南非的柯爾斯伯格（Colesberg），並成為某個學校的校長，他曾說：「從我所見所聞，和我現在想到的原因，相較於南非鑽石挖掘應有及最終將達到的規模，目前的鑽石挖掘仍只能說是微不足道。」[2]三年前，一個農場男孩偶然發現了鑽石，令鑽石世界產生了天翻地覆的變化。到了十九世紀中葉，婆羅洲、巴西和印度的傳統鑽石礦藏開採活動均已嚴重衰退，巴伊亞發現的鑽石長期而言也不足以拯救歐洲的鑽石中心。人們漸漸明白，最根本的問題是，科學界對於鑽石源自何處始終一無所知。至今為止，所有發現的鑽石均是沖積帶鑽石，這令鑽石開採始終是一項相對原始且勞力密集的工作；當一個礦區枯竭，礦工便需移動到下一個地點。南非發現鑽石後的初期開採仍維持這種做法，但事實很快證明南非礦區的鑽石蘊藏極為豐富，最後，在地底深處發現鑽石也影響了礦坑開採方式的發展，首先是露天開採，後來也深入地底，一個新的時代於焉誕生，一切都不再一樣了。從古老到現代、從手工業到工業，本章的主題正是這些發生在十九世紀的轉變。[3]

東方沒落的景象

即使在現代之前，人們幾乎無法取得任何關於印度和婆羅洲鑽石產量的資料，但是可以明顯看出至十八世紀中葉亞洲鑽石開採已經過了黃金時期，當時鑽石開採和商業安排再也無法和巴西建立的殖民機制一決雌雄了。與此同時，一七五七年由克利夫率領的一支英國東印度公司軍隊在普拉西戰役（Battle of Plassey）中擊敗了西拉傑·達烏拉（Siraj ud-Daulah），他是獨立的孟加拉最後一位行政長官（nawab，相當於總督），於是，印度次大陸原有的政治權力也遭到了推翻。[4]這場被歷史學家薩卡爾·班迪歐帕迪耶（Sekhar Bandyopadhyay）稱為「普拉西劫掠」（Plassey Plunder）的著名戰役，開啟了英國對印度人民的政治支配。[5]英國東印度公司最初致力於政治擴張，並因此在一七六五年控制了東印度，[6]接著，英國東印度公司轉向印度南方，與控制著龐底切里周邊地區（今普度切里）的法國人爭奪支配權。一七四六年，由貝爾通－弗朗索瓦·布爾多內（Bertrand-François Mahé de La Bourdonnais）率領的一支法國海軍攻擊並掠奪了聖喬治堡（圖9），許多鑽石落入了他手中。在接下來的一年裡，布爾多內一直威脅著透過英國東印度公司船隻運輸的鑽石貿易

① 譯按：cape即海角之意，此指好望角，故開普殖民地有時亦譯為好望角殖民地，此處譯為開普殖民地，以便與南非首都開普敦保持一致，開普敦原名（Cape Town），亦是因好望角而得名的一個小鎮。

活動，一七四七年十一月，薩爾瓦多公司曾寫信給他們在安特衛普的商業夥伴多默爾，信中說道：

從孟加拉出發的茅特富特號（Moutfort）也抵達了，這艘船在六月時曾駛往非洲海岸的聖保羅（St Paul），但收到通知，布爾多內守在船航經的港口。布爾多內從港口出來並追趕了三小時，直到天黑才停。這令我想到我們從聖大衛斯堡（Fort St Davids，靠近清奈）出發的第一艘船可能也會有些風險，萬一船被布爾多內劫走，那麼來自印度的所有鑽石將會集中在他手中，然而買入的策略是愈大量愈安全，因為在歐洲出現新的供應產地以前，我們將完全主宰這個買賣，但是明年這件事將不再發生。[7]

薩爾瓦多公司大部分的鑽石來自印度，他們從英法對抗中看到了支配全球鑽石貿易的機會，至少是在一段時間內的機會。布爾多內後來失去法國政府支持，被捕並被關押在巴士底監獄，直到一七五一年才獲釋。薩爾瓦多公司和多默爾試圖尋找布爾多內的妻子，因為有謠言稱她在歐洲四處旅行，兜售她丈夫在圍攻聖喬治堡時劫掠的一包包鑽石。[8]但法國的偶然勝利並無太大意義，因為七年戰爭中，法國仍失去了在印度的殖民地。

雖然法國在《一七六三年巴黎條約》（1763 *Treaty of Paris*）中拿回了印度殖民地，但在歐洲對印度的壓迫中，法國並沒有更進一步的興趣，法國東印度公司也在一七六九年解散，英國遂成為印度次大陸上主導的歐洲殖民勢力。[9]英國政府在十八世紀末及十九世紀初公布的幾項《印度法》

（*India Act*）建立了英國東印度公司及（由總督所代表的）政府對印度的聯合控制。英國在這一時期也進一步擴張地盤，代價是犧牲了幾位地方統治者，尤其是馬哈塔人。一八四〇年代，[10]在印度西北方，英國與錫克帝國進行的幾場戰爭以英國勝利告終，旁遮普則被強行併入英國殖民下的印度。蘭季德·辛格（Ranjit Singh）之子、年僅十歲的杜立普·辛格（Duleep Singh）是錫克帝國最後一位大君，一八四九年三月，這位年輕的大君簽訂了一份投降條約，不得不按照條款規定將光之山鑽石交給維多利亞女皇。[11]英國人在這份投降條約中提出了一些要求，而交出這顆可能是世界上最知名的鑽石排在這份清單最前面，表明了光之山鑽石的所有權所具有的象徵意義和經濟價值，而光之山鑽石就這樣一路從蒙兀兒人手中轉手到蘭季德·辛格，接著落入英國人之手。一八五一年，光之山鑽石第一次在世人面前露面，展出地點是海德公園的水晶宮，這是為在倫敦舉行的萬國工業博覽會興建的一個場所。[12]自獨立以來，印度政府曾在各種不同場合要求英國返還光之山鑽石，最近一次類似的要求是在二〇一九年，由巴基斯坦的資訊部長法瓦德·喬德利（Fawad Chaudhry）提出，他表示希望英國將鑽石送給拉哈爾博物館（Lahore Museum）。許多過去淪為殖民地的地方，獨立後的政府均持續表達希望英國歸還過去掠奪的文物，對光之山鑽石的歸還請求即是其中的一部分，即便如此，無論是英國皇室或政府都不曾照辦。[13]

一八五七年，有時被稱為第一次印度獨立戰爭（First Indian War of Independence），但通常仍被稱為印度兵兵變或印度嘩變（Sepoy / Indian Mutiny）的一次事件，導致東印度公司控制的土地上遍地起義。印度兵原指在蒙兀兒軍隊服役的印度士兵，但在這個脈絡裡是指在英國軍隊中服役的步兵。他們抗議英國殖民管制，隨後出現的動盪遭到了血腥鎮壓，導致數十萬甚至更多的印度人死亡。[14]一八五八年，英國政府廢除了東印度公司的統治，英屬印度成為全面受到英國政府直接統治的殖民地。[15]印度的政治演變經歷了蒙兀兒帝國的統治與衰亡，再到馬拉塔人、錫克人及其他地方統治者的崛起，最後以英國東印度公司及英國政府的占領告終，這段歷史造成這個幅員遼闊的國家有好幾個地方長年陷入混亂與戰爭，鑽石開採量也普遍下滑。

遊記和當代科學文獻證實了沒落的景象。多虧了瓦倫丁・鮑爾（Valentine Ball，一八四三年至一八九五年）的作品，我們對於十九世紀晚期印度鑽石礦的情形知之甚詳。鮑爾是位愛爾蘭地質學家，曾為印度地質調查局（Geological Survey of India）工作，這是英國東印度公司在一八五一年成立的一個單位，目的是探索開採煤礦用於鐵路的可能性——它目前仍是印度礦業部的一個單位。[16]鮑爾在一八八一年離開印度地質調查局，那一年他發表了一份關於印度的煤、黃金和鑽石開採的報告，其中包括大量關於當時印度鑽石開採情況的資料，許多屬於李特爾分類中卡達帕群的產鑽地區仍在運作中（圖5）。在康達佩塔鎮附近，礦工們仍在「挖掘」卵石和砂礫，他們將挖掘出的東西運到小土丘上的蓄水池，並在當地鑽石包商的監督下清洗砂礫以便收集鑽石，這些承包商付了兩百五十盧比換取在一個長約九十一公尺、寬約四十六公尺的區域開採鑽石的專屬權利，為期四個月。鮑爾親自訪問了這些承包商，他們聲稱自己在一八三四年還有利潤，但是一年後就遇上了虧損。[17]在卡達帕附近的晨努爾（Chennur），有位來自清奈、名叫理查森（Richardson）的紳士以每年一百盧比的代價獲得了在重新開放的礦場中進行開採的許可，據說他在那裡開採出兩顆鑽石，分別賣了五千和三千盧比，但事實證明這不是個有利可圖的事業。[18]

鮑爾根據早前的報告斷言，與李特爾的卡達帕和南迪亞爾群大致對應的卡努爾（Karnool）區裡，十四個鑽石產地大部分均已廢棄。班納甘皮里（Banagapilly）位於今天安得拉邦，距離卡努爾城六十公里，是該區為數不多仍有礦工活躍的地方之一。[19]班納甘皮里的鑽石礦不是沖積帶性質，而是位於岩道（rock working）內，當地工人挖掘出含有鑽石的岩石運送到沖洗場，婦女和孩童再從其中找出鑽石。當鮑爾造訪這些鑽石礦，他沒有看到人們找到任何鑽石，雖然有人帶來幾顆據說來自那裡的鑽石給他，但鮑爾覺得這些鑽石「最令人失望的是尺寸很小，帶有瑕疵，且顏色黯淡」。[20]他的描寫暗示出整個情況極為糟糕，並不比拉穆爾科塔好到哪裡去——拉穆爾科塔的岩道已被廢棄，但在雨季仍有三百個當地人在河床上工作。承包商從卡努爾的行政長官那裡租用這個區域，再轉賃給第三方，這些工人的工資每天僅有三個半便士及一頓米飯而已。[21]李特爾稱為埃羅拉或戈爾康達的產鑽地帶，雖然涵蓋了一些印度最著名的鑽石礦，但這地區的生產情形也稱不上更好。一八七一年，一位英國人曾造訪該地區，提到哥拉皮里（Golapilly）礦「覆蓋著一層叢林，外觀看起來荒廢已久」。[22]

往北，在十九世紀上半葉，喬塔納格普地區的河濱礦區仍在開採，幾個在那個時期造訪了馬哈納蒂河沖積帶礦場的歐洲旅行家均是見證者。[23]然而，在鮑爾撰寫關於那些地區的內容時，採礦活動已幾乎完全停止了，這名愛爾蘭地質學家提到了幾個當地人指出曾開採過鑽石的地方。據說喬塔納格普王的後裔仍擁有幾顆這一地區開採出的大鑽石。[24]中印度地區最知名的鑽石礦是位於喬塔納格普以東的薩姆巴爾普爾，英國人在十九世紀初控制了這個礦和奧里薩的其餘地區。直到一八三三年，英國東印度公司每年均派遣一位住在薩姆巴爾普爾附近的代理人前往該地礦場收集、揀選及分類鑽石，他負責將找到的鑽石從礦區送到柯爾卡達（Kolkata），但由於結果嚴重不如預期，英國東印度公司便停止了這項工作。薩姆巴爾普爾是個知名的地方，經常有人造訪，因此鮑爾花了好幾頁的篇幅回溯了這一地區的著名歷史，包括塔維涅在十七世紀時的紀載。儘管英國占領時期曾多次努力想在薩姆巴爾普爾設置一份採礦租約，但薩姆巴爾普爾的生產歷史似乎在鮑爾的時代就已經劃下句點了：

過去幾年印度報紙流傳著這樣的說法，意思是薩姆巴爾普爾的淘金客現在偶爾會發現鑽石。但是在我做的所有調查中找不到一個真正的案例，我交談過及見到在工作中的淘金客向我保證，這種說法是錯的。[25]

英國東印度公司的努力失敗後不久，印度鑽石礦的悲慘情況以及英國控制的逐漸增強，開始吸引了想要發財致富的冒險家前來。一八四〇年代初期，英國東印度公司回絕了一位來自孟加拉軍隊的紳士的提議——他來到英國，想要說服該公司董事允許他親自管理薩姆巴爾普爾和本德爾肯德的鑽石礦。[26]

本德爾肯德是李特爾的第五個也是最後一個鑽石產區，而它最知名的鑽石礦位於潘納

（圖5）。自十八世紀初以來，本德爾肯德一直處於馬拉塔人的控制之下，但是在十九世紀前十年，當時潘納的大君成為了英國的封臣，此地也隨之割讓給英國，[27]但大君仍可授予當地人民在土地上開採鑽石的許可證；有時外人也能取得這類的開採許可，例如一八三三年的許可清單上就有一位歐洲人。鮑爾指出，潘納和鄰近村莊約有四分之三的人口靠著開採鑽石維生，他們不是受雇於人就是獨立從事開採。[28]法國作家及攝影家路易・胡瑟雷（Louis Rousselet，一八四五年至一九二九年）曾在一八六〇年代前往印度，在這趟旅行期間他見到了大君，當時他不僅穿著「孟加拉改革者」（réformateurs du Bengale）的服裝，還戴著一條「用自己礦場出產的鑽石製成的華麗項鍊」。[29]胡瑟雷堅稱潘納的礦可能是印度最古老的鑽石礦，這一說法證實人們要將古人提到的鑽石產地和現代的名字對照起來有多麼困難。這位法國人引用了托勒密的「潘納薩」（Panassa）來證實他的主張，但是以地理資訊系統為基礎的近期研究已經確認，潘納薩是今日旁遮普的

圖31　鑽石礦，印度潘納，一八七五年。

巴格薩（Bhagsar），位於潘納西北方一千多公里處。[30]

潘納的鑽石礦確實很古老，大君答應讓胡瑟雷參觀鑽石礦也一定讓這位法國人十分興奮，但是當他來到一座山丘附近的一個洞後，他掩藏不住失望。這個洞由幾個衣衫襤褸的士兵守著，唯一的活動是一座由四頭公牛推動的輪子正在抽水，還有幾個赤裸的工人正在把含鑽砂礫運到沖洗場。洞的直徑約為十二至十五公尺，深為二十公尺。工人幾乎是光著身子在水深及膝的洞裡工作著（圖31）。作業方式十分原始且成本高昂：礦工必須先移走一百立方公尺的土壤，才能得到一立方公尺的含鑽砂礫。胡瑟雷十分肯定，如果採用現代的採礦技術，如建造地下坑道等，一定可以得到更好的成果。[31]

潘納鑽石普遍品質良好，各種顏色都有，平均重達五到六克拉，他聲稱每年可從這些鑽石礦中開採出價值一百五十萬至兩百萬法郎的鑽石，但真實收益無疑是這數字的兩倍。胡瑟雷進一步提到，大君在阿拉哈巴德（Allahabad）和貝納勒斯出售這些鑽石。胡瑟雷說一開始只有出售原鑽，但礦場附近近年來建立了一些切割作坊。這位法國人認為在一個各個階級均腐敗成性的國家，不可能遏止偷竊跟走私，對此，大君的解決辦法是設定一個近似總收入，只要鑽石礦的產量未達某個數量，就砍掉一個監督者的頭。[32]儘管親眼看到這些鑽石礦時胡瑟雷感到失望，但他對於這裡的勞動性質沒有表達任何看法。與近代早期印度和巴西工人及奴隸的待遇十分類似，胡瑟雷看到的工人也在苛刻無情、不健康的環境下工作，雙腳踩在水裡的地下工作讓這些人很容易罹患疾病和發生事故。[33]鮑爾對位於潘納的不同鑽石礦的描寫，才有多著墨勞動的性質，他覺得那些礦工「要進行挖掘深坑的龐大工程……只為了挖出一小塊鑽石礫岩」。[34]這個觀察證實了印度礦藏正在日益枯竭，導致人們不得不愈挖愈深，而勞動者是其中的犧牲品。鮑爾附上了一篇曾刊載在某印度報紙上的文章，提供了更多關於礦工工作環境的細節：

> 體力勞動是廉價的，因為這是國內最窮的國民在從事的工作（挖礦）。從雨季開始到進入冬季，採礦工作一直持續，因為全國各地都有充足的水源供應——為了方便尋找【鑽石】……這有其必要。潘納這裡和鄰近村落有將近四分之三的人靠獨立從事採礦工作或受雇於他人維持生計。常聽到獨立營生的人抱怨「一連好幾個月運氣都很差」。確實，在我停留在這個國家的短短時間裡，我從來沒遇到一個當地人說他找到了一顆鑽石。[35]

在提到低薪及發現鑽石的困難度之後，這篇文章緊接著說之前那位大君是個貪得無饜的統治者。鑽石是大君主要的收入來源，他對採礦活動徵收的稅高得極不合理，還決定一定重量以上的鑽石自動成為他的財產——這是統治者們的習慣做法。這一切都令礦工和承包商恨得牙癢癢的。[36]

十九世紀末，印度鑽石開採的悲慘景況也反映在當地作坊的運作上。這些當地作坊多半和歐洲作坊比鄰而立，因為許多的鑽石被留在印度，以便滿足統治菁英的需求。根據塔維涅和其他人的描述，鑽石切割匠已經在戈爾康達、拉穆爾科塔和其他地方的著名鑽石礦附近活躍了幾個世紀。霍夫米斯特曾以拉穆爾科塔附近的切割產業為例，說明這些切割匠的活動受到當時政治暴力的干擾——

一八二〇年代末因馬拉塔人入侵，切割匠被迫逃離當地。[37]像這樣的迫遷，以及在阿拉哈巴德和貝納勒斯等貿易中心建立作坊，均導致了切割產業分散，而這些分散的切割作坊即便可以滿足當地市場的需求，卻無法和歐洲鑽石產業競爭，雖然這種情況將在二十世紀有所改變。在關於印度鑽石的那一章，鮑爾以十分悲觀的口吻做出了結論，他認為即使得到科學支持並從事廣泛探勘，印度仍然很難建立一套可行的作業方式，只會吸引到那些「對於回報緩慢的職業和艱苦的生活感到滿足」的人。[38]

婆羅洲殖民地開採方案的失敗

婆羅洲的情形和印度的差異不大。在萬丹蘇丹拿下蘇卡達納和蘭達克後，西部諸邦逐漸處於荷蘭人控制之下。一八一八年，荷蘭人與三發、坤甸（Pontianak）及南吧哇（Mempawah）蘇丹國簽訂條約。六年後，一份英荷之間的條約以相當隨意劃分的邊界將婆羅洲實質地一分為二，西方對該島的殖民競逐終於告一段落。一八四九年，坤甸成為荷屬西婆羅洲的首府。[39]在劃分勢力範圍後，荷蘭很快成立了第二個殖民行政單位，也就是南部及東部司，範圍包括之前的馬辰蘇丹國及其鑽石礦。[40]

西部司的管轄範圍包括了婆羅洲大部分的鑽石礦藏，尤其是馬塔普拉鎮（Martapura）周遭地區，這裡也成為重要的鑽石中心（圖14）。十九世紀，對婆羅洲鑽石礦藏進行系統性開採的主要是荷蘭人。自十八世紀起就有不少中國人來到婆羅洲，但中國工人和商人更關心黃金的開採，而不是鑽石，而荷蘭殖民政府則嘗試各式各樣的方法想要擴大鑽石開採作業，[41]從一八五〇年代以來，工程師就以更系統化的方式探勘婆羅洲可能蘊藏的礦藏，包括調查黃金、錫、白金、銅和煤礦。[42]他們曾發表了幾份報告，討論在婆羅洲已知地區的新鑽石礦探勘活動，其中一份內容最廣泛的報告是由蒂維達·波瑟維茲（Tivadar Posewitz）編寫，他是名工程師，曾在婆羅洲待了三年。波瑟維茲對婆羅洲盛產鑽石的歷史有些認識，他寫到一七三八年婆羅洲的鑽石出口總值約在八百萬至一千兩百萬荷蘭盾之間，但是在十九世紀初這一數字已降至一百萬荷蘭盾、一八三八年是十一萬七千荷蘭盾、一八四三年則是三十三萬九千荷蘭盾。[43]

一八三三年，為了為自由開採預作準備，所有婆羅洲的鑽石開採壟斷權遭到作廢，約在同一時間，巴西也出現了這種情形。[44]對婆羅洲感興趣的各方人士毋須受到諸多規則的約束，只需要向殖民政府登記並且按月支付一個荷蘭盾的牌照費即可，[45]到了一八七五年，該費用提高到每月三個荷蘭盾。[46]然而，對婆羅洲的鑽石開採者而言，高額費用是雪上加霜。在人們得知約在十年前發現的南非鑽石礦蘊藏著無限潛能後，原鑽在世界市場上的價格便一落千丈，根據荷蘭從婆羅洲進口到爪哇的鑽石紀錄顯示，鑽石進口的數量一路下滑，從一八三六年的五千四百七十三克拉跌至一八四三年的一千八百四十三克拉，這一數字與前面提到的波瑟維茲的觀察相符。牌照制度確實成功帶來了小幅上揚，雖然牌照的費用增加了——一八七六年的收費登記顯示，從婆羅洲進口到爪哇的鑽石是四千零六十二克拉，這一數字在一八七九年上升到最高峰六千六百七十三克拉；但一年後，進口數量卻跌到了三千零一十三克拉，[47]而那年只發出了兩百三十五張牌照。[48]

一八八〇年，法國採礦工程師F・E及L・西蒙納（L. C. J. Simonar）前往婆羅洲的東南角進行探勘工作，並設法取得為期七十五年的特許權，可以在一塊兩千一百公頃的土地上開採黃金及鑽石等礦藏，但須支付淨收益的百分之六。這項事業先後得到倫敦的羅斯柴爾德銀行（Rothschild bank）及戴比爾斯鑽石開採公司（De Beers dmc，下簡稱戴比爾斯）的資金支持。[49]儘管得到資金支持又有現代機械的支援，開採結果還是不如人意，一八八三年開採活動被叫停，整個事業被賣給了婆羅洲採礦公司（Borneo Mining Company），但該公司也沒取得任何成果。[50]後來一些總部在阿姆斯特丹和倫敦但早已被人遺忘的公司，如坤甸鑽石企業聯合會（Pontianak Diamond Syndicate）和三發探勘公司（Sambas Exploration Company）也進一步投入心力，這說明了歐洲對於直接開採亞洲鑽石礦的興趣始終不減，雖然結果不太成功。婆羅洲工業化的失敗雖令人強烈回想起西方在南美洲所做的努力，但與南非的發展情形差異甚大。[51]

婆羅洲的鑽石產量還是很小、倚賴傳統方法，而且仍採取開採牌照制度。一八七六年至一八八四年間，蘭達克開採出來的鑽石總重量為三萬六千五百四十六克拉，這個數字跟十八世紀南非的出口量或非洲在十九世紀晚期的利潤根本無法相提並論。[52]這些數字在世紀之交降到了最低點，一九〇四年的產量為八百五十九克拉，一年後剩下了七百一十克拉；[53]一九〇六年，婆羅洲鑽石的總產量為三千八百克拉，而這是一萬零四百五十張開採牌照取得的成果。一年後，數字上升至四千一百克拉和一萬兩千零七十三張牌照，但又逐漸衰退，至一九一三年為一千五百九十克拉及八千一百二十張牌照。[54]一個牌照許可區域可有十二個人從事挖掘，這意味著在一九〇六年至一九一三年間，平均每年有七百四十個人在婆羅洲的鑽石礦工作，這仍是個相當大的數字，不過和一九一四年南非金伯利鎮雇用的一萬一千名勞工相比，可就是小巫見大巫了。[55]

針對婆羅洲鑽石開採產業的悲慘景況，波瑟維茲看見了不同的原因。首先，婆羅洲最容易開採的鑽石礦已被廣泛開採，儘管他仍深信婆羅洲有豐富的鑽石礦藏，但他覺得缺乏投資阻礙了鑽石的開採。其次，婆羅洲的鑽石很難跟較廉價的南非鑽石競爭，因為人們從南非進口鑽石到婆羅洲，以便在當地作坊加工。[56]第三個原因，則是當地統治者對於本地工人和中國工人一視同仁的壓迫待遇。儘管荷蘭已廢除了壟斷體制，但幾個鑽石礦仍控制在當地的統治家族手中，他們支付極低的工資，強迫工人交出達到一定尺寸的鑽石。根據波瑟維茲的說法，這種打擊士氣的開採體制導致工人拋棄工作，波瑟維茲以蘭達克為例來說明：一八八〇年代前，當地人在礦場裡為蘇丹挖掘鑽石，換取米、菸草和每克拉一塊錢的報酬，[57]而從一八八一年到一八八四年，挖掘黃金和鑽石的勞工人數從三百四十四人減少到八十七人。[58]一八五七年，山侯（Sangau）有四百六十二個礦工從事挖礦工作，「鑽石礦的開採倚靠的是強迫勞動，年齡二十來歲的蘇丹奴隸被迫在那裡工作」。[59]即便是在一個就官方而言不存在奴隸且按照嚴格規定可以自由採礦的環境裡，當政治權力集中於少數統治家族之手，再加上不穩定的開採狀態，虐待勞工的行為仍層出不窮。

正如印度的情形，婆羅洲的產鑽地區附近也發展出在地的切割產業。根據波瑟維茲的說法，當地蘇丹之一決定從附近的爪哇雇用鑽石切割匠——爪哇是荷蘭首府巴達維亞的所在地，這位蘇丹顯然決定要建立自己的切割工廠，因為中國商人跟他說加工完成的鑽石比原鑽更值錢。[60]波瑟維茲是少數提供了一些相關數字的作者之一，他聲稱一八三八年時蘭達克的主要城鎮加彭（Ngabong）有十六個鑽石作坊，一八五八年減少到只有七家。[61]似乎除了歐洲風格的切工之外——也有在地的切工。波瑟維茲寫到，蘭達克的作坊將鑽石切割成明亮式或「劈裂式」（belahan，印度尼西亞語，意為劈裂），根據波瑟維茲的說法，這種切工將鑽石切割成扁平的石頭。鑽石也會被切割成玫瑰花形，但儘管有在地切割產業的存在，大多數的鑽石仍在歐洲切割。[62]蘇格蘭外交官約翰·克勞福德（John Crawfurd，一七八三年至一八六八年）曾居住於新加坡和爪哇，他寫了大量有關印尼群島歷史的文章，並觀察到不同島嶼的人都喜歡鑽石，而且鑽石也是他們唯一會拿來切割的寶石。他認為切割藝術是種當地技術，不是外來的技術，但他也說：「如果主要部落，爪哇人、馬來人和西里伯斯人（celebes）②曾經懂得切割鑽石的藝術的話，他們現在也已經丟失了，但是在馬辰的鑽石礦所在地附近，還可以找到鑽石切割匠。」[63]克勞福德也觀察到當地人對鑽石的品味有別於歐洲人，因為他認為在地消費者偏愛「某種桌形切工」（這可能是波瑟維茲所指的「劈裂式」切工），而較不欣賞明亮式或玫瑰切工。[64]

巴西重回自由採礦的時代

人們很容易將十九世紀的鑽石開採史簡化為一個亞洲沒落、非洲崛起的故事，不過，簡化後的故事仍包含了許多真實性，卻沒有考慮到在南美洲發生的事件。巴西的鑽石生產很大程度根源於葡萄牙殖民主義。貿易網絡是在國家對鑽石貿易採取壟斷制後才發展出來，而在巴西，人們只能在明確界定的區域內開採鑽石，且一開始是由一家葡萄牙企業在殖民官員的監督下進行開採，後來則是由殖民政府代表葡萄牙皇室進行開採。從非洲被大量送到巴西的奴隸負責鑽石礦的挖掘工作，這些

② 譯按：為蘇拉威西（Sulawesi）舊名。

圖32　鑽石護送隊伍經過巴西卡埃特（Caeté），一八三五年。

受到虐待的男女奴隸多半被迫在莊園工作，而皇家大道確實連結了鑽石地區和里約熱內盧，將原鑽運送到這個港口城市（圖32），再從這裡出發抵達里斯本，並進一步帶來了成千上萬在礦坑裡勞動的非洲奴隸。

聚焦在巴西鑽石開採的殖民時期，造成大多數關於巴西鑽石的史書記載出現了一段空白，史書的書寫往往在法國入侵葡萄牙，以及葡萄牙與英法達成涉及鑽石的財務安排時就打住了。儘管巴西鑽石開採產量和遠在地球另一邊的亞洲一樣大幅下滑，但是巴西的開採活動從沒停止過。[65] 一八二二年九月，當葡萄牙王儲D・佩德羅（D. Pedro）[③]宣布自己是獨立的巴西皇帝時，殖民鑽石開採已經十分悲慘了，鑽石管理局的債務已經上升到一百萬克魯塞羅（cruzado）[④]，數字十分龐大。[66] 十年後的一八三二年十月，五歲的佩德羅二世登上巴西皇位之後一年，皇家礦業制度終於廢除。官方決定將土地出租給個體戶礦工，但承租者必須是巴西人，並特別任命一名督察員負責監督這套制度。[67] 儘管這個計畫提供盜採者合法化的機會，也給了那些非法工作的礦工一條出路，但廢除這套殖民結構的提議並未付諸實行，雖然就官方意義上已不再是「殖民」的結構了。政府經營的礦業仍持續運作，但是水準極低，該地區知名的編年史家若阿金・山多斯寫到，一八四一年時政府僅在庫拉林諾進行採礦作業，且只有「一個鬱鬱寡歡」的監工和十個奴隸雇工（圖20）在那裡工作。圖28描繪的是二十年前同一個礦場的情景，但這幅圖沒有真正告訴人們自殖民時代以來情況改善得如何，只告訴我們黑奴必須在三個白人監工的監督下工作。[68] 在那個地區有幾處是由個人礦工自行開採，但我們不完全清楚他們跟國家礦業之間的關係。最後，在混亂與不確定中，政府終於在一八四五年九月頒布了一道命令，永久廢除了皇家礦業體制。鑽石區不再擁有特殊的行政地位，採礦活動由米納斯吉拉斯的省政府負責監督；鑽石開採方面，則是透過在特烏科（一八三二年更名為蒂雅曼提納）成立的鑽石產地管理總局（Administração-Geral dos Terrenos Diamantinos，或鑽石地督察總局〔Inspetoria-Geral dos Terrenos Diamantinos〕）負責監督。一塊塊的土地透過四年到十年期租約，以公開拍賣方式用不同價格出租給礦工。一八六四年，每三點七平方公尺曾經開採過的土地，租金為一千雷斯；如果是從來沒有探勘過的土地，價格則是五千雷斯。新的命令也規定，金礦礦工只能在指定的區域工作，避免干擾到鑽石開採。[69]一些困難仍然存在，像是許多人持續非法開採鑽石，導致政府廢除公開拍賣制，並將土地租賃常規化，以適應現有情況。隨著租金調降，礦工們也接受了新制度，因此山多斯寫道：「我們認為這是部優秀的法律。」[70]

約莫在十九世紀中葉，鑽石的開採可分為兩種類型。一類是許多個人盜採者從事的小規模開採活動，這些流動的工人有時也會聯合起來，在某個區域集體探勘和開採。也有一些合夥企業或小型的公司持續雇用奴隸開採。巴西是最晚廢除奴隸制的國家之一，直到一八八八年《黃金法》上路，七十萬奴隸男女才終於得到解放。雖然那時大部分的非洲後裔已經獲得解放或一出生就是自由人

③ 編按：其後來也成為葡萄牙國王，是為佩德羅四世。

④ 譯按：一種短命的巴西貨幣。

了，但仍有相當多的人受到奴隸制的壓迫。[71]在殖民時期，法律的阻礙使得人們很難進入鑽石區，但在十九世紀時已經改變。當時大多數造訪過鑽石產地的外國旅行家，包括柏頓、馬威、聖—西萊爾、斯皮克斯和馬齊烏斯，還有卡斯特瑙、蘇格蘭植物學家喬治·賈德納（George Gardner）、瑞士博物學家約罕·楚迪（Johann Jakob von Tschudi）、英國作家瑪麗亞·葛拉罕（Maria Graham）以及約罕·波爾（John Pohl），他們均側重於描寫企業從事的大型開採事業，對於個人開採活動的著墨十分有限。以楚迪為例，他曾在一八五八年參觀過一個沖洗場，一家公司強迫一百二十名非洲奴隸在深達十八公尺的礦坑中工作，在這裡，每個禮拜可挖掘出三十五至七十克拉的鑽石，產量相當低，代表年產量僅為一千八百二十至三千六百四十克拉的鑽石——楚迪的紀載證實了採礦活動不是十分有利可圖。關於盜採者，他只寫到他們是窮人、人數有好幾千人，以及這些人有時會為了支付必要的稅金而聯合起來而已。[72]十年後，柏頓描寫了他造訪一座鑽石礦的經歷，這座礦是由布蘭特家族後人負責監督（圖33）。[73]柏頓參觀的另一座鑽石礦有一個深達二十五公尺、寬約六公尺的坑洞，在這個洞裡，「黑人、白人和棕色人種的混血兒，自由而奴性」地開採含鑽砂礫，用的是當地人叫作「almocafre」⑤的橢圓形鐵製工具，開採出來的含鑽砂礫會被運到地面上篩分和沖洗，做法與印度的鑽石開採類似（圖8）。由於開採方法幾乎沒有什麼改變，柏頓很快就認出這些正是他孩提時在馬威的書裡看到的畫面。除了抽水幫浦之外，他沒有看到人們使用任何機械，沒看見「吊桶、吊車和滑輪，或鐵軌……唯一的工具就是黑人了」。[74]

柏頓觀察到人們必須挖掘得更深，這和鑽石蘊藏的逐漸枯竭有關（圖33），而這也令開採事業成為資本家的專利，他們有時會雇用好幾百個奴隸——這一評論也顯示這些外國旅行家普遍不知道盜採活動廣泛存在。[75]官方資料顯示，非法的個人開採活動仍然十分猖獗。一八六〇年，有三千至四千名冒險家抵達獨木舟溪（Ribeirão das Canôas）沿岸，建立了一個有磚瓦房子和教堂的小鎮。[76]一八六三年五月，距離蒂雅曼提納不遠的拉戈亞塞卡（Lagoa Seca）市議會報告，說有兩百多名盜採者抵達該市，「這些人的情況很糟」，已經沒有什麼可以失去的了。當上百名警力嘗試驅離他們，衝突爆

⑤ 譯按：形式類似鶴嘴鋤。

圖33　費利斯伯爾托・安德拉德・布蘭特（Felisberto d' Andrade Brant）所監督的的鑽石開採作業，聖若昂查帕達（São João da Chapada），一八六九年。奧古斯托・雷德爾（Augusto Riedel）攝。

發，並導致七人死亡。[77]兩年後，一封類似的信提到有四百名非法礦工入侵，信中說這些人「多半屬於社會最底層的人」。[78]

但不是所有小規模開採活動都是非法，大部分的土地承租人均為個人礦工。在蒂雅曼提納市，一八七五年至一八九〇年租出去的土地中有百分之七十四點六是出租給個人，並且全部都是男性，僅有極少數例外。[79]其中一名承租者是木匠的兒子，他的父親在一八三一年從波希米亞來到了巴西，其名字是奧古斯托・庫比切克（Augusto Elias Kubitschek），他是朱塞利諾・庫比切克（Juscelino Kubitschek，一八五六年至一八六一年期間擔任巴西總統）的祖父。庫比切克總統出生於蒂雅曼提納，人們暱稱他為ＪＫ，他在巴西的心臟地帶一手打造了巴西現今的首都巴西利亞（Brasília）。[80]一八三二年的立法原本將採礦權利保留給巴西人，但正如奧古斯托・庫比切克的例子所顯示的，半個世紀後，外國冒險家還是找到了通往巴西鑽石產地的門路。柏頓自己就曾聽說有位愛爾蘭人為鑽石管理局工作，還在鑽石地區遇到了來自英國康沃爾（Cornish）的礦工，和其他英國人、一個普魯士人和一個法國人。[81]

自一八五〇年代起，蒂雅曼提納城便參與多次世界博覽會，更在歐魯普雷圖興建了一座礦業學校，這兩件事均有助於鑽石產地吸引外國資本。[82]隨著十九世紀末非洲鑽石工業化開採活動的迅速發展，這些外國投資者也希望巴西的鑽石清洗及泥沙疏濬作業能夠機械化。第一家採用現代開採方法的公司，是創立資本來自法國、比利時及巴西的波阿維斯塔公司（Companhia de Boa Vista），透過購買如水壓幫浦等現代機械達到現代化開採，然而該公司位於庫拉林諾的開採作業到了一九〇七年已經荒廢。十二年後，在蒂雅曼提納附近營運的外國公司有十五家，[83]這些外國礦業公司——比如塞林納有限公司（Serrinha Limitada）、匹茲堡—巴西疏濬公司（Pittsburgh-Brazilian Dredging Company）及鑽石開採公司等，都未能成功建立長期獲利的業務，最後一家都沒留下來。大部分被發財致富的許諾吸引而來的冒險家也面臨同樣命運，他們大多數人的名字已消失在歷史長河中，除了某本旅遊日誌偶爾不指名帶姓地提及之外，幾乎沒有留下任何痕跡。但荷蘭人尼可拉斯·韋許爾（Nicolaas Verschuur）是個出名的例外，他在巴伊亞和米納斯吉拉斯了無人煙、有河流流經的森林與山脈地帶四處旅行，尋找鑽石和其他寶石。一八九七至一九○二年間，他寄回荷蘭的信被刊登在《每日新聞》（*Het Nieuws van de Dag*）報上。[84]

巴伊亞的鑽石熱

到目前為止可以很明顯看出，十九世紀時，巴西、婆羅洲和印度具有歷史的鑽石礦場均沒落了。在南非鑽石礦藏的發現讓整個世界翻天覆地前，幾乎沒有人在新的地區開採鑽石，更為這幅衰敗景象增添了幾許蕭瑟。然而，有一個重大但短暫的例外，就是巴伊亞的鑽石熱。殖民時期，人們在巴伊亞和米納斯吉拉斯之間的邊境地區發現了鑽石，早在一七三四年十月，甚至早在歐洲價格危機導致特烏科的鑽石礦遭到關閉前，巴西總督就已經下令禁止在巴伊亞開採鑽石。[85]礦工們沒把這些法律當一回事，而儘管他們的開採活動愈來愈活躍，但殖民當局仍看不出這個地區有足夠的潛力為之成立巴伊亞鑽石管理局。也許是政府覺得如果允許礦工在巴伊亞的開採工作不受控制，那麼人們認為礦藏更為豐富的特烏科周圍鑽石區就會更容易控制了。在殖民時期，官方從未在巴伊亞的鑽石產區建立管理制度，缺乏組織的鑽石開採活動持續進行。

一八一八年秋天，德國探險家斯皮克斯和馬齊烏斯造訪出產鑽石的辛克拉山（Serra do Sincorá）山脈谷地時，他們形容當地宛如田園詩般的高山景觀，有著清澈的山澗與紫紅色的花朵，一切都令他們回想起古老的鑽石之都特烏科，並表達了無法在那裡停留更長時間的遺憾。[86]但要是他們真的決定留在如此怡人環境裡，他們愉快的生活肯定會在數十年後遭到狠狠打亂。一八四〇年代初，一個奴隸在二十天內找到七百克拉鑽石的故事引發了一場鑽石熱——即使發現鑽石的故事經過誇大，甚至極有可能是假的，但八千至九千名的罪犯、投機客、冒險家和帶著他們奴隸的甘蔗種植園主，一下子湧入了辛克拉山。[87]一八四五年七月，報紙報導了礦工人數已經增加到三萬人，分布在七個城鎮，其中最重要的一個是蘭索伊斯（Lençóis），這個名字源自礦工住的白色帳篷（Lençóis即葡萄牙語的床單，圖20）。[88]就連歐洲公司也急忙趕往巴伊亞，據報導，在一八四五年的短短幾個月內，英國船隻就運送了價值超過一百五十萬法郎的鑽石，有一家英國公司賺的錢竟高達二十萬英鎊。巴伊亞鑽石田的產量據估計約為每天一千四百五十克拉，相當於每年約五十萬克拉，巴西的其他鑽石區在殖民開採全盛時期也達不到這個數目，因此這數字可能經過誇大或僅限於一段很短的時間。[89]

這些數字令人眼睛為之一亮，官方決定成立一個類似米納斯吉拉斯當地的管理總局，一八四七年關於巴伊亞鑽石田的第一份官方報告誕生，由總督班乃迪克托·阿卡昂（Benedicto da Silva Acauã）撰寫而成。這份評論發表於一八六九年，提供了更多關於一八四四年鑽石熱故事的深入了解。根據阿卡昂的說法，一個名叫荷塞·普拉多（José Pereira do Prado）的男人在帕拉瓜蘇河和附近的幾條小溪找到了幾顆鑽石，從省會薩爾瓦多（Salvador）出發僅需四天即可抵達，[90]這些地方都是沖積帶，採礦活動和米納斯吉拉斯鑽石區的作業方式非常類似。阿卡昂描寫了一項重大創新，即在河中安設竿子，潛水員可以利用這些竿子潛到河底撈取含鑽砂礫。[91]

巴伊亞鑽石產量很快就超過了米納斯吉拉斯。一八五〇年至一八八五年間，辛克拉山的挖掘活動估計生產了一百五十萬克拉的鑽石，平均年產量約四萬兩千克拉，最高峰的一八五一年和一八五二年，年產量可達三十萬克拉或平均日產量八百二十二克拉，但這個數字距離之前報告的日產量一千四百五十克拉仍有一段距離。一八四三年至一八八五年間，蒂雅曼提納平均每年的產量約為三萬五千克拉，米納斯吉拉斯、戈亞斯和馬托哥羅梭（Mato Grosso）的其他鑽石產區加起來亦約略相同，這些地區在蒂雅曼提納和庫亞巴（Cuiabá）城鎮附近都有礦藏。[92]如果這些數字正確，就意味著由於巴伊亞鑽石田的開採，巴西鑽石總產量在十九世紀下半葉增加了三分之一，不過因為這些數字沒有包括祕密盜採的產量，因此還必須打個折扣，但這仍足以說明巴伊亞鑽石熱的重要性，尤其是在一個大部分鑽石田均在枯竭的時代。哈瑞·伊曼紐爾（Harry Emanuel，一八三一年至一八九八年）是位知名的英國珠寶商，曾寫過一本關於鑽石和其他寶石的書，他堅稱巴伊亞鑽石熱在最初幾年導致歐洲原鑽的價格掉了一半，還表示因為巴伊亞的產量迅速下滑才讓歐洲的鑽石價格回歸正常水準。[93]即使這股鑽石熱確實驚人，但隨著南非的鑽石開發，巴伊亞的熱潮很快就歸於平靜了，一八四八年還有兩萬名礦工活躍於巴伊亞，到了一九〇一年，已經只剩五千人。[94]

巴伊亞鑽石田的迅速沒落並不表示該地區的開採活動已經劃下句點。人們從早期就意識到巴伊亞的河流蘊藏的寶藏不只是鑽石。這些河流含有深色物質，這些物質是由非常小的鑽石結晶與其他礦物質（如石墨等）混合而成，原本人們把它當成廢物丟棄，但這些物質後來變成了人們所稱的黑

圖34　黑金剛石，中非共和國班基（Bangui, Central African Republic）。

圖35　雷蕭特的鑽孔機，約一八八三年。

金剛石（carbonado，圖34）。它們在地質學上的起源尚未得到令人滿意的說明，但最初可能是在太空中產生。[95]當日內瓦工程師J．雷蕭特（J. R. Leschot）想到了製造鑽石鑽頭的主意時，他發現硬度接近鑽石的黑金剛石非常適合作為原料（圖35）。[96]接下來，巴伊亞黑金剛石的價格在一八七〇年至一九〇六年間飆漲了五十五倍，在二十世紀初期，每年都有價值高達四百萬的黑金剛石離開薩爾瓦多港，被送往巴黎、倫敦、阿姆斯特丹和紐約。第一次世界大戰導致美國對巴西的投資增加，對法國、英國和德國的投資則相對減少，因此一九一九年，有超過百分之五十的巴伊亞黑金剛石出口到紐約，如成立於一九二七年的班德勒公司（Bandler Corporation）等美國企業租下了大片的巴伊亞鑽石田，世界上的黑金剛石有百分之九十八產自該地。[97]

一九三一年，班德勒公司股價巨幅下跌，此後在帕拉瓜蘇的開採活動又繼續了兩年，最終再次讓位給個人礦工。[98]由於黑金剛石價格的水漲船高以及對工業鑽石的需求成長，人們便開發了其他替代品。[99]

找到了！發現河流鑽石礦

十九世紀下半葉，後來屬於南非的許多土地仍是英國殖民地，即開普殖民地。一八一四年，第一個在該地區殖民的歐洲國家荷蘭在《倫敦公約》（*Convention of London*）中將控制權拱手讓給了英國。許多波爾人（Boer，荷蘭殖民者和農民的後代）並不樂見英國的統治，尤其殖民政府於一八二八年正式將非白人與白人置於平等地位，以及一八三四年廢除黑奴，更是讓不滿情緒大增。許多人在所謂大遷徙運動（Great Trek）中遷移到北方，這一運動導致兩個獨立的阿非利卡人（Afrikaner）共和國的建立，一個是川斯瓦（Transvaal，於一八五二年獲得英國承認），另一個則稱為奧蘭治自由邦（Orange Free state，一八五四年獲得英國承認）。[100]殖民者、冒險家與非洲人之間的激烈衝突，是邊境生活的共同特徵，波爾人為滿足對勞動力的需求而綁架當地兒童的做法更令情況雪上加霜。[101]

在殖民初期，不同族群之間存在著明顯區隔，白人殖民者和波爾人在南非更是少數族群。南非是許多人的家園，包括從事牧業的柯伊人（Khoi）和桑人（San），以及柯薩人（Xhosa）、巴索托人（Basotho）⑥、札瓦那人（Tswana）以及恩德貝萊人（Ndebele）等各種不同民族。[102]後來，由於跨種族的性關係（許多無疑是新來者強加於原住民族之上），發展出了混合了不同背景的異質群體，[103]其中一個最古老的群體便是格里夸人（Griqua），他們是柯伊人和波爾人混血的後裔。[104]據說「許多格里夸人是荷蘭殖民者對柯伊—柯伊族（Khoi-Khoi）⑦女奴性虐待所生下的後代；而柯伊桑人（Khoisan）⑧普遍沒有做好抵抗西方殖民的準備。」[105]

儘管殖民主義帶來了暴力，但格里夸人仍成功維持獨立，並在所謂「隊長」（captain）的率領下組織起來。在希望繼續將基督徒與非基督徒的格里夸人分開的傳教士影響下，格里夸人在一個叫格里夸敦（Griquatown）的地方定居並維持自治，有時也會搬離格里夸敦另建新的定居點。一八二〇年，安德里斯・瓦特波爾（Andries Waterboer，約一七八九年至一八五二年）當選隊長，這個結果令格里夸族群裡的幾個派系變得形同陌路，並導致他們出走各自定居；之後，瓦特波爾的統治擴張到人們如今稱為格里夸西部（Griqualand West）的大片土地，格里夸敦則為其首府。[106]英國人想要保護不穩定的北方邊境及通過格里夸西部的道路，因為這條路被用於殖民地實物貿易，於是英國在一八三四年和格里夸西部簽訂了一份條約：瓦特波爾協助開普殖民地換回錢、武器和彈藥。[107]

儘管當地人、英國人和波爾人之間從未停止爭奪南非邊境地區的領土控制權，但是當一個叫作伊拉斯謨斯・雅各布斯（Erasmus Jacobs）的農場男孩在一八六七年玩起一種叫「五顆石頭」的遊戲時，賭注升高了。雅各布斯的父親擁有的農場名為「石灰岩」（De Kalk），[108]一個很有眼力的鄰居，叫作蕭克・尼柯爾克（Schalk van Niekerk），對男孩用來玩遊戲的一顆漂亮的白色石頭產生了興趣，這男孩的母親把這顆石頭給了尼柯爾克後，這顆石頭又被送到科爾斯堡（Colesburg）的貿易行商傑克・歐雷利（Jack O'Reilly）那裡，接著又被交給了威廉・查爾莫斯（William Buchanan Chalmers）——他是霍普敦（Hopetown）的民政官兼治安法官，而霍普敦是最近的邊境城鎮，位於

⑥ 譯按：或稱Basuto，為賴索托王國（Kingdom of Lasotho）人口的主要組成民族。
⑦ 編按：非洲西南部的本土民族，為柯伊桑人之下的一個同種同文化民族。
⑧ 編按：世界上最古老的民族，於十萬年前已存在，主要分布於非洲南部。

奧蘭治河（Orange），靠近格里夸西部、奧蘭治自由邦和一部分開普殖民地交會的地方（圖36）。查爾莫斯建議把石頭送到葛拉罕敦（Grahamstown）的業餘礦物學家威廉・亞瑟司通（William Atherstone）博士那裡，而亞瑟司通在一八六七年四月收到後便證實它是顆貨真價實的鑽石。這顆白色石頭再度被送到開普敦（Cape Town），住在那裡的法國領事恩內斯特・赫希特（Ernest Héritte）對寶石有一定的了解，他和荷蘭鑽石切割匠路易斯・洪德（Louis Hond）證實了這顆石頭的確是鑽石。[109]殖民大臣理查・索塞（Richard Southey）把這顆鑽石送到英國，在那裡將它切割為十點七三克拉的鑽石，並命名為「尤里卡」（Eureka）。⑨[110]

儘管咸認尤里卡是南非發現的第一個鑽石，但跡象顯示，一位政府調查員W・路德維克（W.F.J. von Ludwig）在一八五九年視察奧蘭治河沿岸農場（包括「石灰岩」農場）時，就已經察覺該地區藏有鑽石，[111]這可能也有助於解釋為何洪德在發現第一顆鑽石前便出現在南非。人們很快知道，儘管第一顆鑽石的發現純屬意外，但還會有更多的發現；查爾莫斯在一八六七年的《開普殖民地藍皮書》（*Cape Colony Colony Blue Book*）中提到，雖然尼柯爾克是個「沒受過教育的波爾農民……我們仍必須感謝尼柯爾克先生天生的精明與探究精神，人們才能知道奧蘭治河沿岸出產鑽石」。[112]之後，更多的鑽石陸續被發現，但沒有人知道這裡的礦藏有多大潛力。一八六七年七月，開普敦議會經過辯論後作出決議，殖民當局將採取觀望態度，因為這些鑽石是出現在私人土地上，直到兩年後，議會才又重啟辯論。[113]然而，殖民大臣索塞對鑽石的興趣始終不減，他和霍普敦的查爾莫斯以及一名住在科爾斯堡的職員就這件事長期保持聯繫，而科爾斯堡是附近的一個邊境定居點。一八六八年六月，他要求查爾莫斯（大部分的鑽石都是在他的轄區內發現）寄來一份關於迄今發現的所有鑽石的詳盡報告。[114]

最初，殖民政府裡的一些人對鑽石產生了興趣。總督菲利浦・沃德豪斯（Philip Wodehouse）買了幾顆最早發現的鑽石，當他一八七〇年返回英國時，也把這些鑽石帶了回去；索塞則密切關注送到開普敦的鑽石數量不斷增加一事，雖然其中有些被認為只是毫無價值的石英結晶體。那是個混亂的時期，但愈來愈多南非鑽石設法通過伊莉莎白

⑨ 譯按：希臘語，意即「發現了」、「找到了」。

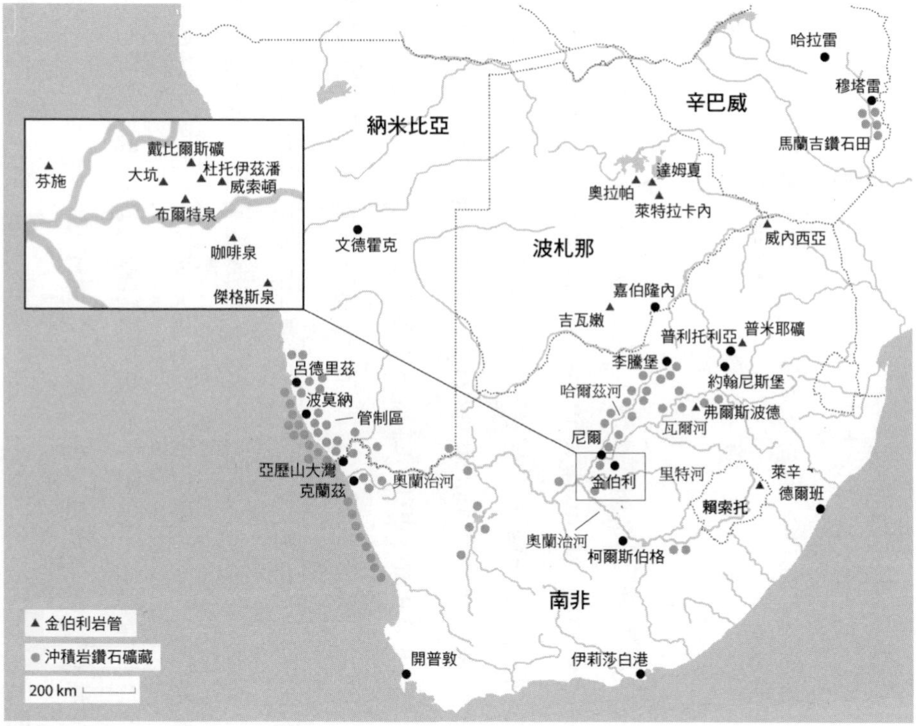

圖36　南非鑽石礦藏。

港（Port Elizabeth）的商人抵達倫敦；在倫敦，人們雖然常憂慮價格可能下滑，但是對鑽石的興趣也與日俱增，這使得龐德街（Bond Street）[10]的一位重要珠寶商伊曼紐爾派了地質學家詹姆斯・果戈里（James Gregory）到南非調查這些鑽石田。伊曼紐爾對鑽石的世界並不陌生，他曾在一八六五年發表過一篇關於寶石的論文，也親眼見過尤里卡鑽石。[115]果戈里奉命謹慎行事，他的行程籠罩著一層神祕色彩，當果戈里突然離開南非、回到英國，亞瑟司通博士認為是因為至今發現且他能夠找到的鑽石來源全是在沖積帶：「我認為果戈里已經找到了真正的鑽石構造……因為開普敦附近存在著伊拉科魯米石（Ilacolumite）這種在其他國家也能找到的含鑽構造。」[116]這是科學家之間激烈論戰的開始。任教於國王學院（King's College）的礦物學教授詹姆斯・天南特（James Tennant）認為，果戈里是「一流的礦物學家」，他主張這些鑽石來自德肯斯堡山脈（Drakensberg range），而自從英國併吞巴索托蘭（Basutoland，今賴索托）以來，這個山脈就一直是英國領土。羅德里克・穆爾奇森爵士（Sir Roderick Murchison）則是任職於實用地質博物館（Museum of Pratical Geology）的地質學家，他非常懷疑南非鑽石岩基的存在。[117]果戈里也有同樣的想法，這令霍普敦的查爾莫斯大為光火：

> 果戈里先生想要唱衰鑽石，他甚至不惜說沒有跡象顯示這個地區存在鑽石，已經發現的鑽石一定是鳥兒帶到這裡的（！）。這實在太荒唐了……但我認為他這話只是說給看不見的人聽聽而已。[118]

果戈里關於鳥兒的評論很有意思，因為這話讓人回想起第一章討論過的古老鑽石谷傳說。回到英國後，他在《地質雜誌》（*Geological Magazine*）發表了一篇報告，這篇文章因錯過這一歷史時刻而名噪一時，他在結語中寫道：「我只能用我的信念來做出結論，我認為整個南非發現鑽石這整件事就是個騙局——一場泡沫。」[119]亞瑟司通認為果戈里的文章是針對他的攻擊，尤其是果戈里指出：

> 亞瑟司通博士的所有消息來源……都是荷蘭裔波爾人、當地人、農場工人、女人和小孩的陳述，他似乎從來都沒到過任何號稱鑽石區的地方。所以，對於那些人宣稱的鑽石「實際來處」，我們現在知道的沒有比去年更多。[120]

一八六八年十一月，在果戈里發表於《地質雜誌》的兩篇文章刊出中間，伊曼紐爾發表了一封信為果戈里辯護，並在結論中說無論是鑽石還是黃金的發現，都不是真的，同時他也駁斥了天南特關於南非鑽石起源的礦物學主張。[121]這兩個人都大錯特錯，但我們能推測伊曼紐爾的動機，也許他是真的相信南非沒有鑽石；也許他是擔心價格下滑，所以試圖保護他的商業利益；也許他甚至至達成

⑩ 編按：倫敦市中心著名購物街，世界頂級時裝及珠寶品牌雲集。

了取得南非鑽石的祕密交易，想要阻止其他人與他競爭。事實是，兩個月後他就對其他地方的鑽石前景表現出更大的熱情，他說道：「我進行的調查證實了長期以來的看法，澳大利亞很快將會躋身鑽石生產國行列。」[122]他在同一篇文章中提到了巴西和印度的鑽石田，卻獨獨對南非隻字不提。直至今日，在南非俚語中，「果戈里」一詞仍意味著「重大失誤」。[123]

一八六九年三月，一項重大發現終於平息了一切關於南非鑽石是否真實存在的質疑，而尼柯爾克再次參與其中。一個名叫史瓦特波伊（Swartboy）的格里夸人發現一顆重達八十三點五克拉的巨大鑽石，並把這顆石頭當成護身符，尼柯爾克設法買下這顆鑽石，而洪德則是其中一位證實這的確是顆鑽石的人。[124]不久後，這顆鑽石以一萬一千兩百英鎊的價格賣給了霍普敦的利連菲爾德商業公司（Lilienfeld business firm），這個價格相當於今日的四十萬英鎊左右，兩位德裔猶太人——古斯塔夫及里歐波德．利連菲爾德（Gustave and Leopold Lilienfeld）將這顆鑽石命名為「南非之星」（Star of South Africa，它在一九七四年時由佳士得〔Christie's〕拍賣行於日內瓦進行拍賣）。[125]一份當地報紙《葛拉夫—雷內特信使報》（*Graaff-Reinet Herald*）報復心很重地詢問讀者：「果戈里先生和伊曼紐爾先生現在會怎麼說南非鑽石呢？」[126]發現南非之星兩個月後，伊曼紐爾寫了封信給索塞，試圖在信中糾正他先前的錯誤，說最初正是因為他對南非鑽石有堅定的信念才把果戈里送到那裡調查。[127]然而，伊曼紐爾始終對南非鑽石的蘊藏量存疑，當他在一八七一年聽說前一年從開普殖民地運出去的鑽石價值高達二十二萬英鎊時，他說：「美國的需求遠大於供給，開普鑽石的蘊藏量極低，因此價值將不會有顯著下降。」[128]

許多最早已知的南非鑽石都是由本地人發現的，這自然不是巧合：「本地人長期以來都習慣使用鑽石來鑽探其他寶石，也會定期到這裡（奧蘭治自由邦）取得鑽石。」當地的傳教士都知道這件事。[129]礦工、商人和冒險家則經常會用以物易物的方式換取當地人的實際經驗來參考。「因為原住民在地表搜尋的成功經驗是個很好的指標，說明哪裡可能找到鑽石。」[130]一八六九年八月，迪加特隆（Dikgatlong，位於哈爾茲河〔Harts〕和瓦爾河〔Vaal〕匯流處附近）的格里夸首領收到一群「海灣商人」（Bay merchant）的提議，想要購買若干年內在格里夸上發現的所有鑽石，但首領拒絕了，並堅稱他不能阻止臣民把鑽石賣給任何他們想賣的人。[131]

隨著南非之星的消息傳開，一八七〇年一月鑽石熱掀起，人潮湧入瓦爾河及奧蘭治河挖掘鑽石（圖36）。一份在英國艾克斯特（Exeter）發行的英文報紙收到了來自開普的消息：「水手在港口棄船、警察離開他們的大隊、學徒放棄實習、年輕人逃學，所有人都無法抵擋那股來自同一個地方的巨大魅力：瓦爾河河畔。」[132]英國作家弗里德里克・博伊爾（Frederick Boyle）在兩年後造訪了這個地區，他提到有五千人正在尼爾（Pniel）的宣教站附近挖鑽石，許多人住在帳篷裡（圖37）。[133]而隨著從一八六八年淘金熱中一無所獲的澳大利亞人回歸，淘鑽客的隊伍日益壯大，[134]他們也發展出有組織的探勘形式。美國鑽石礦工與發明家傑若姆・貝比（Jerome Babe）便描寫了兩個不同團體的冒險家，一方來自東開普的威廉王鎮（King William's Town），另一方則來自納塔爾（Natal），他們在希伯朗（Hebron）狹路相逢，並與當地居民爆發衝突，因為當地人擔憂白人淘鑽客會搶走他們的土地。兩方人馬往下游移動，到達瓦爾河北方，並在一個多月內發現了三百顆鑽石，估計價值約八萬鎊。[135]接著，英國藝術家斯塔福特・帕克（Stafford Parker）的到來，帶領這群淘鑽客在克利普德里福特（Klipdrift）建立了一個曇花一現的獨立共和國，並由這個行徑怪誕的男人擔任總統。[136]當貝比到訪這地方時，此地已易名為帕克頓（Parkerton），居民兩千人，大半是男的。附近的科普吉鎮（Town Kopje）有一座磚砌的音樂廳，還有攝影師、屠夫、醫師、麵包師、雜貨店、鑽石商人、珠寶店，以及「酒館，讓你晝夜狂歡」。淘鑽客也打算蓋一座教堂，因為他們那時只能在撞球間舉行宗教儀式。[137]

克利普德里福特很快地就回歸英國的懷抱，但其他地方仍有爭議。以尼爾為例，原本是奧蘭治自由邦的管轄範圍，但川斯瓦和格里夸西部也都聲稱擁有河流鑽石礦的權利。安德里斯・瓦特波爾的長子尼可拉斯・瓦特波爾

圖37　金伯利，十九世紀晚期。

（Nicolaas Waterboer）繼他之後成為格里夸西部的領導人，他曾經歷了漫長的訴訟過程，試圖證明南非之星是在他的領土上發現的，因此他才是鑽石的合法擁有者，但他的官司輸給了利連菲爾德公司。[138]阿非利卡人共和國的總統們採取了不同的做法：他們派遣官員和警察到河礦區，試圖維護管轄權。有些礦工比較想加入川斯瓦，而一些淘鑽客如帕克則希望獨立，不過許多人都對以擴張領土為目的的格里夸和英國政府沒有好感。巴索托蘭在一八六八年已經遭到併吞，官方正在思考將鑽石地區納入開普殖民地的可能性，但同時也要確保他們北方邊境的安全。在造訪鑽石田後，總督亨利·巴克禮爵士（Sir Henry Barkly）決定侵吞格里夸西部，這令負責殖民地事務的內閣大臣金伯利伯爵（Earl of Kimberley）感到不快，因為他認為英國政府尚未做好兼併這些鑽石產地的準備。[139]

這次併吞並未終結領土爭議或是隨之而不時出現的暴力衝突。採礦定居點享有很大的自治，格里夸西部的新行政長官索塞允許礦業理事會建立一套規則來防止違規，並收取牌照費用。[140]阿非利卡人的奧蘭治自由邦警察（一位觀察者認為他們「衣著破爛，一臉窮酸相」）也持續跨越邊境逮捕英國公民，直到英國官員逼迫他們放人。[141]暴力經常是針對當地人：一八七〇年，一位荷蘭人指控一位希伯朗當地人是小偷，並槍擊他的腿；之後這個荷蘭籍控訴者也被人痛毆一頓，並帶到當地的波札那族酋長那裡；接著，包括八百個全副武裝的男人在內的礦工在酋長兒子那裡找到了這個荷蘭人，酋長的兒子被逮補並送上法庭，這名酋長必須賠償價值七十五鎊的失竊貨物，而射傷部落男子的荷蘭人只被罰了二十五英鎊。[142]

在柯爾斯伯格科普吉大坑中的鑽石開採

河流鑽石礦是沖積帶鑽石，就像當時世界上所有已知的鑽石礦藏一樣，礦工迅速從一個地區移動到下一個地區，在當時對鑽石開採的有限知識範圍內測試自己有無發財的好運。然而，一八六九年，幾次稍微遠離河邊的發現挑戰了關於鑽石開採的一切既有知識。在克利普德里福特和尼爾東南方約三十公里遠的地方有兩個農場，在將農場賣給商人之前，農場的主人一直都將土地出租給前來測測運氣鑽石礦工，因為農場主人認為該地的產鑽潛力並不高。在一八六九年至一八七一年間，科內里斯・普魯伊（Cornelis du Plooy）將布爾特泉（Bultfontein）以兩千英鎊賣給了霍普敦公司（Hopetown Company），該公司是倫敦及南非探勘公司（London and South African Exploration Company，LSAEC）的前身，由古斯塔夫和里歐波德・利連菲爾德與洪德合夥開設。同一家公司也以兩千六百英鎊買下了杜托伊茲潘（Dutoitspan，或朵斯特泉〔Dorstfontein〕）。其中，布爾特泉的出售案甚至被前一位候選買家告上法庭，直到一八七二年才解決。[143]不同的資料來源提到的銷售年分不同，對於賣方是否清楚知道他們的土地出產鑽石也眾說紛紜，但對於結果的看法則一致：霍普敦公司在一八七一年底擁有了土地的所有權。[144]資料來源也指出，至少從一八六九年底開始該地區就在進行一些探勘活動卻沒有掀起熱潮，但布爾特泉的第一樁收購案在同年十一月成交。[145]新地主立起了「違者將受到奧蘭治自由邦懲罰」的警告牌，企圖嚇退祕密開採者，但只是白忙一場，因為礦工們把這些警告牌拿走，把木頭拿來做成篩子和分類桌。[146]

很多活躍在河邊鑽石礦開採的礦工將注意力轉向布爾特泉（圖38）和杜托伊茲潘（圖39）的新乾地鑽石礦，戴比爾斯兄弟擁有的韋魯伊茲格農場（Vooruitzigt）也在一八七一年五月加入行列。兩個月後，韋魯伊茲格發現了第二處礦藏，位於一座叫作柯爾斯伯格柯吉普（Colesberg Kopje）的山丘上，這座山很快被改名為「新熱潮」（New Rush）（圖40、41）。[147]在那一年年底前，伊莉莎白港的當奈爾埃博登公司（Dunell, Ebden & Co.）以六千英鎊的價格買下了這個農場。[148]報紙開始刊出前往乾地鑽石礦的旅行路線，到了一八七一年九月，

圖38　布爾特泉鑽石礦，約一八七〇年。

據報導已經有兩千人在杜托伊茲潘、布爾特泉和韋魯伊茲格挖鑽石了，這三個地方均位於格里夸西部，城鎮「圍繞著公共或市集廣場建立起來；保齡球館、撞球間、旅館、餐廳和商店，數都數不完」。[149]到了一八七一年十二月，礦工人數已經成長到五萬人，其中三萬是黑人，相較於一八七〇年活躍的河流鑽石礦開採者為五千人，可謂人數眾多。[150]他們從四面八方而來：有來自阿非利卡人共和國的波爾人礦工、格里夸人、殖民者、之前有過開採經驗的澳洲和美國人、德國人（雖然德國人較多從事鑽石採購），還有義大利人、西班牙人和法國人。[151]對於荷裔波爾人的出現，幾個當時的觀察者說話相當不留情面，比如貝比曾寫到，他們還以為自己是去家庭野餐，輕輕鬆鬆就可以帶著大筆財富回國喝咖啡了。[152]曾有段時間在金

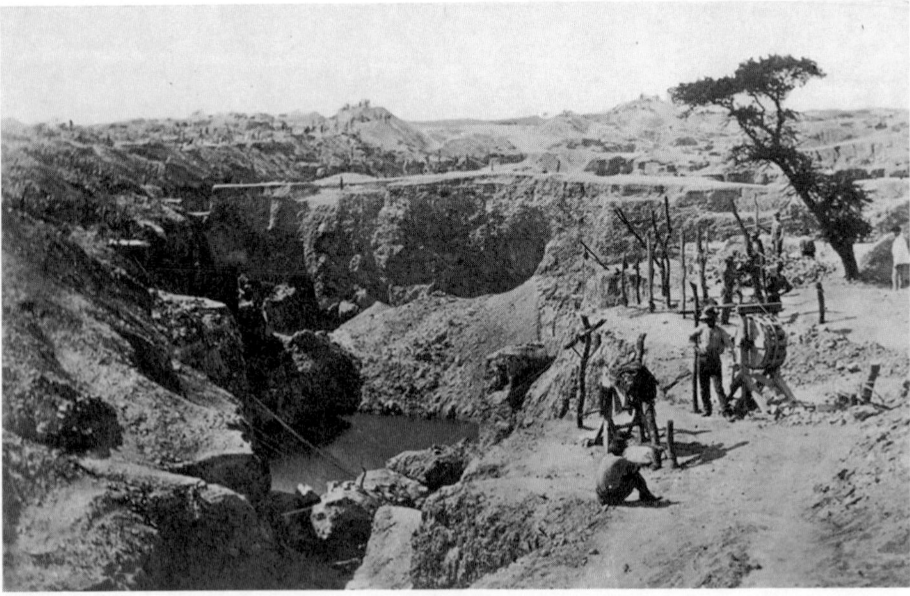

圖39　杜托伊茲潘鑽石礦，約一八七七年。

伯利鎮開採鑽石的冒險家查爾斯·佩頓（Charles Payton）說得更直白，根據佩頓對開採活動的描述，英國人跟美國人都討厭波爾人，因為他們粗野無文。因此當波爾人想去挖掘鑽石時，佩頓似乎有點瞧不起他們：

而且，他不只帶著「vrouw」和「kinders」，也就是他的妻子和小孩，還帶了一大群的黑佬（Kafir）⑪，這些人是他在內陸用大概一頭牛或一年極少的工資請來的。所以他來到這礦區，住在他的篷車裡，或他的黑佬僕從和他的「kinders」幫他搭好的帳篷裡，他在這礦區一毛錢也不花，就靠著他帶來的物資生活。看著他挖鑽石——這個嘛，你實在很難把這叫作挖鑽石，因為這又老又殘暴的大家長成天就坐在分類桌前抽著菸斗……這時候呢，那些衣不蔽體的黑佬男孩（誒，還有年輕女孩呢）跟他的小孩……則在烈日下汗流浹背地做著挑揀、鏟土、拖拉、碎石、篩撿的粗活。[153]

當時一個觀察家親眼看到一個「粗壯、棕色面孔、蓄鬍的挖鑽者」，在找到二十克拉的鑽石後高興得在一個撞球間跳舞，還唱起了〈馬賽進行曲〉（Marseillaise）。[154]鑽石熱使得這地區變得如此擁擠，一名《納塔爾水星報》（*Natal Mercury*）特派員評論道：「夜裡，站在戴比爾斯和柯爾斯

⑪ 譯按：對南非黑人的蔑稱。

圖40　金伯利大坑，一八七〇年代。

伯格兩個礦區中間，兩旁的燈光櫛比鱗次，此景幾乎和站在海德公園某個地方看到的景象不分軒輊，你可從那裡同時看到貝斯沃特路（Bayswater road）和騎士橋（Knightsbridge）上一長排的燈光。」[155]

這些發現與眾不同之處是，它們不屬於沖積帶。一封在一八七二年九月二十日從杜托伊茲潘寄出的信中，德國地質學家恩內斯特・柯恩（Ernest Cohen）認為，南非的乾地鑽石礦位於古老的火山口中心。[156]最後，世界將在偶然間，在後來被稱為金伯利岩管的結構中發現鑽石的深層起源：

最初挖掘出來的含鑽原土是一種脆弱易碎的黃色土壤，在大約十五公尺深的地方，這種土壤會變得愈來愈硬、顏色愈來愈深，最後呈現出深灰藍或深綠色澤，有種油脂觸

圖41　金伯利大坑，約一八七〇年。

感，類似某些種類的蛇紋石（serpentine）。這就是礦工開採鑽石知名的「藍土」（blue ground）。[157]

南非鑽石產量的不斷擴張很快導致了領土爭議。奧蘭治自由邦（小型鑽石礦咖啡泉〔Koffiefontein〕和傑格斯泉〔Jagersfontein〕即是在這裡發現的）主張擁有管轄權，並對幾個想要將個體礦工群體拒於門外的農場主伸出援手。但是在一小塊地面開礦的礦工實在太多，農場主於是被迫放棄嘗試，並允許了一種開採牌照制度。一八七一年五月，杜托伊茲潘的業主同意了一套規則，礦工們最多只能開採兩塊採礦權利地（claim，這一措施是為了將大公司擋在門外），應付款項為每月十先令六便士；一個掘鑽者委員會（Diggers' Committee）負責監督開採、解決爭端，並指派人員監督街道及廣場的發展。[158]事實證明，格里夸西部的金伯利礦鑽石蘊藏最為豐富，而布爾特泉則以「窮人的鑽石礦」知名。[159]採礦權利地定期出售，一八七二年一塊約二乘十公尺的區域價格可達一千五百鎊。[160]

一八七一年十月，英國併吞了格里夸西部，領土爭端塵埃落定。這片土地被分成三份——克利普德里福特、尼爾和格里夸敦，均由巴克禮爵士在一段距離外的開普敦治理。[161]地方委員會一直在制定規則讓礦工遵行，英國沒有推翻這套制度，但很明顯鎮上出現了一位新的治安官，而「老英格蘭旗幟驕傲地飄揚在繁忙的營地上空，沉著冷靜的英國『警察』（bobby）也在那裡。」[162]金伯利伯爵本已認為併吞格里夸西部是倉促草率之舉，因此心生不快，如今則認為，無論是「新熱潮」或柯爾斯伯格科普吉，對於大英帝國蘊藏最豐富的鑽石產地而言都不是什麼好名字，於是小鎮和鑽石被改名為金伯利，蘊藏鑽石的藍色土壤則叫作金伯利岩（Kimberlite）。[163]然而，要讓採礦群體承認新政府則仍有待努力，一八七二年，一位匿名礦工在英國《泰晤士報》上表達了他對英國警方的不滿，他說掘鑽者的生活每況愈下，比自由邦政府統治時要糟糕得多。他抱怨金伯利鎮的兩萬居民居然沒有一個可以求助的治安法官，奧蘭治自由邦的所有基礎設施，包括郵局，全都拆了，他還抗議英國徵收重稅和任意徵稅。[164]他一定是忘了，據說那一年，金伯利鎮上還住著一萬五千到三萬五千名黑人。[165]只有三件事能肯定，那就是：任何當地人都不能合法擁有鑽石、任何從當地人手中購買鑽石的人都會受到嚴厲懲罰，以及不得向當地人提供酒類。但作者繼續

圖42　金伯利大坑，一九七三年。

寫到，不幸的是，第一條規則已經在杜托伊茲潘被打破了，那裡的當地人可以自由開採鑽石，掘鑽者普遍還不知道（這件事）。[166]英國官方政策確實允許自由黑人從事採礦活動，例如一八七四年，布爾特泉的一百三十五名採礦權利地持有人（claimholder）中，便有一百二十位不是白人。[167]

白人掘鑽者頻繁表達反對同行的意見，這些反對意見帶有種族主義色彩，並且在之後的許多年裡都代表了南非社會的主流聲音。許多白人，尤其是波爾人，並不樂見一八二八年通過種族平等法，以及一八三四年廢除奴隸制，而至今人數仍是最多的南非黑人，則受到了白人無情的對待，因為黑人經常是白人在鑽石產地雇用的對象。

起初，南非的鑽石開採與巴西和印度的傳統開採方式類似，就是收集含鑽土壤，主

圖43　勞動的種族分工，金伯利，約一八七〇年。

要從河流但也從岩石中提取，接著運送到一個可以清洗這些收集到的土壤和尋找鑽石的地方（圖43、44、45）。這份工作倚賴使用鎬、鏟子、篩子和其他手動工具的非技術性勞工。鑽石開採是勞力密集型產業，而且不乏危險性，在最初幾年，每年的勞工替換率可達百分之三十。[168]不令人意外的是，許多白人冒險家雇用黑人勞工從事更勞力密集的工作，這種情形再加上反對黑人礦工持有採礦權利地的聲浪日益強烈，成了根據種族進行勞動分工的濫觴。這種種族間的勞動分工在下一時期持續擴大，並逐漸成為技術與非技術性勞動分工的同義詞（圖43、45、46）。以下用佩頓的話來說明：

> 兩個南非黑佬，如果他們理解這工作，他們應該可以讓兩個白人繼續從事篩撿工作，在炎熱的天氣這是很好的分工；而在冬天，「老榜」【baas，指老闆】常會發現自己動手揀選、鏟土、過篩是令人愉快的工作，而且能保持溫暖。[169]

許多工人來自佩迪地（Pediland）、聰加地（Tsongaland）[⑫]和巴索托蘭，通常是徒步而來，這

⑫ 編按：佩迪地（Pediland）、聰加地（Tsongaland）和巴索托蘭（Basutoland）意旨當地的原住民佩迪族（Pedi）、聰加族（Tsonga）與巴索托族（Basuto）的領土。

圖44　沖洗鑽石，金伯利，約一八七〇年。

圖45　處理及分揀鑽石，金伯利，十九世紀末。

種遷徙性勞動在鑽石發現前就已經存在，但現在達到前所未有的規模。這些男性從南非未來的北方領地暫時遷徙到南方有幾個原因：人們最常提到的是區域性衝突、農業及畜牧業的生產力降低，以及狩獵的利潤下滑。根據現代歷史學家陶德．克利夫蘭（Todd Cleveland）的說法，這些季節移工停留的時間約四到八個月，「這不是巧合，這時間差不多長到夠讓他們賺到買得起一把來福槍的錢」。[170]當地統治者為了用來福槍武裝部落，於是週期性地將部落男性成員送到鑽石礦工作，因為那裡的薪資高於開普殖民地其他地方，但愈來愈常有勞工就在鑽石礦附近定居下來，而不是返回部落，導致部落政策的效果常常遭到抵銷。[171]從很早期開始，殖民政府就企圖用對住房徵收「茅屋稅」（hut tax）的方式來強迫不同族群的非洲黑人在鑽石礦工作，例如一八七〇年，他們在巴索托蘭徵收一項十先令的稅，目的就是要強迫非白人從事開採勞動，以支付這項稅金。[172]一八七二年，有一萬名黑人在金伯利礦場工作，人數在一八七八年至一八八一年正景氣時翻了三倍（圖46）。[173]奧斯華德．道提（Oswald Doughty）是一九六三年出版了一本南非鑽石田歷史書的作者，他讚美了季節移工的「驚人韌性」，他們跋涉一千六百多公里抵達鑽石礦，並受到他們「已經在金伯利定居下來的本地弟兄們」的熱情歡迎。[174]雖然許多季節移工決定長久遷居到鑽石礦，但他們往往只簽訂為期一至兩個月的短期合約，這讓他們可以從不斷成長的勞力需求中獲得好處，連帶使工資在一八七一年至一八七五年間增加了五倍。[175]到了一八七〇年代末，據估計約有九千名黑人勞工永久遷居金伯利，持續前來的季節移工更使數字不斷增長。[176]

有時不同部落成員彼此會發生衝突，佩頓曾說，祖魯族（Zulu）和巴索托族長期對立，為了取樂其他人，單挑行為被鼓勵。[177]然而一般而言，和大多數白人懷有的那種強烈種族主義情緒相比，這類部落緊張的關係根本是小巫見大巫。這些種族主義情緒因白人意識到當地人口遠多於白人而更形惡化，他們對黑人勞工、逃跑和鑽石竊盜（非法鑽石購買〔Illicit Diamond Buying，IDB〕，這是鑽石田最嚴重的犯罪行為）之間關係的看法，則進一步火上澆油。[178]道提甚至認為白人雇用非洲黑人是「教化使命」的一環（這是經典的殖民種族主義修辭），而犯罪率隨著時間降低，以及「更『文明』和『有教養』的當地人」的出現，成為他論點的實證。[179]

幾個投機取巧的白人為黑人勞工蓋了幾間小吃店和食堂，提供免費的湯、肉跟麵包，但他們期待顧客會偷偷在碗裡留下一顆「湯裡的鑽石」（soup diamond）。[180]那些失竊的鑽石會出現在此，白人礦工有時會自己伸張正義——「掘鑽者對於一些食堂老闆的行為感到憤怒，他們指控這些人從當地人手裡購買失竊的鑽石，於是燒毀了五間食堂……額外警力被派往鑽石礦。」[181]一八七二年，殖民政府推行一套旨在控制黑人勞工的通行證制度，強迫黑人勞工隨身攜帶一份說明主人是誰的文件，若沒有就會被捕。雖然正式立法中並未明確表明種族分工，只用了「僕從」與「主人」這樣的術語，但此制度的用意顯然是要限制黑人工人的移動，使得在接下來很長一段時間裡，通行法成為非洲黑人勞工的基本待遇，並導致了封閉的勞動營和種族隔離。[182]更惡劣的是，一八七九年殖民政府利用這套制度，根據非洲黑人勞工被認為有多「文明」以及他們服務的主人的種族，在黑人工人之中製造了更進一步的區別。[183]

儘管如此，白人對黑人的不滿仍持續存在，並因為針對黑人和亞洲權利地持有者的種族主義情緒而加劇。南非鑽石開採所處的環境在很大程度上受到了帝國主義、種族主義和殖民特性的制約。[184]家父長式作風只是這一脈絡的溫和表達而已，像佩頓這樣的人雖哀嘆波爾人對黑人勞工的嚴苛態度，但他同時也覺得英國人對待黑人實在太仁慈，導致他們失去了對主人的尊敬。佩頓也是個鑽石冒險家，他不只在報紙上發表意見而已，他也寫到自己的行為，並描述他如何雇用一個他認為很懶惰的黑人，所以每當他看到那個黑人倚在鐵鍬上，他都會朝黑人扔石頭。[185]他還進一步說：「一個黑佬只要乖乖地待在他的位子上一切就會很好，就是要『給他顏色瞧瞧』；像艾克斯特大廳（Exeter Hall）⑬的慈善家跟黑人『稱

圖46　種族勞動分工，金伯利，一八七三年。

⑬ 編按：倫敦市中心大型公共聚會場所，從一八三一年到一九〇七年，艾克斯特大廳是許多懷有進步思想的群眾的大型聚會場所，其中最著名的是反奴隸制運動。

兄道弟』，只會慣壞他且傷了自己。」[186]種族主義、通行證制度的發展以及統一開採活動需求的日漸增加，導致了「淨白」（white purge）活動的興盛，黑人、印度人和馬來人權利地持有者在一八七二年後逐漸消失，擁有賺錢的採礦權利地的黑人和亞洲人常被認為有犯罪嫌疑，白人掘鑽者認為他們一定是買賣非法鑽石才能累積大筆財富。[187]

種族關係愈來愈緊張，更令局面一發不可收拾。最受歡迎的聘雇模式是共享工作制（share-working），掘鑽者代表持有人從事開採，而持有人僅需支付牌照費及礦業稅；掘鑽者再雇用勞工、安排工作和出售鑽石，利潤比介於百分之五十至九十之間。採礦權利地價格的大幅上揚導致權利地持有人減少，一八七五年，只有七百五十七個人擁有權利地，其中一百二十人不是白人，他們在戴比爾斯礦（過去稱為「老熱潮」〔Old Rush〕）、金伯利（大坑，最早稱為「新熱潮」）、布爾特泉和杜托伊斯潘共持有一千兩百四十三塊採礦權利地。[188]在更早的一八七一年，乾地鑽石礦的採礦權利地有三千兩百多塊，其中一些被更進一步分割為更小的地塊。[189]許多人以共享工作的模式活躍於採礦活動，他們開始發聲抗議現況。

露天礦的開採在技術上更為困難，因為需要挖掘得更深，這不僅帶來更多風險，鑽石礦也會變得愈來愈難以開採。人們將露天礦的四壁稱為礁石（reef），礦工們挖得愈深，礁石崩塌的次數也就愈頻繁，有時候這些廢土會落到尚未開採的採礦權利地上，進一步阻礙生產。在露天礦中，分隔數百個採礦權利地的牆壁也經常坍塌，主要是因為不是所有採礦權利地都在同樣的深度進行開採；週期性降雨有時也會讓露天礦的部分區域無法開採。這些問題中，有許多是因為開採活動缺乏統一性所導致，掘鑽者不是全都在同一深度進行挖掘，因此增加了坍方的風險（圖42、47）。

此外，關於「跳地」（jumping）制度的抱怨也增加了，這個制度允許冒險家占有持續三天無人開採的權利地。[190]個人掘鑽者和自由思想之間的關係日趨緊繃，一個例子就是掘鑽者的民主觀念，以及想要建立某種壟斷形式的人彼此的緊張關係。一八七三年，殖民政府決定有必要建立一個新的行政體制，遂宣布格里夸西部為開普殖民地的一省，有殖民治理河流鑽石礦經驗的索塞，被任命為新省的行政長官及中將。[191]索塞立刻停止跳地制度，但是這期間經歷了一段法律真空期，因為殖民政府尚未為新省起草新憲法。掘鑽者持續要求一個有代表性的地方政府，但一八七四年頒布了一道新的《礦業條例》（*Mining Ordinance*），用權力較小的礦業理事會取代了掘鑽者的委員會，他們的權限僅限於採礦業務，該條例也提議任命一名督察員，「負責生命安全」。[192]

圖47　金伯利大坑，約一八七五年。

督察員的引進回應了迫切需求。到了一八七四年底，露天礦的情況已經十分惡劣，導致許多參與共享工作的勞工都沒工作可做，他們焦躁不安、怒氣沖天。隨著《礦業條例》的頒布，即使政治仍持續動盪，但情況已有了大幅改善，到了一八七五年三月，採礦活動已經大有改善，甚至忽然出現了缺工的情形。金伯利大坑那時已經四十九公尺深了（圖47），採礦權利地持有人引進了一種更優良的拖運系統，是以絞盤或錨機為基礎，可以驅動由空中索道組成的「蛛網」，人們用這些空中索道來取代危險的隔牆（圖42、48、49），藉此從事更密集的開採活動。[193]一年後，人們引進了蒸氣引擎為基礎的運輸機械，但油料取得困難以及鑽石蘊藏潛力的不確定性，因此無法大規模採用這類機器，直到十年後礦業資本家進入這一產業，問題才得到解決。[194]幾年前，礦工威廉．霍爾（William Hall）研發出一種傾斜的纜車系統，可以從礦坑運走砂礫，它的驅動力來自金伯利的第一部蒸氣引擎，他也向其他礦工提供同樣的服務並收取費用。霍爾提倡壟斷，但其他礦工拒絕了他的提議，他們更喜歡使用個人拖運系統，因此導致空中繩索形成了一幅「蛛網」景象。[195]技術創新影響了運輸方式，旋轉沖洗機的引進（圖43、44、48）創造出沖洗岩屑的額外勞力需求。黑人工人意識到在大坑邊緣從事開採活動的風險，便把握住這些改變提供的機會，要求加薪與減少白人對他們營地的監督程度，而這當然令白人掘鑽者感到不滿，因為白人認為這種情況增加偷竊鑽石的可能性，也挑戰到他們的權力地位。[196]

白人掘鑽者及共享工作者愈來愈難在黑人身上強加自我意志，且他們也受到來自採礦權利地持有人和農場主愈來愈大的壓力，如擁有布爾特泉和杜托伊茲潘礦的倫敦及南非探勘公司即是壓力來源之一。持有人和農場主認為乾地鑽石礦的開採前景取決於外來國際資本及大公司的投入，但共享工作者、掘鑽者以及索塞都與他們對立，因為後者認為如果鑽石開採被外國資本壟斷，將會危害到英國的殖民利益，也不希望開採利潤被搬運到私人手中。[197]這種對殖民經濟的關注令索塞設法在一八七四年的《礦業條例》中加入了一項限制採礦權利地的條款，[198]但也因這一政策，這位中將疏離了掘鑽者和農場主，怨恨不滿的情緒日益加劇，終於在一八七五年爆發。索塞拒絕承認農場主對礦產的所有權，而農場主則希望從礦工那裡收取盡可能多的租金。同年二月，韋魯伊茲格農場（金伯利礦的所在地）的所有者向奈爾埃博登公司提高租金的同時，一個掘鑽者保護協會（Diggers' Protection Association）成立了，他們保證會保護白人掘鑽者的利益。四月，一名旅館主人因

圖48　礁石拖運系統及旋轉沖洗機，金伯利，約一八七五年。

向該協會領導人之一出售武器而遭到逮捕，一場武裝叛變立即爆發。政府必須介入以恢復秩序，而這場黑旗叛變（Black Flag Revolt）成為索塞任期的末日，因為他的政策以及對叛變的應對方式已經激怒了多方人馬，尤其是一些擁有土地的企業，如在倫敦擁有良好政商關係的倫敦及南非探勘公司。[199]

個人礦工集結起來的小群體曾經可以決定礦區的基調，但這種掘鑽者享有的民主，在此時劃下了句點。這些掘鑽者不得不將其影響力讓位給已經出現在鑽石礦的新階級——這個新階級趁機將乾地鑽石礦變成礦業資本家的風險事業。黑旗叛變後，乾式鑽石礦的所在地格里夸西部曾享有的殖

圖49　金伯利大坑，一八七〇年代。

民自治也告一段落。[200]一八七〇年代末，發生了一連串反白人殖民者的叛變，包括在格里夸東部爆發並蔓延至格里夸西部的一場叛亂，但格里夸人、瑟拉平人（Thlaping）、可拉納人（Korana）和桑人的運動失敗了，格里夸西部包括其鑽石田，均在一八八〇年併入開普殖民地。[201]

英國小說家安東尼·特洛勒普（Anthony Trollope，一八一五年至一八八二年）曾在一八七七年造訪金伯利，並在他最後一本小說《黃昏之戀》（*An Old Man's Love*）中用上一些他在這次旅行中的印象，這本書在他過世後的一八八四年出版：

> 如果在這世界上有哪個地方的人可以在一段時間裡徹底重生或自毀，那就是金伯利鎮。對一個已經學會愛上英國平凡無奇生活的人來說，我不知道還有哪個地方可以比這裡更可憎，到處都是灰塵跟蒼蠅；散發出劣質白蘭地的氣味；人吃的是罐裝肉；附近連一棵樹都沒有。這裡的一些地區住著南非部落人民，他們為獲取白人的工資而工作，喪失了黑人獨特鮮明的形象。白人自己則傲慢粗野、穿著邋遢、相貌醜陋。氣候非常炎熱，從早到晚，除了尋找鑽石和有關的工作外，沒有別的活可做。[202]

開普殖民地充滿活力的日子（一八七〇年至一八七六年）

乾地鑽石礦的發現令整個歐洲鑽石產業再次恢復活力。在遭遇了雲霄飛車般的產量下滑及生產擴張後，位於阿姆斯特丹、歐洲最重要鑽石切割業在十九世紀也經歷了規模上的劇烈起伏，最低點出現在一八二〇年左右。[203]在接下來數十年間，切割產業規模變動，從通常在切割匠住家建立的小型作坊，逐漸演變成較大的工廠。[204]伴隨著這種轉變的是機械化的發展——在近代早期，鑽石磨的動力經常是由女性勞力提供（圖19），但是一八二二年，人們引進了馬匹來驅動鑽石磨，一八四〇年，第一家以蒸氣為動力的切割工廠開業。[205]在一八二二年至一八五五年間，最多猶太人居住的東阿姆斯特丹總共蓋了九家馬力切割工廠，雇用的工人多達四百人。[206]工業化程度的日益增加對工人產生了嚴重的影響，一名猶太醫師曾寫過關於阿姆斯特丹切割工廠的勞動環境，他提到了擁擠的空間、缺乏新鮮空氣以及充斥大量灰塵；工人們流鼻血、腹瀉、胸悶、眼睛感染及罹患肺結核；他們一天工作時間長達十二小時，一週工作五天半。[207]

從巴伊亞進口鑽石大幅促進了一八二〇年後的生產擴張，鑽石切割公司（Diamantslijperij Maatschappij）[⑭]利用這機會得以壟斷產業，到了一八五〇年，在阿姆斯特丹的五百六十張拋光檯中有五百二十檯屬於該公司。這些情況加強了成立鑽石工人工會來保護工人利益的呼聲。第一個鑽石工人組織是鑽石切割匠協會（Diamantslijpers-Vereeniging），終於在一八六六年成立，[208]協會成立正逢其時，因為該產業再次陷入了衰退，尤其是在一八七〇年普法戰爭（Franco-Prussian war）爆發，消費減少而導致大量失業之後。[209]開普殖民地發現鑽石、戰爭結束以及美國和俄羅斯對鑽石的需求日益升高，這些因素均促使阿姆斯特丹鑽石產業在半個世紀內第二次迎來復甦，這次的復甦也被稱為開普時期（Kaapse Tijd），從一八七〇年持續至一八七六年。從一八一五年至一八七九年，猶太人口便從一萬八千人成長至四萬人，許多人都在這個現在雇工人數已高達數千人而不是數百人的產業裡工作，而工作地點經常是新建的廠房（圖50）。[210]安特衛普也是這次復甦的受益者，一八六五年時這座城市引進了蒸氣引擎作為鑽石磨的驅動力進而提升了城市競爭力；一八七〇年後，安特衛普吸引了來自東歐的新猶太移民，許多人均受雇於切割產業，但當時仍落後於阿姆斯特丹的同業。[211]

開採及切割方面的變遷也伴隨著消費習慣的改變。古典貴族消費時代已經一去不復返，工業化如今才是主流，這一變遷連同需求的揚升（如今也包括對較低品質鑽石的需求），導致十九世紀晚期人們開始將鑽石當作一種相對平常的商品來鑑賞。伊凡斯總結她對一八七〇年珠寶首飾的歷史研究時說道：「美雖不再存在於實物中，卻能在言語中延續；在十九世紀最後的三十多年，珠寶的情

⑭ 編按：成立於一八四五年，阿姆斯特丹最古老的鑽石切割工廠。當時為了分散財務風險，有五十一家珠寶商決定合作建立此工廠。該公司沒有雇用任何員工，而是每天輪班租用切割台。

形即是如此。」[212]

這種由抑鬱的維多利亞式簡樸寡欲與黑暗的工業化構成的形象，也可在切割工廠中見到。儘管這次的復甦令許多工廠主和貿易商賺得了大筆財富，也讓許多新猶太移民獲得了就業機會，但鑽石工廠裡的工作仍舊相當艱苦，報酬亦相對偏低。一八七二年，一位造訪阿姆斯特丹的美國人在《哈潑新月刊雜誌》（*Harper's New Monthly Magazine*）發表了一篇文章，描寫了他的觀察，說這個城市裡由猶太人主導的鑽石切割產業，存在著一道巨大的社會與經濟鴻溝，「幾乎所有阿姆斯特丹鑽石廠的老闆都很有錢；但作業環境卻非常差，雖然他們的薪水在荷蘭被認為十分優渥。」[213]發現南非鑽石後帶來的經濟繁榮，並不表示鑽石工人的社經地位就會忽然得到改善。阿姆斯特丹的猶太人雖然在一七九六年獲得了完整的公民權利，但確實仍有許多人屬於下層階級。[214]然而，在猶太人解放及經濟成長後，持續變化的政治環境也確實創造了機會，除此之外，隨著勞動力的擴張，一些家庭有能力離開城市的猶太區，搬到更高檔的社區，[215]但仍有許多工人一直過著艱苦的生活，這在一八七二年《哈潑新月刊雜誌》的文章中有詳細描述：

在我看來，鑽石切割似乎是個慘淡的行業。我見過的幾百個鑽石廠工人，也許是因為無休無止從事著單調乏味的艱苦勞作使然，每個人臉上都帶著蒼白抑鬱的倦容。對他們而言，日子每天都是一樣的，春夏秋冬，年復一年，沒有機會也毫無變化。他們的世界就只是一個轉盤；緊張的眼、緊繃的神經、手抵著這一小顆寶石的痛苦壓力，寶石的光芒像在嘲弄他們、藐視他們，因為他們不可能擁有它。因此，在不間斷重複、求之不可得的工作中，他們的生命在黑暗中匍匐前行，只有當來到盡頭，他們的休息似乎才能開始。[216]

這份一八七二年對阿姆斯特丹鑽石廠的觀察，同樣也可適用於許多不同時間與地方的工廠環境。重複性及造成身體痛苦的工作，已成了歐洲十九世紀工業體系的標準內容，但鑽石行業這個特殊的環境，在任何時間、地方，對工人或礦工而言都更為艱辛，原因在於他們參與創造的是一項僅有少數菁英才得以保留的奢侈品。儘管鑽石曾帶給礦工們（無論是自由或不自由的礦工）許諾，承諾只要礦工找到一個

圖50　阿姆斯特爾河（Amstel river）畔的鑽石工廠，阿姆斯特丹，一八六〇年至一八七五年。

無與倫比的鑽石，便可能可以得到大筆的報酬，多到讓他得以逃離那個他不得不忍受的嚴酷工作環境，但這個許諾與工廠的工人們無關。奴隸可以獲得自由、冒險家可以中樂透彩、薪資勞動者可以得到報酬，但一個鑽石工人的生活幾乎沒有什麼改善的希望。[217]一八六六年，第一個鑽石勞工組織在阿姆斯特丹成立後，隨後幾年幾個較小型的工會也陸續成立，但是還需要好幾十年的時間人們才終於成立一個組織，有辦法將工人團結起來並對工廠老闆產生足夠的壓力。一八九四年，在社會民主黨人亨利・波拉克（Henri Polak，一八六八年至一九四三年）以及社會主義者鑽石切割匠楊・祖特芬（Jan van Zutphen，一八六三年至一九五八年）的努力下，尼德蘭一般鑽石工人工會（Algemene Nederlandse Diamantbewerkersbond，ANDB）成立。[218]一年後，安特衛普亦成立了一個類似工會，即比利時一般鑽石工人協會（Algemene Diamantbewerkersbond，ADB）。儘管兩個城市是競爭對手，但工人之間仍能團結一致，一起努力改善勞動條件，一九〇五年，世界鑽石工人工會（Wereldverbond van Diamanbewerlers）成立，即是這一努力的最高成就。[219]

這個世界性工會將更偏遠和小型的切割產業連結到切割業的主要中心——當時仍是阿姆斯特丹。十九世紀末，在低地國移工的推動之下，美國及法國出現了一些小型產業。美國第一家成功的鑽石切割廠似乎是由亨利・摩爾斯（Henry Morse，一八二六年至一八八八年）所成立，位於波士頓。[220]儘管移民在巴黎成立了一個小型的切割產業，但成熟的鑽石經濟卻是在遠離法國首都的汝拉（Jura）發展起來，這是位於第戎（Dijon）和貝桑松（Besançon）南部的一個地區，緊鄰瑞士。一八七〇年後，鑽石切割產業在這裡蓬勃發展，尤其是聖克勞德鎮（Saint-Claude）及其周邊地區，第一次世界大戰前夕約雇用了一千五百名工人。[221]十九世紀最後十年至二十世紀最初十年，在這些不同地方成立的工會代表團定期舉行國際性會議，並努力在相似的基礎上令各地的勞動符合規範，他們最大的成果之一也許就是一九一〇年開始實行的八小時工作制。[222]這場改善鑽石工人生活的共同戰役使得全球鑽石產業內部暫時團結起來，但它也對阿姆斯特丹產生了負面影響。拜強大的工會之賜，阿姆斯特丹工人得以改善生活，這是他們在安特衛普和紐約的低薪同行辦不到的，但這使雇主開始離開阿姆斯特丹轉向其他城市，自然也就不令人意外了。[223]與此同時，一場激烈的鬥爭也正在南非礦場中上演，這場戰鬥的目標是統一作業，但動機不是為了改善礦工的社會處境。礦工和礦業公司為爭奪對鑽石礦和勞動力的控制權而戰，結果便是創造了世界上有史以來最大的開採壟斷者：戴比爾斯。

圖51　恩內斯特·歐本海默正參觀一家阿姆斯特丹鑽石工廠，一九四五年十二月三日。

4 建立全球帝國：戴比爾斯的世紀（一八八四年至一九九〇年）

據說，從一八九〇年開始……戴比爾斯協調全球鑽石銷售，方式主要是透過與競爭者簽訂產量購買協議，同步化及設置生產限額，限制鑽石在某些地域的轉手銷售，以及指導行銷及廣告。[1]

這段文字摘自二〇一一年一項針對戴比爾斯的訴訟案，十分能夠說明該公司在金伯利礦（大坑）及戴比爾斯礦（原名「老熱潮」）合併數十年後所取得的壟斷地位。該公司遵循的政策是盡可能將非洲新發現的鑽石都買下以便控制生產，以及在倫敦成立一個銷售組織作為鑽石的流通管道。在二十世紀，戴比爾斯已經變成了原鑽開採網絡中那隻萬能的蜘蛛，參與了商品鏈的所有環節，無所不在。這個鑽石帝國的主要締造者是恩內斯特·歐本海默（一八八〇年至一九五七年，圖51）。恩內斯特·歐本海默生於德國，十七歲時他被派到倫敦為安登·鄧克爾斯布勒（Anton

Dunkelsbühler）的鑽石公司工作。第二次波爾戰爭（Second Boer War）[1]於一九〇二年結束後，鄧克爾斯布勒在金伯利需要一名新的代理人，他選擇了年輕的恩內斯特．歐本海默，當時恩內斯特．歐本海默已入籍英國，兄長們是活躍於倫敦及金伯利的鑽石貿易商。恩內斯特．歐本海默於一九〇六年結婚，一九一二年成為金伯利市市長，不久後加入了經營傑格斯泉的公司董事會。[2]這是歐本海默家族參與戴比爾斯營運的開始，直到二〇一一年將其持股出售給英美資源集團（Anglo-American）為止，歐本海默家族一直是戴比爾斯的掌權者。

本章聚焦於戴比爾斯帝國的建造，從一八八〇年代合併活躍於金伯利的各家礦業公司開始，到引進地下開採及非洲圈舍勞動（compound labour），以及建立商業基礎設施，將戴比爾斯的控制範圍從開採延伸至原鑽貿易。本章討論新興的競爭，以及其如何將大部分競爭納入其鑽石帝國，而這家公司及鑽石產業整體又是如何應對兩次世界大戰和南非的殘暴政權，而這些討論的目的，是表明在整個二十世紀戴比爾斯一直都有足夠的韌性來承受這些挑戰，甚至還成功地將挑戰化為助力。

圈舍勞動，或說種族隔離工作制的發明

上一章提到的黑旗叛變平息後，其他的問題仍未解決，土地所有權仍是殖民政府的一大憂患。當然，索塞在任期最後的決策之一，是以十萬英鎊買下韋魯伊茲格農場，以便解決掘鑽者和地主之

間的分歧，但杜托伊茲潘和布爾特泉仍在私人的倫敦及南非探勘公司手上。[3]一八七〇年代前半期的工資上揚讓黑人勞動力價格居高不下，以及因限制外國資本而導致的投資不足，也是主要問題之一，但最大的問題也許是歐洲市場付給原鑽的價格下滑，原因是無節制成長的個人開採導致供給過剩——當一個人可擁有的採礦權利地限額仍是十塊，便很難控制生產。此外，為了補償對鑽石田的領土要求，索塞還欠奧蘭治自由邦十萬英鎊。一場危機隨之爆發，新的行政長官決定取消權利地數量限制，並將權力移交給復職的礦業理事會，他們代表了採礦權利地的持有人，[4]而這為大公司的出現剷除了障礙，多年來人們始終擔憂的演變終於成真——

> 掘鑽者最大的恐懼就是「公司」這個詞，即使現在是小業主制，也正因為合併而集結為大權利地經營模式，採礦事業的下一階段無疑是幾家大型而互相競爭的公司共存，或單獨一家公司控制整個礦。到那時，個人偶然掘鑽致富的傳奇故事也將結束。[5]

事實證明，這些發表於一八七七年的文字一語成讖，在這些話被寫下後不久，有幾個人就開始購買金伯利的權利地，而購地的目的不是自用就是為他們在歐洲和開普殖民地伊莉莎白港的公司而

---

① 編按：英國與川斯瓦共和國和奧蘭治自由邦之間的戰爭，始於一八九九年。

買。到了一八七九年底，有十二家公司擁有了四分之三的金伯利礦，戴比爾斯、布爾特泉和杜托伊茲潘礦也有類似的所有權集中情形。與此同時，金伯利礦的價值也在一八七六年至一八八一年間增值為三倍，戴比爾斯礦的價值增為五倍、布爾特泉礦為五十倍，而杜托伊茲潘則為六十倍。[6] 許多白人掘鑽者及共享工作者受雇成為這些公司的監工和經理，負責監督日益龐大的黑人勞動力。儘管生產增加，但仍需要更多的資金來支付不斷上漲的礁石清除費用及工人薪資成本。[7] 一八七九年後，繼伊莉莎白港的馬丁利連菲爾德公司（Martin Lilienfeld & Co.）之後，大部分的礦業公司均決定公開上市，到了一八八一年四月，總共有六十六家公司成為合股公司（joint-stock company），掀起了一陣「股票狂熱」。[8]

兩個權利地持有者集團成為市場的主導玩家。第一個集團是一八八〇年成立的法國開普鑽石礦公司（Compagnie Française des Mines de Diamants du Cap，圖52中稱為法國鑽石開採公司），總部位於巴黎，是來自布拉格的猶太移民朱勒．波荅（Jules Porges）的公司及路易斯與馬克斯公司（Lewis & Marks）的風險投資項目合併而成。波荅當時是倫敦最大的開普鑽石進口商，而路易斯與馬克斯則是從立陶宛至開普的移民。他們在金伯利最重要的代理人是阿弗列德．貝特（Alfred Beit）及朱利爾斯．沃爾納（Julius Wernher），這兩個名字後來都與戴比爾斯形影不離。第二個企業集團的中心人物是查爾斯．波斯諾（Charles J. Posno），家族源自阿姆斯特丹的鑽石切割行業。[9]

大部分總部在歐洲的公司均專注於杜托伊茲潘和布爾特泉，這兩個礦仍位於倫敦及南非探勘公司的土地上，活躍於這些礦區的公司，運作基礎是當地商人與歐洲投資人之間的人脈。以波斯諾為例，他參與了當時活躍於該地的九家公司的運作，再如哈瑞・莫森索爾（Harry Mosenthal）是一位叫作阿道夫・莫森索爾（Adolph Mosenthal）的伊莉莎白港商人的兒子，則擔任五家公司的董事。[10]阿道夫・莫森索爾與利連菲爾德的兄弟有親戚關係，他從南非的港口出口鑽石到倫敦，為了更方便做生意，他還把自己的幾個兒子，包括哈瑞・莫森索爾在內，也送到英國的首都。[11]以下這三個人是金伯利地方上的三大資本家，均在龐大野心的驅使下爭奪著採礦優勢，而其中兩個人曾經是礦工：一位是塞西爾・羅德斯（Cecil Rhodes，一八五三年至一九〇二年），他在一八七〇年遷居到鑽石礦區；還有一位是性情暴烈的J・羅賓森（J. B. Robinson，一八四〇年至一九二九年）；第三位是古怪的巴尼・巴爾納托（Barney Barnato），他是來自倫敦東區（East End）的猶太人，曾長期過著在糊口邊緣掙扎的生活，甚至做過一段時間的演員，最後終於成為金伯利鎮上的一名鑽石掮客（Kopje-walloper）。[12]

這三個競爭者不是每個人在鑽石礦的表現都一樣良好。羅賓森是法國公司的董事之一，他在一八八六年破產，並決定將鑽石田拿來交換當時發現黃金的維瓦特斯蘭（Witwatersrand）；另外兩個人則將進一步促使南非鑽石的壟斷。[13]羅德斯迅速決定專注於開採戴比爾斯礦，並在那裡建立了戴比爾斯鑽石開採公司，且很快就成為該地的控權實體。[14]巴爾納托的公司名為巴爾納托兄弟（Barnato Bros.），持有金伯利礦極有價值的權利地，當他的公司與金伯利中央鑽石開採公司（Kimberley Central Diamond Mining Company，成立於六年前，主要根據地為大坑，圖52）在一八八七年合併後，巴爾納托成為極具影響力的人物，更因持有這一新企業的控股權，而支配了金伯利的首座鑽石礦。[15]

鑽石區礦業公司的合併及開採資本主義的進一步發展，對黑人勞動力產生了殘酷的影響。白人執著於膚色與鑽石偷竊的想定關聯，這一點與渴望規範、形塑及限制黑人勞動力遷移模式的殖民主義思維完全一致，因此他們長期以來一直思考如何透過住房來控制黑人勞工。一八七〇年代初，佩頓曾撰述：

> 關於黑佬的住宿設施，一些慷慨的掘鑽石會提供他們一張簡陋的帳篷；但如果這些「男孩們」夠聰明且積極，他們很快就能用木板、灌木等材料蓋出一間舒適的小屋，他們可以利用週六下午和週日去鄉間搜集這些材料。[16]

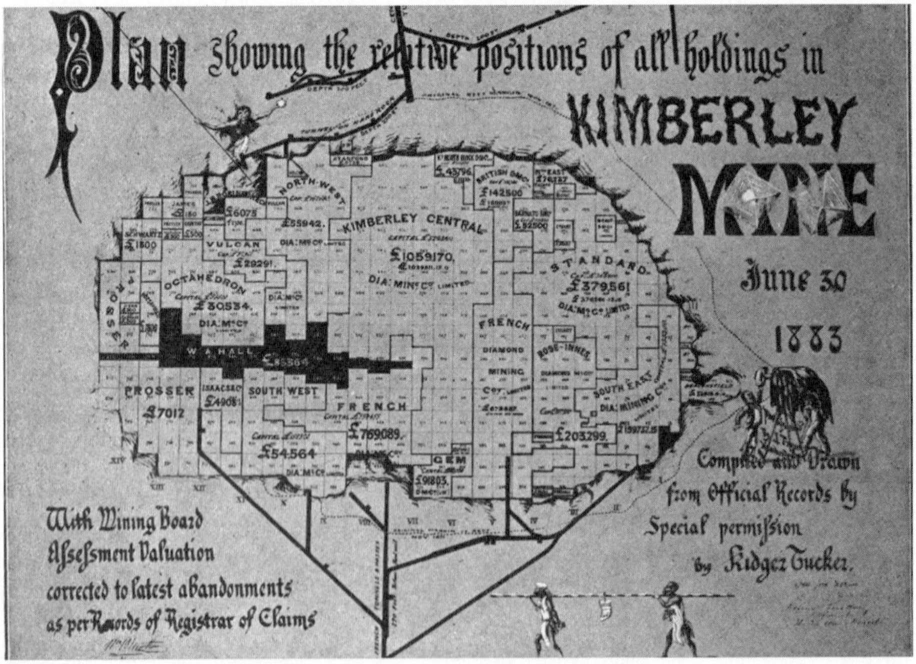

圖52　金伯利大坑的採礦權利地持有者地圖，一八八三年。

起初，礦工和掘鑽者負責自己以及他們雇工的住宿問題，但是一八七六年，格里夸西部的殖民政府開始考慮推行安置制度，這是早期的種族隔離形式，非洲黑人被迫生活在為該目的而特別分配的地區——「特色是只有極少或根本沒有肥沃的土壤」。[17] 最初只有開普殖民地實施這一制度，直到一八七〇年代末期的動盪之後，格里夸西部也開始推行。[18] 一八七九年，《原住民安置法》（*Native Locations Act*）上路，正式的殖民安置制度取代了已經存在於礦區的這種非正式隔離措施。殖民地管理者認為這樣做可以更容易控制竊盜及勞力活動，並同時保證穩定的工人來源——因為非白人能夠使用的土地相對貧瘠，分配到的區域太小也無法自給自足，這迫使黑人不得不在鑽石礦區工作。換言之，這是個巧妙的制度，設計目的不僅是要更好地控制工人，而且還要迫使他們從事採礦勞動。[19]

T・奇多（T. C. Kitto）是來自康沃爾的採礦工程師，他曾在一八七九年編寫了幾份關於開普殖民地和格里夸西部採礦狀況的報告，也是最早提出進一步推動殖民種族隔離及開採制度的實際操作方式的人之一。他將巴西的情況拿來做比較，當時巴西鑽石田開採工作仍由奴隸勞動力完成，直到一八八八年才被廢除。他描寫英國公司用來安置非洲奴隸的營房，並認為如果在南非引進類似制度會有很好的成果：「我認為在歐洲人的監督下，只要用同樣的方式來對待他們，南非土著能夠表現得幾乎——假若並不是完全一樣——跟巴西黑人一樣好。」[20] 第一個有組織的圈舍是開放式，意思是住在那裡的工人還能自由行動，但後來按照巴西奴隸營房模式的做法，這些圈舍被關閉了，雖然這個改變並不是沒有遭到抗議：白人販酒者抗議黑人顧客再也無法上門消費，而黑人工人則不時以罷工來抗議侷促的生活條件，但罷工最終都沒有成功。[21]

第一家根據奇多的提議採取行動的公司是法國開普鑽石礦公司，它在一八八五年一月蓋了一間可容納一百一十位來自納塔爾的非洲工人的圈舍。數月後，金伯利中央鑽石開採公司也跟進，蓋了一個可容納四百名黑人工人的圈舍，而戴比爾斯則在七月時為一千五百名非洲工人蓋了一個封閉式營房。[22]這些第一批封閉圈舍將黑人工人完全隔離，建築設計不但將工人與家人隔離開來，更將工人視如罪犯來懲罰他們。這種建築設計受到了南非其他工業地區的仿效，後來在戰爭期間更被用來興建集中營（圖53、54、55、63及64）。到了一八八九年，在金伯利、戴比爾斯、杜托伊茲潘和布爾特泉礦工作的一萬名非白人勞動力，已全部住在封閉的圈舍當中，最大的一個圈舍是西區（West End）圈舍，住在這裡的工人多達三千人。[23]一位英國少將的貴族妻子潔莉·柯爾維爾（Zélie Colvile）約在當時參觀了金伯利，之後她將這些圈舍稱為「黑佬們」的營房。[24]她形容這些圈舍「圍繞著一個大廣場，地板鋪著柏油，周圍圍著一圈三公尺高的波狀鐵柵欄」（圖53）。[25]住在裡面的黑人礦工「雇用期為三個月，在這段時間他們不能離開這個『圈舍』。到雇用期結束時，如果他們還想要繼續工作，就可以繼續。人們指給我們看其中一些人，自兩年前這地方開始營運以來，他們就從未去過外面了」。[26]有幾張照片是在柯爾維爾來訪同時或之後不久所拍攝，照片中顯示的影像與她所描述的場景類似（圖54、55）。

賈德納·威廉斯（Gardner F. Williams）是位美國礦業工程師，一八八七年時由羅德斯聘入戴比爾斯擔任經理，他曾說——

圖53　潔莉．柯爾維爾描寫的圈舍，金伯利，一八九三年。

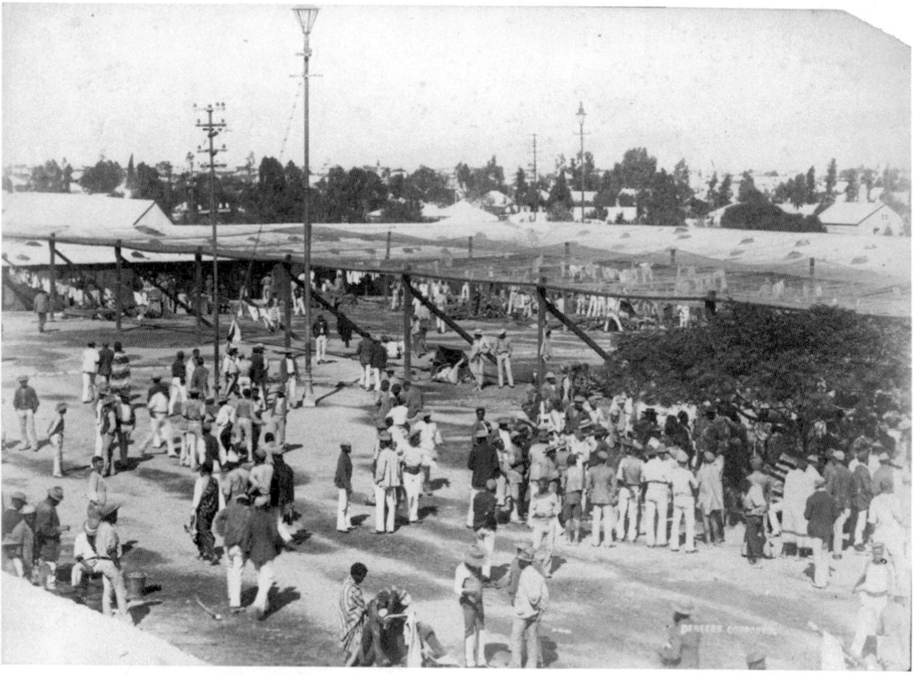

圖54　圈舍，金伯利，約一八九〇年。

圖55　工人們在圈舍休息，金伯利，一九〇一年。

當權利地持有者合併組成公司，他們的工人常被集合在稱為「圈舍」的封閉區域裡，在那裡他們可以獲得食物和住所，費用不高，直接從薪資裡扣除。這種區隔及部分限制的措施無疑發揮了作用，不僅降低了偷竊成功及被竊鑽石變賣的機會，也遏止了黑人女性的酗酒風氣以及食堂和街道上的騷亂情形。[27]

這種圈舍制度中止了臨時遷移勞動力的做法，並將它改良為一種更符合礦業公司需求的半強迫雇用形式。[28]但這種制度帶來了巨大傷亡，成千上萬的黑人在這些圈舍中死去，[29]也造成了明顯的勞動力種族分工：黑人礦工的行動被限制在圈舍和地下礦坑中（圖57），白人則可自由地在金伯利鎮及其周遭地區來去，待在戴比爾斯和其他公司的辦公室中從事需要更多技術的勞動（圖58）。

加大控制非洲勞動力的需求與地下採礦的發展直接相關。含有鑽石的金伯利岩管深度遠遠超出了露天採礦約一百二十公尺（圖1）的技術極限，[30]為了防止礁石坍塌，人們建造了小型的豎井和隧道，但這樣做的成本高昂且危險，也沒有解決結構上的問題。排水也成了一個嚴重問題，尤其是在金伯利礦的大坑。賈德納·威廉斯觀察到，在一八七八年，有超過四分之一的權利地覆蓋在崩落的礁石下，一八七九年和一八八〇年排水及礁石拖運的成本一年就要十五萬英鎊，一八八一年時甚至超過二十萬英鎊。這些花費使得金伯利礦業理事會（Kimberley Mining Board）在一八八三年破產，當時金伯利的露天礦坑也已經到達開採極限。[31]大坑已經變得很深，舊的空中纜車現在的用途是運送礦工到坑底（圖56、59）。

圖56　雲霄飛車，金伯利，約一八八六年。

圖57　在戴比爾斯礦地底下工作的礦工，一八九六年。

圖58　正在計算鑽石數目的戴比爾斯員工，金伯利，一八九六年。

開採集中於少數公司之手有助於應對高漲的成本，在一八八三年至一八八五年間，金伯利礦開始轉為地下開採，及早做出調整的戴比爾斯成功取得了優勢。[32]地下採礦雖倚賴非技術性勞工，但也需要技術熟練的礦工，通常是從傳統英國礦區如坎伯蘭（Cumberland）和康沃爾招募而來。致命事故仍增加了，雖然有幾起可歸因於地下採礦，如一八八四年的炸藥庫爆炸意外，或是一八八八年戴比爾斯採礦豎井的火災事故，但大部分的死亡仍與礁石坍塌有關，直到一八八九年開始普遍進行地下採礦後，死亡人數才有明顯減少。[33]圈舍裡設有醫院以收治在工作中受傷的人，柯爾維爾曾造訪其中一個醫院，她看到「四十個受傷的男性，大多都是在礦坑中受傷，因四肢骨折而躺著」。[34]歷史學家羅伯特．圖瑞爾（Robert

圖59　金伯利的大坑，一八八八年。

Turrell）聲稱維瓦特斯蘭地下金礦的死亡率為千分之四，還高於金伯利礦，尤其是在開採轉入地下這段期間，但是在十九世紀的最後十年，金伯利礦的死亡率穩定維持在大約千分之六，這個數字是當時英國可以接受的上限的兩倍。[35]最近一項針對十九世紀末死於金伯利的礦工骨骸的研究顯示，這些人生前因不健康環境而受苦，鑽石礦的工作導致脊椎損傷及骨折；在圈舍中因飲食受限及衛生不佳而罹患壞血病及肺結核；而顱骨骨折的高發生率顯示曾有人對他們使用過度的種族暴力。[36]

黑人工人現在多半都在地下採礦，白人不再在礦場監督，換成封閉圈舍制度的安檢，工人在圈舍必須接受定期「脫光搜身」的極具羞辱性待遇（圖60、61）。[37]

圖60　檢查是否有藏匿的鑽石，金伯利，約一八八四年。

圖61　檢查是否有藏匿的鑽石，金伯利，約一八八四年。

對於非技術白人工人的需求消失了，而隨著共享工作者幾乎消失，也出現了一個貧窮又失業的白人階級。[38]但是對於迅速變得一觸即發的局勢而言，這一發展只是其中一個因素而已。薪資降低以及防止偷竊的新搜檢制度的實施，都讓白人下層階級的待遇愈來愈和黑人工人的沒有兩樣，因此這兩項措施引發了抗議，白人礦工在一八八三年採取了罷工行動。動盪雖因這些措施而起，但也與白人礦工喪失地位脫不了關係，許多白人曾是掘鑽者、權利地持有者，現在卻成了雇工，從某些方面來說，受到的待遇和黑人同行一樣惡劣，這令許多人難以接受，因為社會中的殖民和種族主義觀念仍是如此根深蒂固。[39]礦業公司很快談妥了條件，部分原因也是擔憂非洲礦工會返回原居地，因此礦業公司在一週內同意調整新的搜檢制度，但由於天花疫情爆發、工資進一步削減，以及力圖重新落實嚴格的搜檢制度，在一八八四年爆發了第二次罷工。[40]

一八八四年的罷工並未帶給勞動者任何正面進展，更令人對白人與黑人勞工之間的關係產生了疑問。白人罷工領袖清楚表示他們沒有興趣代表黑人礦工，更拒絕站在「一群黑鬼的前頭，打算砸爛雇主的財產」。[41]但羅德斯仍提前看到了勞工團結可能會傷害他的帝國大計，並告訴好望角議會他對這場罷工的看法，他「希望再也不要在殖民地看到，白人在當地人支持下與白人鬥爭」。[42]黑人礦工群體比白人工人的數量要大得多，約占總人數的百分之八十五，因此，在暴力結束了這場罷工之後，礦業公司不意外地便集中精力控制黑人礦工，在一八八五年建立了封閉圈舍制度。兩年後，戴比爾斯和金伯利中央鑽石開採公司更提出為白人工人建立圈舍的想法，不過此一想法從未被真正考慮。[43]除了黑人工人和一小部分的白人礦工和監工被迫住在圈舍外，戴比爾斯也跟政府達成使用囚犯勞工的交易。金伯利的監獄是人數最多的殖民地監獄，在一八八〇年代平均每天關押六百五十八名犯人。這個監獄被改為戴比爾斯的囚犯分站，公司向殖民政府支付每個受雇於鑽石礦場的囚犯薪水，進而導致其他地方的囚犯也被轉送到金伯利。這是另一支戴比爾斯可以隨意使喚的勞動隊伍，賈德納．威廉斯曾說他們隨時都有囚犯勞力可用，偷竊和逃跑也變得更好處理，因為對囚犯可以開槍。[44]

戴比爾斯聯合礦業的國際勢力

一八八五年，開普殖民地的鑽石開採作業陷入某種危機狀態，許多公司遭遇財務困難，彼此的競爭也更白熱化。生產規模擴大，但成本也持續攀升，導致那些礦業資本家代表在一八八四年開普殖民地議會選舉中慘遭擊敗。羅德斯是少數沒有敗選的人，成功保住了在議會的席位，因為他的戴比爾斯也是少數業務收支平衡良好的公司，因為羅德斯善於將勞動成本保持在低於競爭對手。戴比爾斯的開採深度不像其他公司那麼深，而且羅德斯經常無視安全限制規定，比如一八八八年七月十一日，戴比爾斯礦的一個豎井失火，在地下工作的二十四名白人及一百七十八名黑人礦工慘遭祝融吞噬，另有五百多名礦工獲救。[45]《每日電訊報》（*Daily Telegraph*）報導：「恐有五百人罹難，包括經理林賽先生及其他許多白人。」[46]這篇文章哀悼「一些我們的同伴」在這場「全世界競相參與的可怕財富競賽」中不幸罹難，[47]然而卻隻字不提在同一場意外中罹難的一百七十八名黑人礦工的命運。

這類意外並未傷及羅德斯，生意和政治方面都做得風生水起，在政治方面的斬獲讓他得以在礦場與競爭者一較高下。事實證明，羅德斯是那個有能力將不同礦業公司合併的人，但是將金伯利、戴比爾斯、杜托伊茲潘和布爾特泉這四座鑽石礦合併以便解決勞動力和資本問題的想法，其實並不新鮮——羅斯柴爾德在一八八三年就已在杜托伊茲潘礦研究過這一選項；一八八五年波斯諾的聯合鑽石礦業公司（Unified Diamond Mines Company）則是嘗試失敗的案例。[48]當合併計畫進入部署階段，戴比爾斯控制了戴比爾斯礦，而金伯利中央鑽石開採公司則幾乎擁有整個金伯利礦。一八八七年，羅德斯採取了重大行動，買下了法國開普鑽石礦公司，這是巴爾納托兄弟公司位於金伯利礦的金伯利中央鑽石開採公司僅存的競爭對手。羅德斯的戴比爾斯與巴爾納托控制的金伯利中央鑽石開採公司展開了角力，最後羅德斯將法國開普鑽石礦公司賣給了金伯利中央鑽石開採公司，換得了三十萬英鎊以及價值三十五萬六千英鎊的金伯利中央鑽石開採公司的股份，羅德斯得以成功進入金伯利礦及金伯利中央鑽石開採公司。這開啟了雙方全力收購股份的過程，在巴爾納托終於同意出售自己的股份後，羅德斯取得了金伯利中央鑽石開採公司的主導股權，而巴爾納托則獲得了新公司的終身董事職位。

為了控制金伯利及戴比爾斯，新公司戴比爾斯聯合礦業（De Beers Consolidated Mines，DBCM）於一八八八年三月在金伯利鎮成立，在倫敦和金伯利鎮設有董事會。幾個金伯利中央鑽石開採公司的人，包括董事長在內，反對合併並試圖透過訴訟方式阻止，但無濟於事。抵抗行為到了一八八八年十月告一段落，戴比爾斯聯合礦業買下了金伯利礦。[49] 雖然人們普遍認為巴爾納托輸給了羅德斯，但是在財務上，巴爾納托和金伯利中央鑽石開採公司的持股人得到了更好的交易。直到一八九七年在海上神祕身亡為止，巴爾納托持續參與戴比爾斯聯合礦業，並獲得了可觀的利潤。[50] 羅德斯確實得到了他想要的控制權，他夢想以鑽石壟斷為基礎建構一個帝國主義企畫，將英國的政治和經濟控制範圍擴張到非洲大陸，在他的心裡，這一帝國霸業的資金來源是羅斯柴爾德的資本以及來自南非鑽石的收入。當然了，羅德斯自己也是個主要的政治行動者，他在一八九〇年至一八九六年間擔任了開普殖民地的總理。[51]

儘管金伯利和戴比爾斯兩家公司成功合併，但戴比爾斯擁有若干權利地的杜托伊茲潘和布爾特泉則仍屬於倫敦及南非探勘公司。河流鑽石礦的開採持續，但產量不豐，儘管如此，價格下滑仍促使如今已當上總理的羅德斯實現他完全控制南非鑽石礦藏的企圖。透過巴爾納托兄弟在當地礦業公司所持有的權益，戴比爾斯聯合礦業對位於奧蘭治自由邦的傑格斯泉及咖啡泉礦擁有某程度的影響力，[52] 雖然這些礦不包括在金伯利的合併案中，但金伯利和戴比爾斯兩家礦業公司全力收購掘鑽者在傑格斯泉的權利地，並在一八八九年合併成為新傑格斯泉礦業及探勘公司（New Jagersfontein Mining and Exploration）。[53] 一八九〇年，具威脅性的威索頓礦（Wesselton，即普米耶〔Premier〕）被發現，很快吸引了羅德斯的目光，他迅速採取行動，並在一八九一年將該礦納入他的商業帝國。[54] 一八九八年，拜大量借款之賜（包括從倫敦羅斯柴爾德銀行借的一百萬英鎊），戴比爾斯終於買下了倫敦及南非探勘公司的土地業權。[55]

羅德斯在一八八七年聘用了賈德納．威廉斯，他一直為羅斯柴爾德支持的探勘公司（Exploration Company）工作，這是家從事金礦開採的企業，而賈德納．威廉斯被任命為戴比爾斯的總經理。[56]在賈德納．威廉斯的督導下，金伯利的基礎設施大幅改善，戴比爾斯擁有的四座礦也通過鐵路串連。整個金伯利周遭地區搖身一變為工業城，有彼此連接的礦坑、豎井、暴露在惡劣天候下長達六個月的含鑽藍色土壤，以及被圍籬隔絕起來的圈舍。[57]這個城市的人口在一九〇五年達到了二十萬人，而金伯利礦的開採深度也到達九百一十四公尺深。賈德納．威廉斯督導了幾項技術改良計畫，例如一個粉碎硬土的工廠和使分揀自動化的「油脂」工作檯，這些技術改良都讓處理的負荷量大幅增加，但機械化並未減少勞動力，勞動人口在一八九〇年至一九一四年間增加了兩倍。那一年，平均每天有一萬一千三百七十七名勞動者在戴比爾斯企業的地下和地面進行作業，其中百分之八十是黑人。

三十人一組進行地下鑽探仍是其中最困難的任務，但總體而言，死亡率隨著時間推移而下降。勞動力依然是以短期合約為基礎的方式組織起來，替換率高，而且是建立在季節性遷移的基礎上，這十分適合鑽石產業的需求，因為礦場有時會因世界市場的價格波動而需要暫時關閉，正如一八九〇年杜托伊茲潘和布爾特泉發生的情形。[58]封閉圈舍的嚴酷生活環境、任意懲罰及黑人工人的低薪待遇引發了罷工，而罷工則經常遭到暴力鎮壓，[59]然而，圈舍制度並沒有消除從距離金伯利鎮極遠地方的社區吸納勞動力的趨勢。一項針對一八九七年至一九〇〇年間在金伯利鎮去世的勞動者遺骸的考古研究證實，這裡的黑人勞動力大量倚賴來自南非偏遠地區的移民，而當地的格里夸人、可拉人和瑟拉平人這時則設法遠離礦場，以向採礦市鎮販售木材和食物的方式來獲得收入。[60]總部位於蘇格蘭東北丹地市（Dundee）的《晚間電訊報》（*Evening Telegraph*）曾在一九〇〇年發表了一篇關於金伯利鑽石礦的長文，並以一段關於「當地人」參與的生動文字作結：

在鑽石礦工作的黑人來自南非和東非的許多部落，他們被監管，遠超過父親般的關懷……當他們來找工作，他們必須簽約，答應至少待滿六個月，在這段期間他們不能走出這些圍牆。他們被關在稱為圈舍的地方，在裡面他們可以買到所有需要的東西，或至少是所有對他們有好處的東西。戴比爾斯會負責這點，因為戴比爾斯是商人。圈舍是個引發惱人爭論的話題，所以我就不再多說了。[61]

事實上，在十九世紀邁入二十世紀期間，不難在英國報紙上找到為圈舍制度辯護的文章。《每日電訊報》就曾刊出過一篇目擊者報導，該目擊者說：「在金伯利組織起來的那種圈舍制度，結合了自由的所有特權（除了喝醉酒以外）與毋須負責的情況，這是對奴隸的一種補償。」[62]使用「奴隸」一詞格外能說明真相，因為奴隸制在當時已經廢除，但即使是圈舍制度的辯護者似乎也明白這種制度是在提倡某種形式的奴隸制——而他們看不出這有什麼害處。《泰晤士報》刊出的一篇報導指出，有好幾個活躍的組織積極反對圈舍制度，因為報導的作者決定撰文來反對一本由「倫敦勞動聯盟之一」發行的小冊子——這本小冊子譴責圈舍制度，因為圈舍中的黑人工人受到鞭打、薪資偏低，並且遭到監禁。[63]

儘管存在著一些反對圈舍制度的聲音，但幾乎所有報導該制度的報紙均支持一個殖民、虐待及種族主義的制度，並聲稱這是件好事。[64]金伯利鎮的圈舍制度成為其他英屬非洲殖民地的礦業公司的參考範例，為了在自己的礦場實施這一制度，他們還派遣觀察員到戴比爾斯。在戴比爾斯的示範下，維瓦特斯蘭和羅德西亞（Rhodesia）也實施了圈舍制度，一九〇四年時有六萬名來自中國的契約工被安置在位於蘭德（Rand）的封閉圈舍中。六年後，中國勞工離開，蘭德的封閉圈舍又住進了二十萬名黑人勞工。[65]一九二三年，一項新的《原住民法》（*Natives Act*）強制各市政當局將黑人移工安置在特定區域，最好是安置在被稱為居住所（hostel）的獨立建築中。[66]那時，戴比爾斯也已經採取多項措施以確保沒有人可以偷偷進入鑽石礦，包括安裝探照燈在夜間照亮礦坑，並在周圍豎立起帶刺的鐵絲網圍籬，這些圍籬有開口，可以從這裡將含有鑽石的藍色土壤送出去（圖62）。[67]這些鑽石礦透過隧道和地下通道直接與一些圈舍相連，這意味著工人從一個封閉的環境被送到另一個封閉的環境中（圖63顯示了其中一個有連通道的圈舍）。

整個二十世紀都缺乏批判圈舍制度的聲音。一九三二年二月，《倫敦畫報》（*London Illustrated News*）刊登了一篇跨頁的圖文報導，除了採取安全措施的照片之外，還有許多顯示礦工十分快樂（根據搭配的文字說明）的畫面，照片拍到他們正在跳舞、散步、栽植玫瑰。其中一張照片尤其能夠說明所見景象及文字描述之間的落差：「儘管限制重重，生活仍無憂無慮：當地礦工對他們的住

圖62　鑽石礦周圍的鐵絲網圍籬，金伯利，一九三二年。

圖63　圈舍，金伯利，十九世紀末到二十世紀初。

所十分滿意，他們知道自己能賺到足夠買牛的錢，以便用牛來買妻子。」（圖64）[68]當絕大多數為白人的英國閱聽人讀到這個評論時，他們根本無從想像黑人勞工在當時是如何被看待，以及要掩飾黑人勞工被迫入住的那種可怕環境，又是多麼容易。

還有一件事也促成了圈舍制度的建立，那就是戴比爾斯聯合礦業到十九世紀末已經成功壟斷了非沖積帶的南非鑽石開採，該公司也控制了全球九成的鑽石生產。[69]隨著工業化開採結構在金伯利鎮逐步落實，羅德斯和戴比爾斯也將注意力轉移到如何將鑽石推向市場。從近代早期開始，鑽石貿易商就意識到一件事，那就是新產量大幅影響價格，所以控制供給是維持價格高昂的一個關鍵，也因此可見印歐與巴西的鑽石貿易在歷史的不同階段都曾遭到壟斷。在一八七〇年代，金伯利的原鑽貿易就已形成等級分明的結構：在金字塔的最上層是參與國際交易的商人，他們向歐洲出口鑽石並將資本帶進開普殖民地，這些人當中有幾個是大型礦業公司的合夥人；往下一級則是歐洲或開普殖民地大型企業的代理人；第三類是鑽石掮客，他們在買賣雙方的交易中擔任中間人。雖然對第三類人有一些規定，包括必須正式註冊，但是也有一些所謂的Kopje-walloper，即拒絕服從這些規定的掮客，他們選擇祕密從事這項生意。[70]

礦業公司的數目在一八八〇年代成長了，但犧牲了當地的貿易商和掮客，與倫敦的貿易也落入少數幾家公司手中，其中最重要的有：朱勒波惹公司（Jules Porges & Co.）、莫森索爾父子（A. Mosenthal & Sons）、安登鄧克爾斯布勒、巴爾納托兄弟、約瑟夫兄弟（Joseph Bros.）、路易斯與馬克斯、歐克斯兄弟（Ochs Bros.）以及朱勒潘姆公司（Julius Pam & Co.）。這「八大」公司中有半

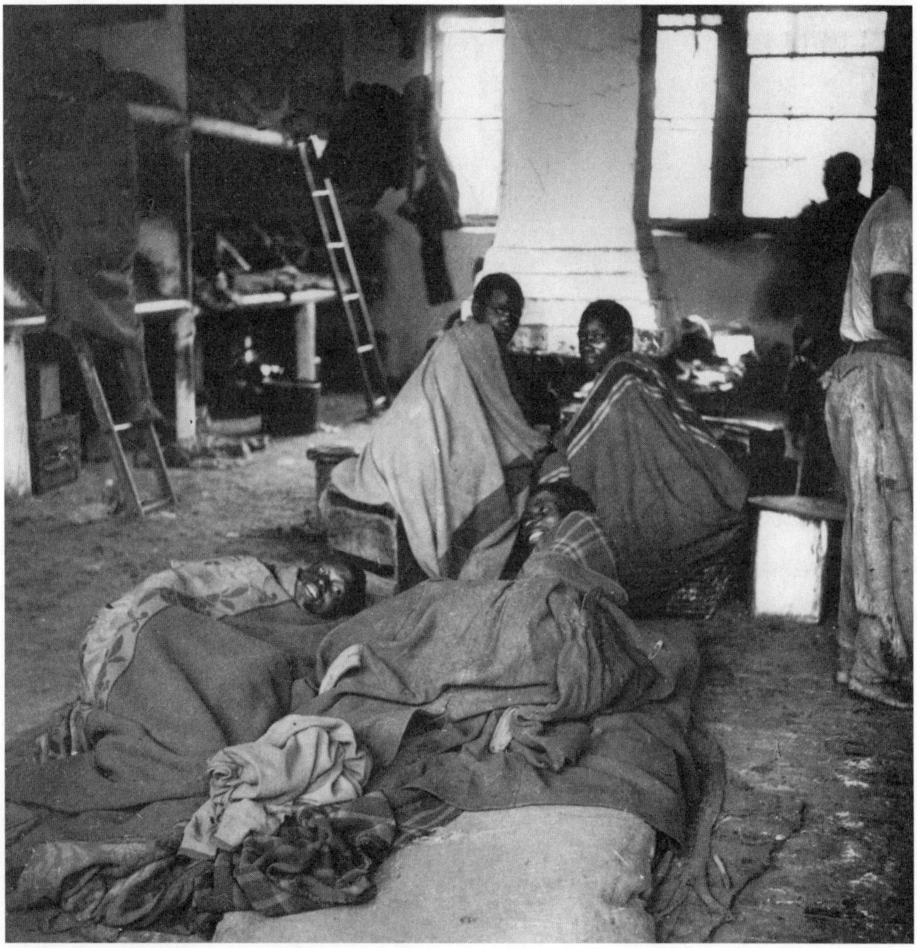

圖64　某個圈舍內部，金伯利，一九三二年。

數在發現南非鑽石前即活躍於鑽石貿易。莫森索爾、鄧克爾斯布勒企業跟薩羅門斯家族有關聯——這是個亞實基拿猶太人家族，成員落腳於阿姆斯特丹和倫敦，並自十八世紀起即參與鑽石貿易。[71]儘管戴比爾斯聯合礦業牢牢壟斷了鑽石的生產（多虧了一些金伯利和倫敦商人的資金投入，使其業務成長），但呼籲達成某種協議的聲音也日益強大，這種協議的目的是要讓那些購買戴比爾斯鑽石的人可以行動一致，以保護原鑽的價格。儘管戴比爾斯也會將產品出售給金伯利的小貿易商，但南非鑽石貿易已掌握在相對少數的幾家公司手中。[72]大部分向戴比爾斯購買原鑽的倫敦公司均持有戴比爾斯聯合礦業的股份，並在股票狂熱的時候就在金伯利建立了人脈，到了一八八九年底，該公司百分之六十的資本掌握在十八個商人手中，其中有幾位透過金融投資，推動了羅德斯的合併計畫。[73]

對於商業壟斷的想法導致了一八八九年一項協議的出現，其中規定戴比爾斯的鑽石礦應透過一個由四家公司組成的鑽石企業聯合會出售，這四家公司均位於倫敦，同時也是「八大」公司之一，它們是：沃爾納貝特公司（Wernher,Beit & Co）、安登鄧克爾斯布勒、莫森索爾父子公司，以及巴爾納托兄弟。[74]沃爾納貝特公司是朱勒波荛公司的繼承者，在合併期間也是羅德斯最親密的事業夥伴之一，曾借給戴比爾斯聯合礦業一大筆錢；[75]鄧克爾斯布勒曾被派到金伯利擔任莫森索爾家族的代理人，但一八七五年他在倫敦成立了自己的公司。這個企業聯合會的組成在接下來幾年裡發生了變化，新加入了六家公司，包括馬丁利連菲爾德公司及約瑟夫兄弟公司。但是第二年，這些公司大部分又從這個企業聯合會的組成名單上消失，在一八九二年至一九〇六年間，該企業聯合會是由最初的四家公司和約瑟夫兄弟組成。[76]一九〇九年，中央礦業及投資公司（Central Mining & Investment Corporation）加入了企業聯合會，這家公司是由沃爾納和貝特所成立，而到了第一次世界爆發前的一九一四年，這個企業聯合會的組成又恢復到原本的四名成員，再加上中央礦業及投資公司。[77]戴比爾斯聯合礦業的礦產大部分都賣給了這個企業聯合會，雖然有時基於清庫存的特殊目的也會賣給外面的貿易商——這些儲備庫是羅德斯祕密建立的。[78]儘管這個企業聯合會的成員在成立後的幾年裡出現了更迭，而且在倫敦的企業聯合會合作夥伴跟戴比爾斯聯合礦業的金伯利鑽石委員會（Kimberley Diamond Committee，為該公司的商業部門）之間簽訂的商業協議僅具臨時性質，但這一企業聯合會的創設仍意味著一個統一銷售程序的建立，這一程序被稱為「單一渠道銷售」。雖然這種手法在下半個世紀被進一步改良，但本質仍維持不變，單一銷售是開採壟斷的商業組成部分，單一銷售和開採壟斷均使得戴比爾斯幾乎完全控制了鑽石產業，並一直維持到二十世紀末。[79]單一銷售需要能夠平穩地從南非取得原鑽送到英國。在金伯利，從鑽石礦開採出來的鑽石根據重量及品質進行揀選及分類，然後進行估價；估價後，原鑽不是被放進儲備庫中就是送到倫敦，在那裡由企業聯合會成員轉售給鑽石交易商。這些參與的公司可以得到折扣，但是必須根據時有爭議性的估價買進，並且是批量形式。企業聯合會的公司接著會將購買的鑽石重新分類，然後在每週一次的「看貨會」賣給鑽石交易商，他們可以將鑽石拋光並鑲成珠寶，或是進一步出售。[80]

金伯利的其他買家逐漸被排除在這一程序外，雖然，由於清庫存的特別緣故，沒有跟這個企業聯合會建立關係的買家有時也被允許從戴比爾斯購買原鑽，但價格較高。在最初幾年，企業聯合會成員針對採購過程如何進行意見並不總是一致，生產商與買家經常針對估價問題爭吵不休，尤其當老礦的礦產總量衰退、鑽石品質下降時更是如此。針對利潤分配、儲備庫存進入市場，以及威索頓礦生產的低品質鑽石的訂價問題，羅德斯和該企業聯合會的意見也有分歧；此外，戴比爾斯的董事（一些董事同時也是企業聯合會的代表）之間也對於將利潤再投資該公司的比例、羅德斯與戴比爾斯對於開普殖民地經濟、基礎建設及金融事務的參與存在著不同意見。[81] 一九〇一年，與當時共有七名成員的企業聯合會簽署新合約時，雙方也達成了協議，[82] 新合約保證戴比爾斯可享有一定比例的轉售利潤，也引進了以六個月為期檢視鑽石估價的措施。[83] 一八九〇年至一九〇七年間，銷售總額成長了百分之一百四十。一九〇一年至一九〇九年間，銷售利潤的三百三十萬英鎊歸該企業聯合會、一百五十萬鎊歸戴比爾斯，企業聯合會每年售出的鑽石約五百萬克拉，幾乎就是世界市場上能買到的全部了。[84]

戴比爾斯在那些年的擴張與美國消費市場的發展有絕對的關係。一八九〇年至一九一〇年這二十年間，美國經濟表現良好，促使了包括奢侈品在內的消費提高。在歐洲，消費市場也同樣歷經了重大變化，奢侈品變得更容易取得，廣告的發展更刺激了成長中的工業資產階級的消費興趣。[85]

戴比爾斯日益占據支配地位、大眾新聞報刊的進一步發展，以及美國經濟的成功，這一切均促成了美國珠寶市場的建立。在歐洲，將佩戴珠寶視為女性專屬活動的趨勢從十七世紀就已經開始了，男性將訂婚戒指贈送給未婚妻的做法更令這股潮流達到頂峰。鑽石訂婚戒指的概念在傳統資產階級西方文化中已是如此根深蒂固，以至於幾乎難以想像它竟有個起源，可以追溯到一九〇〇年左右的英國伯明罕。[86]在十九、二十世紀之交，出現在美國報紙上的廣告；清楚顯示美國市場對鑽石需求的成長，以及鑽石被建構出的女性氣質。一八九八年十二月五日，以珠寶商哈里斯公司（R.

圖65　哈里斯公司廣告，「人民的珠寶商」，華盛頓特區，一八九八年。

Harris and Company）名義在華盛頓特區《晚星報》（*Evening Star*）刊出的一個廣告即說明了一切（圖65）。首先，該公司自稱是「人民的珠寶商」；[87]其次，它清楚推銷的是男性購買者與女性消費者的觀念，因為它把鑽石稱為「最精緻的珠寶，具有危險、潛伏的閃光，令人難以抗拒，能迷惑甚或擄走女人的心」。[88]這個廣告試圖吸引男性購買鑽石珠寶，因為它是「適合送給美國皇后——你心愛的人、你的妻子、你的女兒的禮物」。[89]

一九〇九年三月二十一日《舊金山晚聲報》（*San Francisco Sunday Call*）刊登的一篇文章，更明確地闡述了美國與南非之間發展中的鑽石經濟連結。這篇文章以這樣的觀察起頭：「人們似乎很難理解一九〇七年秋天席捲美國的商業蕭條竟然讓大量半文明的南非當地人失去了工作。」[90]作者聲稱一九〇七年的事件造成勞工數量從三萬六千人驟減至不到三千人。美國消費市場已變得如此重要，有百分之七十五的南非原鑽是賣到了美國。「在美國每年也許有一百萬個女孩訂婚，她們每個人都要求對方送上一枚鑽石訂婚戒指，因為這是她不可質疑的權利。」[91]這很大程度地解釋了經濟連結的脈絡。當然了，戴比爾斯也深知消費者對鑽石的興趣日益濃厚，該公司在當時控制了全世界百分之八十的鑽石產量。舉例來說，《紐約論壇報》（*New York Tribune*）在一九〇四年曾寫到，該公司將鑽石的價格抬高了五美分，因此「計畫買個鑽石當作聖誕節禮物的人現在都必須掏出更多錢」。[92]這篇文章繼續撰述，漲價不僅取悅了戴比爾斯的董事們，還會讓「好些歐洲貴族」感到高興。這份報紙引用了一位來自倫敦仕女巷（Maiden Lane）珠寶商的話，說明如何從被貧窮所迫的貴族變賣的飾品上拆下珠寶，並聲稱「在任何一個歌劇之夜，你都可以看到許多紐約女士脖子和手臂上戴著閃閃發亮的珠寶，這些珠寶也曾妝點過國王與帝王的宮廷」。[93]這種主要由白人消費者佩戴的奢華裝飾品，與對南非礦坑中艱苦勞作的黑人身體日益殘酷地實施全面控制的做法（正如圖66所顯示），形成了鮮明對比。這張圖片是二十世紀頭十年出版的某本書的內容，圖中可見在難得休息的時間裡，工人雙手被束縛，以防止偷竊行為發生。

二十世紀的來臨意味著一個決定性的轉變，歐洲與亞洲的消費市場從過去先後受到貴族及資產階級的菁英支配，轉變為開始關注美國中產階級的消費市場，這個變化相對突然但十分深刻。《紐約論壇報》

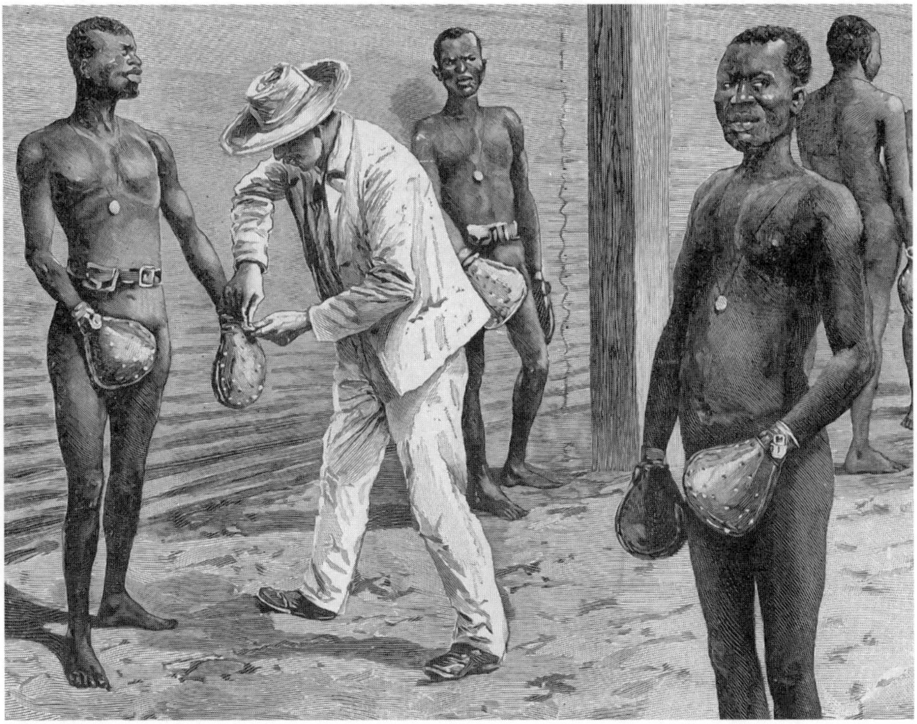

圖66　在休息時間將黑人工人的手綁住，開普殖民地，一九一〇年。

的那篇文章指出，四十年前，就在發現南非鑽石前，美國消費者在鑽石上的花費僅是他們在一九〇四年的二十分之一，[94]但文章卻隻字不提為了建立一個更有效率的開採環境而幾乎不考慮黑人工人的種種壓迫性做法，但黑人工人正是支撐鑽石消費巨大成長的必要支柱。

非洲威脅：壟斷的第一個挑戰

戴比爾斯及企業聯合會如今控制了全世界的鑽石供給，但他們預見不到的是，非洲尚未展現出所有的鑽石寶藏。一九〇三年，在一個位於川斯瓦、距離普利托利亞（Pretoria）約四十公里遠的地方發現了新的鑽石礦藏；在一年前，英國在第二次波爾戰爭贏得勝利後，川斯瓦已失去其獨立地位，並成為了英國的殖民地（圖36）。[95]就在這場衝突結束前，羅德斯去世了，享年四十八歲，他通常待在開普鎮，但為了迫使英國殖民軍隊突破波爾人對金伯利的圍困而前來此地。羅德斯的想法在他的時代就已經引起爭議，他在殖民擴張和帝國主義計畫留下的帝國遺緒，正如他參與南非種族隔離以及透過圈舍制度虐待非洲勞工一樣，直到今日仍備受爭議，[96]美國作家馬克．吐溫（Mark Twain）曾在一八九八年的一篇文章中寫到他：「坦白說，我欽佩他；當他的年歲已盡，我會買根繩子作紀念。」[97]

一九〇三年發現的礦藏被命名為普米耶礦（Premier，勿與威索頓礦混淆），事實證明是至今發現最大的金伯利岩管（圖67）。但它的所有者、出生於開普的湯瑪斯．庫里南（Thomas Cullinan）卻拒絕加入戴比爾斯和企業聯合會的集團，反而和川斯瓦的殖民政府達成了一項協議。川斯瓦法律規定僅八分之一的區域保留給所有者，其他地區則作為執照許可的公共開採區，由州政府進行管理，[98]這一安排只有在沖積帶礦區才對州政府有利，因為沖積帶礦區的礦產分布廣闊；而在礦坑開採的情況下，這種做法將最好的區域保留給所有者，州政府幾乎什麼也得不到。最後，川斯瓦政府為了設法不讓金礦被拿去償還因為兩次波爾戰爭而積欠的長期債務，不得不接受他們獲得百分之六十的利潤但沒有所有權的條件，促使普米耶鑽石開採公司（Premier Diamond Mining Company，Premier DMC）的誕生。一九〇五年一月，該礦場的一名黑人勞工在那裡發現了世界上最大

圖67　湯瑪斯．庫里南的普米耶礦，二〇一一年。

的原鑽，重達三千一百零六點七五克拉，被命名為「庫里南鑽石」（Cullinan Diamond）。一九○七年，路易斯．博塔（Louis Botha）被任命為川斯瓦自治殖民地的第一任總理，他曾在與英國的第二次戰爭中擔任波爾軍隊的指揮官，而為了表達他對皇室的感激與忠誠，他將庫里南鑽石送給了英皇愛德華七世（Edward VII），但這一決定在倫敦引起了一些爭議，有言論認為在送出這麼奢侈的禮物前，應先照顧好開普殖民地的英國臣民才是。[99]

當庫里南鑽石抵達倫敦時，仍需要進行切割。阿姆斯特丹切割產業被認為優於倫敦的切割產業，但將鑽石送到荷蘭首都進行切割的決定引發了倫敦切割匠的不滿，因為他們自認也能勝任這項工作。一位就這議題接受採訪的倫敦珠寶商表示，倫敦的切割產業技術精良，但專攻拋光和將小鑽石鑲在首飾上，鮮少真正切割鑽石。以倫敦的加拉德公司（Garrard firm）為例，該公司受雇切割光之山鑽石時也曾接受來自阿姆斯特丹的協助。[100]最後，庫里南鑽石被送到了阿姆斯特丹，由一群來自舉世知名的阿切爾公司（Asscher firm）的切割匠將這顆巨鑽分割為更小的鑽石。庫里南一號鑽和庫里南二號鑽現為英國王權珠寶的一部分，收藏於倫敦塔中（圖68）。[101]庫里南鑽石並不尋常，因為通常普米耶礦出產的鑽石都比戴比爾斯提供的更小、品質也較差，而當美國經濟在一九○七年秋天經歷蕭條時，普米耶鑽石開採公司也因這一品質上的差異而比戴比爾斯更有能力應對。[102]

普米耶鑽石開採公司的業務表現極佳，一九○八年時，該礦生產的鑽石克拉數比戴比爾斯礦多出了百分之四十（圖69），但普米耶鑽石開採公司並未選擇透過倫敦企業聯合會銷售，而是直接賣給阿姆斯特丹和安特衛普的商人和珠寶商，嚴重威脅了羅德斯精心設計的壟斷。戴比爾斯與企業聯合會無法說服庫里南和普米耶鑽石開採公司達成協議，於是，在巴爾納托兄弟公司旗下的關係企業遂開始全力收購市面上所有的普米耶礦股票。一九一七年，恩內斯特・歐本海默成為戴比爾斯的負責人，戴比爾斯聯合礦業成功取得了普米耶鑽石開採公司的控制股權，剩餘的股份也在一九七七年被全數收購。而直至一九九五年，普米耶礦仍是世界上產量排名前十大的鑽石礦之一（圖67）。[103]

普米耶礦不是唯一一家威脅到戴比爾斯壟斷地位的營運礦場。除了戴比爾斯雇用的探勘者，為自己幹活的冒險家也正在奧蘭治河流域尋找新的產鑽區域。早在一九〇〇年就曾有報紙指出在吉比昂（Gibeon）附近發現了富含鑽石的藍色土壤，該地區仍位於奧蘭治河流域，但部分屬於德屬西南非。[104]《泰晤士報》曾報導，由英國持股人主導的西南非鑽石公司

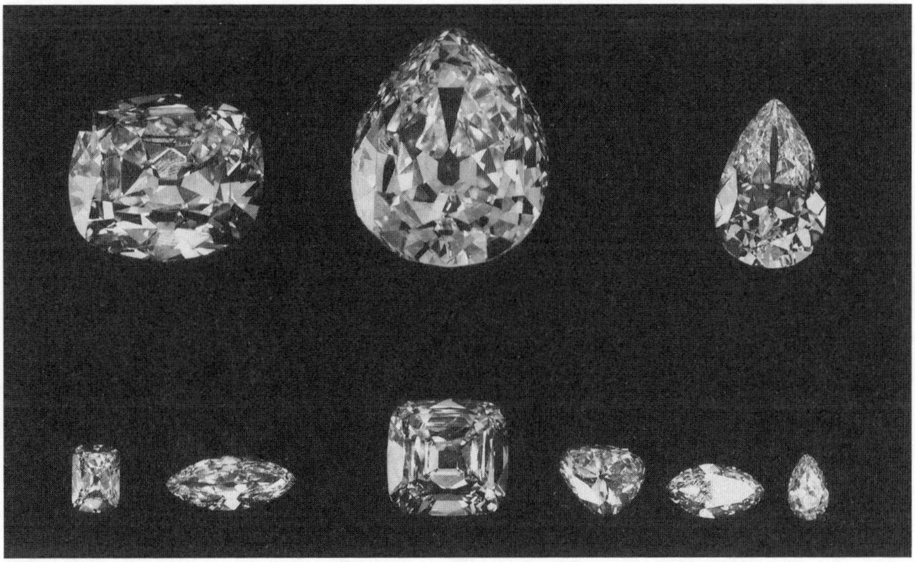

圖68　庫里南鑽石，一九〇八年至一九一一年。

（South West Africa Company，SWAC）與戴比爾斯達成了一項協議，[105]西南非鑽石公司取得德國殖民地的一項特許權，交換條件是建造一條連接史瓦科普蒙德（Swakopmund）②和歐塔維（Otavi）③的鐵路，因為該公司也對採礦活動感興趣。但與羅德斯和戴比爾斯的合作在德國遭到了反對，尤以德國殖民協會（Deutsche Kolonialgesellschaft，DKG）態度最為強烈。[106]一九〇六年，報導提到在卡普里維地帶（Caprive Strip）發現了藍土，而此地是德屬西南非的一部分，位於安哥拉以及北羅德西亞（今尚比亞〔Zambia〕）和南方的貝川納蘭（Bechuanaland，今波札那〔Botswana〕）之間。[107]

最後，一九〇八年時，一名黑人工人札克里亞斯．雷瓦拉（Zacharius Lewala）在德屬西南非發現了一座大型鑽石礦——這人從開普殖民地前往德屬西南非，為德國鐵路先驅奧古斯特．斯陶屈（August Stauch）工作（圖36）。[108]第二年，有人將發現鑽石礦的原址拍攝下來並在倫敦發表，文章中以印度的財富來比喻：「德國的鑽石沙；沙漠中的戈爾康達。」（圖70）。[110]德國宰相俾斯麥（Bismarck）在柏林舉行的剛果會議（Congo Conference）④中啟動了德國帝國主義大業後，斯陶屈也從一八八五年成立、位於柏林的德國殖民協會取得了探勘執照。[111]鑽石是在德國殖民協會所擁有的土地上發現的，發現鑽石後，斯陶屈和他的兩名合夥人迅速啟程南下，前往一個叫作波莫納（Pomona）的地區，此舉引發的鑽石熱潮很快獲得戴比爾斯的極大關注。[112]根據報導，一九〇八年十一月，向南非商人銷售的鑽石總額達到了七千五百英鎊。根據《金融時報》（*Financial Times*）報導，這些產鑽區域不向一般大眾開放，必須取得執照才能進行開採活動，而這些執照只出售給幾家公司，為期五十年。幸運的開採者包括了斯陶屈、寇曼斯可夫鑽石探勘及礦產公司（Colmanskopf Diamond Prospecting and Mines Company），以及住在納米比亞西南部呂德里茲（Lüderitz）的兩名德國人。[113] 此外，德國殖民辦公室亦指示德屬西南非總督推行鑽石強制登記制及徵收出口關稅，鑽石貿易於是成為一項特許事業，在殖民地發現新鑽石產區的探勘者皆有義務向文德霍克（Windhoek）首府報告其發現。與此同時，政府也與感興趣的各方，包括柏林貿易銀行（Berliner Handelsgesellschaft）及達姆斯達特銀行（Darmstadter Bank）進行協商，以便建立一家負責管理的礦業公司。[114]

② 編按：由德國人於一八九二年建立的港口城市，位於納米比亞西部。
③ 編按：位於納米比亞中部的小鎮。
④ 編按：又稱柏林會議，於一八八四年至一八八五年舉行，會議促成了歐洲列強殖民活動加劇，消除或推翻了大多數已存在的非洲自治形式。

	戴比爾斯	普米耶（川斯瓦）	德屬西南非	全世界	戴比爾斯占比%	世界產量年成長率%
1902	2,025,132			2,025,132	100	0
1903	2,205,652	99,208		2,304,860	95.7	14
1904	2,060,017	749,635		2,809,652	73	22
1905	1,953,255	845,652		2,798,907	69.8	0
1906	1,936,788	899,746		2,839,534	68.3	1
1907	2,061,973	1,899,986		3,961,959	52	40
1908	1,473,272	2,078,825	2,083	3,554,180	41.5	-10
1909			495,536	495,536		
1910			891,307	891,307		
1911	2,514,688	1,774,206	816,296	5,105,190	49.3	
1912	2,432,027	1,992,474	1,003,265	5,427,766	44.8	6
1913	2,656,866	2,107,983	1,284,727	6,049,576	43.9	11

圖69　全球鑽石產量，以克拉為單位，一九〇二年至一九一三年。[109]

GERMANY'S DIAMOND-STUDDED SANDS: A GOLCONDA IN A DESERT.

A MOST romantic and remarkable discovery of diamonds has recently been made in German South-West Africa, some ten miles or so inland from the town of Luderitzbucht. The gems are found, not buried in the earth, but either on the surface of a sandy waste or some six inches below the surface; in a word, they can be picked up as pebbles can be picked up on the beach. The land that has thus become known as a Golconda is in itself singularly unattractive. It is a desert of sand and rock, in which there is no water and on which no rain falls. The diamonds are not large, but are of excellent lustre and purity, and weigh four or five to the carat. They are found in patches. Their value is between twenty-five shillings and thirty shillings a carat. The method of working, as described recently by a correspondent of the "Mail," is very simple: "A few spadefuls of small gravel, screened from the sand, are thrown into a hand-sieve, which is then gently shaken, with a circular motion, in a tin tub of water. Thus any diamonds present fall to the bottom of the sieve. The latter is then overturned on to a table and the diamonds picked out from what is now the surface of the contents." By this process more than a thousand carats of diamonds are being collected daily. It is believed that, although the Damaraland diamond-fields will produce many small diamonds for years to come, it is not likely to yield stones over one carat in size. Various theories were propounded to explain the unusual phenomenon of diamonds lying about on the surface of the ground. Some thought there must be what is called in diamond-mining phraseology a "pipe" in the neighbourhood, possibly under the sea, and that the winds had blown the stones along till they rested on the slopes of hills. This view, however, has been contradicted by Mr. M. E. Frames, of Johannesburg, the well-known expert in economic geology. He says that, when, long ago, the land was under water, these diamonds lay in fissures in the bed of the ocean. As the land slowly rose, strong currents in the shallow water over it swept the diamonds towards the shore, and in the passage of time the land appeared altogether above the sea, with the diamonds on its surface.

1. THE GERMAN COLONIAL SECRETARY LOOKING FOR ROUGH GEMS: HERR DERNBURG SEARCHING THE SANDS OF DAMARALAND FOR DIAMONDS.
2. WORTH ITS WEIGHT IN DIAMONDS: THE ONLY HOTEL ON THE NEW GERMAN DIAMOND-FIELDS IN SOUTH-WEST AFRICA.
3. WHERE THE FIRST DIAMOND WAS FOUND IN GERMANY'S GEM-STUDDED SANDS: THE SCENE OF THE FINDS NEAR KOLMANSKOOP.
4. A NATIVE BOY SORTING DIAMONDS.
5. WEALTH IN A SIEVE: SIFTING DIAMOND-YIELDING SAND AND GRAVEL.
6. WORKERS IN GERMANY'S GOLCONDA: DIAMOND-WASHING.

圖70　在德屬西南非發現鑽石，一九〇九年。

最後，德國人決定把沙漠中的戈爾康達，交給由殖民協會和德國政府代表組成的西南非保護區鑽石管理局（Diamanten-Regie des Südwestafrikanischen Schutzgebietes）負責管理。[115]這個管理局負責銷售特許權持有者、保護區管理局或德國殖民協會自己開採的德國鑽石。就採礦而言，問題在於德國殖民地內的幾個地區已經交由一些公司特許經營，其中幾家是外國公司，而特許協議的條款通常包含了採礦權利，因此當一個地區正在探勘但尚未真正發現任何鑽石時，採礦權利很容易就這樣讓渡給公司。此外，在發現鑽石後，斯陶屈等人以及寇曼斯可夫等公司也獲得了沿海地區的採礦權。儘管殖民政府尊重這些安排，但德國殖民協會獲得了管制區（Sperrgebiet）的開採權，成為唯一得以在這地區進行開採活動的公司，其名稱為德國鑽石協會（Deutsche Diamanten Gesellschaft，圖71）。[116]一個大問題是，礦藏最豐富的鑽石礦位於一個叫作波莫納的地區，它就正好坐落於這個管制區內。波莫納的開採特許權已經給了一家在開普敦的巴斯史賓塞公司（De Pass, Spence & Co.），這家公司與德國殖民政府達成協議後，於一八八六年獲得了永久採礦權。[117]一九〇九年，巴斯史賓塞公司決定將鑽石開採權賣給波莫納礦業公司（Pomona Minging Company，PMC），雙方為此簽署的協議中，波莫納礦業公司獲得他們開採鑽石的金融價值的百分之四十二點六七，西南非保護區鑽石管理局以稅賦及費用的形式獲得了百分之四十八點三三，巴斯史賓塞公司則獲得了百分之九。[118]

西南非保護區鑽石管理局希望取得巴斯史賓塞公司的開採權，一場法律戰隨後開打，該局的主張之一是巴斯史賓塞公司只擁有銀和鉛，但沒有鑽石的開採權。西南非保護區鑽石管理局施壓巴斯史賓塞公司達成一項協議，儘管這家位於開普敦的公司也敦促英國政府代表他們介入。一九一〇年，當協議即將達成時，個人探勘者針對他們將從西南非保護區鑽石管理局得到百分之十五的獲利以交換挖掘出來的原鑽一事，表達了關切。一九一二年，協議終於達成，巴斯史賓塞公司獲得波莫納生產總值的百分之八，波莫納如今已透過波莫納礦業公司牢牢掌握在德國人手中。因為探勘者接受了西南非保護區鑽石管理局給他們分潤比例，所以西南非保護區鑽石管理局如今也控制了該地區整個鑽石開採產業。英國公司及投資人仍垂涎德國殖民地生產的鑽石，但一般而言只能以德國投資人的合夥者角色活躍在該行業。[119]

德國殖民地的鑽石產量很快就升高

圖71　沙漠中的鑽石，一張德屬西南非的明信片，一九一〇年。

到引起戴比爾斯的注意。一九〇九年，新當選的戴比爾斯董事會主席法蘭西斯．奧茲（Francis Oats）在柏林與德國殖民大臣會面，商討在開採過程中合作的可能性。根據《金融時報》報導，謠傳奧茲的任務是想建立一個「鑽石托拉斯」（diamond trust），這將讓德國的鑽石產量與戴比爾斯的單一銷售渠道並駕齊驅，這當然是個誤解，但英國人的心裡肯定一直考慮著這種可能性。[120] 一九一一年，戴比爾斯控制的世界鑽石產量占比還不到一半（圖69），與此同時，德屬西南非的鑽石產量穩定成長，一九一一年挖掘出的沖積帶鑽石為八十一萬六千兩百九十六克拉，約是戴比爾斯當年產量的三分之一；兩年後，產量已上升至一百二十八萬四千七百二十七拉，幾乎是透過戴比爾斯生產的南非鑽石產量的一半。[121] 德國沒有鑽石切割產業，要控制德國鑽石的銷售，西南非保護區鑽石管理局就必須尋找有經驗的國際合作夥伴，如果不設法搞定一套能與戴比爾斯及企業聯合會競爭的良好銷售機制，光是在德國建立龐大的原鑽庫存也毫無用處。倫敦以外的鑽石商認定這是挑戰單一銷售制的絕佳機會，不久後，西南非保護區鑽石管理局就與安特衛普一家重要的貿易商公司安特衛普鑽石聯合會（Syndicat Anversois des Diamants）達成協議，而這個聯合會是由該市最重要的兩名鑽石貿易商：路易．克特曼斯（Louis Coetermans）及雅克．克里恩（Jacques Krijn）所有。[122]

安特衛普當時是歐洲第二大鑽石切割中心，僅次於阿姆斯特丹，許多十九世紀期間適用於阿姆斯特丹的做法，也同樣適用於切割產業與猶太人口都少得多的安特衛普。為了維護鑽石工人的利益，兩個城市都在一八九四年成立了鑽石工人工會，而安特衛普鑽石產業在那年擁有兩千五百座鑽石拋光檯，約是阿姆斯特丹的三分之一。[123] 約在世紀之交，這個比利時城市開始趕上了阿姆斯特丹——逃離東歐大屠殺的猶太人來到了安特衛普，可以部分解釋這個城市再次成功的原因。德國在非洲殖民地開採的鑽石抵達歐洲後，進口數量升高，而這一原因創造出得以應付鑽石進口數量升高的勞動力。一八九七年，安特衛普的切割產業仰賴的猶太工人是四百名，但一九一四年數目已增加至一千名，占整個產業勞動力的百分之十五。[124]進口自德屬西南非的鑽石數量變得如此龐大，安特衛普加上阿姆斯特丹的既有工廠也難以消化，這讓位於安特衛普附近一個信奉天主教的農村坎潘（Kempen）發展出邊遠產業（圖72）。[125]一九一三年，有六千七百位鑽石工人在一百七十個工廠內從事低薪勞動，這些工廠多半是小型工廠，也缺乏組織。[126]到了一九一四年第一次世界大戰爆發時，安特衛普已經在貿易量及鑽石工人數量方面擊敗了阿姆斯特丹。[127]

圖72　查瑞爾羅文斯（Charel Roevens）及密特尼卡西（Mit Nicasi）兩家鑽石工廠，奈倫（Nijlen），一九三八年。

即使德國殖民地生產的鑽石大大提升了安特衛普的鑽石中心地位，但因戴比爾斯仍在找尋方法以控制德屬西南非開採出來的鑽石，安特衛普鑽石聯合會的商業安排也未能長久持續。除此之外，德國人正在法蘭克福附近的伊達爾—奧伯斯坦和哈瑙（Hanau）發展自己的鑽石切割產業。一個由恩內斯特．歐本海默及賈德納．威廉斯的兒子兼接班人艾爾弗斯．威廉斯（Alpheus Williams）領導的團隊，親自前往波莫納了解情況。回程後，他們編纂了一份針對德屬西南非鑽石礦的報告，專供戴比爾斯的董事們參考，[128] 同時艾爾弗斯．威廉斯及恩內斯特．歐本海默也下了結論，認為很難對活躍於德屬西南非沖積帶鑽石開採業務的那些公司施壓，要求他們接受產量限制。控制沖積帶鑽石開採的難度高很多，德國殖民地對此給予相對自由的空間，加劇了戴比爾斯在南非面對的類似難題——在南非瓦爾河附近的河床，不受控制的沖積帶開採活動雇用了多達七千至八千名黑人工人。[129]

為了解決這些問題，一九一四年召開了兩次會議。在約翰尼斯堡（Johannesburg），戴比爾斯的董事會成員與管理普米耶礦和咖啡泉礦的獨立公司的董事們交換了意見，雖然他們沒能成功地完全統一戰略，但那一年稍晚他們確實在倫敦再次碰面，與西南非保護區鑽石管理局和企業聯合會協商。參與協商者談妥了投放到市場上的固定鑽石數量，每個生產商均分配到一定份額。[130] 銷售本身仍限縮於單一銷售渠道，因為這是戴比爾斯及舊的企業聯合會所發展出來的方式，意味著會為有興趣購買原鑽的鑽石交易商舉行「看貨會」。儘管與會各方均接受這點，不過這項協議從未真正上路，因為就在協議達成後不久，第一次世界大戰爆發了，但這個協議仍是一幅戰後鑽石產業發展的藍圖。[131]不過這個安排不包括金伯利大坑的產量——世界上第一個發現的金伯利岩管，因為它在一九一四年就已關閉。到今天，金伯利大坑成為許多觀光客喜愛造訪的熱門景點（圖73）。

圖73　金伯利大坑，二〇〇七年。

兩次世界大戰之間的挑戰

世界大戰令幾個在南非工作的德國鑽石商與其他人疏遠，金伯利市長恩內斯特・歐本海默更是如此。一九一五年五月，一切都改變了：一艘德國潛艇擊沉皇家郵輪盧西塔尼亞號（RMS Lusitania），近一千兩百名旅客及船上的工作人員因此喪生。許多地方均爆發了反德爆亂，包括約翰尼斯堡和金伯利。恩內斯特・歐本海默除了辭職離開別無選擇，但金伯利跟恩內斯特・歐本海默的緣分尚未了結。

他回到倫敦後，對非洲黃金產生了興趣。一九一七年，在美國銀行家約翰・摩根（John P. Morgan）的資助下，恩內斯特・歐本海默成立了英美資源集團。該公司是家金礦開採企業，總部設於約翰尼斯堡的東蘭德（East Rand）金礦附近。儘管開採事業十分成功，但恩內斯特・歐本海默始終未忘情鑽石，而那場讓他被逐出金伯利的世界大戰結束，提供了一個新的機會。德屬西南非如今落入英屬南非的監管中，直到一九九〇年納米比亞宣布獨立。由於英國的控制所帶來的未來不確定性，德國的礦業公司出售意願極高，然而戴比爾斯似乎非常有把握德國人不想出售而未插手，所以當歐本海默家族的英美資源集團在一九一九年以三百五十萬英鎊的代價抱走大獎時，戴比爾斯簡直驚慌失措。隨後，一家新成立的公司——西南非聯合鑽石礦產（Consolidated Diamond Mines of South West Africa，CDM）負責開採活動，而與鄧克爾斯布勒有直接聯繫的企業聯合會則同意買下西南非聯合鑽石礦產開採出來的礦產。恩內斯特・歐本海默重新回到了鑽石買賣事業。[132]戰爭導致鑽石價格上揚，而在戰爭期間僅透過倫敦分銷鑽石的成功策略，則大大鞏固了戴比爾斯和企業聯合會的地位，一九一九年時，戴比爾斯集團共有五名成員：路德維克布萊特梅耶公司（Ludwig Breitmeyer & Co.）、巴爾納托兄弟公司、鄧克爾斯布勒公司（Dunkelsbühler & Co）、莫森索爾父子公司，以及中央礦業及投資公司（前身為沃爾納貝特公司）。[133]

美國是世界上最重要的鑽石消費市場，戰爭頭幾年，出口至美國的鑽石數量成長並於一九一六年達到高峰，但在接下來的兩年下滑，然而一九一九年，美國的鑽石進口總值達到了八千四百萬美元，直到一九五五年才再次達到此數額（大蕭條和第二次世界大戰均產生了深刻影響）。然而，第一次世界大戰後的這段時期，事實上是確保市場穩定及高價的好時機，因為也是在一九一九年，南非鑽石生產商、企業聯合會及南非聯邦（Union of South Africa）達成一項非正式協定，後來稱為《普利托利亞協定》（*Convention of Pretoria*）。協定指出，非沖積帶鑽石生產商同意受到一九一四年協議所啟發而得出的份額約束；企業聯合會同意每年將購買價值約一千三百萬英鎊的原鑽，其中百分之五十一由戴比爾斯供給；其他生產商則同意供給百分之十八（普米耶鑽石開採公司）、百分之十（新傑格斯泉礦業及探勘公司），以及百分之二十一（恩內斯特・歐本海默的西南非聯合鑽石礦產）。[134]這一協定得到了南非聯邦及其礦業部的批准，而因為南非聯邦對鑽石的政策乃是依據一八九九年的《寶石法》（*Precious Stones Act*），凡是在該法上路後發現的鑽石礦藏，獲利的百分之六十應歸國家所有，因此壟斷南非鑽石對南非聯邦而言完全有利。[135]儘管鑽石生產商、企業聯合會和南非聯邦之間達成的這些協議帶來了和諧的氣氛，但情況很快就惡化了。

同樣是一九一九年，一位來自安特衛普的猶太－波蘭裔年輕人出版了一本關於鑽石切割的書，這本書極為重要，補充了在工業革命讓切割過程現代化的背景下出現的一系列技術創新。第一項創新為仰賴蒸氣動力來運作的機械式鑽石磨削機在十九世紀晚期發明，使得鑽石可以變得渾圓。磨削是將鑽石邊緣磨圓的工序，在此之前，要磨圓鑽石只能將兩顆鑽石彼此摩擦，但得到的形狀不是那麼完美。[136]第二項創新約出現於一九〇〇年，鋸切（sawing）的工序也進入了機械化階段。鋸切是個重要但十分費力的步驟，轉為機械化大幅縮短了預備進行鑽石切割所需的時間。[137]鑽石加工的第三項也是最明顯的一項改變，是改善明亮式切工，因為機械化磨削可以得到更圓的鑽石，使得現代的圓形明亮式切工得以實現。一個年輕的工程師馬叟．托考斯基（Marcel Tolkowsky）研究了這個切割方式的關鍵，希望在科學標準的基礎上找到完美的切割方式，可讓光線在鑽石內產生最大的反射。托考斯基出生於一八九九年，是猶太家庭後裔，他們在十九世紀初從波蘭移居至比利時，並開始活躍於鑽石產業。之後，托考斯基前往倫敦大學就讀，在大學時寫了一篇關於鑽石研磨和拋光的博士論文，雖然他到一九二〇年才被正式授予工程領域的博士學位，但他完成論文的時間更早；一九一九年他就已經取得一項新鑽石夾專利，這項工具的用途是固定住需要研磨或拋光的寶石。[138]同年，他出版了一本關於鑽石設計的書，是他博士論文的延伸，他在論文中運用代數、三角函數、幾何學和光學來研究完美的明亮式切工，以得到理想的形狀。[139]如今，人們公認托考斯基是現代明亮式，或圓形明亮式切工之父，這種方式切割出來的鑽石有五十七個刻面，如果包括底面，即鑽石底部的尖頭，就是五十八個刻面（圖17）。[140]

現代明亮式切工直到今天仍是最受歡迎的切工方式，但發明家仍不放棄尋找具有更多刻面的新切工設計，例如在二〇〇四年，美國專利局（U.S. Patent Office）就批准了一項有一百一十六或一百二十二個刻面的切工專利。[141]對明亮式切工的研究仍持續進行，而托考斯基家族也持續參與鑽石產業。[142]托考斯基的姪子加百列（Gabriel），或稱「加比」（Gabi），出生於一九三九年，是世界上最知名的鑽石切割匠之一，一九八八年，戴比爾斯請求他切割普米耶礦（圖67）發現的「世紀之鑽」（Centenary Diamond）。這顆鑽石後來被切割為重達兩百七十三點八五克拉、擁有兩百四十七個刻面的心形鑽石，仍是世界上最大、採取現代切工的無色鑽石。[143]而早在此前，就在一九四〇年德國入侵比利時後，托考斯基就已經移居紐約，並於一九九一年在當地過世。[144]這種新的切工很快被稱為美國標準式（American Standard）或美國理想式（American Ideal Cut），表明了拋光鑽石的消費市場已明確地轉向美國，而美國市場的波動也大幅影響全球鑽石價格。美國鑽石市場位居首位也成為吸引走私者的因素，包括個人及有組織網絡的走私者。根據荷蘭一家報紙報導，紐約港在一九二〇年代成為走私者的天堂，這裡接收的祕密鑽石價值超過一億美元。這家報紙報導，一九二九年有超過四百名走私者被逮捕，其中包括一百八十六名女性，且根據文章說法，她們「比男人還狡猾」。[145]

很難評估這類報紙文章在多大程度上低估了實際走私鑽石的數量和價值，但走私對美國政府是個大問題，因為損失了關稅；而考慮到一九二〇年後發生的改變，走私對戴比爾斯而言也是個惱人的問題。一九二〇年以降，鑽石價格開始下滑。大蕭條大大影響了需求量，市場正在適應第一次世界大戰後的和平，而來自蘇聯和德國的現有庫存也被拋入市場。[146]德國鑽石的釋出是由於南非聯邦在戰爭期間占領了德屬西南非，之後，這個大英帝國的自治領地就將德屬西南非當作託管地來統治。蘇聯的鑽石則來自布爾什維克（Bolshevik）⑤從沙皇時代菁英手中沒收的黃金、白銀和寶石，由於經驗不足加上急需金錢，革命人士僅用市價的三分之一就賤賣了鑽石，這些鑽石嚴重威脅了同業壟斷聯盟，於是企業聯合會竭盡全力買入這些鑽石。[147]一九二〇年，一家荷蘭報紙針對此事發表了一篇長文，文章的依據是報紙收到的一封斯德哥爾摩（Stockholm）的來信，此地是俄羅斯鑽石代理商的總部。這封信說：「布爾什維克已經將王室珠寶、珠寶商和個人的珠寶，只要是沒有藏起來的珠寶，全部都被社會主義化了。列寧托洛斯基和卡梅涅夫公司（Lenin, Trotsky, Kamenev and Co.）如今是世界上最大的珠寶商。」[148]

戰後的局勢確立了這個企業聯合會在未來幾年即將扮演的關鍵角色：系統性地收購戴比爾斯帝國以外的鑽石生產商手中的所有鑽石。這個做法對企業聯合會和生產商都是個沉重負擔，尤其考慮到在南非、英屬蓋亞那（British Guiana）、剛果和安哥拉新發現的沖積帶礦藏的開採不斷擴大，即使南非外來者減少了這些新礦藏產量，從一九二〇年的三百九十萬克拉降至一九二二年的一百四十

⑤ 編按：是俄國社會民主工黨中的一個派別，領袖人物為列寧。一九一七年，此黨派通過十月革命奪取了俄國政權。

萬克拉，但這些開採活動大部分都難以控制。[149]一九二四年，規範所有南非工業化生產活動的《普利托利亞協定》到了決定續約的時間，包括戴比爾斯和企業聯合會（英美資源集團現在持有其百分之八的參與分配比例）在內的各生產商之間展開談判，[150]但沒有達成任何共識。南非聯邦認為這是推動法律改革的機會，希望建立國內切割產業，並藉由新成立的政府機構影響鑽石貿易，以便為失業的白人階級提供一條出路。

即便普利托利亞會談取得了成功，也無法從結構上解決南非和戴比爾斯以外的鑽石礦的產量問題。當恩內斯特・歐本海默發現西南非官方正在和安特衛普的一些鑽石商人做協議時，英美資源集團迅速採取了行動，他們承諾買下西南非的鑽石配額並在企業聯合會的體制外進行銷售。恩內斯特・歐本海默還與其他礦業公司達成了協定：一九二二年至一九二四年在安哥拉的安哥拉鑽石公司（Companhia de Diamantes de Angola，Diamang）、一九二五年在西非的開斯特公司（CAST），以及一九二六年在比屬剛果（Belgian Congo）的國際林業及礦業公司（Société Internationale Forestière et Minière，SoForminière）。[151]一九二六年，恩內斯特・歐本海默也與南非聯邦主要的獨立非沖積帶生產商達成一些較小的交易，並成立一個新的企業聯合會，成員有英美資源集團、鄧克爾斯布勒公司、巴爾納托兄弟公司，及恩內斯特・歐本海默的約翰尼斯堡聯合投資公司（Johannesburg Consolidate Investment Company）。以倫敦為根據地的單一銷售渠道制度維持不變，雖然只剩下兩個企業聯合會舊成員（圖74）。[152]最大的區別在於恩內斯特・歐本海默牢牢控制了新的企業聯合會，一九二六年一月，《金融時報》報導：「其他人還在說話時，恩內斯特・歐本海默已經行動了。

根據我們掌握到的消息，新的鑽石企業聯合會直接及間接地控制約世界上百分之九十的鑽石產出的銷售，這主要歸功於他的努力。」[153]六個月後，恩內斯特·歐本海默當選為戴比爾斯的董事。

新的企業聯合會很快就必須處理一九二五年在李騰堡（Lichtenburg，位於約翰尼斯堡以東約一百九十公里）新發現的沖積帶鑽石礦藏。一九二七年，鑽石熱潮掀起，在三百零九個不同地點的河畔礦區總共雇用了五萬名的白人和九萬名黑人工人，這股熱潮令礦業局多少感到措手不及。[154]一九二七年三月，總共有一萬九千九百三十七名掘鑽者活躍於李騰堡鑽石田，採礦權利地持有人雇用了五百九

舊企業聯合會（1899）	**舊企業聯合會（1914）**	**舊企業聯合會（1924）**	**新企業聯合會（1926）**	**大鑽石公司（1930）**
沃爾納及貝特公司	沃爾納及貝特公司	路德維克布萊特梅耶公司	英美資源集團	英美資源集團
巴爾納托兄弟公司	巴爾納托兄弟公司	巴爾納托兄弟公司	巴爾納托兄弟公司	巴爾納托兄弟公司
安登鄧克爾斯布勒鑽石公司	安登鄧克爾斯布勒鑽石公司	安登鄧克爾斯布勒鑽石公司	安登鄧克爾斯布勒鑽石公司	安登鄧克爾斯布勒鑽石公司
莫森索爾父子公司	莫森索爾父子公司	英美資源集團	約翰尼斯堡聯合投資公司	約翰尼斯堡聯合投資公司
		勃恩海姆		戴比爾斯聯合礦業
		德雷弗斯公司		西南非聯合礦產
		中央礦業及投資公司		新傑格斯泉礦業及探勘公司

圖74　鑽石企業聯合會和大鑽石公司（DICORP）的組成，一八八九年至一九三〇年。[157]

十名白人和三萬五千五百七十五名黑人工人。[155]沖積帶礦區的生活大不易，黑人工人受到了剝削和嚴重歧視，而白人之中有很多人來自一貧如洗的失業階級，希望能靠鑽石扭轉命運。從很多方面來說，這都是場人道災難：沖積帶鑽石礦的帳篷區人滿為患，疾病肆虐，而且設施匱乏。人與人之間的主要區別在於是否能夠取得資本，那些缺乏資金的人被迫用鎬和鏟子挖掘含鑽砂礫。一九二七年，南非聯邦頒布了《寶石法》，旨在處理沖積帶礦場發生的問題，政府的動機有兩個層面：首先，它希望將河邊鑽石礦開採保留給一般人，以便提供機會給農村地區的貧困階級，因為他們也是選民且需要救濟，鑽石至少在理論上能夠提供這種機會，[156]而為了達成這個目的，企業在鑽石田的活動受到了限制。其次，生產過剩是鑽石世界持續存在的一個威脅，《寶石法》禁止進一步的探勘活動，僅允許有限度的開採。儘管政客們確保社會救濟的相關訊息得到強調，但《寶石法》並未受到所有人的歡迎，當白人權利地持有人削減黑人工資時，黑人工人舉行罷工，心懷不滿的掘鑽者的抱怨也登上了報紙：

> 運氣差的人、無知的人和受壓迫的人只能得出一個結論，那就是他們又再次被打敗了……可憐的掘鑽者……想要建立小型的企業聯合會，失敗了；想從小公司那裡獲得工作，失敗了；想從幾乎天天都出現在現場的買家那裡獲得資金支持，失敗了；最後提到，但不是最不重要的是，他想參與世界上已知礦藏最豐富的沖積帶鑽石田之一——也就是非洲西南方的納馬夸蘭（Namaqualand）鑽石礦的開採，也失敗了，理由是如果那裡有很多窮困的掘鑽者，情況會雪上加霜，並導致比現在更

嚴重的食不果腹。[158]

一九二六年，在納馬夸蘭的克蘭茲（Kleinzee）附近的奧蘭治河河口，發現了大型沖積帶鑽石礦藏；一九二八年，政府決定將沖積帶鑽石礦收歸國有，並使用國家雇用的勞動力開採。[159]沖積帶鑽石產量迅速擴大：一九二七年，政府自該地的金伯利岩管中挖掘出兩百四十萬克拉的鑽石，沖積帶鑽石的產量則是兩百三十萬克拉。第二年的比例是兩百三十萬克拉比兩百一十萬克拉（其中的九十萬六千克拉來自納馬夸蘭）。一九二九年，這一差距再次擴大，金伯利鑽石的產量為兩百三十萬克拉，而沖積帶鑽石的產量則為一百四十萬克拉。[160]而在同一年，雖然沖積帶開採仍是鑽石產量的重要來源，但獨立的開採活動已經受到新法限制。[161]在一九三二年至一九三五年間，從沖積帶鑽石礦開採出來的鑽石克拉重量，高於從金伯利岩管開採出來的鑽石。[162]

金伯利岩管開採出來的鑽石所占比例較低，部分原因是南非聯邦的非沖積帶鑽石生產商減產。但企業聯合會持續收購戴比爾斯體制外的產量，尤其是安哥拉和剛果的鑽石，不僅讓財務陷入緊張，也讓其儲備的原鑽庫存在一九二九年的價值估計達到一千萬英鎊。[163]原鑽價格與美國市場高度連動，而美國市場深受大蕭條的影響，原鑽進口總值從一九二九年的九百九十萬美元下降至一九三〇年的五百六十萬美元。[164]情況很明顯，如果企業聯合會要繼續吸收外部產量，即使是在危機時期也這麼做，那麼就必須改變其財務結構。恩內斯特．歐本海默希望生產商參與到銷售結構中，於是一九三〇年時大鑽石公司（Diamond Corporation，DICORP）成立了，恩內斯特．歐本海默也在這一年成為戴比爾斯的董事長（圖75的頭兩欄）。大鑽石公司取代了企業聯合會成為單一銷售組織，其半數資金由三家最大的鑽石生產商提供（普米耶鑽石開採公司一開始並未加入），而另外半數則來自四個總部設在倫敦的歐本海默企業聯合會成員（圖74）。南非及外部生產商之間達成了銷售比例為五比三的共識。[165]

這一新組織可取得更多資金，由於生產商與銷售者之間的連結更緊密，所以也能更團結一致地行動。一九三〇年十二月舉行的戴比爾斯董事大會進一步鞏固了這一組織結構，這次大會決定採取行動，從英美資源集團和巴爾納托兄弟公司手中，取得新傑格斯泉礦業及探勘公司、西南非聯合鑽石礦產以及開普海岸探勘公司（Cape Coast Exploration）的大量股權。[166]但新組織並沒有把所有的生產商一網打盡，像是普米耶鑽石開採公司就沒有加入；仍夢想建立自己的切割產業的南非聯邦自身也是個生產商，控制著納馬夸蘭的沖積帶鑽石礦，它也沒有加入，現有的配額協議也不足以讓戴比爾斯控制該聯邦的行動。[167]大鑽石公司也抵擋不了大蕭條帶來的影響，一九三二年美國原鑽進口總值為一百五十萬美元，是歷史新低。[168]那一年，新傑格斯泉礦業及探勘公司和普米耶鑽石開採公司均全面停產，戴比爾斯則隨後關閉了幾家以機械化方式粉碎及清洗金伯利岩管來挑出原鑽的工廠。[169]

一九三三年，為了應對危機以及緩和與南非聯邦之間的複雜關係，大鑽石公司之外的第二個組織結構：鑽石生產商協會（Diamond Producers' Association，DPA）成立了（圖75的第三和第四欄）。[170]它取代了戴比爾斯和外部生產商之間的舊有配額協議，主要任務是監督有利於生產商的政策以及分配每個成員的配額——簡言之，就是控制原鑽流入市場，從而控制價格水準。南非聯邦是生產商協會的正式成員，於納馬夸蘭國家鑽石礦區（State Diggings of Namaqualand）的配額為百分之十；而開普海岸探勘公司則獲得了百分之二的配額，該公司擁有可能蘊含沖積帶鑽石礦藏的土地，戴比爾斯則是其最重要股東。[171]大鑽石公司獲得的百分之十六配額則用來應付剛果、安哥拉、獅子山和黃金海岸（Gold Coast）的外部生產商的採購。[172]

鑽石生產商協會將生產集中化，正如大鑽石公司將行銷與銷

大鑽石公司（1930）	股份（%）	鑽石生產商協會（1933）	配額（%）	大鑽石公司（1939）	股份（%）	鑽石生產商協會（1950）	配額（%）	鑽石生產商協會（1955）	配額（%）
戴比爾斯聯合礦業（生產商）	32.5	戴比爾斯聯合礦業	30	戴比爾斯	60	戴比爾斯	53.5	戴比爾斯	25
巴爾納托兄弟公司	22.5	大鑽石公司（負責收購外部產量）	16	西南非聯合鑽石礦產	23.1	西南非聯合鑽石礦產	23.5	大鑽石公司	35
英美資源集團	12.5	大鑽石公司（負責庫存）	15	英美資源集團	16.9	南非	16	南非	10
西南非聯合鑽石礦產（生產商）	12.5	西南非聯合鑽石礦產	14			普米耶鑽石開採公司	7	普米耶鑽石開採公司	4
安登鄧克爾斯布勒鑽石公司	12.5	南非聯邦	10					西南非託管地	26
約翰尼斯堡聯合投資公司	2.5	普米耶鑽石開採公司	6						
新傑格斯泉礦業及探勘公司（生產商）	5.0	新傑格斯泉礦業及探勘公司	6						
		開普海岸探勘公司	2						
		咖啡泉礦產公司	1						

圖75　大鑽石公司與鑽石生產商協會的組成，一九三〇年至一九五五年。

售集中化，這兩個組織在法律上具有重疊性。鑽石生產商協會是比較大的協會，可以擴大納入任何主要的鑽石生產商；而大鑽石公司作為行銷代理則負責收購外部產量以及銷售所有原鑽。一九三四年大鑽石公司決定將行銷部門轉移到一個新成立的鑽石貿易公司（Diamond Trading Company，DTC），公司股份由大鑽石公司持有，如今，採購外部產量成為大鑽石公司的唯一職責。一九三五年，美國的原鑽進口總值再次上升至四百三十萬美元。[173]自舊企業聯合會時代就已存在、直接向經過挑選的買家群體銷售鑽石的制度，也略有改變：內含特定各類鑽石的混合包裹，由位於金伯利的中央分揀辦公室（Central Sorting Office）收集製作完成後，便以固定的價格提供給買家，買家可以選擇「買下或放下」。參與這些「看貨會」是種特權，一九三八年時只有一百七十五名的「看貨商」（sightholder），[174]若想要成為其中的一個，候選人必須有經驗以及足夠的資金，能夠應付至少五千英鎊的採購數額、要有商業人脈將鑽石進一步轉售，還要有能力在需要時囤貨。看貨會每三個月舉辦一次，上好的鑽石則保留給美國市場。一九二一年至一九三九年間，便曾為專門經營工業鑽石的商人安排不同的看貨會，雖然工業鑽石的市場直到第二次世界大戰後才開始起飛。[175]

在大眾眼裡，鑽石貿易公司、大鑽石公司和鑽石生商產協會都跟戴比爾斯是同一個意思（戴比爾斯是這些公司的最大股東），而戴比爾斯也跟鑽石是同一個意思。戴比爾斯透過收購小股東的持股進一步加強了形象，這樣做令大鑽石公司的股權結構變得簡單許多（圖75第五和第六欄），因此鑽石貿易公司的股權結構也相當簡單。如今全球鑽石供應的控制權牢牢掌握在恩內斯特·歐本海默手中，他握有控制一頭龐然巨獸的權力。

舊沖積帶鑽石田及機械化的失敗

一九三〇年代沖積帶鑽石開採的驚人占比，很大程度上可以用西非及中非的礦業發展來解釋，但是這也跟亞洲及南美的一些老鑽石田未能成功採用機械化有關。人們幾乎沒有留下二十世紀上半葉印度鑽石開採活動的任何紀錄；[176]至於當時仍是荷蘭殖民帝國一部分的婆羅洲，一位荷蘭內閣閣員曾將那裡的手工鑽石開採活動形容為大海撈針。[177]第一次世界大戰的結束造成鑽石需求揚升，尤其是在美國，來自阿姆斯特丹的珠寶商在一九一八年和一九一九年開始派人前往婆羅洲，希望取得更好、更獨立的鑽石供應來源。[178]荷蘭參議員波拉克是阿姆斯特丹最知名的鑽石切割匠之一，他也是最大力鼓吹振興荷蘭在婆羅洲礦業的人之一（圖14）。波拉克十分清楚，相較於倫敦和安特衛普，鑽石產業的全球發展已經削弱了阿姆斯特丹的地位，他企圖爭取政府支持，在戴比爾斯於倫敦的同業壟斷聯盟之外，為阿姆斯特丹建立一家提供可靠原鑽供應的礦業公司。波拉克認為這樣做可以挽回城市的地位，尤其因為北海的彼岸正計畫在倫敦建立一個更重要的切割產業。[179]

荷蘭將新式機械設備送到婆羅洲，地質學家仍希望可以在那裡發現原生礦床，但考慮到缺乏對這類礦床的科學知識，有人懷疑這種可能性是否存在。[180]然而，很快就有人指控波拉克為謀取私人利益而開採婆羅洲鑽石田，以低薪雇用非技術性土著勞工也為他贏得了「苦力波拉克」的綽號，其他人則認為波拉克的努力只是為了之前的一次閃失而企圖挽回顏面而已：當時他擔任尼德蘭一般鑽石工人工會的主席，但他拒絕購買一塊南非的土地，結果事後發現這塊地擁有豐富的鑽石礦藏。波拉克為自己辯護，說他只是想將鑽石切割匠從「長期失業和永無止境的悲慘遭遇」中拯救出來而已。[181]無論波拉克的動機為何，婆羅洲鑽石開採的工業化又再次失敗了，這次的希望落空和婆羅洲鑽石之城馬塔普拉（圖79）的切割產業發展形成了鮮明的對比——當地的工廠開始嚴重依賴通過新加坡進口的南非原鑽，儘管品質並非最佳，但在黃金時期時，馬塔普拉的鑽石工廠（通常由穆斯林擁有）可以出租多達一千一百個工作間給個體鑽石切割匠。然而，當第一次世界大戰導致原鑽進口停止，幾家工廠也不得不關閉，直到戰爭結束。[182]

一九三〇年代，馬塔普拉只有五百個登記註冊的鑽石切割匠，但人們認為他們的工作品質很高。[183]儘管聲譽卓著，馬塔普拉切割匠的薪資水準卻低於歐洲歷史悠久的切割中心，一個穆斯林工廠主經常前往巴黎購買原鑽送回馬塔普拉切割，然後再次出口到歐洲或是在亞洲出售。[184]那一年七月，婆羅洲只剩下兩張開採特許證，一張由波拉克持有，另一張則發給了一位退休軍官克里斯托弗爾（Christoffel）先生；其餘的鑽石礦藏則在荷蘭殖民政府直接管理下進行開採，黃金、白金和汞礦的情形也是如此。受到影響的不只是荷蘭的開採事業而已，島上最後一間英國鑽石開採公司，謠傳戴比爾斯是背後的支持者，也在一九二一年結束營業。[185]

經歷另一次失敗之後，荷蘭政府又回到執照制度。荷蘭政府已經接受了在殖民地上鑽石開採永遠不會發展為一項現代產業的事實，並決定要將手工沖積帶開採作為提供給當地人的一種收入手段。[186]雖然外國礦業公司仍然受到歡迎，但法律規定這些公司必須維持雇用至少二十名當地人。[187]

手工沖積帶開採也是政府控制當地人口的一種手段，政府在貧困時期會調降執照費用，有時也會將部分收入撥給土著族群以避免社會動盪。[188]如今，鑽石開採執照制度成了支持當地人的手段，不再是外國人的商業機會，同時，官方產量數字持續下滑，一九二五年波拉克曾說到，這裡的產量低到讓過去二十年來的官方殖民報告都沒有把數字放進去，[189]相較於非洲的產量而言更顯得微不足道：在一九二九年至一九三七年間，婆羅州的原鑽在世界產量中僅占百分之零點零一；一九一三年至一九三九年，總共開採出兩萬九千三百七十五克拉的鑽石，總值為一百五十萬荷蘭盾，相較於該島在十九世紀末的產值，可說是急劇下滑。[190]同時，發現的鑽石很小，重量約介於零點五至一點五克拉，雖然帶著點淡黃，但色澤相當乾淨。[191]儘管結果令人挫折，但荷蘭人還沒有放棄鑽石探勘，一九三〇年代，報紙曾在不同時間報導過鑽石礦的新發現，但大多數結果都令人失望。一位記者曾造訪馬塔普拉附近的挖掘現場，那裡的掘鑽者每半小時就找到一兩顆鑽石，但鑽石都很小，從來沒有超過零點一克拉。[192]

一九三二年時有幾家報紙寫到，荷蘭研究者以南非金伯利岩管中出現鑽石的知識為基礎，已成功找到婆羅洲鑽石原始礦床的確切位置，不幸的是，因土地太過堅硬而無法挖掘。[193]然而這些發現確實引導人們在馬塔普拉附近的查帕卡（Cempaka）發現新的沖積帶鑽石田，進而促使一九三五年產量達到高峰，光是一座位於藍伽西朗（Ranjah Sirang）的新礦就生產出三千兩百七十三克拉的鑽石。開採這座礦的是一家總部位於上海的企業，創辦者是蘇格蘭人喬治・麥克貝因（George

McBain），他被認為是城裡最有錢的人，並叫他「上海克羅伊斯」（the Shanghai Croesus）⑥。[194] 儘管有個前景光明的綽號，但麥克貝因還是步上了跟許多外國公司同樣的命運：無法讓企業轉虧為盈。荷蘭媒體仍持續希望政府能把特許權給一家現代礦業公司，根據媒體的說法，「除了少數幾個控制這整件事的哈吉（Hajji）以外，沒有人會因為現在鑽石開採的破爛技術而變得更有錢」。[195] 當時的荷蘭報紙經常將穆斯林商人和切割工廠主稱為哈吉，這是對完成麥加朝聖之旅者的尊稱。[196]

在巴西，沖積帶鑽石田的開採也變得更加困難，使得對現代技術的投資充滿了風險。十九世紀晚期，將巴西鑽石生產機械化的所有積極行動全都以失敗告終，礦業仍繼續以傳統的方式運作著。雖然巴西已經在一八八八年正式廢除奴隸制，但照片證據仍清楚顯示，種族分工仍持續存在：黑人採礦，白人監督（圖76、77）。

圖76　維迪加爾先生位於傑奇蒂諾尼亞河的鑽石礦，一八六八年。奧古斯托．雷德爾攝。

二十世紀初，隨著非洲不同地方陸續發現新的鑽石礦藏，一些擁有國際資金的礦業公司也試圖在舊鑽石區進行新的投資。例如，與戴比爾斯有商業往來的英國索帕鑽石公司（British Sopa Diamond Company），過去曾在西非、南非、安哥拉和剛果從事鑽石開採，他們決定開採距離蒂雅曼提納約十五公里遠的一處礦場，然而直到一九二二年仍沒有取得太多成果，該公司於是被賣給了巴西人，這是大多數外國企業將面臨的命運。[197]在這些年間，人們一直努力要在巴西建立起切割產業，從歷史來看，巴西一定曾經存在過一些小型鑽石

⑥ 譯按：克羅伊斯這個名字在西方被當成有錢人的代名詞。

圖77　巴西開採鑽石實景，一九一〇年。

工作坊，只是已經找不到存在過的痕跡了，這些工作坊從來都無法在任何方面和歐洲工作坊競爭。當比利時記者S．哈特維爾德（S. Hartveld）在一九二〇年造訪蘭索伊斯，他見證了許多切割作坊的存在，裡頭配備了比利時製造的鑽石磨，並由附近瀑布的水力所驅動。[198]根據哈特維爾德的說法，「加工完成的鑽石已經被切割成相對較好的形狀」，但切割匠過於關注鑽石的重量，導致切割出來的鑽石有點不對稱，無法在歐洲販賣。[199]儘管礦業公司在巴西只取得了有限的成功，但是在歐洲，人們仍以「知名鑽石生產地」的名號在推廣巴西，比如一九二三年，安特衛普城舉辦了一場珠寶盛會，代表巴西的就是一輛由身穿工作服的礦工們抬著的花車，上面有位一隻手握著鑽石的女子。[200]

讓這些工人穿上特殊的採礦服裝似乎過於樂觀，因為機械化的失敗意謂著，在巴西的鑽石田，做著發財夢的個人礦工、盜採者和冒險家才是主宰者，二十世紀在巴西發現的知名鑽石，例如一九三八年發現的鑽石「熱圖利奧．瓦加斯」（Getúlio Vargas，以下簡稱瓦加斯鑽石），⑦都是這些人的成果。[201]瓦加斯鑽石的原鑽重約七百二十七克拉，發現於米納斯吉拉斯的帕托奇尼歐（Patrocinio），距離戈亞斯的東南端約一百二十公里遠。鑽石發現後，就被送到省會美景市（Belo Horizonte），並在那裡落入了一個荷蘭團體手中，接著，荷蘭團體將鑽石賣給了紐約的珠寶商溫斯頓，他在自己的工作坊將鑽石切割成各式各樣較小的鑽石。[202]當瓦加斯鑽石在轉手過程中經過美景市時，參與銷售這顆鑽石的一名巴西人的兄弟，遇到了來此逃避戰火的一位法裔猶太人：朱勒．索耶（Jules Sauer）。索耶在一九四〇年五月逃離安特衛普，在里斯本待了一段時間後，最終落腳巴西，在這裡當起了語言老師。這名偶遇索耶的巴西人，曾短暫擁有瓦加斯鑽石，並在美景市有個工作坊，雇用了七十五名切割匠，而索耶的語言能力讓他被這位巴西人雇用。[203]索耶一開始當的是祕書，後來成了珠寶專家，更學會了鑽石切割技巧。他在一九六〇年代發現了巴西第一個祖母綠礦，並寫了幾本關於鑽石和祖母綠的書，還向人傳授刻面的藝術。索耶在二〇一七年逝世，享年九十五歲，以「寶石獵人」的稱號為人所知，位於里約熱內盧的博物館收藏了他生前的寶石收藏，是巴西同類博物館中規模最大的一家。[204]

戰略性鑽石及納粹大屠殺悲劇

正當恩內斯特．歐本海默的努力再次鞏固了戴比爾斯在鑽石產業的壟斷地位時，更大的事件從中作梗：戰爭再次搖撼了鑽石產業，這次比過去任何一次力度都更大。納粹將整個歐洲猶太人口連根拔起的反猶歷程，使得這場戰爭對許多在鑽石產業工作的貿易商、批發商、切割匠或珠寶商家族而言成了個人私事。[205]第二次世界大戰的爆發重挫了鑽石市場，珠寶需求下滑，但工業鑽石在武器

⑦ 編按：以當時的巴西總統之名來命名。

和飛行產業中的運用範圍卻持續擴大，導致軸心國和同盟國都將工業鑽石列為戰略性礦產。一九四〇年五月，納粹入侵低地國，他們不只希望將沒收的鑽石用於軍事工業，還想要進一步用來為戰爭籌集資金。除了禁止鑽石出口外，他們還成立了一個特殊單位，以便系統性地低價收購鑽石，後來，鑽石更成了強制存放和沒收的目標。珠寶商企圖將庫存走私進入中立國或同盟國的領土，但據估計，比利時和德國人仍成功取得了一萬三千克拉的拋光鑽石，以及七萬九千克拉的原鑽及工業鑽石，而在荷蘭，被竊的鑽石估計重達六萬克拉，戰後尋回了其中的三萬六千七百克拉，[206]這些數字似乎相對較低，因為一九四二年美國經濟戰委員會（U.S. Board of Economic Warfare）與荷蘭大使館分享了一份情報，內容是關於德國扣押了一艘停泊在法國西南部波爾多（Bordeaux）附近吉倫特（Gironde）河口的船隻，船上有荷蘭鑽石切割匠搜集到的一百萬克拉工業鑽石，「一次突襲……確保了德國戰爭工廠在整場戰事中的所有需求」。[207]荷蘭官方並未證實這件事的真實性，但根據了解，的確有幾名比利時鑽石交易商在吉倫特河口的海濱度假勝地侯楊（Royan）組織了鑽石買賣會。[208]

這些人逃離了納粹的控制，之所以出現在侯楊，部分是因為他們想要找個讓安特衛普的鑽石產業重新落腳的地方。出生於波蘭克拉科夫（Kraków）的羅米・戈德芒茲（Romi Goldmuntz）是名猶太商人，後來成為安特衛普最舉足輕重的鑽石交易商，他前往倫敦為安特衛普的猶太鑽石從業人員協商一項交易，英國政府的回應，是邀請安特衛普的工匠前往英國首都；然而在比利時，由於擔心戰後鑽石切割產業就再也不會遷回安特衛普，那裡的人對於這個提議的回應就不是那麼熱情了。

這個比利時城市仍是世界上最重要的鑽石中心，但是直到戰爭爆發前的這些年裡，競爭也持續升高，尤其是來自德國鑽石產業的競爭。一九三九年，也就是德國入侵比利時和荷蘭的前一年，安特衛普總共雇用兩萬五千名鑽石工人。荷蘭的工人已降至八千人，與伊達爾—奧伯斯坦和哈瑙的德國鑽石工廠雇用的工人規模總數相當，而後兩者的規模一直在擴大。[209]德國切割工業崛起，加上德國人取得工業鑽石礦藏的能力日益強大，讓比利時在鑽石世界的地位面臨威脅，但比利時政府也採取了強硬措施，避免讓安特衛普的鑽石中心地位可能出現下滑。比利時的非洲殖民地剛果擁有世界上已知最大的工業鑽石礦藏，當時仍控制在國際林業及礦業公司手中，這家公司透過政治手腕成功獲得了半獨立於戴比爾斯的地位。就像其他軸心國及納粹德國一樣，英國也對剛果的礦藏極度感興趣。總之，英國的邀請被回絕了，比利時的決定是搬到波爾多北方的干邑（Cognac），他們以為德國人絕不會來到這麼遠的地方。[210]一九四〇年，約三千名鑽石貿易商及兩千名鑽石工人啟程前往干邑，他們之中絕大部分是猶太裔、半數是比利時人，但是在那裡，他們得到消息說應該繼續前往侯楊，因為法國政府已經決定將這個海濱小鎮作為法國的鑽石貿易中心。[211]

當侯楊鎮長表示他不希望這麼一大群人待在自己的鎮上時，這件事情的三大主事者——戴比爾斯、比利時和英國政府坐下來協商了一個新的計畫。有幾個鑽石貿易商和工人前往英國，其他人則回到安特衛普，但是另一群人決定待在吉倫特地區。隨著德軍挺進，留在法國的鑽石家族試圖將商品送到維琪法國（Vichy France）⑧或瑞士，因此出國簽證的需求增加了。然而，人們為了獲得前往剛果的護照所做的努力大部分都失敗了，而國際林業及礦業公司早已安排要在比利時非洲殖民地袖手旁觀這場戰爭。[212]幾個安特衛普鑽石商企圖橫越大西洋，抵達從一八九〇年起就建立了鑽石產業的紐約。一九三一年，一個專屬於鑽石貿易商的俱樂部成立，幾個來自安特衛普的猶太難民希望能在那裡找到避風港。[213]對安特衛普猶太鑽石難民來說，紐約是個合情合理的目的地，但一群群的難民也在古巴、巴西、阿根廷、南非，甚至是印度、巴勒斯坦和錫蘭落腳。[214]在這些地方，都有來自阿姆斯特丹的猶太鑽石從業者，以及那些沒有活躍在鑽石世界的猶太人加入他們的行列。[215]

阿姆斯特丹也面臨和安特衛普類似的麻煩，但這座城市受到了特別的關注。[216]納粹希望在荷蘭建立一個由德國控制的鑽石切割產業，這也許是因為相較於安特衛普，阿姆斯特丹的切割產業規模更小、更容易控制。一九四〇年，這座荷蘭城市約有一千名鑽石工人，其中百分之七十屬於尼德蘭一般鑽石工人工會。[217]一開始，阿姆斯特丹的鑽石從業人員還可以獲得一枚戳記，讓他們不會被遣送到集中營，[218]但他們的處境逐漸惡化：一九四一年冬，荷蘭一般鑽石工人工會解散；一九四二年夏，大規模驅逐開始；自一九四三年起，享有特權的鑽石從業人員有半數遭到驅逐出境，到了一九四四年中，阿姆斯特丹只剩下四十四名猶太鑽石工人。[219]在荷蘭建立納粹鑽石產業的計畫似乎已經作廢，受到青睞的是利用荷蘭鑽石從業者在貝爾根—貝爾森（Bergen-Belsen）集中營成立一家鑽石切割工廠的方案。

一九四四年五月，黨衛軍（SS）官員之間的一封通信，證實一項在伍特（Vught）的荷蘭集中營的安排被撤銷（黨衛軍指揮官海因里希・希姆萊〔Heinrich Himmler〕曾將加工鑽石所需的設備送到這裡），以便準備貝爾根—貝爾森的計畫。納粹希望「壟斷歐洲鑽石切割」，並認為「這一決定（貝爾根—貝爾森計畫）的急迫性，是基於阿姆斯特丹的鑽石工業實際上已經因為（一九四四年）五月十八日猶太人的驅逐行動而陷入了停滯」。[220]黨衛軍官員認為應該在貝爾根-貝爾森建立一座作業規模約一百五十名至兩百名技術性工人的工廠。[221]為了實現這些計畫，尚未在集中營遭害的荷蘭「鑽石猶太人」被送到貝爾根—貝爾森，並在那裡待到一九四四年底該計畫解散為止。在那之後，許多人「鑽石猶太人」被送到其他集中營，並在那裡遭到殺害。[222]

納粹德國的占領雖然給了一段時間讓阿姆斯特丹的「鑽石猶太人」不用被驅逐出境，但他們的生活仍十分艱困，未來也很不確定。一些人留下來，但其他人決定離開，流亡英國的荷蘭政府不得不處理許多鑽石工人的簽證申請，他們的目的地是倫敦，或是美國、加拿大、南美洲的委內瑞拉、巴西或蘇利南。英國拒絕了幾份申請，宣稱那裡不需要額外的人員，但荷蘭也阻止他們前往，擔憂他們會在其他地方永久建立鑽石切割中心。但還是有幾個國家張開雙手擁抱具專業技術的難民，一九四一年，倫敦的荷蘭外交部收到一封來自委內瑞拉首府卡拉卡斯（Caracas）的來信，信上說：「委內瑞拉政府鼓勵鑽石行業的專家移民，因為政府希望開發委內瑞拉的鑽石礦。因此，它要求駐

⑧ 譯按：二戰期間納粹德國控制下的法國傀儡政權。

法國馬賽的委內瑞拉領事館簽發護照。」[223]儘管幾個活躍於鑽石產業的猶太家族設法通過這些路徑逃離，但許多人在納粹大屠殺中死去，尤其是在荷蘭籍猶太人。

盟軍不僅關切鑽石工人及貿易商遭到大規模屠殺，[224]他們對鑽石本身也很感興趣，不想讓它們落入德國人手中，也想將它們運用在自己的軍事工業。[225]由於大鑽石公司在倫敦控制著百分之九十七的全球鑽石銷售，英國和美國都得和恩內斯特．歐本海默打交道，而他原本考慮將戴比爾斯的主要活動中心從倫敦轉移到南非，並從那裡與美國建立直接的貿易聯繫。但無論是英國政府或是英國的鑽石貿易商，均不樂見鑽石貿易中心未來將遷移到南非，於是英國阻撓了恩內斯特．歐本海默建立南非與美國之間直接貿易聯繫的早期計畫。[226]此外，也不能保證身在中立國的不懷好意鑽石貿易商，不會把鑽石轉手出口給敵人，如仍在接收安哥拉鑽石的葡萄牙或瑞士，甚至是在美國境內的人——戴比爾斯後來就遭指控從事這類行為，[227]有人聲稱，有一條走私路線通過英國殖民地，取道埃及到巴勒斯坦（其當時已經建立起一個小型的鑽石產業），然後經過黎巴嫩、敘利亞和土耳其，將南非鑽石送到德國。[228]

簡言之，戰爭威脅到傳統鑽石貿易及切割中心，相關的各國政府無不竭盡全力阻止轉變發生，同時努力跟上戰爭的步伐。拒絕向北美出口工業產品也不是選項，因美國透過來自中立國以及不受戴比爾斯控制地區的轉口貿易，滿足了各國的部分要求。直接回絕與美國人合作對生意沒有好處，為了不得罪既有的貿易聯繫，曾有人討論過一項繞過紐約商人的計畫，但美國製造商清楚表明，除非戴比爾斯按照特定的品質交貨，他們才會支持這項計畫，因為他們不想要等級低的剛果鑽石。這項要求令出清現有庫存變得困難，[229]因為美國想要的不只是滿足他們立即需求的供給，而是想要建立自己的鑽石儲備，從此遠離德國人的威脅，不必再受戴比爾斯的商業決定擺佈。

對於恩內斯特．歐本海默的計畫，英國的回應是對鑽石實施貿易禁運，但是英國在向美國出口工業鑽石方面遇到困難，因為這個做法破壞了單一銷售制度。一九四四年，開採剛果鑽石的殖民地公司國際林業及礦業公司的工業鑽石產量躍升至八百五十萬克拉，同一年，該公司有意與美國建立直接貿易夥伴關係。[230]即使不同生產商能夠達成協議，透過大鑽石公司向美國出口鑽石，美國的法律仍然禁止該同業壟斷聯盟在美國管轄範圍內運作。當羅斯福總統向大鑽石公司訂購六百五十萬克拉的鑽石但遭到恩內斯特．歐本海默拒絕時，壓力也隨之升高了。[231]一九四二年底，各方妥協，同意在加拿大建立一個一千一百五十萬克拉的工業鑽石儲備，英國與美國均只能在緊急情況下動用這些儲備，通過倫敦的單一銷售制度也得以保存。儲備的供給來源除了大鑽石公司以外，還有剛果生產商（國際林業及礦業公司）、安哥拉生產商（安哥拉鑽石公司），以及黃金海岸生產商（開斯特與獅子山精選信託〔Sierra Leone Selection Trust，SLST〕）。[232]另外，透過強迫鑽石貿易公司放棄部分近寶石品質的鑽石儲備，品質要求的問題也得以解決。[233]

在歐洲，戰爭大大影響了鑽石產業。首先，戰爭對安特衛普及阿姆斯特丹的猶太鑽石團體造成了致命打擊，許多與鑽石產業有密切聯繫的家族遭到殺害及驅逐。其次，戰爭迫使戴比爾斯和幾個盟軍政府重新思考貿易路徑、切割中心及工業鑽石庫存的問題。戰爭期間所做的一些決定，長遠地影響了戰後鑽石工業，從戰略、政治及經濟角度來看，各國政府為保護本國的鑽石利益，無不前所未有地採取了干預手段及各種措施。戰爭期間人們已經清楚看到，剛果豐富的工業鑽石礦藏將是未來的重要資產，尤其是在興起中的冷戰背景下，工業鑽石的重要性更是日益增加，而美蘇之間的地緣政治衝突將在盛產鑽石的不同非洲國家以不同面貌上演。戰爭一結束，比利時就可以將剛果豐富的礦產資源當作政治施壓的重要工具。[234]一九四二年，所有的工業鑽石原本不是存放在英國就是剛果，但加拿大協議導致世界上三分之二的鑽石供給轉移到美國，這令通過倫敦的單一銷售制度面臨了更大壓力。

戰爭結束後，比利時政府需要援助以重振安特衛普的鑽石切割產業，這與英國的利益一致，因為英國希望保留在倫敦集中銷售的制度，而相對地，在倫敦建立切割產業的夢想則被迫放棄，而這也對安特衛普有利。[235]從某種意義來說，剛果拯救了比利時的鑽石利益。荷蘭人雖擁有婆羅洲，但那裡的鑽石產量根本遠不及剛果這個比利時非洲殖民地，導致阿姆斯特丹永遠失去了鑽石切割產業。另外，很大一部分的荷蘭籍猶太人未能在戰爭中倖存也使狀況火上加油：根據報告，遭驅逐至集中營的一千五百名到兩千名的猶太鑽石切割匠中，只有六十位生還。[236]

儘管遭到納粹迫害，幾個猶太鑽石企業家仍設法逃離，並在紐約（有六千名鑽石工人活躍於此）、巴勒斯坦（五千人）、巴西（五千人，一個小規模的切割產業已在這裡存在一段時間）、古巴、南非和倫敦建立了重要的替代性戰時切割及貿易中心。[237]這些鑽石中心並未全部都在戰爭中幸免於難，存活下來的不是那些已經營運有一段時間的（如紐約），就是無害的小規模產業，僅為當地生產服務（如巴西）。[238]主要的例外是巴勒斯坦，尤其是在特拉維夫（Tel Aviv），發展中的切割產業威脅了安特衛普的地位。在巴勒斯坦開展鑽石活動的計畫不是源於這場戰爭，猶太人脈、當地商人利益、巴勒斯坦作為英國託管地，以及人們日益關注當地藉由家族傳統維繫的家庭及手工藝工作為基礎的經濟，使得巴勒斯坦成為一個合理的選項。[239]戰爭期間，在諮詢過一些認為建立切割產業是將巴勒斯坦工業化的絕佳機會的猶太商人的意見後，猶太及猶太復國主義政治勢力設法說服了戴比爾斯、英國人和比利時人，允許他們建立一個戰時的鑽石產業，主要位於特拉維夫及內坦雅（Netanya）。⑨而為了安撫比利時人，他們同意巴勒斯坦的鑽石產業應持續受到限制並僅專門從事小型鑽石的加工。[240]

然而到了戰後，英國和戴比爾斯卻選擇協助安特衛普重振戰前的地位，這立即影響了巴勒斯坦和其他的鑽石中心，尤其是當美國鑽石消費仍需一段時間才能恢復之時。到了一九四七年，巴勒斯坦鑽石產業的從業人數已縮減至一千六百人，薪資也比過去低——不過一年前，從業人數高達四千五百九十二人。[241]紐約的從業人數也受到了衝擊，一九四七年只雇用了八百名切割匠；在巴西，戰爭期間活躍的五千名切割匠在一九四七年已減少到只剩五百名。[242]另一方面，安特衛普的鑽石產業則是榮景重現，一九四六年時雇用了一萬多名鑽石工人。[243]到了一九四八年，巴勒斯坦的鑽石產業幾乎已經消失，但之後又被成功拯救：因為以色列在那一年建國，並將保存鑽石產業納入經濟和政

⑨ 編按：位於地中海沿岸，特拉維夫以北三十公里的城市。

治議程的一部分，正如二十世紀歷史學家大衛・韋里斯（David De Vries）所描述——

> 一九四八年的以阿戰爭使得鑽石製造商、工人和商人的猶太復國主義更為旗幟鮮明……經濟民族主義表現在與其他鑽石切割中心的競爭上，而在英國大力相助下，禁止阿拉伯人涉足該產業以及繼承德國鑽石產業的道德正當性，也同樣是表達這一民族主義情緒的基本要素。[244]

與德國產業的比較，是安撫安特衛普鑽石業和比利時政府的說法之一。如今，以色列鑽石產業不再是競爭對手，而是被視為盟友，取代的不是安特衛普，而是打算在戰後繼續發展其鑽石切割產業的德國——以色列的壓力及國際抵制成功給了德國鑽石工廠致命的一擊。[245]戴比爾斯、以色列和比利時達成協議，允許以色列建立永久的切割產業，其中心如今在特拉維夫，生存得益於全球經濟環境的不斷變化。美國的珠寶需求再次揚升到接近戰前的水準，產量也日益增加。既然荷蘭和德國的競爭對手已經永遠消失，安特衛普的鑽石產業和以色列另立的鑽石中心並存就沒有問題了。[246]鑽石產業持續成長，到了一九七一年，以色列在國際鑽石市場已經達到全球貿易額的百分之三十，主要來自出口拋光鑽石。[247]今天，特拉維夫及拉馬干（Ramat-Gan）仍是重要的鑽石中心，不分男女，雇用了約兩萬名工人。[248]

第二次世界大戰的爆發對亞洲鑽石產業的影響沒有這麼巨大，雖然婆羅洲馬塔普拉的鑽石工廠因此出現了暫時性的供應問題，但採礦活動仍持續進行，並由占領該島的日本人將鑽石沒收，帶回日本。戰後，巴達維亞的戰爭損害賠償局（Bureau for War Damages）收到許多婆羅洲當地住民的來信，希望取回遭盜取的鑽石，例如在一九四七年，李康川（Lim Kang Tjoean）寫到，他在一九四四年被一個叫作弘前（Hirosaki）的人逮捕，這人命一名間諜闖入李康川的家中沒收了他的貴重物品。根據他的說法，李康川看著他們從藏匿鑽石的地方拿走了三十七顆重達三百零五點七五克拉、價值七十五萬荷蘭盾的明亮式鑽石。[249]到了一九四八年，馬塔普拉原有的六家鑽石切割廠只剩兩家存活下來，現在不僅為鑽石拋光，還在麻六甲、緬甸、上海和香港生產用來拋光鑽石的圓盤，進一步鞏固了馬塔普拉作為亞洲鑽石中心的地位（圖79）。[250]主要的改變是政治上的改變——戰後，荷蘭在亞洲的殖民地不願繼續接受歐洲人的統治，後來成為印尼的那些島嶼打了場獨立戰爭，並終於在一九四九年取得勝利，荷蘭在那一年接受了印尼獨立；[251]之前屬於荷蘭一部分的婆羅洲被重新命名為加里曼丹（Kalimantan），馬塔普拉周圍的產鑽地區如今則屬於南加里曼丹的一省。但即使印尼獨立

圖78　鑽石開採，馬塔普拉，一九五一年。

開創了全新的政治局面，也並未改變當地鑽石開採的本質或荷蘭人的參與，[252]產量持續螺旋式下滑的趨勢也同樣沒有改變。婆羅洲的鑽石開採，就像其他擁有悠久歷史的沖積帶開採的地方一樣，仍維持著依賴傳統方法的開採形式（圖78）。

在仍屬於英國殖民地的印度，對殖民的長期抗爭也成功在戰後幾年驅逐了英國統治，最終在一九四七年獨立。印度獨立後，緊接著又發生了分裂，分別成為信奉伊斯蘭教的巴基斯坦伊斯蘭共和國（Islamic Republic of Pakistan）與印度共和國（Republic of India），並在許多地區造成持續不斷的領土衝突，其中最知名的就是旁遮普及喀什米爾地區的領土衝突。[253]印

圖79　鑽石工廠，馬塔普拉，一九四八年。

度的獨立產生了一項新的保護性鑽石政策。從歷史來看，印度菁英激發了人們對於珠寶及歐洲式切工鑽石的強烈需求，而一部分鑽石便是在印度工廠中切割的。印度切割產業規模一直很小，在國內產量下滑後，便依賴從南非進口鑽石，[254]印度工廠拿不到品質頂級的鑽石，因此當地的切割產業就專攻較小的鑽石，薪資也較低。印度商人向位於孟買和加爾各答的安特衛普公司代表購買原鑽（圖5），這些印度商人大多來自古吉拉特邦的帕蘭普爾市（Palanpur）一些彼此有聯繫的耆那教家庭，然而到了一九二〇年代這個途徑變得日益困難，於是他們開始親自前往安特衛普。安特衛普有個重要且仍持續增加的耆那教鑽石離散人口，這便是他們出現的開始。[255]

二戰期間，英國殖民者全面禁止向印度出口鑽石，以作為控制鑽石流動的方式之一。獨立後，印度政府繼續執行這項禁令，試圖促使印度商人投資當地企業，而不是購買外國鑽石。[256]一九五二年，政府撤銷了這項禁令，但每一批次的進口貨物中都需含有百分之九十的原鑽，印度政府希望透過這樣的方式發展切割產業。連結鑽石產業與安特衛普的耆那教網絡迅速重振，人們輸入了新的技術，印度的切割產業蓬勃發展，部分原因是安特衛普認為印度工廠是處理低品質鑽石的物美價廉管道。[257]一九六九年，阿朗庫瑪公司（B. Arunkumar & Co.，一九六〇年由印度帕蘭普爾商人阿朗庫蘭・梅塔〔Arunkumar Mehta〕成立於孟買）成為戴比爾斯的第一個印度看貨商。一九七〇年代，該公司將總部遷到安特衛普，最後並改名為玫瑰藍（Rosy blue），如今該公司活躍於各種產業，包括房地產與金融，並始終是世界上最大的鑽石公司之一，梅塔家族也因此名列比利時富豪百人榜。二〇一六年，玫瑰藍公司在一宗鑽石詐欺及走私案件中全身而退，這是比利時有史以來這類審判最大的案件之一。[258]印度鑽石業的發展始於印度政府在一九六〇年代所採取的種種措施，而玫瑰藍公司作為當今最富有鑽石貿易公司之一的地位，便是印度鑽石業發展的巔峰。隨著商業的興起，印度切割產業也持續擴張，印度政府在戰後採取的保護性措施發揮了助力，到了一九七九年，印度的出口金融總值有百分十二來自於國內的切割產業，而四年前這一數字只有百分之二。[259]一九八五年，澳洲的阿蓋爾（Argyle）鑽石礦開業，帶來了另一波更大的成長刺激（圖98），[260]原因是阿蓋爾生產非常小的粉紅鑽石，經常在印度的低薪工廠中進行切割，因為這裡比安特衛普近得多。印度切割產業的興起令安特衛普付出了代價：一九六五年，有一萬五千名鑽石工人活躍於安特衛普，人數僅為印度鑽石工人的一半，到了二〇〇四年，有超過一百萬名鑽石工人在印度的切割工廠中工作。[261]

種族隔離下的榮景

戰爭令各國皆需要更努力避免鑽石落入敵人手中，而戰後的挑戰則來自需應對新興的競爭勢力，新局面同樣也考驗著戴比爾斯精心打造的壟斷體制。戴比爾斯在一九六九年邀請梅塔的公司成為第一位印度看貨商可不是在做善事，而是因為印度鑽石商當時在戴比爾斯建立的銷售通路外出售原料。[262]南非人的策略一直是將最佳競爭者納入他們的單一銷售體制中。戰爭及戰爭的直接後果不僅打斷了單一銷售制，更暴露出同業壟斷聯盟的結構，不適合應對工業鑽石的單獨市場。為解決第二個問題，一九四六年時鑽石採購及貿易公司（Diamond Purchasing and Trading Company Ltd，DPTC）成為專門處理寶石級鑽石業務的行銷分支，而工業鑽石（銷售）公司（Industrial Distributors (Sales) Ltd，IDS）則在倫敦經營工業鑽石貿易。[263]在一九四六年至一九五一年間，重新運作的鑽石貿易公司的拋光鑽石銷售量增加了一倍，這顯示儘管一九四七年發生的危機重創巴勒斯坦，但戴比爾斯仍迅速穩住了陣腳。[264]

此次改組是恩內斯特．歐本海默戰略的一部分，目標是將鑽石庫存轉移到南非。恩內斯特．歐本海默希望對鑽石庫存有更大的控制權，但也很樂意避掉英國沉重的公司稅。他將分揀和評級業務移到位於金伯利的中央分揀辦公室，該辦公室現在接受透過大鑽石公司從外部生產商取得的鑽石（主要是剛果生產的工業鑽石），一包包的工業鑽石被送到位於約翰尼斯堡的工業鑽石銷售公司，由該公司負責保管這些庫存，直到準備好在倫敦進行銷售為止。一九六一年，人工鑽石發明後，工業鑽石銷售公司的角色就限縮到只銷售次級鑽石（boart，這是一種分類，包含了不同種類低品質、非寶石級鑽石）、人工鑽石和鑽石研磨料，而大鑽石公司和鑽石採購及貿易公司則負責銷售其他所有鑽石，包括工業鑽石。戴比爾斯的行銷及生產公司（鑽石採購及貿易公司、大鑽石公司和工業鑽石銷售公司）一起被稱為中央銷售組織（Central Selling Organization，CSO）。[265]從戰爭結束十五年後，南非鑽石進口量的大幅上升便可清楚看見恩內斯特．歐本海默的庫存轉移戰略。一九六四年，從南非出口了約兩千萬克拉的鑽石，其中只有兩百萬克拉是在南非開採。[266]

按照慣例，鑽石生產商協會的生產商之間達成的協議規定每五年換約，但在一九五〇年時發生了一些重要的變化。普米耶礦（圖67）重新開業並分配到配額，而大鑽石公司則不再受限於配額，但須同意履行其合約義務所需的保證，大鑽石公司對位於西非、剛果和英屬坦甘伊加（British Tanganyika，後來的坦尚尼亞）的外部生產商，以及一些南非沖積帶生產商具有合約義務。一九五五年，大鑽石公司再次獲得配額（圖75），[267]戴比爾斯至此時仍是這些組織結構中最重要的公司，而這些組織包含了九家鑽石開採及探勘公司、大鑽石公司，以及三家企業為投資黃金、煤礦、化學品、紡織品及工程而成立的公司。[268]然而，鑽石始終是戴比爾斯的核心業務，戰後那些年是繁榮的歲月，由於消費者對拋光產品及珠寶的需求恢復，以及產業對低等級工業鑽石的需求不斷擴張，銷售數字和產量都在上升。從一九四五年至一九六〇年代這段期間，全球的原鑽產量倍增至每年兩千七百萬克拉。剛果、安哥拉及西非因擁有大量工業鑽石礦藏，產量超越南非，寶石級鑽石如今只占總產量的四分之一，但銷售額則是四分之三。[269]戴比爾斯雇用一家廣告代理商在全球行銷鑽石，而艾爾父子公司（N. W. Ayer & Son）的文案撰稿人瑪麗・葛利提（Mary Frances Gerety）在一九四七年想出了著名的廣告語「鑽石恆久遠，一顆永流傳」，這並非巧合，[270]而是因為不斷擴張的產量需要不斷成長的消費市場支撐，戴比爾斯戰後的宣傳活動便十分成功。他們賣給西方消費者的閃亮鑽石與鑽石產業從業者所承受的日益艱辛勞動形成了鮮明的對比，而且戴比爾斯在勞工待遇方面的紀錄尤其不佳，而其他公司則企圖為勞工創造更好、但管理作風更家長式的勞動環境，坦尚尼亞的約翰・威廉森（John Williamson）即是個例子。

非洲其他地方的既有外部產量已經透過契約協議取得，現在，每個新的發現都會被視為對戴比爾斯壟斷地位的潛在威脅。一九四二年，戴比爾斯直接控制南非克蘭茲的沖積帶礦藏，一個依賴移民薪資勞動力的礦業小鎮因此發展起來，尤其在一九五六年開採活動擴大之後更是欣欣向榮，二十世紀末，這個鎮上的四千名居民全都靠著戴比爾斯穩住了生計。[271]戰後的幾年，對戴比爾斯而言最重要的挑戰，是在英屬坦甘伊卡發現的一個礦藏：一九四〇年，加拿大籍地質學家威廉森找到了穆瓦杜伊（Mwadui）金伯利岩管（圖82），這裡位於木宛札（Mwanza）南方約一百六十公里處，靠近維多利亞湖。這個表面積為一百四十六公頃的岩管迄今仍是世界上最大的可開採鑽石礦，事實也證明它的鑽石蘊藏極為豐富，因此戴比爾斯很快就採取行動，買下了該礦。一九四七年，威廉森鑽石公司（Williamson Diamonds Ltd）決定加入鑽石生產商協會後，便獲得了百分之九點一七的生產商配額，而該礦的產量在一九四九年時為十九萬五千克拉；但不久後，威廉森和大鑽石公司就價格問題產生齟齬，威廉森鑽石公司因而退出。一九五〇年代期間，威廉森礦的產量高於南非所有戴比爾斯礦的總產量，且開採出寶石等級的鑽石，這對戴比爾斯而言是個危險的局面，直到一九五八年威廉森逝世後，戴比爾斯才得以與威廉森的兄弟及殖民政府談妥交易，買下該礦。[272]對於戴比爾斯的擴張最感到後悔的人也許是勞動者們，因為威廉森曾蓋了學校和醫院，設法為他雇用的數千名黑人勞工打造了一個模範的工作環境。[273]

根據曾廣泛研究坦尚尼亞鑽石開採的社會學與人類學高級講師羅斯瑪麗・木韋波波（Rosemarie Mwaipopo）的說法，威廉森開發礦場的經過是個非凡的故事。他一開始只是名探勘者，當他發現了一個豐富的礦藏時，他與當地統治者商量（該礦最初即以其中一位統治者穆瓦杜伊的名字為名）

並獲得允許進行開採。後來他透過合法方式買下了這個礦所在的那塊土地，而不是採取過去常見的偷竊或占用土地做法。[274]威廉森打造了一個礦業社會，退休的勞工可住在鄰近的村莊中，在二〇〇〇年代中期，該社會共有兩萬名居民，包括一些活躍的手工開採者。[275]儘管威廉森的企業肯定與南非礦業圈舍不同，但它事實上也不是烏托邦式的工人天堂，一九四六年，威廉森礦的六千名工人居住在一個由兩百名警衛看守的有圍籬營地中。[276]儘管建立一個警衛森嚴的營地仍是礦業主用來防止竊盜和走私的典型做法，但威廉森為他的工人修建的設施，以及在創立採礦企業時採取的協商方式，仍與南非及西南非的情況有極大不同。[277]

自十九世紀起，戴比爾斯不僅對待自己的黑人勞工十分惡劣，而且該公司及恩內斯特・歐本海默本人如今可說深刻影響了南非工業及政治，而兩者的特點就是充斥著種族主義。作為該國最重要的經濟力量之一，戴比爾斯不僅是個巨人，還是南非的巨人，而一九一〇年起名義上獨立、一九三一年完全獨立的南非聯邦，則是一個建立在官方隔離（種族隔離）政策上的國家，在一九四八年國民黨（National Party）贏得選舉後，就開始實施種族隔離政策。一個白人少數群體運用種族法及暴力壓迫作為控制黑人多數群體的手段，使得南非在實施種族隔離政策的幾十年間，成為一段以白人暴力、黑人反抗、國際公憤及抵制為特徵的動盪歷史。[278]一九六〇年三月，一場反通行法的大型示威活動在川斯瓦的沙佩維爾（Sharpeville）上演——通行法便是支撐種族隔離的國內護照制度。警察殺死了六十七名示威者，導致聯合國採取了正式立場。一九六二年十一月，聯合國通過第一七六一號決議，譴責種族隔離政策並呼籲各界自願抵制；一九六三年八月，聯合國安全理事會簽署另一項旨在停止向南非出口武器的決議，並得到法國及英國除外的所有成員國簽署，包括蘇聯，[279]而蘇聯簽署這項協議也導致一項允許戴比爾斯購買俄羅斯鑽石的祕密協議暫時中止。[280]之後，國際抵制擴大，外國投資人卻步，南非的經濟受到重創。

一九五七年，在他父親之後繼任英美資源集團及戴比爾斯負責人的哈利・歐本海默（Harry Oppenheimer）採取了務實的立場。哈利・歐本海默的父親在晚年已多少意識到許多南非工人在悲慘的環境中居住和工作，但他改善工人命運的努力動機也不過被認為是「開明的利己主義」。[281]不可否認，歐本海默家族屬於白人菁英階級，過著奢侈的生活，踩著南非黑人勞工的背發了大財；歐本海默家族也與南非政府在經濟上有共通的利益，南非政府實際施行的種族隔離，根據的即是包括戴比爾斯在內的礦業企業所制定的規定。[282]但另一方面，哈利・歐本海默也意識到種族隔離的政治體制無法長期永續，改革勢在必行。當他在一九六一年見到尼爾森・曼德拉（Nelson Mandela）⑩，他被曼德拉的「權力感」所震撼，[283]哈利・歐本海默認為黑人中產階級的發展將是一個突破，並為此主動採取了一些行動。在一次訪美之行中，美國總統林登・詹森（Lyndon Baines Johnson）便讚美他對黑人勞動者的人道待遇，但也告訴他這樣做還不夠。[284]

⑩ 編按：一九一八年至二〇一三年，為南非反種族隔離革命家、政治家及慈善家。是南非第一個由全面代議制民主選舉選出的總統，任內致力於廢除種族隔離制度、實現種族和解，以及消除貧困不公。

這位美國總統可以對於戴比爾斯對待黑人工人的種族主義方式自由地表達看法，但是在南非，對於長期存在的壓迫性圈舍制度、歧視及薪資不平等，人們的意見要負面得多。受雇於戴比爾斯的黑人工人平均一個月賺九十七點五美元，而一個白人工人的平均月收入卻是四百八十美元。就連在哈利·歐本海默擔任校長的開普敦大學（University of Cape Town），學生也抗議他未能將自己的話付諸行動。作為回應，薪資是調高了，但黑人與白人工人之間的薪資仍然不平等。一九七三年九月，南非當局暴力驅散了金礦工人舉行的罷工行動，殺死了十二人，這同時也表明了在南非，種族隔離、對黑人勞工的壓迫以及暴力是相輔相成的。[285]在一九七〇年代，戴比爾斯終於決定廢除其封閉式圈舍制度，雖然與南非對待黑人移工的一般性做法相同的「居住所制度」仍持續存在（這種制度設計與建了某種特定建築，以便在只有白人居住的地區安置黑人勞工）。[286]烏干達學者馬穆德·瑪姆達尼（Mahmood Mamdani）在其一九九六年首次發表、關於非洲殖民主義產物的專著中曾提到一項研究，結論是勞工居住所提供了五十二萬九千七百八十四個床位，其中近百分之六十的床位位於蘭德金礦區；同時，瑪姆達尼也聲稱這一數字並不能代表居住所安置的勞工總數，因為擁有床位的人被認為享有特權。[287]居住所的環境常常十分艱苦：床位很小，小販販售菸酒和藥物；在一九八六年廢除控制入住者的機制之後，湧入了大量的失業工人，導致人數過多而難以維持。[288]

在鑽石礦場，圈舍制度控制黑人勞工及防止鑽石竊盜的能力成為人們為其辯護的理由。該制度運用的標準工具之一是X光機，工人被監禁在封閉的圈舍中長達七週，而這是個人接受連續X光線檢查所需的安全期（圖80顯示的是一名吞下鑽石的男子的胸腔）。[289]一九七六年二月《週日泰晤士報》（*Sunday Times*）刊出一篇關於鑽石礦場勞動的文章，證實了推行封閉式圈舍制度的官方動機始終是防止竊盜，這一制度讓「來自部落地區的礦工簽訂契約，在監獄般的環境中生活七個月，以便交換一張居住所床位及基本生活所需（酒和女人除外）」。[290]歷史證據，尤其是插圖均充分表明，採取這些防止竊盜措施背後的主要動機，是企圖完全控制黑人勞動力，好讓白人雇主覺得有需要時可以任意地使用、處置及削減這些勞動力。這篇文章繼續述說，儘管非法鑽石貿易減少了，但這一制度「經常因其道德及社會影響而受到批評」。[291]針對圈舍制度的抗議活動在一九七〇年代似乎由宗教組織接續了下來，荷蘭改革宗教會（Dutch Reformed Church）稱其為「肆虐於非洲人民生活中的一種癌症」。[292]但這個教會不太關

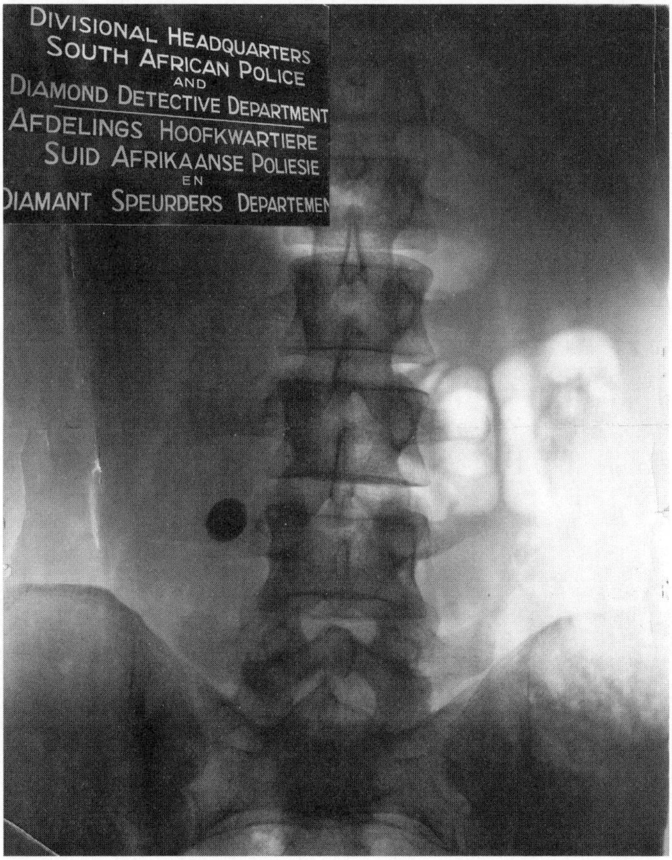

圖80　一顆失竊鑽石的X光片，金伯利，一九三二年。

心政府在種族隔離背景下犯的錯誤，而是抱怨圈舍對家庭生活的毀滅性影響，認為它是滋生賣淫及性病的溫床。此時，戴比爾斯已開始更替其原有的住房，並在金伯利附近的蓋爾世維鎮（Galeshewe）興建了兩百五十間房子，同時也希望薪資調升能夠吸引更多當地勞動力來取代遷徙的勞動力。

然而這名記者的結論是，儘管針對圈舍制度的抗議與日俱增，但戴比爾斯之所以甘心逐步汰換「封閉式居住所」，背後的真正理由是希望改善安全措施並推行「誠實獎勵」制度。這篇文章以一名黑人礦工阿貝爾．馬列特拉（Abel Maretela）的故事開始，他因為開採出「至今發現的第十大鑽石」而獲得了五千六百八十英鎊的獎金以及一棟「在他部落原鄉」的房子。[293]馬列特拉的薪資是每個月七十八鎊，過去也曾因為「發現從傳送帶上掉落的鑽石」而獲得三百四十鎊、四百七十鎊及十一鎊的獎金。[294]這些金錢激勵措施可減少鑽石竊盜，這篇文章的作者對於圈舍逐漸消失後黑人工人可能取得的進步感到樂觀，但也指出仍有一個與白人礦工工會有關的重大問題：正如一八八三年和一八八四年時白人罷工者不願與他們的黑人同事聯手一樣，現在的白人工會也拒絕接受黑人工人從事薪資較高、技術性也較高的工作。[295]然而，國際上抗議活動的發展與在地及國內白人對黑人勞工解放的抵制，形成了鮮明對比——美國透過一九八六年的《反種族隔離法》（*Anti-Apartheid Act*）限制從南非進口貨物，該法也預示如果隔離持續下去，將採取更多制裁措施。非裔美國人對戴比爾斯的批評也轉趨嚴厲，並對該公司反對種族隔離及認可種族隔離措施的兩面策略表示遺憾。[296]一九八七年，哈利．歐本海默離開了鑽石生產商協會，企圖鬆綁戴比爾斯與南非的關係，但此舉不過是欲蓋彌彰，因為戴比爾斯在全球鑽石產量中的占比已下滑至百分之十一，但是中央銷售組織（戴比爾斯為其中最重要勢力）掌握了全球銷售額的百分之八十。[297]

其他人則試圖推翻南非的政治體制，而礦工們在其中扮演了要角。一九八二年，黑人的全國礦工工會（National Union of Mineworkers，NUM）快速發展，並推動了終結種族隔離政策，除了透過罷工之外，他們也協助非洲民族議會（African National Congress，ANC）以及成功聯合各個貿易工會，以達到最終目標。[298]一九九〇年，曾經被稱為作西南非（South West Africa）的納米比亞成為獨立國家，他們的努力得到了最終成果。為獨立而戰、並在後來成為納米比亞執政黨的西南非人民組織（South West Africa People's Organization，SWAPO）曾稱該國的礦藏地為「剝削及財富侵吞的關鍵場所」。[299]關於將戴比爾斯在納米比亞擁有的一部分礦藏地的國有化協商，雖然最終沒有讓該國擁有這些礦藏地，但確實為黑人勞工創造了更好的勞動條件，最終也讓那些為了改善自己命運而奮戰數十年的南非同事們受益。[300]一九九四年，曼德拉當選南非總統，終結了種族隔離的政治體制。身為鑽石與南非代名詞的戴比爾斯，名聲也因依賴剝削勞動力以及助長南非種族隔離而受損，但該公司始終是鑽石世界的主導者。儘管它一路走來做錯了許多事，但事實證明，它還是比非洲其他地區的殖民地礦業公司來得幸運些，因為其他公司大部分都在一九五〇年代末及一九六〇年代的獨立運動中遭到解散。

5 沖積帶開採的持久魅力（一八八四年至二〇一八年）

獅子山遍地是鑽石，大部分在河流沿岸……數百公里的溪流與沼澤。即使找來幾千名警察、直升機，還有天曉得什麼，你也拿那地區的非法開採活動沒啥辦法……如果你搭乘小飛機四處飛一飛，或在灌木叢砍條路出來，你就會看到每個早上河畔新開挖出來的坑坑洞洞。[1]

南非金伯利岩管的發現與地下開採的發展徹底改變了鑽石世界的樣貌，讓衰退中的採礦業重獲生機，也令原鑽的產量大幅提升，而這又回過頭來讓人們重新做起透過壟斷生產與貿易進而控制鑽石價格的舊夢。通過戴比爾斯聯合礦業及其與位於倫敦之企業聯合會的連結，南非鑽石礦業的發展確保大量原鑽可透過受到嚴密控制的單一銷售渠道進入消費者手中。除了完全控制生產與銷售外，戴比爾斯也不斷完善運用在鑽石礦場長達一世紀的奴隸制勞動。從官方角度來看，世界各地都已經廢除了奴隸制，但是在南非，封閉的圈舍制度及種族隔離，卻是戴比爾斯得以幾近完全控制黑人礦工的基礎。

於南非發展出來的工業化開採形式，奠定了直至今日整個鑽石產業的基調，但並沒有讓古老的沖積帶開採做法消失。冒險家沒有停止尋找鑽石，在巴西、印度和婆羅洲的老產鑽區，以及非洲心臟地帶，掘鑽熱仍持續在這些地方的河床出現。在戴比爾斯建立世界性帝國的同時，探勘者也在西非及中非發現了重要的沖積帶礦藏。殖民時期，大型歐洲公司建立了對剛果、安哥拉、西非和坦尚尼亞產鑽地區的壟斷權利（圖82），但在獨立以及許多國內開採產業國有化後，非洲各國政府發現，數以千計尋求一夕致富的人活躍在偏遠且分散的鑽石田中，要控制他們是件愈來愈困難的任務——這些鑽石田正是「血鑽石」一詞誕生的地方，指的是用鑽石來資助流血的內戰。非洲沖積帶鑽石（常是工業鑽石）成為嚴重的走私品，為當地經濟及人口帶來了巨大的負擔，許多人被迫為有權有勢的人工作或受到希望脫離貧窮的期待驅使，並因此而受苦。而這一切都是在非洲歷史上最殘暴的殖民政權統治下開始的，那就是比利時國王利奧波德二世（King Leopold II）。

雖然在二十世紀，非洲開採的鑽石兼具工業化及手工開採兩種模式，但我們不應忘記，在印度、婆羅洲、巴西的老礦區中仍存在著小規模的手工鑽石開採活動。這一章要談的是在非洲和其他地方仍持續進行中的沖積帶開採活動，它與前一章處於同一時間段，而前一章是關於戴比爾斯的工業化經營，這一章則是關於沖積帶開採的競爭。

持續存在的婆羅洲傳統開採方法

工業化開採的發展帶來了新的開採、銷售及控制勞動力的技術，深刻影響了鑽石世界，然而工業化開採卻沒有完全取代舊有的沖積帶鑽石開採做法，因為這兩種不同的開採形式並非互斥，只是需要不同的礦業管理，只是工業化地下開採容易控制得多，因為進行的區域較小，不是在河床上，而是在地下礦坑。在二十世紀的非洲河床上從事開採活動的工人所依賴的技術，和不同時代在世界各地鑽石礦床上工作的礦工們所使用的技術是一樣的。

有一份一七八六年的報告描述了在馬辰（圖14）附近的摩鹿科（Molucco）河床上，居住在山區的當地人如何協助鑽石礦工，因為他們更擅長從土壤的顏色及某些小石頭的出現來判斷哪裡有含鑽土壤。他們似乎還不知道從土壤中提取出的石頭所具有的商業價值，觀察者指出，當地人樂意找塊地方、挖個洞，然後用鐵鍋挖出土壤，而且他們這麼做完全免費，接著，這些土壤會經過運輸、篩分及清洗，土地承租人只付給礦工十分普通的價格便拿走了鑽石。超過五克拉的鑽石必須交給當地統治者，其餘的鑽石則流入市場。這篇文章的匿名作者評論，這是「傻瓜才遵守的規則」，因為重量超過五克拉的鑽石還是很容易吞下肚子。這些坑洞可以深達十七公尺，由木製架構支撐以避免坍塌。[2]這種傳統的沖積帶開採方式與南半球其他地方的開採方式十分類似，幾乎沒有隨著時間而發生改變。

十九世紀在巴達維亞寫的一份紀錄，描述了在蘭達克主要定居點的當地人如何挖洞尋找鑽石。那裡有兩百五十棟房子，容納了四千名靠實物貿易及鑽石開採為生的穆斯林。蘭達克是婆羅洲內一個區域實體，名字源於當地一個意為「豪豬」的詞，是由發現蘭達克的歐洲人取的，用來描述其凹凸不平的地形——這是婆羅洲鑽石開採的特色。[3]這個對坑洞的描述也可在一八二四年一位政府官員所寫的旅行報告中見到，報告中描述了位於馬辰的宋吉隆提（Soengi-Roentie）的三座礦坑，它們深入地底，約半平方公尺大、四公尺深；腳手架建在一公尺深一點的地方，人們從那裡撈起底下的礦工們送上來一桶桶的水，在底下的礦工則在深及肩膀的水中工作。他們正在尋找含有鑽石的土壤，這種土壤的特色是會出現一種帶有類似鉛的顏色的石頭，人們稱它為「鑽石之兄」（soedara intan）。人們在地面上用竹籃子將這種土過篩，剩下來的細沙被放在圓形的木製容器中進一步清洗，直到可以用手將鑽石撿出為止。[4]

馬辰蘇丹的脖子上掛著一顆重達七十七克拉的鑽石，這顆鑽就是在宋吉隆提發現的。當荷蘭人在一八五九年控制馬辰蘇丹國，人們將這顆鑽石送到阿姆斯特丹，並在那裡將它切割成一顆重達三十六克拉的鑽石，目前被保存在荷蘭的國家博物館（Rijksmuseum）中。[5]雖然島上有時可以找到重量介於二十四至四十克拉的鑽石，但這個尺寸的鑽石在該島上十分罕見。一八五八年，一名中國礦工將一顆重達四十克拉的鑽石交給了蘭達克統治者；[6]十年後，在其中一個鑽石礦中發現了一顆重達二十五克拉的鑽石，後來被切割為十八點五克拉的鑽石。[7]這些採礦方法幾乎不曾隨著時間而變化，一份一九一九年的紀錄描述了礦工如何確定豎井裡含鑽土壤所在的深度：他們在土中插入一根鐵針，當它碰觸到石英石會發出摩擦聲，礦工就知道是否已經到達含鑽土壤層了。接著，礦工用不同籃子來篩分含鑽土，其中一個籃子用來篩分所有重達三克拉及以上的鑽石，這種做法是「蘇丹時代遺留下來的方法，當時所有三克拉及以上的鑽石都得交給蘇丹」。[8]

波瑟維茲是一本關於婆羅洲礦業資源調查報告的作者，根據他的說法，那些尋找鑽石的人「技巧高超」，可以找到未經訓練的人看不見的最小鑽石。[9]他也寫到，迷信在鑽石開採活動中十分重要，某些人被認為「有能力透過對鑽石光澤的神祕感知，確定鑽石的埋藏地點……儘管巫師說了這些話，但如果他們沒有成功找到所謂的寶石，他們就會安慰自己，鑽石已經被惡靈悄悄移走了」。[10]

沖積帶開採作業不只是收集和沖洗從坑洞裡挖出來的土壤而已，一些礦工也會潛入水中找尋土壤，他們沒有呼吸輔助設備，但會使用一個通常約三平方公尺大的木製籠子，裡面可容納三至四個礦工。這個籠子是為了保護潛水人不會受到鱷魚的傷害，但偶爾仍會發生意外：在一九二七年七月至一九二八年七月間，有八十個人喪生於馬塔普拉河。[11]今日，當地人（主要是在西加里曼丹〔West Kalimantan〕）仍會冒著生命危險潛入水中尋找鑽石。[12]二十世紀初，潛水人多半是受到中國人或當地商人資助的馬來人。雖然當地人始終在礦業中扮演要角，但他們從不孤單，一九三二年，一個工程師提到了中國人、馬來人、達雅族人（Dayak）①、日本人和歐洲人活躍的產鑽流域。即便在叢林中（經常是在山坡上），也可找到早期的開採遺跡，當地人聲稱主要是中國人開採時留下的。[13]這些痕跡可能是回填的坑洞，因為是開採活動結束後的慣例；也可以在坑洞上方懸掛一面小旗，告訴別人這裡仍在進行開採，但這一做法經常產生誤解，尤其是當另一個礦工重新開採一個老坑並找到鑽石時，時常導致人們針對那裡之前是否有掛旗子產生爭論。[14]中國人開採黃金和鑽石，但達雅族人比中國人更容易「接受找不到寶石的失望，即使有時他們費盡力氣，徒勞無功地挖了好幾天」。[15]到了十九世紀中，婆羅洲大部分的黃金、鑽石和珠寶都出口到中國，價值估計每年達數百萬荷蘭盾。[16]礦工們以公司（Kongsi）的方式自我組織起來，這是一種基於群體內部類似氏族之情感依附的商業夥伴關係，源於中國的社會結構。[17]旱季開始時，人們就在馬塔普拉的貿易商們的資助下在鑽石田組織起公司，有些公司是以親屬關係的連結為基礎，因為挖掘鑽石已經成為代代相傳的家庭傳統，在馬來人中尤其如此。一名投資者會預付一筆錢給礦工，他們每個月大約能賺十五個荷蘭盾，而他則得到百分之十到二十的利潤作為回報。[18]

慈善家、藥劑師及企業家韓德里克·蒂勒瑪（Hendrik Tillema）曾在一九二八年及一九二九年前往婆羅洲內陸，並於一九三一年及一九三二年再度拜訪原住民達雅族人。他完成一本繪本及一部電影以記錄自己的旅程，這部電影曾在荷蘭電影院放映。[19]蒂勒瑪關心歐洲人與當地人接觸的後果，並希望用這部電影記錄達雅族人的文化和生活方式。達雅族長期從事鑽石開採，因此電影中也呈現了這一主題。達雅族以「selamatan」開始他們一天的工作，這是包括以一隻豬、狗或雞為祭品的一系列慶典活動。[20]活動結束後，他們會採集第一份土壤樣品，放在一個小石油罐或類似容器中

①編按：婆羅洲島上的土著民族。

仔細清洗，如果發現鑽石，就會被當成是好運的象徵並交給荷蘭殖民官員，之後便開始認真進行開採。[21]正如在許多其他的歷史背景下，女性從事如運輸含鑽土壤（圖81，可與圖19比較）等艱苦體力工作的情況並不罕見。雖然近代人們已經引進了一些現代設備來協助沖洗和分揀，但沖積帶礦場的鑽石挖掘仍維持手工方式。一九八〇年代，只有不到五百名礦工活躍於查帕卡，這裡的鑽石土層正逐漸枯竭。[22]這些礦工有許多是穆斯林農民，他們從事鑽石挖掘工作是希望能幸運地找到鑽石，以用來支付前往麥加朝聖的旅費。[23]

圖81　運送含鑽土壤的婦女，婆羅洲，一九二八年。

非洲心臟地帶的鑽石

在蒂勒瑪前往婆羅洲的二十年前，非洲的心臟地帶發現了一個重要的沖積帶鑽石礦藏——一八八四至一八八五年，柏林會議（Berlin Conference）派遣探險隊前往該地區後，就使這個地區成為殖民競逐的對象。[24]就在南非鑽石巨頭崛起的同時，歐洲列強也正在探索著幅員廣大的非洲內陸，比如著名的記者亨利・史丹利爵士（Sir Henry Morton Stanley）為比利時國王利奧波德二世探索了剛果盆地，因利奧波德二世希望在中非建立一個殖民地；而法籍義大利探險家皮雅特洛・布拉薩（Pietro Brazzà）也為法國探索了非洲；當英國人希望將影響力擴及整個非洲大陸時，德國對西南非開始產生興趣。[25]儘管歷史學家仍在審視這場「非洲爭霸戰」背後的帝國主義野心及政治經濟動機，但十九世紀末歐洲勢力在撒哈拉以南非洲擴張所造成的破壞性影響毋庸置疑。柏林會議解決了敵對的歐洲殖民者之間的緊張關係，實現了國王利奧波德二世擁有一個私人非洲殖民地——剛果自由邦（Congo Free State）的夢想。[26]利奧波德二世將殖民地的大片土地轉讓給橡膠公司，透過建立一支名為公共部隊（Force Publique）的殖民軍隊在橡膠種植園實施暴政，當地人受到窮凶惡極的剝削，以至於現今歷史學家將利奧波德二世對剛果的統治稱為「種族滅絕」，在一八八〇年至一九一〇年間，他的統治造成高達一千萬人死亡。[27]

在十九、二十世紀之交，比利時國內反對殘暴對待剛果人的聲音愈演愈烈，英國的報紙也刊出這類主張，[28]文學也做出了貢獻，最知名的就是英國小說家約瑟夫・康拉德（Joseph Conrad）的《黑暗之心》（*Heart of Darkness*），一八八九年以連載形式首次發表。康拉德的短篇小說雖然無可避免地加深了對於非洲大陸及其居民的既有刻板印象，但確實也對歐洲人剝削非洲的恐怖情景提供了一些深刻見解：「他們渴望的是撕裂這片土地，從它的深處掏出寶藏，這件事背後的道德目的不會比一個賊撬開保險箱還要多。」這句話事實上可以直接適用於所有地方的鑽石開採活動。[29]一九一七年，一份荷文報紙報導，比利時政府正考慮併吞剛果，尤其是因為它現在是一座「金礦」的名聲已經引起英國人的興趣，報紙也比較了英國詆毀利奧波德二世殖民統治的手段與英國奪取川斯瓦及其鑽石田的策略。[30]國際社會逐漸意識到，剛果發生的事也增加了比利時政府接管這個殖民地的壓力，比利時政府最終在一九〇八年十一月接管了剛果。[31]當統治上的變化發生時，人們也正積極開發礦產方面的利益，希望努力減少橡膠在剛果殖民經濟中的重要性。一九〇六年，三個比利時礦業公司成立，分別是：上加丹加礦業聯合（Union Minière du Haut-Katanga，UMHK）、加丹加下剛果鐵路公司（Compagnie du Chemin de Fer du Bas-Congo au Katanga，BCK），與國際林業及礦業公司，這三家公司均獲得了巨大的土地特許權。[32]後來控制了剛果大部分經濟的比利時通用銀行（Société Générale de Belgique，SGB）是這三家公司的持股人，但美國也參與其中，尤其是在國際林業及礦業公司，因為萊恩及古根罕公司（the firm of Ryan & Guggenheim）是其重要股東。[33]

國際林業及礦業公司從一九〇七年開始涉足採礦業務，它的探勘者原本希望找到金礦，結果卻在殖民地西南部的開賽河（Kasaï）中發現了一顆鑽石。當比利時布魯塞爾的專家證實這顆鑽石是真的之後，幾個探勘團隊就冒險出發尋找更多鑽石，因此一九一一年發現了更多價值連城的鑽石，[34]且都集中在開賽河及其支流。在契卡帕河（Tshikapa）和開賽河匯流的地方，國際林業及礦業公司建立了契卡帕鎮為其管理總部（圖82）。國際林業及礦業公司一開始獲得了超過百萬公頃的土地，用於礦業及農業，但當比利時吞併了剛果自由邦，國際林業及礦業公司便重新考慮了利奧波德二世的特許權政策，因為這個政策將採礦權交給了極少數的公司。一九一二年，國際林業及礦業公司的特許權被減少至十五萬公頃，但是作為補償，該公司獲得了管理其他公司鑽石礦藏的權利。[35]

雖然土地面積減少，但新的安排導致原鑽產量增加，一九一六年，加丹加下剛果鐵路公司的探勘者在盧比拉什河（Lubilash）和巴克汪加鎮（Bakwanga，後更名為木布吉馬伊〔Mbuji-Mayi〕，圖82）附近發現了新的鑽石田，更進一步增加了產量。一九二〇年，加丹加下剛果鐵路公司的子公司貝賽嘉礦業公司（Société Minière du

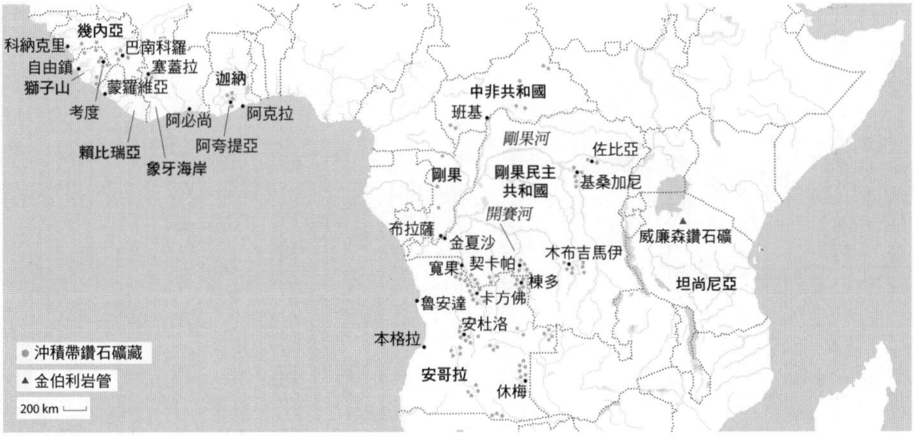

圖82　西非和中非的鑽石礦藏。

Bécéka）將這些礦藏的實際管理權交給了國際林業及礦業公司。[36]

要在剛果開採鑽石是項困難的工作，直到第一次世界大戰尾聲才真正展開。一九一一年，總共挖掘出兩百四十顆鑽石，但這些沖積帶礦藏的開採量很快擴大，到了一九一三年有一萬五千克拉、一九一七年有十萬四千克拉、一九二二年有二十五萬克拉，產量高於當時西南非的產量（估計約二十萬克拉），但仍低於南非六十六萬九千克拉的總產量。[37]金伯利岩管的發現改變了人們對鑽石開採的認知，沖積帶礦藏的探勘已無法滿足企業的渴望。一九一九年，國際林業及礦業公司的股東之一達尼埃爾・古根罕（Daniel Guggenheim），在巴黎安排了一場與尚・賈多（Jean Jadot）的會面，後者是比利時通用銀行董事，一九〇六年三家礦業公司成立時，他是幕後規劃催生者之一。古根罕向賈多展示了智利丘基卡馬塔礦（Chuquicamata）的縮尺模型，這是他的家族擁有的一個礦，也是世界上最大的露天銅礦，他希望用同樣的技術來發展剛果的工業化採礦，但很快就證明這想法不切實際，因為他們找不到合適的金伯利岩管。[38]

沖積帶開採一開始不需要機械工具的大規模投資，因此國際林業及礦業公司第一個關心的是獲得廉價勞動力。雖然國際林業及礦業公司給黑人工人的薪水很低，但他們試圖用便宜的鞋子和衣物，以及提供類似當地建物的住房來彌補這點：

> 顯然剛果唯一遵循臨時工制度的大公司是國際林業及礦業公司——一家美國與比利時合資的鑽石特許權經營者。勞工樂意接受這家公司的雇用，因為它將勞工安置在村落的住房裡，這些房子跟

他們在家中習慣的類似，它還提供其他有吸引力的勞動條件。[39]

一九一九年，開賽河的鑽石開採作業雇用了七千名剛果勞工，但到了一九二五年，國際林業及礦業公司已經建造了一個估計長達一千公里的路網，連接了十六個村落，雇用了一百五十五名白人、一萬八千名黑人工人，他們的倉庫位於查爾斯維爾（Charlesville），總部設於契卡帕。[40]大部分的工人來自當地講班圖語（Bantu）的盧巴族（Luba，又稱巴盧巴〔Baluba〕）。國際林業及礦業公司的雇用是以臨時工為基礎，也就是依據季節性契約招聘的臨時勞動力。鑑於當地經濟朝向礦業轉型令人們別無選擇，再考量沉重的稅負壓力，這種雇用形式是否真的自由是個具高度爭議性的問題，[41]但是減少當地居民的工作選項以迫使他們從事礦業勞動，這種策略並不新鮮，人們在南非運用這種策略的方式甚至更為嚴酷。在剛果，封閉圈舍及遷徙勞動力從未成為常態，但是當地經濟被徹底重塑，只能扮演礦業利益的從屬角色。礦場的食物供應尤其重要，國際林業及礦業公司從早期就一直奉行採購當地農產品的策略，但是當勞動力規模擴大，事實證明這樣不夠，於是該公司部分的土地被用來從事農業生產。政府提供額外的供給，開始強迫當地人從事農業生產，國家再以低價收購，賣給礦業公司。[42]開賽的幾個區被納入殖民工業，比如盧伊札（Luiza）是位於契卡帕和木布吉馬伊之間、安哥拉邊境的一個地區，這裡自一九〇九年就發現鑽石，一九一五年成為管制區，後來變成了礦業小鎮的食物供應區（圖82）。在礦業起飛前，這地區曾參與遠距離貿易，出口象牙、拉菲草織品、棕櫚油、鐵製刀具、非洲奴隸、小米、高粱和橡膠，也進口牲畜、珍珠及銅項鍊，但在礦業起飛後所有既有的貿易活動都被禁止，當地經濟被迫轉型以滿足國際林業及礦業公司的需求，國際林業及礦業公司也從該地區招聘工人。[43]國際林業及礦業公司也在政府給的土地上種植作物，一九二五年時有十個運作中的農場，種植油棕、樹薯、玉米、豆類和蕃薯，以填飽工人的肚子。[44]

國際林業及礦業公司家父長式管理作風的努力創造了一個相對吸引人的勞動環境，而這和競爭程度有關。在加丹加活動的礦業公司對勞動力的需求很高，單是上加丹加礦業聯合公司就雇用了八萬人在其金、銅、錫礦工作。[45]除此之外，一些公司原本依賴透過國家干預獲得的強迫勞動，但這一做法在一九二〇年代晚期遭到廢除，[46]為了更好地管理招聘工作，各公司建立了勞動交易所（Bourses du Travail）制度，在這些地方招聘潛在勞工。殖民地的各個不同地區均設有勞動交易所，第一家在一九一〇年由上加丹加聯合礦業在加丹加成立。[47]雖然這些是私人企業的勞動機制，但卻得到比利時殖民政府的支持，並成功促進了殖民企業剝削黑人就業，黑人工人的數量由一九一六年的四萬五千七百零二人增加至一九二二年的十五萬七千人，一九三〇年時更達到四十萬九千六百六十五人。[48]一九二一年，開賽成立了一個勞動交易所：該勞動交易所百分之四十由國際林業及礦業公司所有，百分之三十六屬於貝賽嘉。這些公司招聘代理人以投機的方式尋找勞工：以承諾給予佣金或暴力威脅的方式取得村長們的協助，因為村長可以從幾百公里遠的地方找到勞工。[49]一九二一年至一九二四年，國際林業及礦業公司的勞動力從一萬人增加至兩萬人，使得該公司成為比屬剛果最大的雇主。[50]一九二八年，政府給了國際林業及礦業公司在契卡帕地區的招聘壟斷權，再進一步縮減勞工僅剩的自由選擇權。[51]同一條法律還將契卡帕劃分為數個持通行證才能進入的區域，並賦予特別成立的礦業警察打擊鑽石盜竊的廣泛權力，這令該公司對待工人的態度更加強硬。[52]

勞動力壟斷化改變了國際林業及礦業公司對待其新進人員的態度，但一九二〇年代，旨在改善工人勞動條件的立法進展則發揮了抗衡效用。強迫勞動及使用暴力成為非法，每個工人都能夠簽訂契約；[53]國際林業及礦業公司則必須遵守有關勞動營的供水、通風、衛生及建築品質的特定標準。[54]公共衛生及醫療保健得到改善，每個礦場都設有檢疫所，用來收容傳染病患者。契卡帕蓋了一家醫院，因為勞動營安置的勞動力愈來愈多，導致了結核病的爆發，國際林業及礦業公司雇用了十名醫生來治療結核病，以及，主要是昏睡病（sleeping sickness）。②[55]畢竟健康的工人才有助於利潤，「生病的每一天都造成產量損失……此外，健康的勞動力才是最佳的招聘方法」。[56]這些勞動條件的改善使得國際林業及礦業公司成為相較於其他雇主更照顧勞工的雇主之一，但不應忘記它仍是個殖民體制，在這個體制內，非洲勞動力及非洲礦產都正受到一個歐洲強權的剝削，巴盧巴人和剛果人對於如何管理這個礦區並沒有發言權。

正如在南非，種族主義的殖民結構確保了黑人勞動者永遠都只是非技術性勞工。在開賽的地表附近發現的沖積帶礦藏，因為不需要太多的專業知識或機械化就能開採，採礦以傳統及手工的方式

② 編按：非洲人類錐蟲病的俗稱，錐蟲寄生人體，逐漸破壞患者的神經系統，使患者嗜睡，如不治療將致命。

進行，勞動者鏟土、運送砂礫、清洗並篩分，直到找到鑽石，而後這些鑽石在其他地方由專門人員進行分揀。一直到人們充分認識到木布吉馬伊附近蘊含豐富的礦藏時，才開始進行必要的技術投資。木布吉馬伊的鑽石礦藏豐富，大部分為位於地底深處的工業鑽石，使得開採機械化變得有其必要。一九三〇年代期間，隨著工業鑽石需求的提升，國際林業及礦業公司也進行了相應的投資。

一九二四年，剛果出口了價值兩千五百五十萬比利時法郎的鑽石，銅的出口總額為兩億兩千三百五十萬比利時法郎，黃金幾近四千三百五十萬比利時法郎，錫為兩千三百萬比利時法郎。[57]剛果擁有豐富的礦藏，很容易理解早期美國對於剛果礦業的興趣，隨著工業鑽石在戰爭中的重要性以及鈾的發現，這種興趣也日益增長。[58]在契卡帕的探勘者和工程師中有大量的美國人，以至於一九二〇年代開賽地區最重要的節日是七月四日美國國慶。[59]一九四二年，剛果的鑽石產量為七百二十萬五千克拉，其中六百四十萬一千三百三十二克拉或說百分之八十九為工業鑽石，占全球產量的百分之六十一點五。[60]剛果開採出來的鑽石從一九一七年的十萬六千克拉，躍升至一九三八年的七百二十萬五千克拉、一九五〇年的一千零一十四萬七千克拉，以及一九五九年的一千四百八十五萬五千克拉。[61]一九四八年，國際林業及礦業公司的持股者和一開始時幾乎一樣：百分之五十五點五屬於剛果殖民國所有，百分之二十五屬於萊恩及古根罕公司的繼承人們，百分之四點一屬於比利時通用銀行，而百分之十五點四則由小投資人瓜分。然而，比利時通用銀行在管理層的代表比例過高，這是利奧波德二世時代留下的慣例。恩內斯特·歐本海默及英美資源集團並未直接持股國際林業及礦業公司，而是持有剛果另一家殖民鑽石公司加丹加下剛果鐵路公司百分之二十三的股份；加丹加下剛果鐵路公司是比利時通用銀行的工具，其礦業特許權則由國際林業及礦業公司運用開發。[62]當時，戴比爾斯已經協商好，由其在倫敦的單一銷售體系來出售剛果鑽石。

從剛果到安哥拉的越境之旅

鑽石礦藏的蹤跡不受政治邊界的攔阻，不久，在剛果為歐洲公司工作的探勘者們就冒險進入葡萄牙的殖民地安哥拉。那裡的殖民經濟以橡膠種植園為基礎，和剛果的經濟類似，但是當國際林業及礦業公司的探勘者過河進入了隆達（Lunda）地區，情況很快就改變了：一九一二年，隆達地區的河床中發現了鑽石（圖82）。一家探勘公司安哥拉礦業研究（Pesquisas Mineiras de Angola，PEMA）在里斯本成立，這些探勘公司高度依賴外國投資，但隆達鑽石礦藏的豐富潛力需要一家規模更大的礦業公司，於是安哥拉鑽石公司在一九一七年成立。許多安哥拉礦業研究的投資人成為安哥拉鑽石公司的股東，如葡萄牙的大西洋銀行（Banco Nacional Ultramarino）以及亨利勃內公司（Henry Burnay & Co.），新的投資人則包括比利時通用銀行、英美資源集團與恩內斯特·歐本海默，還有萊恩及古根罕公司。外國投資人的持股占百分之八十，葡萄牙政府則擁有百分之二十。國際林業及礦業公司被邀請加入，負責礦藏本身的技術管理。到了一九一八年，安哥拉礦業研究對隆達鑽石田持有的任何權利，均轉讓給了安哥拉鑽石公司，如今安哥拉鑽石公司壟斷了安哥拉鑽石，[63]在此後的七十年一直是唯一在安哥拉擁有鑽石開採權的公司（圖83）。一九八八年，該公司的最後殘餘部門被併入承繼公司：安哥拉國營鑽石公司。

一九二一年，安哥拉鑽石公司和殖民政府達成了一項重要協議，直到一九七五年安哥拉獨立為止，該協議一直是安哥拉鑽石公司及政府之間關係的基礎——安哥拉鑽石公司獲得在隆達地區極大的採礦特許權、在安哥拉的壟斷地位及免稅身分，而政府也保證在勞工招聘及維護採礦區的安全方面提供協助，交換條件是安哥拉鑽石公司必須將百分之四十的利潤交給國家（後來的比例接近百分之五十），國家也持有該公司百分之五的股份；[64]安哥拉鑽石公司還向殖民政府承諾提供強勢貨幣的公司貸款。[65]有了資金的支持，殖民地高級專員諾頓．馬托斯（Norton de Matos）於是制定了一千三百萬英鎊的基礎建設投資計

圖83　安哥拉鑽石公司特許權土地上的鑽石開採活動，安哥拉，一九四六年。

畫，並在兩年後他被迫請辭前，成功地將安哥拉的道路總長度增加了一倍。[66]一九二一年的協議讓該公司在很大程度上獨立於殖民政府，例如發展了自己的醫療衛生部門，但公司的許多任務也依賴政府的支持。[67]這生意對雙方都有利，在一九一七年至一九二九年間共銷售三十一萬兩千克拉鑽石，葡萄牙政府因此獲得了幾近十億英鎊的分潤及貸款。[68]在隆達其他地區進行的額外探勘工作發現了新的礦藏，主要位於寬果河（Cuango）河谷，沿著邊境線的兩邊延伸，但剛果的礦藏直到二〇〇五年後才開始進行探勘。[69]

安哥拉鑽石公司不只依賴政府，還得到了國際林業及礦業公司的技術支援，尤其在它剛成立那幾年，因為國際林業及礦業公司在邊境的另一邊十分活躍。大多數的管理職均由比利時人或美國人擔任，根據一位曾在一九二〇年及一九三〇年代為兩家公司服務的美國工程師的說法，國際林業及礦業公司的人經常被派到安哥拉。[70]從招募活動也可看出國際林業及礦業公司與安哥拉鑽石公司的關係匪淺。在當地人的幫助下，為剛果勞動交易所工作的代理人從廣闊的地區招聘工人；在安哥拉，殖民警察會拜訪村長（sobas），要求他們提供一定數量的工人。這是某種形式的強迫勞動，選擇招聘對象的責任被轉移到當地人身上，而政府運用了強制的權力。勞動者在家人的陪同下由卡車運到礦場，女性通常在安哥拉鑽石公司找到工作，這家公司還提供工人住房和醫療保健，而安哥拉鑽石公司的家父長式管理作風，便是安哥拉鑽石田的工作環境相對沒那麼暴力的原因之一。學者也認為種族主義暴力或對女性的性侵害等不當行為更多是個人行為不端，而不是安哥拉鑽石公司的結構性弊端。隆達礦區與世隔絕，減少了密切監視圈舍的需求，而對於罷工及組織工會設置的法律障礙，也幫助了公司的營運。[71]

歷史學家克利夫蘭在其對安哥拉鑽石公司勞動體制的分析中指出，這一相對平靜的氛圍並不是由公司單方面由上而下創造出來的，礦工也帶來了積極的影響。大部分的工人均屬於紹奎族（chokwe），因此避免了族群的緊張關係，他們也有意識地採取策略，改善所處的社會及職業環境，而他們不斷成長的專業精神正是地區穩定的支柱之一。[72]然而，儘管相對平靜，但安哥拉礦業仍是建立在強制從當地人口榨取勞動的殖民體制基礎上，直到一九六〇年代才被廢除。[73]

勞動力短缺有時會迫使安哥拉鑽石公司的醫療保健部門在礦工健康不佳的情形下仍宣稱他們是健康的，[74]或是在礦場或農業種植園使用童工，而在這些地方受傷或身體遭受虐待的風險從不曾完全消失。[75]這留下了一個懸而未決的問題，那就是安哥拉（和剛果）的礦業殖民主義優於南非到何種程度？儘管有相當多證據證明，相較於他們的南非同行，在安哥拉（和剛果）殖民採礦區的工人境況更佳，因為南非工人必須在更加嚴酷的隔離體制下工作，鑽石礦不但位於地底，勞工的工作環境也更危險，然而事實上，在中非的殖民採礦區也毫無平等可言。這個關於葡屬非洲的壓迫相對溫和的論述，吻合一個更大的葡萄牙例外主義虛構敘事，將葡萄牙殖民者描繪成相較於其他歐洲人較不苛酷，大體上可以解釋這現象的一個理由是，葡萄牙人一般而言較願意和自己壓迫的人群通婚，因而創造了一個沒有種族主義和種族壓迫的人種混雜的葡語帝國。雖然有幾位歷史學家已經拆解了這一迷思，但它至今仍十分流行。[76]

國際林業及礦業公司和安哥拉鑽石公司剛開始經營時，是將鑽石出口至里斯本和安特衛普，因其獨立於倫敦的鑽石企業聯合會。英美資源集團當時是戴比爾斯和鑽石聯合會的競爭者，它雖持有貝賽嘉和安哥拉鑽石公司的股份，但沒有國際林業及礦業公司的股權。[77]恩內斯特・歐本海默意識到中非的鑽石產量正在擾亂原鑽市場，一九二〇年代初期英美資源集團曾派遣一位工程師前往中非的鑽石田，在這之後不久，他親自前往安哥拉一趟，而巴爾納托兄弟公司也買下了安哥拉鑽石公司的股份。[78]這很快便讓安哥拉鑽石公司被納入該同業壟斷聯盟，除了肇因於里斯本缺乏值得一提的鑽石產業，里斯本和倫敦之間擁有悠久而強大的政治及經濟聯繫也都是原因之一。一九二三年，英國報紙報導了這項交易，根據《金融時報》，安哥拉鑽石公司新董事會的組成相當國際化。葡萄牙股權由董事長擔任代表，他同時也是大西洋銀行的代表；副董事長是名陸軍將領，常務董事則是與勃內有關係的一位葡萄牙伯爵；一名董事代表英國股權，另兩名則代表法國股權。董事中有三名美國人，其中兩名由萊恩及古根罕公司提名，一位董事代表巴爾納托兄弟公司。安哥拉鑽石公司與國際林業及礦業公司有密切關係，賈多和費爾芒・布黑（Firmin van Brée）都是安哥拉鑽石公司董事會成員，恩內斯特・歐本海默也是其中之一。[79]顯然，控制安哥拉鑽石公司這家殖民地公司的已不再是葡萄牙，而是世界上最重要的鑽石礦業公司了。

比屬剛果的情形則更為複雜。國際林業及礦業公司在安特衛普銷售其鑽石，一九二〇年該公司在這個城市成立了辦公室進行分揀、估價及評級工作，之後再將鑽石賣給商人及切割匠。戴比爾斯的持股人之一克萊茵（Krijn）公司被要求組織國際林業及礦業公司在安特衛普的銷售程序，這套程序開始變得愈來愈像戴比爾斯的單一銷售渠道制。[80]剛果鑽石大部分是工業鑽石，從比利時殖民地出口的原鑽只有約百分之十是寶石等級，適合在安特衛普進行切割，其餘的大部分都在倫敦出售。恩內斯特·歐本海默在一九二二年前往歐洲，希望「強化並鞏固英美資源集團和剛果國際林業及礦業公司之間的關係，因為後者控制著剛果及葡萄牙的鑽石田」。[81]雖然他的任務失敗了，但人們均了解與鑽石企業聯合會締結一個正式的協議對各方都好，因此恩內斯特·歐本海默、國際林業及礦業公司及比利時政府之間進行了數次協商，並在一九二六年簽訂了一個非正式協定。為交換國際林業及礦業公司被納入壟斷聯盟並接受固定價格，恩內斯特·歐本海默承諾優先供應原鑽給安特衛普的切割產業，因為剛果的產量已無法單獨其滿足需求。持最強烈反對意見者，是位於安特衛普腹地坎潘的切割產業，而安特衛普的鑽石工人工會信奉社會主義、坎潘的切割匠則是天主教徒，更令衝突加劇。[82]

從這些交易當時以十分祕密的方式進行即可說明情況的複雜性，似乎沒有一家報紙曾報導恩內斯特·歐本海默達成這筆交易的消息。當一九三〇年代這些交易重新談判時，媒體給予了更多的關注。一九三一年和一九三二年，幾家荷蘭報紙報導了恩內斯特·歐本海默抵達布魯塞爾的消息，他試圖撕毀收購全部剛果鑽石的結構性義務。根據一九三四年的報導，受到安特衛普鑽石產業的壓力，國際林業及礦業公司不願向恩內斯特·歐本海默的要求讓步。[83]一九二〇年和一九三〇年代的協商過程雖不容易，但一旦達成交易，將確保戴比爾斯持續牢牢掌控世界的原鑽供給和價格。由於該協議和剛果工業鑽石的重要性，安特衛普作為切割中心的地位變得更為突出，而阿姆斯特丹則逐漸式微。據報導，一九一七年，活躍於阿姆斯特丹的切割產業公司有一千零六十九家，但是到了一九二六年已縮減到三百零九家。圖84顯示一家位於這個荷蘭城市的前鑽石工廠，切割檯及用於驅動鑽石磨的機械裝置仍清晰可見，但是在一九一九年拍攝這張照片時，這棟建築物已改裝為服飾產業用途。

南非鑽石切割產業的發展也進一步削弱了阿姆斯特丹的地位，該城的鑽石產業從此一蹶不振。[84]阿姆斯特丹在全球鑽石世界的地位持續下滑，除了少數與博物館有關聯、在歷史上具重要性地位的切割工廠，如莫珀斯鑽石（Moppes Diamonds）和皇家寇斯特鑽石（Royal Coster Diamonds），阿姆斯特丹那段璀璨的鑽石歷史已幾乎被人遺忘。[85]安特衛普則藉機成為二十世紀最重要的鑽石中心——雖然

圖84　前鑽石工廠，阿姆斯特丹，一九一九年。

它從未從鑽石世界中完全消失過，而在二十一世紀初此地位又讓給了其他城市。

舊黃金海岸的新豐富礦藏

一九一九年，大約比屬剛果發現鑽石十年後，同時也是解決南非鑽石開採問題的《普利托利亞協定》簽訂的那一年，英國人在阿基姆阿布阿夸（Akyem Abuakwa）地區的阿勃莫蘇（Abomosu）附近進行地質調查時發現了鑽石，這裡位於黃金海岸東部省（Eastern Province of the Gold Coast），距離阿夸提亞（Akwatia）不遠（圖82）。[86]一九五七年獨立、成為迦納的黃金海岸，在英國人占領之前屬於荷蘭和丹麥的定居點，在英國人打敗了當地的阿散蒂人（Ashanti）之後，自一九〇一年以來便一直是英國殖民地。[87]人們將這地區稱為「黃金海岸」是因為在歐洲人抵達時，這個地區已經因其黃金礦藏而聞名，並且在八世紀末前就已被納入延伸至阿拉伯世界的古代貿易路線。[88]當英國人全面控制該地區時，歐洲公司已經在此探勘黃金長達十年以上，這些探勘活動在一八八二年至一九〇一年的「叢林榮景」（jungle boom）中達到高潮，當時有四百多家企業投資金礦開採，只是最後都沒有取得太大成功。[89]在這段繁榮期間，在阿基姆阿布阿夸地區總共發出了八張特許權。一九一九年，該地區發現沖積帶鑽石；同一年，在更南方，碧莉姆河（Birim）河谷的卡德（Kade）及阿奇姆歐達（Akim Oda）附近，又有了新的發現；一九二一年，在位於該國西南部的邦薩河

（Bonsa）河床中也挖掘出鑽石。[90]有三家公司持有特許權，分別是東阿奇姆黃金田公司（Gold Fields of Eastern Akim）、阿奇姆鑽石田公司（Akim Diamond Fields），以及阿奇姆沖積帶鑽石公司（Akim Alluvials）。這三家公司在一九二一年末合併，成為阿奇姆有限公司（Akim Ltd.）。阿奇姆有限公司在阿勃莫蘇附近擁有一塊特許經營區，直到一九二三年才開始進行探勘，而該公司在阿夸提亞附近的阿奇姆歐達也有一塊特許經營區。[91]

早期的鑽石開採活動並非十分成功，阿奇姆有限公司持續專注在開採黃金，這也是引入美國礦業大亨切斯特．畢提（Chester Beatty）的精選信託（Selection Trust，ST）的目的。畢提請求國際林業及礦業公司的前工程師查爾斯．博伊斯（Charles Boise）前來評估黃金礦藏，結果他發現鑽石蘊藏的潛能極佳，於是一九二二年，阿奇姆有限公司與精選信託遂在非洲精選信託（African Selection Trust，AST）的旗幟下展開更全面的合作，而博伊斯則取得其中百分之五的股份作為回報。[92]非洲精選信託開始在卡德南方進行挖掘，這是他們的阿夸提亞特許經營區，大小約十平方公里。[93]這兩個主要合作夥伴很快就出現了問題，在財務壓力下，阿奇姆有限公司賣出其鑽石分公司，促使了西非鑽石企業聯合會（West African Diamond Syndicate，WADS）形成，據報導，該公司於一九二三年在倫敦證券交易所上市。[94]一九二五年，西非鑽石企業聯合會知會其持股人，其特許權地的預計資產為一百萬克拉鑽石，面積為十五平方公里。雖然阿奇姆有限公司在阿奇姆歐達附近的碧莉姆河谷擁有幾個特許權地（已併入西非鑽石企業聯合會），但西非鑽石企業聯合會的主席唯一提到的位置是靠近孟索（Manso）、邦薩河礦藏附近的一個村落。[95]非洲精選信託內部出現的爭議並未因西非鑽石企業聯合會的建立而得到解決，因為該公司仍持有非洲精選信託的股份。倫敦的法律爭端隨之上演，直到畢提的精選信託成功找到必要資本，從非洲精選信託手中收購了西非鑽石企業聯合會，並進而促使了一九二五年一家新公司的成立，簡稱「開斯特」。英美資源集團和巴爾納托兄弟公司都被邀請投資這家公司，但它們回絕了。[96]這兩家主要的礦業公司現在是競爭對手，還有其他幾家歐洲企業也加入戰場，但其中大部分都失敗了。[97]

要取得特許權，一家公司必須在等級權座制度（hierarchical stool system）下與當地酋長打交道。阿基姆阿布阿夸是阿基安人（Akyan）居住的一個王國，由民選的王座（okyenhene，對該國統治者的稱呼）統治。王國內部分割為不同的權座，每一權座均由一個下座酋長統治。當地部落習慣將土地租給歐洲人從事礦業及農業，這一等級權座制度也透過一九〇〇年的《特許權條例》（*Concessions Ordinance*）被結合進英國殖民結構中，這賦予特許權法院（Concession Court）特定的管轄權，以評估特許權請求的有效性，並查核當地權座的慣有權利是否得到尊重。殖民政府也充當礦業公司向業主支付租金的中間人。[98]當阿基姆阿布阿夸發現鑽石時，其王座是納納·阿塔一世（Nana Ofori Atta I，一八八一年至一九四三年），[99]他反對將權座土地普遍轉讓給礦業公司，並想用自己的權威要求下座酋長，以減少這種情況。這些酋長們，尤其是阿薩曼奇斯（Asamankese）和阿夸提亞的酋長，從鑽石利潤的租金和特許經營費用中獲得了可觀收益，於是挑戰了阿塔的權威，導致了一場代價高昂的法律爭議。[100]權座土地的日益商業化造成了當地關係緊張，但這並不是歐洲人在這地區開採鑽石帶來的唯一後果。礦業公司企圖限制所有黑人在採礦區自由移動，並發明了許可證制度，而這違反了《特許權條例》所保障的既定權利；除此之外，專注於礦業也造成農業活動減少及植被縮小，經歷過幾次食物危機後，這些公司被迫從鄰近地區進口糧食。[101]

就像非洲其他地方，這些公司主要也依賴移工，這裡的移工來自北領地（Northern Territories，達格邦王國〔Kingdom of Dagbon〕③）和法屬西非（French West Africa）。這些人多半是穆斯林，他們獨自前來，沒有家人同行，因而造成賣淫活動增加。雖然因宗教差異而存在緊張關係，但總體而言仍形成了一個寬容且具異質性的社會。一九三〇年，開斯特公司在阿夸提亞蓋了一座清真寺，而且穆斯林男性和阿布阿夸女性之間出現了通婚的趨勢。住房短缺也加強了不同族群及宗教工人之間的相互理解，因為這迫使許多工人向當地人房東承租房間，共享居住空間。為解決此一問題，開斯特開始為工人建造住所，畢提是個在商言商的商人，他希望改善住房，讓工人能與家人團圓，以創造一個更好的工作環境，這樣才能讓生產力極大化。[102]這些新建築確實是種改進，雖然跟歐洲勞工得到的豪華住房相比就算不了什麼，但這些住房的建造也讓阿夸提亞成為一個模範小鎮。[103]隨著開斯特的勞動力擴大，住房的需求也變得十分迫切：一九二五年至一九三〇年間，他們雇用了七百九十名非洲人、十四名歐洲人；而在一九五五年至一九六〇年，這一數字增加至三千零五十四名非洲人和八十名歐洲人。[104]

③ 編按：迦納最古老、最有組織的傳統王國之一，於十一世紀建立。

當一九二六年在克蘭茲附近發現鑽石時，如今已是黃金海岸最大公司的開斯特決定在那裡投資，促使他們在約翰尼斯堡成立了一家聯合企業，畢提和恩內斯特．歐本海默均參與其中，開斯特正是在那個時期同意透過歐本海默的鑽石企業聯合會加入單一銷售體系。[105]納馬夸蘭不是開斯特擴張的唯一地區，該公司在巴西、英屬蓋亞那、委內瑞拉、象牙海岸（Ivory Coast）、獅子山及法屬幾內亞（French Guinea）均有鑽石利益。[106]在黃金海岸發現鑽石礦後，西非也發現了其他的鑽石礦藏（圖82）。一九三〇年的一項地質調查在獅子山佛丁蓋亞村（Fotingaia）附近的格波波羅（Gboboro）發現了鑽石。與當局協商後，開斯特成功取得了該國東部區域的探勘壟斷權，面積有一萬零八百平方公里，另外的調查也在遠一點的地方，靠近通溝馬（Tongoma）的熊波河（Shongbo），以及芭菲河（Bafi）和賽瓦河（Sewa）發現了鑽石，鑽石礦藏一路延伸至桑布亞（Sumbuya）——這是一個南方的小鎮，不屬於開斯特的特許權範圍。[107]獅子山顯然擁有高品質的鑽石礦藏，一九三四年，殖民政府給予開斯特開採壟斷權，接著，獅子山精選信託成立，負責鑽石田的管理，而這些鑽石田完全由開斯特擁有，雖然董事會中有一席國家代表，除此之外，國家還有權獲得年租金及百分之二十五點五的利潤。壟斷權自一九三三年起算，為期九十九年。[108]

獅子山與賴比瑞亞（於一八四七年獨立）及法屬幾內亞接壤，在這兩個國家也都發現了鑽石礦。一九一〇年，人們在賴比瑞亞的戎克河（Junk）支流發現鑽石，[109]而當獅子山精選信託成立時，開斯特的研究結論是，賴比瑞亞沒有具有商業價值的鑽石礦藏。但這並未讓沖積帶掘鑽者卻步，一九五九年後，一些礦業公司獲得了幾塊特許權地，但都沒有得到任何成果。賴比瑞亞對於鑽石走私事業非常重要，但它不是個產鑽國。[110]

法屬幾內亞的情況就不同了。[111]曾在畢提的請求下視察過黃金海岸的黃金及鑽石礦藏的博伊斯，派了一對愛爾蘭兄弟雷諾・德莫迪（Ronald Dermody）及喬治・德莫迪（George Dermody）進一步深入西非，希望找到更多的鑽石礦藏。[112]一九三二年，德莫迪兄弟在這個法屬殖民地西南方的巴南科羅（Banankoro）附近找到了鑽石。英法合資的公司開展了礦業活動，一開始領頭的是米納孚羅（Minafro，這間公司主要由開斯特擁有），後來則是索圭內克斯（Soguinex，另一家開斯特的子公司）。初期產量不大，但一九五七年開採出一百二十萬克拉的鑽石。[113]索圭內克斯採用的勞動體制與安哥拉鑽石公司在安哥拉實施的十分類似。[114]米納孚羅也活躍於象牙海岸（也是法屬西非的一部分），一九二八年，國際林業及礦業公司的一名探勘者也在這裡的塞蓋拉（Séguéla）附近發現了鑽石，但國際林業及礦業公司決定不要在這地區開展事業，將該地留給其他公司去經營，到一九七七年，這些公司在該地的鑽石年產量為一萬至兩萬克拉。再繼續往東兩百公里的托提亞（Tortiya）附近，包括喬治・德莫提和馬叟・巴戴特（Marcel Bardet，一本關於鑽石的重要著作的作者）在內的米納孚羅公司人員找到了一些鑽石礦藏，但認為沒有商業價值。戰後，一些公司重返該地，一九七二年開採出二十三萬克拉的鑽石，但三年後所有活動均停止了。[115]

所有西非的鑽石礦藏均是沖積帶鑽石礦，皆由少數幾家歐洲礦業公司探勘，主要是開斯特及其子公司。但沖積帶開採很難控制，這些採礦企業沒有一家能避免被各個鑽石田吸引而成群結隊抵達的祕密掘鑽者。在後來變成迦納的地區，成群結隊的掘鑽者或盜採者，在一九三五年至一九七四年間共挖出約三千八百萬克拉鑽石，是所有從事開採的公司總產量的三倍多，他們在同一時期的產量為一千兩百萬克拉（圖85）。[116]在獅子山，掘鑽者的產量也比公司多，但兩者之間的差距比迦納小多了。自一九五二年以來，一直有大批祕密礦工抵達獅子山的科諾（Kono）區，他們經常來自法屬幾內亞和馬利（Mali）。[117]一九五六年的鑽石熱為獅子山帶來了約五萬至七萬名的冒險家，據估計，那一年的非法產量是獅子山精選信託數字的兩倍之多。[118]隨後，官方通過《沖積帶鑽石開採方案》（*Alluvial Diamond Mining Scheme*）引進了許可開採制，獅子山精選信託放棄了部分特許經營區，但是推行該方案八個月後，獅子山總督多曼（Dorman）下令驅逐所有

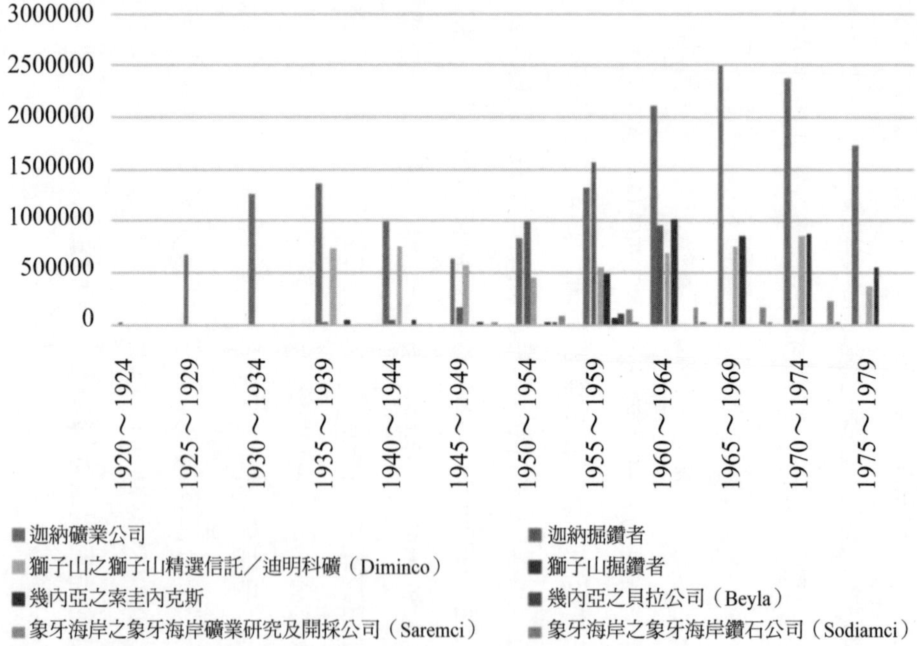

圖85　西非官方鑽石產量，以克拉計，一九二〇年至一九七九年。[123]

外國掘鑽者。[119]法國殖民當局承諾協助，但撤出法國國民的作業繁複且代價高昂，人們也擔憂這些礦工會入侵法屬西非的鑽石田。雖然做出了關閉邊界的決定，仍阻止不了三萬至四萬五千名掘鑽者的遷移，一些人消失在邊境的叢林地帶，其他人則前往法屬幾內亞、賴比瑞亞及象牙海岸。成千上萬的人最後落腳於塞蓋拉的鑽石田，據估計，祕密盜採者在一九五七年至一九六〇年間共採集了一百五十萬克拉的鑽石，這一數字令官方產量相形失色。[120]

西非不受控制的開採活動不只吸引了掘鑽者，也導致新的非法鑽石購買網絡的建立。非法鑽石貿易增加的部分原因是蘇聯對工業鑽石的需求增加，當時由於冷戰的關係，蘇聯無法從全球市場取得工業鑽石。根據荷蘭報紙《呂伐登日報》（*Leeuwarder Courant*）的報導，「許多鑽石經由黎巴嫩貝魯特（Beirut）或瑞士消失於鐵幕後」。[121]一九五三年，甫自英國軍情五處（MI5）處長職位退休的珀西．西利托爵士（Sir Percy Sillitoe）成立了國際鑽石安全組織（International Diamond Security Organization，IDSO），這是由戴比爾斯出資的私人公司，目的是希望能阻止從南非、剛果、坦尚尼亞和西非鑽石田運往安特衛普、特拉維夫、貝魯特、紐約、蘇聯和中國的走私活動。[122]一九五六年，英國作家伊恩．弗萊明（Ian Fleming）為了書寫第四部詹姆斯．龐德（James Bond）系列小說《鑽石恆久遠》（*Diamonds Are Forever*）④而進行研究時，曾訪問國際鑽石安全組織的一名雇員，他

④ 編按：小說於一九七一年改編成電影《金剛鑽》。

宣稱在那一年的二月就有價值近五十萬英鎊的鑽石從西德走私到鐵幕後。

工業鑽石大多數來自非洲並於安特衛普販賣給蘇聯、中國及其他共產主義國家，用於軍事工業。[124]由於獅子山的礦藏分布區域廣大、鑽石品質很高，打擊從自由鎮（Freetown）和蒙羅維亞（Monrovia）出發的走私網絡遂成了西利托最關注的事項之一，為此他透過一個黎巴嫩貿易商弗瑞德・卡米爾（Fred Kamil）組建了一支私人雇傭軍。[125]

這些私人部隊的暴力活動從未成功根除祕密盜採行為，但隨著殖民時代告一段落，遏制非法採礦及貿易活動就成了西非各獨立政府的工作了。一九五〇年及一九六〇年代的獨立運動對採礦業的影響並不亞於其他經濟特區，然而，對許多從事採礦日常勞動的男男女女而言，情況並沒有太大的改變。控制著開採事業的殖民政權始終廣泛倚賴奴隸制，以及對自由與非自由勞動力的剝削，在每個地方都一樣。除此之外，勞動體制也一直含有強烈的種族要素，尤其（但不限於）在非洲。直到加拿大、澳洲和俄羅斯發現鑽石，世界上的鑽石礦藏都位於當地居民承受著殖民暴力及長久種族主義傷害的地區。[126]儘管人們曾懷抱著極大希望，以為對非洲的剝削會隨著獨立建國而結束，但隨後發生的事件卻清楚告訴人們，要讓經濟利益完全擺脫西方的操控有多困難。對許多平民來說，更糟的事情還在後面，一些作者認為，二十世紀在獅子山等地的沖積帶鑽石開採史是造成「不發達的發展」（the development of underdevelopment）的一個持續因素。[127]

國有化浪潮及血鑽石

通常新獨立的國家會建立新公司以控制鑽石生產，而這些新公司部分或完全歸國家所有。第一個獲得獨立的鑽石殖民地是一九五七年的黃金海岸，或說迦納，一年後，法屬幾內亞也追隨其腳步。迦納政府在接下來的幾十年裡一直處於不穩定狀態；而直到一九八四年，第一任總統塞古·圖黑（Sékou Touré）長期統治著幾內亞。國有的迦納聯合鑽石公司（Ghana Consolidated Diamond）開採阿夸提亞鑽石田，同時沖積帶的挖掘活動仍持續進行。二〇一五年，迦納生產了十七萬四千兩百一十八克拉的低品質鑽石，但二〇一八年時卻只有五萬三千五百七十三克拉。[128]一九八一年成立的阿黑多（Arédor）是一家倚賴外資的公司，政府持有百分之五十的股份，旨在開採巴南科羅的寶石等級鑽石，但二〇〇四年已停止所有活動。一九八五年，活躍於幾內亞的不同採礦企業生產了二十萬八千三百零七克拉的鑽石，至二〇一五年為十六萬六千八百八十一克拉、二〇一八年則是二十九萬兩千七百零七克拉。[129]

儘管這些國家沒有逃脫獨立後爆發的一些國際衝突，但與發生在鄰國獅子山的事件相比，鑽石開採仍相對和平。獅子山自一九六一年起成為獨立國家，[130]獨立後不久，一場鑽石熱將許多被驅逐的礦工帶回了科諾區及其首府考度鎮（Koidu Town）。獅子山精選信託仍擁有兩個所有權地，並將其私人安全部隊從一九五七年的六百六十二人擴張至一九七一年的一千三百多人。[131]西亞卡·史蒂文斯（Siaka Stevens）於一九七一年至一九八五年擔任獅子山總統，他透過將採礦權分配給鑽石貿易商團體的方式收買他們，而這些貿易商經常是黎巴嫩人。多達一萬三千名黎巴嫩人因國家內戰而出逃，許多人後來從事合法及非法鑽石貿易，並將部分獲利匯回國資助黎巴嫩真主黨（Hezbollah）。[132]史蒂文斯的繼任者約瑟夫・莫莫（Joseph Momoh）直到一九九二年被罷黜前，一直延續著這個通過鑽石特許權來換取政治忠誠的做法，而這導致政府官員在採礦區管理不善的情況增加，結果獅子山的鑽石產量從一九七〇年的兩百萬克拉下滑至一九七三年的八十五萬六千克拉、一九八〇年的十六萬八千克拉，到了一九八八年只剩八萬八千克拉。[133]祕密礦工被認為是政府達成交易的阻礙，導致科諾的暴力活動增加。[134]接著，非洲最兇殘的軍閥之一，福戴・桑科（Foday Sankoh）發動了內戰，他的革命聯合陣線（Revolutionary United Front，RUF）中有許多受過殺人訓練的兒童兵，並在內戰爆發四年內就控制了科諾的鑽石礦藏。鑽石通過賴比瑞亞既有的走私路線出售，賴比瑞亞未來的總統查爾斯・泰勒（Charles Taylor）以及革命聯合陣線的支持者也捲入了內戰。[135]一九九一年至一九九八年間，三千一百萬克拉的鑽石來源地被標上賴比瑞亞，但實際上其中大多數來自獅子山。[136]

另一條路線將鑽石運到了幾內亞的首都科納克里（Conakry），在這裡由擔任革命聯合陣線與黎巴嫩鑽石商中間人的曼丁卡人（Mandinka）將鑽石換成食物、油料和武器。[137]一些世界上最惡名昭彰的軍火商在這些衝突中大發利市，如有「死亡販子」之稱的俄國人維克多・布特（Viktor Bout），他在二〇一二年被美國法庭以恐怖主義的罪名判處二十五年監禁。[138]用鑽石來資助內戰讓人們開始使用「血鑽石」一詞，因為在獅子山來自鑽石貿易的收益資助了一場日益血腥的衝突，許多男女及兒童成為雙方殘酷暴力下的受害者。政府試圖雇用一支叫作「執行結果」（Executive Outcomes）的雇傭軍對抗革命聯合陣線，以爭奪科諾的鑽石特許權，但是在國際壓力下不得不撤回腳步。[139]沖積帶開採的局勢一片混亂，當革命聯合陣線重新奪回控制權，暴力也再度橫行。一位作家曾評論：「占領一個鑽石礦就跟帶著一把來福槍出現，並命令坑裡的每個人開始把他們挖到的鑽石交給新老闆一樣簡單。」[140]

一九九九年一月六日，革命聯合陣線掠奪了自由鎮。這次的襲擊極其冷血無情，將近六千人遭到殺害，人們後來稱之為「生靈塗炭行動」（Operation No Living Thing）。一支西非軍隊被派去奪回該城的控制權，但破壞已經造成。[141]隨後的和平會談讓桑科當上了副總統及自然資源部長，他利用這一職位繼續從事祕密鑽石貿易，[142]桑科終於在二〇〇〇年被捕，但是在出庭前就因中風而去世。泰勒被控協助獅子山戰爭，在逃亡後於二〇〇六年遭到逮捕，六年後他在海牙國際法庭（International Court of Justice in The Hague）上被宣判有罪，並因他參與和協助了這場衝突而被判處五十年的監禁。[143]桑科和泰勒消失後，獅子山緩慢地重歸平靜。這場內戰在二〇〇二年正式結束，三年後，聯合國部隊離開獅子山，礦工們回來了，公司又開始挖掘鑽石。鑽石出口額從一九九九年的一百五十萬美元上升至二〇〇〇年的一千一百萬美元，以及二〇〇五年的一億四千兩百萬美元。[144]制度的改變伴隨著掘鑽的增長而來，打擊鑽石盜採及貿易的新法律開始實施，但國家仍然難以建立一個有效率的收益結構。在二〇〇七年，政府報告稱在獅子山的鑽石田中有十五萬個人掘鑽者正在尋找鑽石，產生了一種交易站經濟（comptoir econoy），這種經濟經常由屬於離散者網絡的商人所主導，如黎巴嫩企業家阿哈吉·舒曼（Alhaji Shuman，圖86、87）即是其中之一。[145]獅子山精選信託已不復存在，但礦業公司仍舊活躍——考度控股（Koidu Holdings）目前正在考杜鎮附近探勘兩個小型的金伯利岩管，同時也在通溝馬進行鑽石開採。[146]

戰爭結束後，血鑽石與其他國際祕密資金流動的關係才被公諸於世。《衛報》在二〇〇二年十月刊出了一篇文章，證實了蓋達組織（Al-Qaeda）與阿茲齊·納索爾（Aziz Nassour）和薩米·歐賽利（Samih Ossailly）等黎巴嫩鑽石交易商的關係，以及他們與革命聯合陣線及賴比瑞亞總統泰勒的協同行動。在九一一事件發生前從獅子山及剛果民主共和國走私出口的鑽石，可能提供了約兩千萬美元資助奧薩瑪·賓拉登（Osama bin Laden）的行動。[147]

獅子山內戰不是確立鑽石作為邪惡源頭之名聲的唯一一場衝突，安哥拉及剛果也發生了同樣血腥的衝突。安哥拉國內派系在一九六一年開始挑戰殖民政權，但推翻了薩拉札（Salazar）獨裁統治的葡萄牙「康乃馨革命」（Revolução dos Cravos），才是一九七五年安哥拉正式獨立的主要催化劑。[148]一場內戰爆發，交戰派系均從對立的冷戰陣營找到了支持，這些陣營有興趣控制中非的礦業資源，如黃金、錫、鈾、銅和鑽石。參與作戰的主要黨派是蘇聯及古巴支持的安哥拉總統阿戈斯提紐·內托（Agostinho Neto）領導的安哥拉人民解放運動（MPLA），以及得到美國及其後來的盟友南非支持的約納斯·薩文比（Jonas Savimbi）的爭取安哥拉徹底獨立全國聯盟（UNITA）。[149]當安哥拉宣布獨立，大量安哥拉鑽石公司的西方職員已經離開該國，鑽石產量也因此從一九七四年的兩

圖86　沖積帶鑽石開採，獅子山，二〇一一年。

圖87　阿哈吉・舒曼的鑽石交易站，獅子山。

百四十萬克拉，衰退到之後兩年的產量總和還不到三十五萬克拉。[150]一九七七年，總統內托決定將包括安哥拉鑽石公司在內的工業公司國有化；[151]一九八八年，在國家取得最初的百分之六十九股份後，安哥拉鑽石公司遭到廢止，取而代之的是一家國有企業安哥拉國營鑽石公司。[152]儘管這一改革成功處理了安哥拉的殖民過往，但並未讓爭取安哥拉徹底獨立全國聯盟遠離鑽石田。一九八四年，爭取安哥拉徹底獨立全國聯盟入侵寬果河谷，次年襲擊了隆達的主要鑽石區。薩文比控制了礦藏最豐富的鑽石區，一九九三年至一九九七年這段期間便是爭取安哥拉徹底獨立全國聯盟的鑽石開採黃金時期，薩文比從南非、比利時、以色列、黎巴嫩和剛果引進了貿易商和分揀員，還控制了個人礦工團體，命令這些礦工只能留下五分之一挖掘上來的含鑽土壤。

盧札巴機場（Luzamba airport）成為一個貿易中心，在鑽石被空運出境或走私到鄰近國家前，外國貿易商可在這裡的公開拍賣會上購買爭取安哥拉徹底獨立全國聯盟的鑽石。交易站（臨時的商務辦事處）設立，安哥拉鑽石被帶到薩伊（Zaïre，前比屬剛果）、剛果民主共和國、加彭（Gabon）、尚比亞、赤道幾內亞（Equatorial Guinea）、納米比亞、中非共和國（Central African Republic）、布吉納法索（Burkina Faso）以及盧安達（Rwanda），這些地方的代理商經常為將總部設於安特衛普或特拉維夫的外國公司服務，並持續從安哥拉購買鑽石。據估計，一九九七年，爭取安哥拉徹底獨立全國聯盟出售的鑽石價值高達六億美元，可能占當時世界總產量的百分之十之多。[153]

鑽石的用途是購買非洲的政治盟友及取得武器。來自歐洲和南非的飛機定期抵達爭取安哥拉徹底獨立全國聯盟在安杜洛（Andulo）的總部，布特擁有的俄國飛機也在其列。[154]隆達的暴力事件頻傳，導致平民及礦業職員遭到虐待及殺害，僅因為其中一些人為外國公司工作。[155]一九八八年，聯合國針對爭取安哥拉徹底獨立全國聯盟的鑽石實施禁運，但因為來自不同國家的鑽石經常混在一起，而非洲國家之間的走私路線隱藏了許多爭取安哥拉徹底獨立全國聯盟鑽石的真實來處，因此很難藉由禁運特定來源的鑽石實施懲處。[156]安特衛普是許多安哥拉原鑽的最終目的地，這裡的貿易活動受到鑽石高層議會（Hoge Raad voor Diamant，HRD）的監督，但該機構卻無法解釋為何從很少甚至沒有鑽石礦藏的國家，進口的鑽石會突然激增。聯合國在二〇〇〇年時估計，違反禁運措施的鑽石交易商高達四千至五千人。[157]據估計，在一九九二年至一九九八年間，爭取安哥拉徹底獨立全國聯盟出售原鑽的獲利可達三十至四十億美元。[158]許多爭取安哥拉徹底獨立全國聯盟的鑽石最終也流向戴比爾斯，而戴比爾斯不願意加入禁運行列，該公司宣稱鑽石一旦離開其開採地之後幾乎不可能確定其來源，但戴比爾斯最終仍決定全面停止向外部生產商購買鑽石。[159]

二〇〇二年，薩文比遇害，一九七九年即就任總統的荷塞・桑多斯（José Eduardo dos Santos）提出和平提議，爭取安哥拉徹底獨立全國聯盟接受，結束了為期四十年的內戰。鑽石是安哥拉的經濟命脈，政府決定透過成立安哥拉鑽石銷售公司（Ascorp）來控制產量及銷售，公司的股份一半由安哥拉政府透過安哥拉國營鑽石公司擁有，其他則出售給俄羅斯總統弗拉迪米爾・普丁（Vladimir Putin）之友、具爭議性的以色列鑽石貿易商列夫・李維夫（Lev Leviev）。李維夫過去曾是戴比爾斯的股東，他被認為是當時鑽石界最重要的人物之一，在以色列、俄羅斯、亞美尼亞、中國、印度和南非都擁有鑽石切割廠；到了二〇〇五年，他的鑽石銷售額大約是戴比爾斯透過中央銷售組織售出的三分之二。[160]安哥拉鑽石銷售公司最終失敗了，但政府仍透過安哥拉國營鑽石公司控制著鑽石生產，同時允許一些外國公司以個別商業合夥方式加入安哥拉國營鑽石公司。二〇〇五年，安哥拉國營鑽石公司的產量達到七百萬克拉，二〇〇八年為八百四十萬克拉。[161]該公司現今正在採勘該國唯一具有商業價值的金伯利鑽石礦卡托卡（Catoca），該礦生產的鑽石百分之三十五為寶石級，百分之十五為近寶石級，百分之五十則為工業鑽石；寬果河谷的礦藏則含有百分之九十的寶石級鑽石。[162]安哥拉的鑽石由安哥拉國營鑽石公司的子公司——安哥拉國營鑽石貿易公司（Sodiam）負責銷售。

在工業化生產的同時，安哥拉國營鑽石公司也通過一套開採許可證制度允許非機械化的手工及半工業化生產，安哥拉地質及礦產部（Ministry of Geology and Mines）將這些許可證出售給一些合作社。十六家合作社於二〇一九年成立，被認為是非法開採的解決方案，並假設合作社也會增加政府的收入，並提供當地工人穩定的工作及固定的收入來源。[163]但這些合作社最近受到詳細審視，因為在目前兩百四十四家獲得許可的合作社中只有十家仍在營運，而非法開採及貧窮的現象在安哥拉仍普遍存在。[164]自內戰結束後，安哥拉政府及國營鑽石公司也投資該地區的基礎建設，主要是在現存的城市中，但也在一些計畫成立的礦業城鎮進行，其中有幾個城鎮在內戰後仍持續擴張。這些投資的目的是削弱非法礦業定居點重要性，而這些定居點由於政府控制的擴大以及二〇〇八年金融危機帶來的後果，而變得愈來愈不具吸引力，只有少數非正式城鎮，如寬果等，成功轉型成為重要的都市中心。[165]

儘管做了這些努力，但安哥拉政府仍難以面對其過去。安哥拉記者拉斐爾・馬瑞斯（Rafael Marques de Morais）根據在寬果的田野調查，於二〇一一年出版了一本關於安哥拉血鑽石的著作。他在二〇〇九年至二〇一一年間收集了口述證詞，指證了那裡的鑽石田仍在發生的暴行。儘管根據官方說法，該國遵守金伯利流程，但安哥拉的鑽石田中仍頻繁出現酷刑、謀殺及違反人權的行為，而犯下這些罪行的士兵及安全警衛特別鎖定婦女及兒童，就馬瑞斯的記錄便有一百多樁的謀殺案。[166] 他控訴幾個軍方將領擁有私人保全公司，以及這些公司應對其中一些暴力事件負責，這導致此名記者被以毀謗罪告上法庭並宣判有罪：二〇一五年五月，他被處以暫定為六個月的監禁。[167]

與安哥拉接壤的剛果有自己的麻煩要對付，雖然它跟鄰國都有一段鑽石田的暴力過往。直到一九九七年剛果政府被推翻為止，一九七四年將國家改名為「薩伊」的總統莫布圖・塞科（Mobutu Sese Seko）一直是薩文比最重要的盟友之一，他的兒子和盟友控制著跨安哥拉邊境的走私網絡。這個年輕的國家本身也遭遇了大量的血腥事件：當剛果在一九六〇年獨立建國時，仍是世界領先的工業鑽石生產國，但比利時和美國對於剛果龐大礦藏的興趣並未隨著剛果獨立而消失。這個年輕國家的最初幾年動盪不安，獨立後不久，一場兵變令這個國家陷入了混亂的深淵；除此之外，擁有契卡帕和木布吉馬伊這兩個鑽石礦藏的開賽地區，以及礦產豐富的加丹加省均脫離了位於金夏沙（Kinshasa）的中央政府，並成功獲得比利時政府的支持，而比利時政府是希望挽回在這個前殖民地的經濟利益，而為了保護開採利益，加丹加省部署了一支雇傭軍。[168] 一九六〇年七月，一支聯合國部隊抵達，他們嚴厲批評比利時及這些礦業公司的做法。在首都金夏沙，總統約瑟夫．卡薩—武布（Joseph Kasa-Vubu）及首相帕特西斯．盧蒙巴（Patrice Lumumba）無法就如何應對這一局勢達成共識，盧蒙巴最後被軍隊指揮官約瑟夫-戴西黑．莫布圖（Joseph-Désiré Mobutu）解除職位，並軟禁於家中。一九六一年一月，他被送往金夏沙的監獄並在當地遭到殺害。[169]

開賽在一九六二年重新回到中央政府的控制之下，一年後，加丹加也正式回歸。一九六五年，莫布圖奪得政權，建立了一個透過經濟動機及腐敗換取忠誠的政治體制。[170]政變發生兩年後，莫布圖將最重要的殖民礦業公司上加丹加礦業聯合國有化。國際林業及礦業公司的承繼者巴寬加礦業公司（Société Minière de Bakwanga，MIBA）則於一九七三年被國有化，但與戴比爾斯的銷售協議持續至一九八一年，而後銷售權被出售給一個財團，其中一家公司位於倫敦，兩家位於安特衛普。當然，這一切都並非意味著比利時的企業在剛果的經濟利益消失了。[171]莫布圖派了一個政治盟友來管理巴寬加礦業公司，導致鑽石產量下滑，各個鑽石礦由個人礦工在沖積帶進行開採，但不允許外國人開採。[172]雖然很難取得可信數字，但官方鑽石產量出現了螺旋式下滑，在安哥拉與薩伊接壤的邊界兩側，非法開採網絡及個人手工開採活動則持續上升。祕密鑽石貿易導致大量人口離開家園，在一九九四年上半年，約有兩萬五千名至三萬名掘鑽者，主要是隆達族及紹奎族，移居至邊界附近由爭取安哥拉徹底獨立全國聯盟控制的卡方佛（Cafunfo）鑽石田，邊境地區開始出現了不同的鑽石定居點。[173]薩伊的掘鑽者多為年輕男性，以被稱為小隊（écuries）的團體方式進行作業，結合了共同的族群或背景的掘鑽者，並由一名贊助者擔任領袖。女性也是這些團體組成成員，經常被招募來將潛水夫挖上來的鑽石砂礫從河床上運到分揀區，這些女性最後往往嫁給聯盟的人或成功的掘鑽者。[174]邊境地區掘鑽活動的發展帶領了交易站經濟的發展，並導致兩國經濟的美元化以及國家貨幣的貶值。[175]

在這個幅員遼闊國家的其他地方也出現了類似的經濟，身在其中、常常是外國人的買家會設法榨光一個鑽石產地的所有利潤。一九八六年，基桑加尼市（Kisangani）附近發現了鑽石，這是剛果東北部的一個重要商業中心（圖82）。[176]基桑加尼的鑽石生產很快就比南部的鑽石礦更具價值，一九九四年第一個季度就超過了一百萬克拉，[177]來自馬利、塞內加爾（Senegal）、幾內亞，以及黎巴嫩的外國買家紛紛在剛果貿易商旁邊設立起櫃檯。而季節性遷往沖積帶鑽石田的礦工源源不絕的湧入，更加劇了這種無政府狀態。一九九〇年，基桑加尼成為政府部隊與薩伊、烏干達（Uganda）及盧安達的叛軍發生衝突的戰場之一，在基桑加尼展開的這場戰鬥，只不過是一場更大戰爭的一部分，而這場戰爭的目的，是要推翻剛果的獨裁總統莫布圖。

儘管莫布圖在冷戰期間一直是西方的重要盟友，但到後來他愈來愈是個麻煩，因此無法指望能得到多少支持。他的統治在一九九七年劃下句點，當時一個叛軍指揮官羅宏—戴西黑・卡畢拉（Laurent-Désiré Kabila）在烏干達和盧安達支持下，占領了這個鑽石區最重要的城鎮後，又奪下了首都金夏沙。薩伊將國名更改為剛果民主共和國（Democratic Republic of the Congo），人們將這次的權力更迭稱為第一次剛果戰爭（First Congo War，一九九五年至一九九七年）。莫布圖在薩文比的安排下搭機出逃，並於該年稍晚去世。[178]羅宏—戴西黑・卡畢拉為了幫他的軍隊籌款已經將鑽石

圖88　五百元剛果法郎紙鈔，二〇〇二年。

開採特許權賣給外國公司，但當他控制了這個國家，他便食言了。現在，鑽石田不歡迎外國人，他在金夏沙建了一個鑽石交易所，要求所有鑽石交易都在這裡進行，並收取高昂會員費。與此同時，剛果的政治局勢仍十分不穩，羅宏－戴西黑·卡畢拉與部隊仍駐紮在剛果境內的盧安達，而剛果和烏干達的關係也變得更為棘手。第二次剛果戰爭（Second Congo War，一九九八年至二〇〇三年）隨之爆發，並在建立剛果過渡政府及外國政府軍隊撤軍中結束。[179]在第二次軍事衝突期間，烏干達和盧安達部隊曾短暫控制了基桑加尼及其鑽石礦藏，儘管烏干達和盧安達沒有任何鑽石礦藏，但是在一九九七年至二〇〇〇年間這兩個國家總共出口了七百三十三萬美元的鑽石，全都是第二次剛果戰爭的戰利品。[180]鑽石的官方銷售和生產數字都在下滑，就連在二〇〇〇年使出了授予以色列公司（國際鑽石工業公司〔International Diamond Industries，IDI〕）壟斷權的老把戲，也扭轉不了螺旋式下滑的趨勢。祕密鑽石貿易蓬勃發展，尤其是通過剛果共和國（Republic of the Congo）⑤的首都布拉薩（Brazzaville）的祕密貿易更是猖獗。

羅宏－戴西黑・卡畢拉於二〇〇一年遭到暗殺，繼位的是他的兒子約瑟夫・卡畢拉（Joseph Kabila）。約瑟夫・卡畢拉撤銷了國際鑽石工業公司的壟斷權，但另一家和國際鑽石工業公司有關聯的以色列公司很快與約瑟夫・卡畢拉達成了協議，允許他們購買巴寬加礦業公司百分之八十八的產量。[181]儘管約瑟夫・卡畢拉在許多外國公司協助下建立了商業帝國，但個人手工開採活動仍持續存在，同時也保留了一些非洲各地這類事業中普遍存在的弊端及悲慘的生活環境。然而，無視沖積帶開採的嚴酷面向，政府在二〇〇二年發行了五百元剛果法郎鈔票以表揚沖積帶礦工的貢獻（圖88）。二〇一五年，一位為《時代》（*Time*）雜誌撰稿的記者觀察到，儘管約瑟夫・卡畢拉政府已在該年一月頒布了正式禁令，但鑽石田中依然存在著利用童工的現象。[182]建立在非法鑽石貿易基礎上的木布吉馬伊是開賽地區最重要的鑽石城鎮，在內戰中也承受了暴力衝突的後果。儘管木布吉馬伊擁有非洲最豐富的工業鑽石礦藏，現今卻因內戰的破壞而被認為是最不發達的剛果礦業城鎮之一，[183]但木布吉馬伊的工業鑽石礦藏對剛果而言十分重要，因為剛果開採出來的鑽石只有百分之六是寶石等級、百分之四十是近寶石等級。[184]

鑽石在獅子山、安哥拉、剛果內戰和暴力衝突中成了核心，導致了「血鑽石」一詞的出現，[185]

⑤ 編按：剛果共和國與名字相似的剛果民主共和國接壤，兩國首都隔著剛果河相望。

媒體報導了此事，使得戴比爾斯開始擔憂這將摧毀它在好幾十年前精心打造出來的浪漫形象。愈來愈多呼聲要求戴比爾斯為鑽石在獅子山、安哥拉、剛果及其他衝突地區造成大量的平民死亡負起責任。「如果戴比爾斯認為人命比利益還重要的話，衝突鑽石貿易是可以停止的，而且早在好幾年前就可以停止了。」諸如此類的聲明令戴比爾斯不得不在壓力下採取行動。金伯利的生產商和批發商之間展開了對談，在二〇〇三年建立了金伯利流程，[186]金伯利流程規定，所有鑽石都需要證書才能被認定為無衝突鑽石。血鑽石在世界市場中所占的比例從一九九〇年代的百分之十五下滑至二〇一〇年的不到百分之一，但金伯利流程未能完全阻止各種弊端。[187]獅子山和安哥拉衝突的正式結束，再加上金伯利流程明顯獲得成功，使得公眾的興趣逐漸淡去。各國可以決定退出金伯利流程，而且有幾種方式可以讓貿易商隱藏鑽石的真正來源；此外，金伯利流程將衝突鑽石狹隘地定義為「捲入內戰的鑽石」，這意味著認證的架構無法適當處理在辛巴威等國家發生的侵害人權行為。人們認為，金伯利流程無法阻止那裡發生的弊端是其主要敗筆之一。[188]

相較於安哥拉或南非等擁有大量礦藏的國家，以及獅子山等受飽受眾人矚目的衝突所苦的國家，辛巴威始終較少受到關注。一九〇三年，辛巴威就已發現鑽石，戴比爾斯取得了好幾塊土地，但一直無法進行密集開採，直到一九九四年，一家俄國的礦業公司發現了一座金伯利岩管，大規模探勘才初露曙光。[189]由於辛巴威總統穆加比的國有化政策，使得礦業，尤其是外國公司的開採活動變得格外困難。[190]在二十世紀初，將土地及農場大規模國有化後，穆加比又宣布將「全國五百個礦」全部國有化，[191]接踵而來的便是為控制開採活動及開採權的法律戰，而該國的一部分礦業也始終把持在外國投資人手中。[192]

二〇〇六年，在辛巴威馬蘭吉（Marange）東部地區發現了具開採價值的沖積帶鑽石礦藏（圖36）。政府一開始允許個人自由挖掘，但是當礦產部（Ministry of Mines）將挖掘權利給予政府控制的辛巴威礦業開發公司（Zimbabwe Mineral Development Corporation）後，政府便部署了軍警，以阻止私人進行如今已變成非法的開採活動，這導致二〇〇八年兩百名掘鑽者死亡，以及軍方參與採礦及走私，最終更造成了國際於二〇〇九年對辛巴威鑽石實施禁運。但有幾家公司規避了禁運措施，例如印度蘇拉特原鑽採購有限公司（Surat Rough Diamonds Sourcing India Ltd.），該公司聯合了印度幾家最大鑽石商的金融利益，並與辛巴威政府達成協議，出口馬蘭吉鑽石給印度鑽石切割業。[193]在辛巴威政府與金伯利流程合作者及非政府組織進行了幾輪談判後，儘管虐待行為仍時有所聞，卻仍解除了禁運措施。一些與政府有關係的公司仍在該地區活動，[194]安進（Anjin）就是個例子，這家公司一半控制在一家中國礦業及建築公司手中，另一半則由辛巴威軍隊及一家總部位於杜拜（Dubai）的鑽石開採公司（Diamond Mining Corporation，DMC）控制。[195]辛巴威的鑽石礦藏相當可觀，二〇〇八年，該國生產的鑽石占了世界總產量的百分之八（以重量計，金融價值約占百分之四），但由於管理不善，還有政府與私營企業之間的鬥爭，導致占比在二〇一五年時下滑至百分之二點七。[196]二〇一六年，在該國呼風喚雨的總統穆加比宣布，外國公司偷走了該國的鑽石，因此馬蘭吉鑽石田的開採將被國有化，[197]從那時起，該國生產的鑽石占世界生產總重量就進一步滑落至百分之二點二、總金融價值的百分之一點五。[198]

在如中非共和國（圖82）等幾個目前暫停執行金伯利流程的其他國家，暴力衝突與虐待掘鑽者的行為仍持續發生，而在如納米比亞等其他國家，遵守金伯利流程為產業帶來了好處，也許甚至大於為當地人帶來的好處，[199]這使得金伯利流程再次受到了批評，人們也認為金伯利流程不足以應對其他幾項挑戰，如童工和環境影響等。[200]許多參與了從非洲非法出口血鑽石的貿易商一直沒有受到關注，但二〇一五年的瑞士洩密事件（Swiss Leaks）醜聞揭露了（瑞士）匯豐私人銀行（HSBC Private Bank）的金融詐欺及洗錢行為，也揭露了幾個鑽石貿易商的非法活動，包括玫瑰藍公司。[201]匯豐銀行醜聞的揭露：鑽石從衝突地區出口，經過日內瓦、特拉維夫及杜拜後，抵達最後的目的地安特衛普，不但使得來源被掩蓋、真實價值也被低估。其中一家受到指控的公司是歐米茄鑽石（Omega Diamonds），該公司從中非向比利時非法出口鑽石並規避稅賦。這是個受到高度矚目的案件，將它公諸於世的是一位名叫大衛・雷努斯（David Renous）的揭弊者，而他是歐米茄鑽石的前雇員。[202]根據雷努斯的說法，歐米茄鑽石涉入了一項祕密計畫，以低於市價的價格從安哥拉的安哥拉鑽石銷售公司購買鑽石，這些附有偽造證書的鑽石運送經由阿拉伯聯合大公國（United Arab Emirates）和瑞士，最後抵達安特衛普，並以高於原本價值的價格出售。根據雷努斯的陳述，安哥拉政府被騙走八十億美元，並請求將這筆錢返還給安哥拉。[203]比利時政府想以違反關稅法起訴歐米茄鑽石公司，但是在二〇一七年一月，當安特衛普上訴法院（Antwerp Court of Appeal）裁決比利時進口許可證制度違反歐洲法律後，歐米茄鑽石公司成功擺脫了巨額罰款；然而正如這份提交給歐洲議會（European Parliament）的陳述所表明的，該案件可能尚未完全了結。[204]

歐米茄鑽石公司犯下的這類詐欺故事表明鑽石產業已再度進入了一個新時代。「血鑽石」貿易使得彼此衝突的派閥在數個非洲國家引燃內戰的時代，或許已隨著金伯利流程而宣告結束，但是在可以逃脫政府控制的小型地理區域內，仍舊存在著原鑽的非法開採及貿易。此外，人們也逐漸意識到鑽石開採對環境造成的不利影響，非政府組織及其他產業監督者不再只關注非洲。二十世紀是戴比爾斯壟斷及血鑽石支配的世紀，而兩者的中心都在非洲，但是二十世紀也是新鑽石田興起的世紀，許多鑽石田位於人們意想不到的地方：俄羅斯、加拿大和澳洲。此外，阿姆斯特丹和安特衛普已有好幾個世紀歷史的傳統切割產業受到了挑戰：來自以色列和印度新切割中心；而安特衛普作為商業中心的地位則受到了中東和遠東建立的新鑽石貿易業務的挑戰。在二十世紀末，好幾個對於鑽石產業至關重要的結構遭到了拆解、摧毀或廢除：南非的種族隔離結束了；如果阿姆斯特丹作為一個鑽石城市還有任何重要性，納粹大屠殺也成了最後一擊；金伯利流程的實施則試圖為染上鮮血的鑽石貿易洗刷汙名。戴比爾斯，這股一個多世紀以來主導著鑽石產業的力量，其壟斷地位也開始搖搖欲墜，不只因為來自幾個非洲地區的沖積帶及工業礦商加入競爭，也因為西方世界出現了新的大型參與者。鑽石開採正在掙脫殖民剝削的束縛，這也許是歷史上的第一次。

6 西方世界的鑽石開採：二十一世紀戴比爾斯鑽石世界的瓦解

我們在兩個大陸、四個國家，在地上和地下，在古老的河流沿岸，在海岸及海底進行挖掘，我們始終和我們的東道主社區合作無間。我們負責任地工作，目的是確保當發現鑽石時，這些鑽石可以在社區創造就業、改善教育及醫療保健，以及興建基礎設施發揮核心作用。[1]

這一聲明摘自戴比爾斯網站，可視為今日大型鑽石公司吸引公眾的典型手法——過於樂觀，目的是為了反駁二十世紀剝削人們的批評；也企圖說服消費者，儘管失去了壟斷地位，戴比爾斯仍是全球鑽石業首屈一指的角色。但縱使發出了這類安撫人心的聲明，由羅德茲創立的這家公司在殖民地侵占、與種族隔離制度合作、壓迫性勞動體制及參與血鑽石方面有著悠久歷史，不可能一夕之間就變成現在所宣稱的有道德、負責任的雇主。在蘇聯垮台後，戴比爾斯開始失去身為唯一且真正重要鑽石公司的地位，而發生在安哥拉、加拿大和澳洲的事件進一步削弱了戴比爾斯的地位，該公司不得不逐漸與其他產業參與者保持一致，開始提倡更透明、更合乎道德的經營方式。

今日，不管是與印度和巴西沖積帶鑽石田的近代早期探勘相比，還是與戴比爾斯全面支配的二十世紀相比，全世界的鑽石開採景況已經極為不同。在金伯利流程網站上、針對二〇一八年的正式統計數字顯示，有二十一個國家生產鑽石。[2]現在，除了歐洲和南極洲之外，每個大陸都在開採鑽石，不過對於俄國阿干折斯克（Arkhangelsk）附近羅蒙諾索夫（Lomonosov）鑽石田的進一步探勘可能會改變這點。就重量而言（如圖89所顯示的），俄羅斯是最大生產國，產量為四千三百一十六萬一千零五十八點八三克拉，占全球產鑽量的百分之二十九點一；波札那緊接在後，占百分之十六點四；加拿大和澳洲分別占百分之十五點六和百分之九點五。南非舊礦區的產量約略高於九萬九千克拉，占百分之六點七；安哥拉與前者差距不大，占了百分之五點七；[3]巴西和印度的舊鑽石田幾乎已經消失，而印尼則沒有官方正式的鑽石產量資料。就金融價值來說，情況則有些不同（圖90），俄羅斯仍占據第一名，生產的鑽石占全球鑽石金融價值的百分之二十七點五，但波札那以百分之二十四點四拉近了兩者之間的差距，而澳洲的占比則低得多，只有百分之一點三，為賴索托的一半，但從重量的角度，賴索托的產量則要少得多。這當然與鑽石的品質有極大關係，衡量鑽石品質的最佳方式是價格與克拉比（美元／克拉）。價值最高的鑽石來自納米比亞（比值為四六九點四）、賴比瑞亞（四〇一點八）及賴索托（二九一點五）；最便宜的鑽石，主要是工業鑽石，則來自剛果民主共和國（八點三）、澳洲（十二點九）及中非共和國（二十二點七）。

二〇一八年，巴西的原鑽價值為每克拉兩百一十九美元，而印度則是每克拉兩百一十五美元，這些相對較高的數字顯示歷史仍有其價值。當擁有悠久鑽石歷史的國家仍持續生產這些貴重的寶石時，新的生產國也正在崛起，今天的鑽石開採已經成為真正的全球性事業，並反映在控制開採的公司數量上，它們的活動往往延伸到不同的大陸。在最後一章，筆者將通過檢視俄羅斯、歐洲及加拿大鑽石開採業的崛起，以及在亞洲和南美舊沖積帶鑽石田附近重新尋找蘊藏鑽石的金伯利岩的努

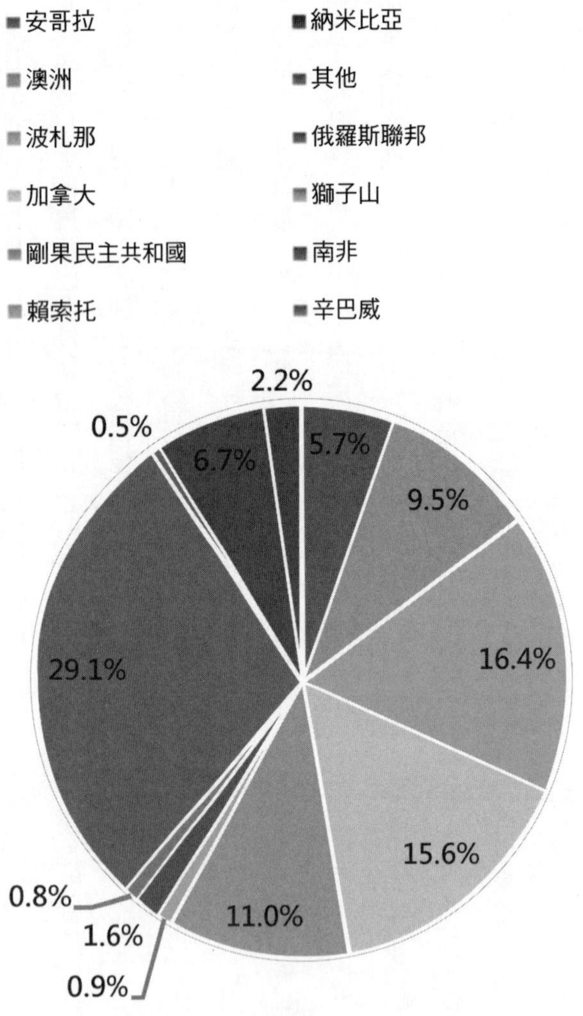

圖89　全球官方正式原鑽產量的各國占比（以重量計，單位為克拉），二〇一八年。[7]

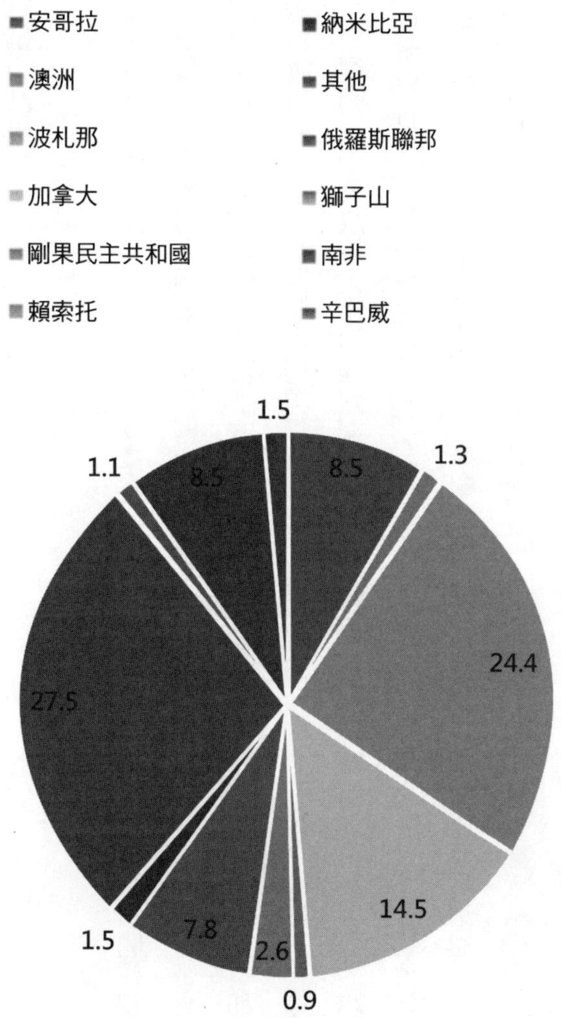

圖90　全球官方正式原鑽產量的各國占比（以金融價值計，單位為美元），二〇一八年。[8]

力，來探討戴比爾斯壟斷權的喪失。

撤退到波札那

到二十世紀末，戴比爾斯在鑽石產業享有的壟斷地位，以及它對全球原鑽開採和銷售的控制，已經成了覬覦這一寶座的礦業公司和美國政府的眼中釘。在戴比爾斯統治其鑽石帝國期間，曾因為兩個原因受到嚴格審視：首先是政治上的理由，與該公司在那些政權名譽掃地且長期陷於暴力衝突國家中的活動有關；[4]第二個原因則是經濟上的。當戴比爾斯因為在種族隔離制度中扮演的角色而受到礦工、運動人士及政治人物的強烈關注時，美國司法部也持續增加對該公司的壓力。一九四五年，戴比爾斯首次受到美國法院起訴，罪名是違反一八九〇年通過的《休曼反聯合壟斷法》（*Sherman Antitrust Act*）——戴比爾斯同業壟斷聯盟被控規避該法，方式是透過在倫敦向美國看貨商銷售鑽石，以及建立一個由三百家不同公司及化名公司（corporate alias）組成的網絡以進入美國市場。[5]美國司法部在一九四八年駁回了這個案子，但這只是戴比爾斯在美國面臨的一連串法律糾紛的開始，[6]該公司在一九七四年二度遭到起訴，當時戴比爾斯與兩家美國公司被控操縱價格，以及祕密瓜分美國低等級工業鑽石砂市場。

事實再次證明，戴比爾斯的企業網絡難以瓦解，但這次因提出了充足的證據，政府與在愛爾蘭香農（Shannon）的戴比爾斯工業鑽石公司（De Beers Industrial Diamonds）達成了金額四萬美元的和解，[9]這是個小小的勝利，但是其在南非的主要公司再次逃過了美國法律體系的監督。[10]但是在美國司法鍥而不捨之下，一九九四年，戴比爾斯第三次在美國出庭，這次是透過它瑞士的子公司——戴比爾斯百年公司（De Beers Centenary AG），該公司與美國奇異公司被控操縱價格及祕密瓜分合成鑽石市場，共同控制了約百分之八十的合成鑽石市場。[11]儘管奇異公司獲判無罪，但戴比爾斯卻未能逃過，該案一直拖到戴比爾斯認罪，並接受了一千萬美元的罰款才宣告結案。[12]對戴比爾斯而言這是個重大挫敗，也是在美國遭到法律挫敗的開始。二〇〇一年，兩起針對價格操縱的案件分別在紐澤西及紐約提出，隨後，又有其他五起訴訟在亞利桑那州、加州和紐約提出。戴比爾斯的同業壟斷聯盟被控壟斷及人為維持高價，[13]原告包括直接從戴比爾斯購買鑽石的買家，以及一群從看貨商手中購買鑽石的珠寶商和零售商。一開始戴比爾斯對來自美國司法管轄權的挑戰維持一貫的防禦姿態，否認直接參與美國市場，但是二〇〇四年的挫敗讓該公司改弦易轍，並於隔年以兩億九千五百萬美元的金額達成和解。戴比爾斯在二〇一一年提出上訴，但沒有結果，二〇一二年對該案進行再審的最後請求也遭駁回。戴比爾斯承諾遵守美國法律，並因而能夠直接在美國市場開展業務因為美國市場占全球珠寶銷售額的百分之四十五。[14]

這是個重要的演變，因為二〇一二年的鑽石世界已不是戴比爾斯的專屬領域，隨著加拿大、澳洲和俄羅斯發現了極其豐富的鑽石礦藏，鑽石生產已經全球化，這些地方均成立了新的礦業公司。戴比爾斯很早就設法達成了一筆俄羅斯鑽石的交易，但交易在二〇一〇年遭到歐盟委員會

（European Commission）取消。在澳洲，生產商同意透過戴比爾斯的中央銷售組織出售鑽石，但他們在一九九六年離開該組織。在加拿大，戴比爾斯是個後來者，且該國的兩個主要鑽石礦場均在該同業壟斷聯盟之外運作。戴比爾斯不僅失去生產上的壟斷地位，在銷售上也是，同時還遭遇新的、富有活力的競爭。澳洲礦業公司力拓（Rio Tinto）的行銷總監曾表示：「沒有人搞得懂戴比爾斯——只知道他們有多落伍。他們的傲慢導致效率低下，他們還沒適應商業現實。」[15]然而，他們還是試著適應了：二〇一一年，英美資源集團買下歐本海默家族在戴比爾斯的四成股份，解除了哈利・歐本海默的兒子尼

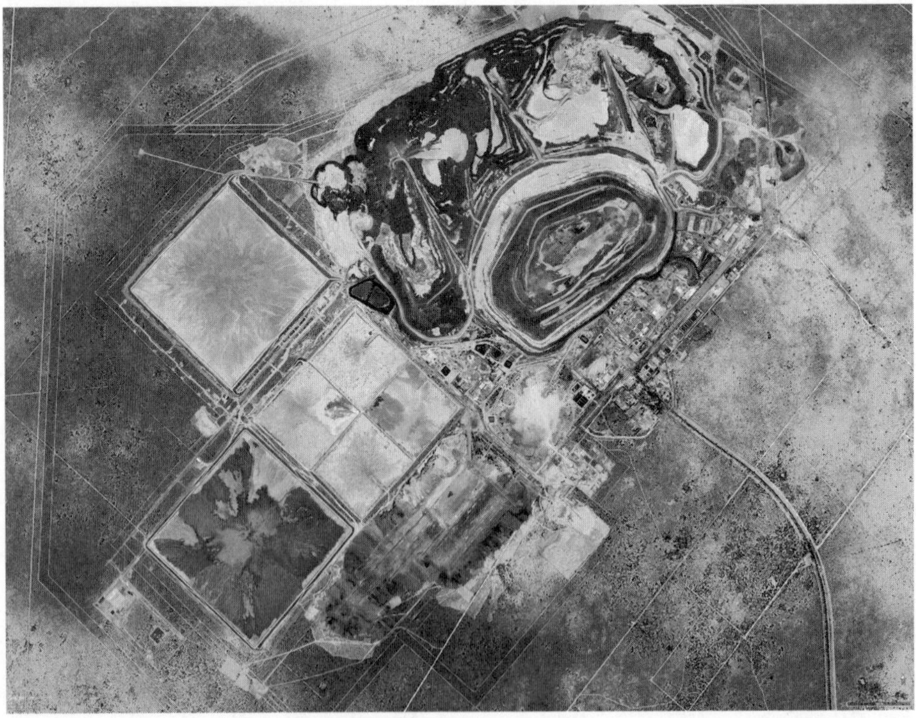

圖91　吉瓦嫩礦，波札那，二〇二〇年。

奇・歐本海默（Nicky Oppenheimer）的董事長職務，[16]但最大的動作還是該公司遷往波札那。一九六六年，波札那獨立，在此之前它被稱為貝專納保護國（Bechuanaland Protectorate）；一九六七和一九六八年，該國發現了兩座金伯利岩管：世界第二大金伯利岩管奧拉帕（Orapa），以及萊特拉卡內（Letlhakane，圖36）。戴比爾斯成立了戴比札那公司（Debswana），這是戴比爾斯與該國的合夥企業，以便探勘這些鑽石礦，但最好的事情還在後頭：一九八二年，當時世界上礦藏最豐富的吉瓦嫩礦（Jwaneng）進入了生產階段（圖91）。前述提及的三個礦皆蘊藏高品質鑽石，到了二〇〇七年，奧拉帕和萊特拉卡內已生產一千五百五十萬克拉鑽石，吉瓦嫩礦則略高於兩千六百萬克拉，總產量已超過南非歷史產量的加總。[17]因此，戴比爾斯不意外地在二〇〇六年於波札那成立了一間獨立的鑽石貿易公司從事波札那鑽石的分揀、分類和估價。[18]七年後的二〇一三年，與該國政府達成一項為期十年的協議後，看貨會銷售制從倫敦遷移到波札那的首都嘉伯隆內（Gaborone）。員工轉移了工作地點，蓋了新辦公室，打造了新的公司結構，現在戴比爾斯由兩大股東擁有：英美資源集團與波札那政府，分別占股百分之八十五及百分之十五。[19]

二〇二一年，戴比爾斯在四個國家進行開採活動。在南非經營弗爾斯波德（Voorspoed）及威內西亞（Venetia）露天礦（圖36），其中威內西亞礦是南非產量最高的鑽石礦，但開採活動正在轉入地下。[20]在納馬夸蘭沖積帶礦床的開採工作已經停止，與此同時，戴比爾斯在二〇一六年將它大部分具有歷史的礦床賣給了埃卡帕礦產（Ekapa Minerals）。[21]在波札那，戴比爾斯與政府的對等合夥企業戴比札那運營著四個露天礦，分別是達姆夏（Damtshaa）、萊特拉卡內、奧拉帕（世界上最大露天礦）以及吉瓦嫩，平均而言吉瓦嫩產出的鑽石最具價值。在納米比亞，戴比爾斯與政府的對等合夥企業納米戴比（Namdeb，西南非聯合鑽石礦產的承繼者）正用五艘船開採離岸及沿岸礦藏，而第六艘船已在建造中。[22]加拿大的開採活動分為兩塊，分別是位於西北領地（Northwest Territories）的斯內普湖（Snap Lake）及加喬庫埃（Gahcho Kué）這兩座礦，其中加喬庫埃直到二〇一六年才進入生產階段，除此之外，還有安大略省（Ontario）的維克多礦（Victor，圖99）。[23]以上加總起來，可以發現戴比爾斯的鑽石總產量估計約占全球原鑽銷售市場的三分之一。戴比爾斯仍向一百零一位經過挑選的看貨商銷售鑽石，有十三位經過認可的買家以及三位工業鑽石看貨商，他們每年同時於嘉伯隆內、金伯利及文德霍克舉行十次的看貨會上購買鑽石。[24]

俄羅斯遠東區冰雪下的鑽石

戴比爾斯壟斷地位的衰微不只是由於針對該公司及其倫理政策的直接攻擊，也跟地理因素有關。戴比爾斯仍難以控制一些地區的開採活動，主要是在西非和中非的沖積帶礦場，另外，在巴西、婆羅洲及印度持續進行的手工式開採利潤極低，導致戴比爾斯雖然在這些國家取得一些特許權土地，還是決定不投入開採。但也有其他逃離戴比爾斯掌控的鑽石礦蘊藏量極為豐富，足以打破只有利於寡頭壟斷的平衡現狀，安哥拉就是個例子，國營企業安哥拉國營鑽石公司是個礦業巨人；另一個例子則是俄羅斯，二〇一八年時俄羅斯的鑽石按重量計算占全球產量的百分之二十九點一，按金融價值計則占百分之二十七點五，這讓俄羅斯成為全球最大鑽石生產國。俄羅斯鑽石的成功故事在一九五〇年代開始醞釀成形，當時的蘇聯探勘者在俄羅斯遠東區（Russian Far East Ontario）的薩哈共和國（Sakha Republic，前雅庫特〔Yakutia〕）發現了蘊藏量極為豐富的金伯利岩管，但早在一個多世紀前，人們就已注意到俄羅斯的鑽石礦藏。[25]

一八三〇年，一家荷蘭報紙指出在烏拉山脈（Ural）發現了鑽石，且「不遜於來自巴西的鑽石」，[26]這篇文章還說莫里茲・恩格爾哈特（Moritz von Engelhardt，一七七九年至一八四二年）教授在四年前就曾造訪過該地區。恩格爾哈特是名博物學家，在一八二〇年至一八三〇年間任教於多爾帕特大學（University of Dorpat，現今愛沙尼亞〔Estonia〕的塔爾圖大學〔University of Tartu〕），他確實在一八二六年前往烏拉山脈進行了一趟科學之旅，返家後他寫了一封信給任教大學的校長，信中指出，他前往的地區與巴西鑽石區在礦物學方面的相似處，暗示在烏拉山脈可能找得到鑽石。這封信最初刊載於《聖彼得堡日報》（*Journal de St Petersbourg*），後來被國際媒體轉載：「下圖拉（Nijny-Toura）的白金砂——屬於位於庫什拉（Koushra）的皇家工廠，與巴西白金砂極為相似，而巴西的白金砂中經常發現鑽石。」[27]

荷蘭報紙《格羅寧格日報》（*Groninger Courant*）繼續報導，將第一次在俄羅斯發現鑽石歸功於一名十三歲男孩保羅・波波夫（Paul Popov），他是在著名的普魯士探險家、地理學家及博物學家亞歷山大・洪堡德（Alexander von Humboldt，一七六九年至一八五九年）於一八二九年六月組織的一次探險途中發現的。在前一年，洪堡德受到俄國財政大臣的邀請（因為大臣的父親也是位礦物學家）前往烏拉山脈，為沙皇調查當地的黃金及白金礦藏。洪堡德此前已經廣泛遊歷了南美，他對於巴西山脈與烏拉山脈在地質和礦物學上的相似性感到驚訝，但對新舊世界岩石結構的比較並未讓他得出烏拉山脈可能蘊藏鑽石的結論。[28]也許洪堡德與恩格爾哈特在多爾帕特的會面改變了他的想法，在啟程前，他向沙皇承諾會帶回一些寶石。[29]這次探險的參與者之一，有位在俄國服役的法國軍官阿朵夫．波里耶（Adolphe de Polier），他是

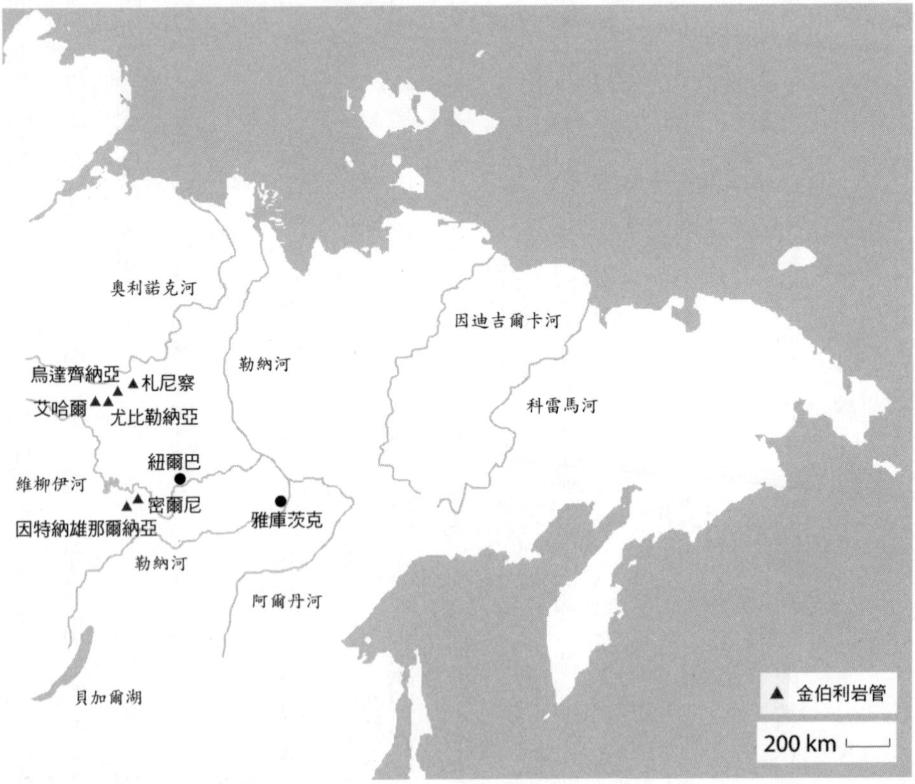

圖92　西伯利亞的鑽石礦藏。

俄國科學院的院士，也是富有的俄國女爵瓦爾薇拉・佩德羅夫納（Varvara Petrovna）的丈夫。他跟洪堡德都深信俄羅斯這塊土地蘊藏著鑽石，並指示幾個人為他們在葉卡捷琳堡（Yekaterinburg）附近的土地尋找，這就是波波夫發現鑽石的原因。[30]

在洪堡德這次的探險後，烏拉山脈又發現了幾顆鑽石，重量都介於一點五至五點五克拉之間。一八三六年，曾有一家法國雜誌寫到，人們至此時只發現了三十五顆鑽石，[31]當時的主流意見是，這些發現具有科學價值但沒有商業價值，因為鑽石很小顆且極少出現，同時也有一些人懷疑烏拉山脈的鑽石是否為真品。[32]人們沒有建立礦業的進一步行動，因為蘇聯政府只要出售一九一七年革命後沒收的珠寶和鑽石就已經滿足了。一九三七年，一項科學計畫比較了世界各地鑽石田的地質狀況與蘇聯的鑽石田，參與者中有位名叫作弗拉迪米爾・索波列夫（Vladimir Sobolev，一九〇八年至一九八二年）的地質學家。[33]距離洪堡德在烏拉山脈尋找鑽石一個多世紀後，曾就讀列寧格勒礦業研究所（Leningrad Mining Institute）的索波列夫發表了一本專著，在書中，他根據與南非進行的比較，預測在俄羅斯遠東地區的雅庫特存在著鑽石。[34]

第二次世界大戰結束後不久，蘇聯政府就將鑽石探勘列為優先事項，他們希望透過國內礦藏滿足對工業鑽石的需求，而不是透過倫敦的中央銷售組織進行採購。[35]一九四八年，一支從伊爾庫次克（Irkutsk）出發的隊伍在下通古斯河（Nizhnaya Tunguska）的一條支流中發現了第一個雅庫特鑽石，這支探險隊很快就轉往探勘維柳伊河（Vilyuy），一九四九年八月，格里高利・芬斯泰因（Grigorii Fainshtein）在那裡發現了鑽石。人們因此在維柳伊河畔的紐爾巴（Nyurba）建立了永久定居點（圖92），以整合與尋找鑽石相關的各項工作，但直到在維柳伊北方的奧利諾克河（Olyenok）發現一座金伯利岩管後，速度才開始加快，且這次的發現也帶動了列寧格勒金伯利岩管的開發。[36]這些發現立即影響了國際鑽石市場，比利時的鑽石工人工會曾通報，蘇聯的鑽石採購量從一九四九年的每個月八千至九千克拉，下滑至一九五〇年一月的四十克拉，二月和三月更是完全沒有採購鑽石。安特衛普更有傳言，說蘇聯要不是發現了大量的礦藏，就是找到了生產合成鑽石更有效率的方式。[37]

列寧格勒岩管的開採活動始終祕密進行，一九五四年，一位地質學學生及戰爭英雄萊麗莎・波普加耶瓦（Larisa Popugaeva）發現了札尼察（Zarnitsa）岩管，這是第一個在俄羅斯正式發現的含鑽金伯利岩管。人們一開始並不承認她是發現者，她甚至遭到列寧格勒（今聖彼得堡〔St Petersburg〕）的全聯盟地質研究所（All-Union Geological Institute）解雇，但後來又成功復

圖93　密爾尼礦，西伯利亞，二〇一四年。

圖94　烏達齊納亞礦，西伯利亞，二〇〇四年。

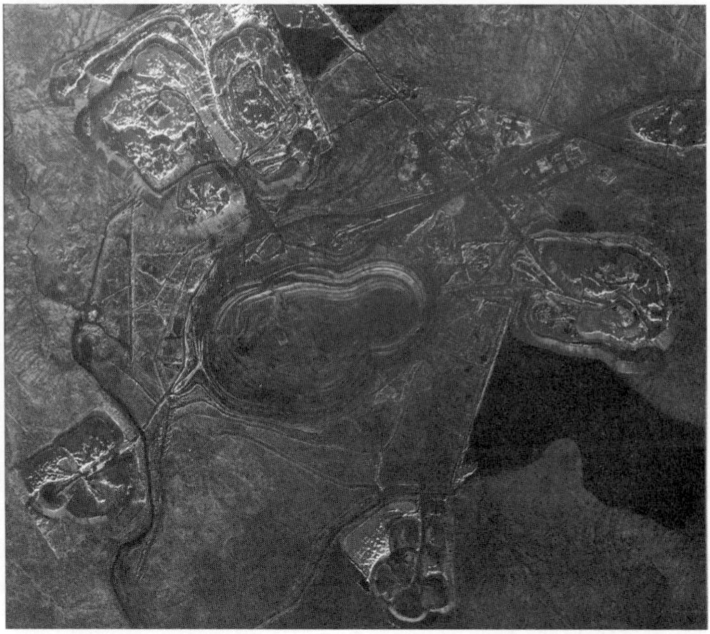

圖95　尤比勒納亞礦，西伯利亞，二〇二〇年。

職。[38]沒多久，新發現隨之而來，並以暗號方式報告：一九五五年七月，當尤里・卡巴爾定（Yuri Khabardin）發現密爾尼（Mirny，意謂「和平」）金伯利岩管時，他發了一封充滿暗號的電報到地質部，訊息寫道：「我們抽了那根和平菸斗，菸草棒極了。」[39]密爾尼岩管蘊藏的寶石級鑽石比例確實相對高，該礦於一九五七年投入運轉，二〇〇四年關閉。今天，它是地球上第二大的人造坑洞，僅次於鹽湖城（Salt Lake City）附近、賓漢峽谷（Bingham Canyon）的銅礦（圖93）。

在發現密爾尼不到十天，人們就找到了烏達齊納亞（Udachnaya，意謂「成功」）岩管，後來知道它的產量極高，並且蘊藏著豐富的寶石級鑽石（圖94）。在一九五六年底前，俄羅斯已發現了超過五百座金伯利岩管，不過不是全部都蘊藏了鑽石。其中最重要的岩管是希提坎斯卡亞（Sytykanskaya）岩管，於一九五五年發現，一九七九年進入生產階段；第二十三屆黨代表大會（Twenty-Third Party Congress）岩管，於一九五九年發現，一九六六年進入生產；距離密爾尼四百五十公里、實際位於北極圈中的艾哈爾（Aikhal）岩管，於一九六〇年發現，一九六二年進入生產；密爾尼附近的因特納雄那爾納亞（Internatsionalnaya）岩管，於一九七一年發現；以及一九七五年發現的尤比勒納亞（Yubileinaya）岩管（圖95）。[40]到一九九八

圖96　蘇聯郵票：雅庫特自治蘇維埃社會主義共和國，一九七二年。

年，俄羅斯已知存在的金伯利岩管約有一千座，其中一百五十座蘊藏鑽石、七座在證明具有商業可行性後才進行鑽石生產。[41]

俄羅斯以外的國家並沒有立即意識到這些發現的潛在影響。一九五六年，一家荷蘭報紙刊出了一篇標題為「西伯利亞發現大鑽石田？荷蘭鑽石圈並不擔心」的文章，文中引用了兩名鑽石商的說法，他們認為雅庫特傳來的消息可能只是政治宣傳而已。[42]

但實情遠非如此。當尼基塔・赫魯雪夫（Nikita Krushchev）在一九五三年就任第一書記，他宣布蘇聯應全力發展鑽石產業。[43]在一年後舉行的第二十一屆黨代表大會上，雅庫特鑽石礦信託（Yakutalmaz Trust，Yakutalmaz是雅庫特〔Yakutia〕與俄文的鑽石〔almaz〕一詞結合而成）成立，這是開採密爾尼岩管的開始，也是礦區工業化時期的起點，同時也嚴重侵害了環境及當地的非俄羅斯人（即維柳伊人）。位於伊列利亞赫河（Irelyakh）上的密爾尼鎮成為主要的定居點，其他的定居點則建在艾哈爾、烏達齊納亞和伊列利亞赫。從一九五六年以來，成千上萬的勞工投入鑽石產業，[44]許多人來自烏克蘭、白俄羅斯及俄羅斯的歐洲疆域，導致當地人口成長。[45]然而，蘇聯的政治宣傳更專注於打造自然與工業攜手並進的形象（圖96）。

蘇聯在密爾尼西北部、車爾尼雪夫斯基（Chernyshevskiy）的維柳伊河上蓋了座維柳伊水力發電站，這座水壩和發電廠為礦業城鎮提供電力，而為了提供食物，也擴大了國營農場制。[46]這一切都是必要的投資，但生活依然艱難；雅庫特幅員遼闊，且地處偏遠，因缺乏運輸網絡而與世隔絕；氣候方面，冬季長達七個月，被稱為「人類居住的世界中最嚴酷的氣候」，平均氣溫在一月的攝氏零下四十三點五度，及七月的十九度之間。[47]天氣讓機器結冰、鋼鐵斷裂，在夏季融冰期興建建築物時，必須用鋼柱打入永凍層。不僅氣候條件惡劣，工作也十分嚴酷。雖然只要原鑽源源不絕抵達莫斯科，基本上當地的礦業管理被授予極大的經營自由，但在那裡開採的第一年就爆發了罷工，雅庫特鑽石礦在密爾尼的第一批辦公室被人用火燒了。[48]不過這一切並沒有讓政府灰心，因為現在已經充分認識到蘇聯的亞洲疆域的鑽石蘊藏潛力，但也很快明白需要進一步的金融投資。蘇聯國內需要工業鑽石，但現在也許是考慮向國外銷售俄羅斯寶石級鑽石的時候了。[49]

蘇聯政府與戴比爾斯

為了在國際市場上銷售鑽石，蘇聯必須與戴比爾斯達成協議，因為後者的中央銷售組織控制了全世界的鑽石貿易，而戴比爾斯則對鐵幕後的發展感到憂心忡忡。與外部生產商達成收購鑽石的協議一直是該公司的政策，他們在非洲進行得非常成功，但蘇聯不是非洲。一九五七年，哈利．歐本海默在他父親之後接任戴比爾斯董事長，他派他的堂親菲利浦．歐本海默（Philip Oppenheimer）前往莫斯科協商蘇聯加入鑽石同業壟斷聯盟的事，戴比爾斯提議，以可重新協議價格的方式買下所有俄羅斯寶石級鑽石，協議被接受了，雖然這對這些南非人來說始終是筆有風險的交易，因為沒有人清楚知道雅庫特岩管的產量。「蘇聯的貿易統計數字沒有逐項列出鑽石出口數量——如果它們真的存在的話。」[50]菲利浦．歐本海默負責協商的這份協議的細節一直是個祕密。西方媒體在一九六〇年初報導這項交易，同時也指出這是個令人驚歎的聯盟，但也保證了當前鑽石價格水準的穩定。[51]

該協議每年均會重新協商，並得到西方媒體的適當報導，但政治環境變得日益艱難。[52]一九五七年，就在菲利浦．歐本海默飛往莫斯科前，南非政府控訴蘇聯正在進行一項旨在推翻南非種族隔離政府的共產主義陰謀，隨後南非及蘇聯中止了外交關係。蘇聯當時的外交政策是離間西方及其非洲殖民地，幾個非洲反殖民運動將蘇聯視為當然盟友。[53]一九六〇年三月二十一日沙佩維爾屠殺（Sharpeville massacre）使得壓力升高，直到一九六三年，哈利．歐本海默與蘇聯的協議才告一段落。《每日郵報》（*Daily Mail*）隔年報導，「戴比爾斯不再出售俄羅斯鑽石」，並稱該公司「對於蘇聯支持針對南非的貿易抵制感到憤怒」。[54]

然而，東西城有限公司（City East-West Ltd）仍經由倫敦輸送蘇聯鑽石，使得協議案持續在暗中生效。[55]哈利．歐本海默於一九七八年承認，保密的唯一原因是蘇聯不希望成為鎂光燈焦點，而其兒子尼奇．歐本海默後來則解釋，他們為了商業利益而將意識形態的差異放兩旁。[56]作為讓戴比爾斯銷售其百分之九十至九十五寶石級原鑽的交換條件，蘇聯則從戴比爾斯那裡獲得了強勢貨幣及高等級工業鑽石的持續供應，因為蘇聯需要這些工業鑽石但無法自行生產；而其餘百分之五的蘇聯寶石級鑽石則不受協議約束，並在蘇聯或其他東歐國家進行切割及拋光。[57]

該協議保證了戴比爾斯可繼續控制鑽石市場及價格，並為他們在非洲提供了一些政治上的模糊空間。一九七五年，安哥拉獨立，安哥拉人民解放運動單位掌權，他們很快就質疑與戴比爾斯的既有協議，後來蘇聯官員成功說服安哥拉政府不要轉到和戴比爾斯競爭的一方。蘇聯及戴比爾斯均同意從一九七六年起，透過技術交流來強化合作。一名蘇聯工程師被派到賴索托的萊辛礦（Letseng），得到的回報則是一群戴比爾斯的人員獲得允許參觀一座蘇聯的金伯利岩管。[58]蘇聯人通過一種名叫「X光分離」（X-ray luminescent separation）的方法改善了鑽石篩選流程，這種方法依靠鑽石在X光下發出的光來進行判別，此機器也可以運用這一流程將較小的鑽石與周遭的礦石分離，而鑽石產業過去無法分離這麼小的鑽石與礦石。[59]

蘇聯清楚意識到，其龐大的鑽石礦藏讓他們面對戴比爾斯的談判時擁有極大的優勢，因此有時他們會測試戴比爾斯的耐心，尤其是在一九七〇年代初期。一九七三年，《金融時報》曾報導，蘇聯正在探討有關直接向安特衛普銷售鑽石的想法。[60]蘇聯政府中的一個派別也希望發展國內的切割產業，當時蘇聯只有三家營運中的切割工廠，分別位於莫斯科、斯摩倫斯克（Smolensk）和基輔（Kiev），每家工廠雇用約二千至四千名工人。之後，蘇聯以克里斯托爾（Kristall）為名成立了二十四家切割工廠，但事實證明這些工廠無法應付蘇聯的產量，因為蘇聯鑽石產量仍在擴大中，且因規模過於龐大，而無法在國內進行加工。[61]仍處於祕密開採狀態的雅庫特鑽石田估計在一九七七年生產了一千零三十萬克拉的鑽石，[62]也是在那一年，哈利．歐本海默宣布戴比爾斯已付了五億多美元向蘇聯購買鑽石。[63]蘇聯在一九七〇年代出口的許多鑽石是「銀熊」（silver bear）鑽石，即純淨度高、呈銀色，並且在切割前重量超過零點二五克拉的鑽石。戴比爾斯要吸收這一額外的產量需要時間，也要一場新的行銷宣傳活動——於是，銀熊鑽石被鑲嵌在「永恆戒指」上，由丈夫送給他們的妻子，作為「持久的愛」以及「重新點燃浪漫火花」的象徵。[64]後來的學者沒有漏掉這之中隱含的諷刺：「為了滿足蘇聯對強勢貨幣的需求，一家南非公司說服美國男人為他們的妻子買下一件沒有實用價值的奢侈品。」[65]

共產主義垮台後

一九八八年，當時的蘇聯最高領導人米哈伊爾．戈巴契夫（Mikhail Gorbachev）改變了管理俄羅斯礦業的組織架構，將黃金和鑽石礦業均納入鑽石及黃金管理局（Glavalmazzoloto）的管轄範圍。[66]兩年後，戴比爾斯與蘇聯政府達成一項內容和之前大致相同的協議，但包括向蘇聯政府提供一筆五十億美元的貸款用於投資礦業，並以蘇聯的鑽石庫存作為擔保。一九九〇年五月，鮑里斯．葉爾欽（Boris Yeltsin）在違背戈巴契夫的意願下，當選俄羅斯蘇維埃聯邦社會主義共和國最高蘇維埃主席（chairman of the Supreme Soviet of the Russian Soviet Federative Socialist Republic），他立刻抗議這樁鑽石交易從來沒有徵詢過俄羅斯的意見。一場蘇聯政府、俄羅斯議會及薩哈共和國（前雅庫特）之間的權力角力就此爆發，三方皆宣稱擁有薩哈鑽石的合法所有權，蘇聯的垮台（一九九一年）進一步加劇了這些針對鑽石的爭奪。[67]

一九九二年頒布的礦產法，承諾各共和國和地方政府將更平等地分享礦業利益，一個月後，葉爾欽承諾薩哈共和國將可獲得百分之二十的寶石級鑽石銷售利潤，以及全部工業鑽石銷售利潤，而薩哈共和國當時已成為俄羅斯的一個自治共和國，因此其礦產資源對俄羅斯經濟至關重要。這一承諾造成了葉爾欽與議會之間的分歧：議會認為葉爾欽給薩哈共和國太多了，因此試圖組織成立阿羅莎，即俄羅斯及薩哈鑽石公司（Almazy Rossii-Sakha，Alrosa）——這是家從事鑽石開採、分揀、分級、切割及行銷的合股公司，[68]一開始俄羅斯及薩哈共和國各擁有百分之三十二的股份，阿羅莎的五萬名員工擁有百分之二十三，八個地方政府各擁有百分之一，還有一個軍隊的社會保險基金擁有百分之五的股份，[69]利潤亦根據此比例分配。葉爾欽成功頒布一項特別法令，繞過議會成立了阿羅莎，當該公司終於在一九九三年成立時，俄羅斯愈來愈擔憂薩哈共和國獲得了更好的交易，會利用在阿羅莎的股份來建立自己的切割產業，並對俄羅斯既有的工廠造成不利。一九九一年，薩哈共和國確實開始成立切割工廠，三年後，圖伊馬達鑽石（Tuymaada Diamond）已經擁有六家工廠、九百個員工。[70]至今，圖伊馬達鑽石宣傳自己是「薩哈共和國最大的拋光鑽石廠商」，直接從阿羅莎買進原鑽。[71]另外，在亞美尼亞等前蘇聯共和國也有一些切割產業仍然活躍，並與全球鑽石商品鏈維持聯繫。[72]

薩哈共和國成功運用政治影響力及經濟資源，跟俄羅斯協商出一個更好的地位，但俄羅斯仍擁有阿羅莎的主要股份，並在接下來持續成長。到了一九九六年中，阿羅莎顯然已獲得俄羅斯鑽石生產的控制權，儘管內部阻力重重——這些阻力主要來自在政府組織工作的國家官員，而這些組織，例如貴金屬及寶石委員會（Gohkran），便是一九九六年成立的國家貴金屬及寶石儲存庫，迄今一直負責鑽石的生產及出口。並非所有人都接受阿羅莎的壟斷地位，尤其考量到該公司與薩哈政府的密切聯繫。薩哈共和國日漸獨立，再加上它對俄羅斯金融的重要性，使得俄羅斯政治階層中出現了阻力，因為薩哈共和國過度自治可能會創下一個危險的先例。

俄羅斯與戴比爾斯的交易也受到來自內部的嚴厲抨擊。自蘇聯垮台以來，俄羅斯就成為戴比爾斯的難纏夥伴，因為它運用各種不同管道將寶石級原鑽銷售到同業壟斷聯盟以外的市場，至一九九四年，人們開始擔憂「原鑽價格從戴比爾斯誕生之初就一直受到其保護，永遠不會下跌」的老日子，終於要結束了。[73]一九九五年，俄羅斯與戴比爾斯正進行協商，但協議因俄羅斯內部不樂見阿羅莎與戴比爾斯這一勝利組合的政治力量而延宕。也許最激烈的反對聲音來自代表俄羅斯國內切割產業的協會，其中一個反對的主因是阿羅莎承諾停止委託切割，即將薩哈共和國的原鑽送至國外進行切割，再送回俄羅斯以俄羅斯切割鑽石之名販售的做法。[74]悲嘆外國公司控制俄羅斯鑽石礦藏的聲音從未完全消失，但一九九八年十一月《金融時報》報導了交易完成的消息：阿羅莎承諾透過戴比爾斯銷售價值至少五億五千萬美元的原鑽，這是俄羅斯鑽石產量之金融價值的一半之多，而阿羅莎則可在中央銷售組織外的市場銷售占產量百分之五的原鑽。[75]這是筆受到雙方歡迎的交易，因俄羅斯需要錢，而戴比爾斯兩年前才因澳洲鑽石生產商阿什頓聯合企業（Ashton Joint Venture，AJV）拋棄同業壟斷聯盟的決定而受到重創，令戴比爾斯對鑽石市場的控制率下滑至百分之六十。[76]於一九九八年至二〇一二年擔任戴比爾斯董事長的尼奇・歐本海默宣布，亞洲金融危機及隨後的需求下滑迫使生產商必須團結合作，而將俄羅斯在同業壟斷聯盟以外的銷售數字降至最低限度符合了戴比爾斯的利益。[77]

二〇〇二年，歐洲委員會裁決，兩大原鑽生產商之間的這筆交易違反了反聯合壟斷法。戴比爾斯提議漸漸減少俄羅斯鑽石採購，並於二〇〇九年完全停止，但遭到阿羅莎的反對，一場法律戰於是開打，然而，二〇一〇年，歐洲委員會決議維持原判。阿羅莎於二〇一一年在莫斯科證券交易所上市，兩年後，俄羅斯出售了百分之十六的股份；目前俄羅斯聯邦政府（Russian Federation，一般通稱俄羅斯）持有該公司百分之四十三點九三的股份，薩哈共和國擁有百分之二十五，薩哈各地區政府持有百分之八，其他法律實體及個人持有百分之二十三點零七。[78]到了那時，戴比爾斯已經遷往波札那，二〇一五年，戴比爾斯及阿羅莎均為一個新成立的生產商協會的聯合創辦人。阿羅莎在一九九六年就已發展了自己的行銷部門，即位於莫斯科的聯合銷售組織（United Selling Organization），該組織現在全面負責俄羅斯鑽石的分揀、估價及銷售工作。[79]

阿羅莎透過控制俄羅斯鑽石生產而逐漸壯大，但早在一九九二年成立之初，這家礦業公司就已經在國內及國際上尋找擴大活動的機會了。一九九七年，它成為卡托卡礦業公司（Catoca Mining Company）的一名合作夥伴，持有該公司百分之三十三的股份，而當時卡托卡礦業公司正在開採安哥拉的卡托卡岩管（圖82）。[80]在國內，阿羅莎很快就對三座鑽石田產生興趣，這三座位於白海（White Sea）附近、俄羅斯的阿干折斯克金伯利省（Arkhangelsk Kimberlite Province）的鑽石田分別是：佐羅提茲科耶（Zolotitskoye）、凱賓斯科耶（Kepinskoye）以及維爾霍揚斯耶

（Verkhotinskoye）。[81]人們認為佐羅提茲科耶蘊藏具商業價值的鑽石礦藏，並命名為「羅蒙諾索夫礦」。沙維羅馬茲公司（Severalmaz）是家封閉式合股公司，成立於一九九二年，旨在開發位於佐羅提茲科耶鑽石田的羅蒙諾索夫礦群，認為這裡的開採具有商業可行性，並初估有百分之五十的鑽石為寶石級鑽石。[82]阿羅莎是在一九九〇年代末開始探勘該地區，最後獲得了沙維羅馬茲公司的百分之九十九點六的股份；現在，沙維羅馬茲公司這家阿羅莎子公司目前在「歐洲最大的原生鑽石礦床」羅蒙諾索夫雇用了一千六百多名員工，這個礦床由六座金伯利岩管組成，大部分仍有待開發。正在進行開採的兩座岩管是從二〇〇五年開始開採的阿干折斯卡亞（Arkhangelskaya）岩管（二〇一四年的產量為一百三十七萬克拉），以及二〇一四年開始開採的凱賓斯科郭一號（Karpinskogo-1）岩管。[83]其他有商業前途的開採計畫則落入其他公司手中，例如格里布（Grib）鑽石礦公司即數次易手，並在二〇一六年被盧克石油（Lukoil）以十四億五千萬美元的價格售出，而該礦並未充分投入開發。[84]阿羅莎公司在俄羅斯遠東地區的進一步探勘結果也提高了產量，如自二〇〇一年起投入運轉的紐爾巴露天礦，以及一九九四年發現、二〇一五年投入生產的波圖歐賓斯卡亞（Botuobinskaya）金伯利岩管，這是俄羅斯十年來第一座投入生產的新岩管，估計其儲量為七千一百萬克拉，略多於二〇一四年世界鑽石產量的一半。[85]除了將新發現礦藏投入生產之外，阿羅莎在二十一世紀的主要挑戰是將因特納雄那爾納亞（一九九九年）、艾哈爾（二〇〇五年）及密爾尼（二〇〇九年）等幾個老露天礦轉型為地下作業。[86]二〇一四年，烏達齊納亞岩管開始轉型，當地下開採達到其預期產能，該岩管將成為俄羅斯最大的鑽石礦場。[87]

澳洲叢林中的寶石

澳洲在一八五〇年代初已經從大英帝國獲得了一些獨立權力，但是當淘金熱驅使許多冒險家來到澳洲東南海岸的新南威爾斯州（New South Wales）①以及維多利亞州（Victoria）時，澳洲在形式上仍是個殖民地。[88]一八五三年一月《泰晤士報》報導，新南威爾斯的一名總測繪師在一個黃金挖掘區發現了一顆重零點七五克拉且品質良好的鑽石。[89]但後來幾篇關於發現鑽石的報導都是假的，例如《墨爾本阿古斯報》（*Melbourne Argus*）於一八六九年曾刊出一篇關於一顆尺寸為「火雞蛋」大小的鑽石的新聞，還登上了英國媒體，這顆火雞蛋後來證實只是顆水晶。[90]同年，《格拉斯哥先驅報》（*Glasgow Herald*）發表了一篇關於澳洲鑽石探勘狀況的長文，說探勘者正在庫吉公河（Cudgegong）進行探勘（圖97），他們使用了一些蒸氣動力機器，但是也有報導稱在維多利亞州的塞巴斯托波（Sebastopol）附近以及紐西蘭的基督城（Christchurch）發現了鑽石。[91]至少有一顆重達五點六二五克拉的鑽石，從庫吉公地區被送到倫敦給伊曼紐爾進行切割及抛光，但伊曼紐爾是否進一步參與澳洲鑽石業則不得而知。[92]

媒體還不時報導在昆士蘭（Queensland，一八八七年）、南澳大利亞（South Australia，一八九四年）以及塔斯馬尼亞（Tasmania，一八九九年）的其他沖積帶發現鑽石。[93]一八九八年，幾家英國報紙報導了西澳大利亞（Western Australia）納拉金（Nullagine）地區的鑽石田爆發一股「狂熱」，而這裡也是知名的產金區。[94]幾個澳洲礦工從加拿大克隆戴克（Klondike）或是南非的黃金和鑽石田進行探勘工作後歸來，同時也帶回了他們的經驗以及對財富的渴望。亞伯特・卡爾維特（Albert F. Calvert）宣稱：「據我所知，我是一八九一年第一個發現納拉金礫岩中蘊藏鑽石的人。」（卡爾維特當時應是個十九歲的「紳士探險家」）。然而，《金融時報》並不相信卡爾維特的說法：「為了避免後世歷史學家發現自己並未把『發現』的榮譽歸功給正確的人，卡爾維特先生放下了他一向的矜持與謙遜，靦腆地走到了聚光燈下。」[95]總的來說，新南威爾斯的挖掘規模始終不大，十九世紀末及二十世紀初的總產量估計為五十萬克拉左右，其中一半是在柯普頓（Copeton，十七萬克拉）及賓嘉拉（Bingara，三萬五千克拉）開採（圖97）。[96]西澳大利亞也進行了一些探勘活動，但只發現了幾百顆鑽石，且重量都沒有超過三點五克拉。[97]

正如在俄羅斯，這些初期發現的沖積帶沒有發掘澳洲的全部潛力，也沒有發展出鑽石開採業。真正的突破發生在數十年後，一九三九年時，兩名科學家亞瑟・魏德（Arthur Wade）及雷克斯・普萊德（Rex Prider）發現了南非金伯利岩與西澳大利亞的鉀鎂煌斑岩（lamproite）有著類似的地質，但鉀鎂煌斑岩是種火山岩，與金伯利岩有顯著的不同。[98]非金伯利岩的岩石可能蘊藏鑽石的想法十分具有前景，科學家後來將這想法拿來運用在如霞石岩（nephelinite）、碧玄岩（basanite）等

① 編按：大英帝國在澳洲的第一個殖民地，建於一七八八年。

其他岩石上。[99]又過了二十年，普萊德的調查研究終於讓人們在鉀鎂煌斑岩中發現了鑽石，只是奇怪的是，發現的地區竟然也叫作金伯利。[100]

到了一九六七年，澳洲的礦業潛能已經引來了上加丹加礦業聯合的注意，該公司自從在剛果的資產被莫布圖國有化後，就一直積極擴張國際市場。上加丹加礦業聯合派了探勘者前往加拿大和澳洲，很快地，坦干伊喀特許有限公司（Tanganyika Concessions Ltd，TCL）就加入了他們的行列，這是一家英國與羅德西亞合資公司，曾是上加丹加礦業聯合的創始合夥人之一。坦干伊喀特許有限公司曾在北羅德西亞（尚比亞）及北加丹加（後來成為剛果的坦干伊喀省）經營採礦事業。[101]一九六九年，坦干伊喀特許有限公司在墨爾本成立了一家分公司，名為坦干伊喀控股有限公司（Tanganyika Holdings Ltd，THL），兩家公司商定上加丹加礦業聯合專注於賤金屬（base metals）②，坦干伊喀控股則專注於貴金屬及鑽石。[102]

一九六九年五月，上加丹加礦業聯合在《星期日泰晤士報》（*Sunday Times*）刊出了一個廣告，尋找「在西澳大利亞從事野外作業的探勘地質學家」，他們要求申請者將申請信寄給位於倫敦格雷舍姆街（Gresham Street）坦干伊喀控股有限公司的埃文．泰勒（Ewen Tyler）先生。[103]泰勒曾於西澳大利亞大學就讀地質學，在那裡認識了研究鉀鎂煌斑岩的科學家普萊德。泰勒結束研究之後，前

② 編按：指除了金、銀、鉑、鈀等貴金屬之外，其他所有的金屬。

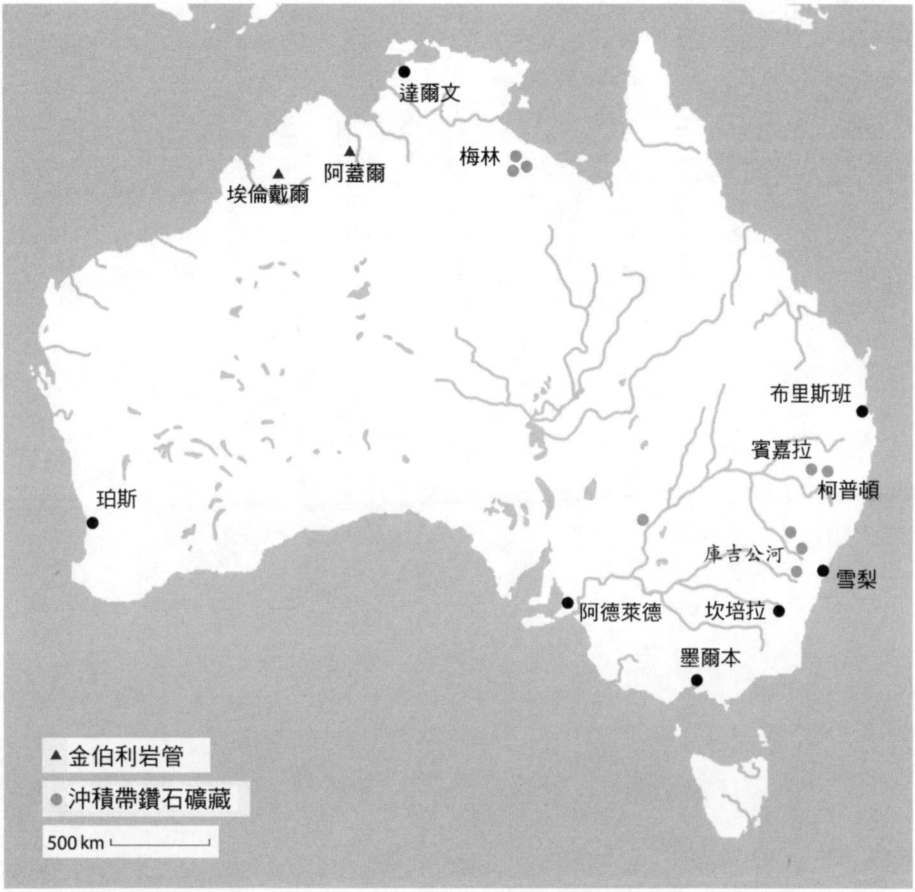
達爾文
梅林
阿蓋爾
埃倫戴爾
布里斯班
賓嘉拉
柯普頓
珀斯
庫吉公河
雪梨
阿德萊德
坎培拉
墨爾本
▲金伯利岩管
●沖積帶鑽石礦藏
500 km

圖97　澳洲的鑽石礦藏。

往坦尚尼亞最大的金礦工作，在返回澳洲的前兩年，泰勒協助上加丹加礦業聯合在坦尚尼亞建立了一個基地。一九六九年，他帶著坦干伊喀特許有限公司的人和他們對鑽石的興趣回到了澳洲。[104]在那一年年底前，人們在埃倫戴爾（Ellendale）附近金伯利地區的倫納德河（Lennard）發現鑽石之後，更多澳洲人開始對鑽石探勘產生了興趣。[105]

一九六九年九月，專門從事鐵礦石、鎳、錫開採的北方礦業公司（Northern Mining Corporation，NMC）董事長里斯．陶伊（Rees Towie）與曾在南非工作過的工程師諾曼．史坦斯摩爾（Norman Stansmore）進行了一次關鍵性談話。史坦斯摩爾

圖98　阿蓋爾礦，澳洲，二〇一〇年。

告訴陶伊，他的伯祖父曾在一八九六年參與過一次辛普森沙漠（Simpson desert）的探險行動，當該探險隊抵達距離霍爾斯克里克鎮（Halls Creek）兩天路程的一個地方時，他的伯祖父因為意外槍擊自己而亡，之後，人們在他的屍體上發現了一顆大鑽石。一九七二年，陶伊與他學生時代的好友泰勒見面，對史坦斯摩爾的故事十分熱中的他，決定和泰勒以及幾家在金伯利探勘鑽石的公司聯手，成立卡倫布魯聯合企業（Kalumburu Joint Venture）。[106]一九七五年，澳洲康鋅力拓公司（Conzinc Riotinto of Australia，CRA）加入了這個已改名為阿什頓聯合企業的集團，而泰勒繼續擔任其董事長直至一九九〇年。[107]阿什頓聯合企業開始探索金伯利地區，澳洲康鋅力拓公司則在一九七七年以管理公司的角色出現，但在營運的頭幾年，人們並未發現任何有商業價值的鑽石礦藏。[108]

卡倫布魯聯合企業成立的同一年，一位年輕的英國地質學家茉倫．穆格里吉（Maureen Muggeridge，一九四八年至二〇一〇年）搬到了西澳的珀斯（Perth），她在那裡的坦干伊喀控股公司找到了一份工作，後來嫁給了陶伊的兒子。一九七九年七月，穆格里吉懷著六個月身孕時，她在金伯利地區一條流入阿蓋爾湖（Lake Argyle）的小河中發現了鑽石。這裡是熱帶的稀林草原區，雨季時溫度可高達攝氏四十五度。競爭者就在附近探勘，穆格里吉隱瞞了她在進一步尋找煙溪（Smoke Creek）鑽石來源的事。「事情必須低調進行。你不能說你在尋找鑽石，那會引起太多人的興趣。」[109]進一步的研究顯示穆格里吉發現了澳洲第一條（在本書寫作時也是唯一一條）具有經濟價值的含鑽鉀鎂煌斑岩管——阿蓋爾岩管（簡稱阿蓋爾一號），位於阿蓋爾湖上游二十五公里處（圖97、98）。此時距離波普加耶瓦發現俄羅斯第一座金伯利岩管已經有二十五年了。[110]人們一開始以為阿蓋爾的礦床是金伯利岩，但進一步研究顯示，蘊藏鑽石的岩石是普萊德的含鑽鉀鎂煌斑岩。[111]

儘管阿什頓聯合企業試圖盡量隱瞞發現阿蓋爾鑽石礦床的消息，但消息還是傳到了各方耳裡，包括在澳洲康鋅力拓公司（透過其英國母公司力拓鋅公司〔Rio Tinto Zinc Corporation，RTZ〕）以及阿什頓礦業（Ashton Mining），而這兩個阿什頓聯合企業最重要的合作夥伴均有戴比爾斯的持股；一九八一年，時澳洲康鋅力拓公司持有阿什頓聯合企業百分之五十六點八的股份，阿什頓礦業集團（Ashton Mining group）持有百分之三十八點二，而北方礦業公司則持有百分之五。[112]一九八一年的前景預測指出，當阿蓋爾一號岩管投入生產時，年產量將介於兩千萬至兩千五百萬克拉之間，其中百分之十為寶石級、百分之三十近寶石，剩下的則為工業鑽石——阿蓋爾的工業鑽石礦藏可能極為豐富，足以供應世界的一半產量；對於鉀鎂煌斑岩的進一步取樣，表明每噸土壤與產出鑽石克拉數的預測比率高於預期。[113]這也就難怪戴比爾斯想要盡快將阿蓋爾的產量納入他們的單一銷售業務，即中央銷售組織中。考慮到薩伊於一九八一年退出中央銷售組織，以及製造合成鑽石的成本居高不下（戴比爾斯在這個市場面臨來自奇異公司的激烈競爭），工業鑽石的高產出尤其令人感興趣。[114]一九八一年，作為阿蓋爾管理者的澳洲康鋅力拓公司與戴比爾斯展開談判，與此同時，阿什頓聯合企業也正試圖與西澳大利亞政府達成協議。[115]希望控制鑽石價格的戴比爾斯，和北方礦業公司的立場對立，因為北方礦業公司的目標是希望獨立銷售自己的生產份額；而政府則必須應付來自議會的反對，因為他們不樂意將開採的控制權交給一家很大程度由外國人控制的公司——來自戴比爾斯的南非人，以及參與阿什頓礦業的馬來西亞人。然而雙方還是達成了將開採控制權交給阿什頓聯合企業的協議，交換條件則是該公司必須按規定支付特許權使用費，並承諾為礦工在庫努納拉（Kununurra）附近蓋一座小鎮。隨後，澳洲康鋅力拓公司與戴比爾斯達成協議，以和大部分外部生產商相同的條件進入單一銷售體制，因此能保留一小部分的產量在中央銷售組織之外進行銷售，這可能是為了滿足珀斯當地一座切割工廠的需求。[116]

保留一部分鑽石在當地進行加工，對於安撫那些主張強勢經濟保護主義的人很重要，正如印度的政治輿論也一直在努力保存他們自己的切割產業。雖然反對黨最先捍衛這一立場，但是當他們贏得下一次選舉，他們就改變了立場，決定按照既有的行銷協議行事，於是人們很快就明白，一家切割工廠的願景只是個虛無承諾。另一個摩擦的來源是，阿什頓聯合企業決定讓他們的工人從珀斯坐飛機過來，而不是像他們承諾的那樣蓋一座小鎮。政府決定將預留的鎮區補償金拿來收購北方礦業公司（該公司曾是一場併購的一部分），以便讓政府能夠透過西澳大利亞鑽石信託（Western Australian Diamond Trust，WADT）少量地參與阿什頓聯合企業的運作。[117]在一九八九年底之前，澳洲康鋅力拓公司和阿什頓礦業已取得對西澳大利亞鑽石信託的控制權，使得戴比爾斯獲得了他們想要的阿蓋爾礦控制權。[118]阿蓋爾一號礦於一九八五年開始進行露天開採，產量迅速擴大，一九九四年到達高峰，年產量為四千三百萬克拉，是該年按重量計之全球產量的百分之四十。[119]平均而言，阿蓋爾鑽石的品質不高，顏色介於棕色至近白色之間、平均尺寸小於零點一克拉，且開採得出最大的鑽石為四十二點六克拉。[120]然而，使阿蓋爾礦極具價值的原因是其龐大的礦藏規模，以及它是世界上唯一穩定的粉紅鑽石產地，產量占世界供應量的九成以上。[121]

一九八六年，阿什頓聯合企業與戴比爾斯之間的協議續約，該協議允許阿什頓聯合企業在中央銷售組織外銷售其百分之二十五的產量；一九九一年再度續約，戴比爾斯也允許阿什頓聯合企業可獨立銷售阿蓋爾的粉紅鑽石，這幾乎是史無前例的自由，使得阿什頓聯合企業成立了自己的行銷公司，並於安特衛普及孟買設分公司。[122]阿蓋爾小鑽石的高產量是個催化劑，促使印度切割產業成為世界上最大的切割產業。印度鑽石作坊在近代早期已經存在，但是當十九世紀印度鑽石田枯竭、產出僅在國內銷售時，這些作坊在國際上就變得無足輕重了。在兩次世界大戰中間的那段期間，幾名耆那教企業家曾嘗試在安特衛普建立貿易業務，但一直要到第二次世界大戰結束、印度於一九四七年獨立時，幾名印度商人才在那裡成立了公司，這些人主要是來自古吉拉特帕蘭普爾的耆那教徒。印度政府禁止進口拋光鑽石及珠寶，促使了國內切割產業復甦，並主要依賴從安特衛普帶進來的原鑽。因為低廉的勞動成本，印度工廠可以加工那些甚至連坎潘的切割產業都無法在有利可圖的情況下進行加工的小鑽石。他們招募比利時切割匠來訓練印度鑽石工人，而幾家帕蘭普爾的公司成功地與世界最大的珠寶消費市場——美國建立了人脈。一九六〇年代初，印度取消了進口限制，中央銷售組織也接納了幾個印度企業家為看貨商。[123]印度貿易網絡成功支配了安特衛普，該城市目前的鑽石貿易有百分之七十集中於大約三百個來自古吉拉特的印度家庭手中。[124]印度切割產業的規模從一九六七年的三萬名切割匠成長到二〇〇四年的一百多萬名，而安特衛普的鑽石工人數目則從一九六五年的一萬五千人減少至二〇〇八年的不到一百五十人。[125]

獨立的澳洲鑽石貿易促成了印度切割產業的崛起，也是讓戴比爾斯壟斷地位邁向消亡的重要一步，更使一九九六年阿什頓聯合企業離開了中央銷售組織。四年後，阿蓋爾礦的產量仍高達兩千六百五十萬克拉。[126]阿什頓聯合企業的合夥人現已減少為兩名：擁有百分之五十九點七股份的力拓公司，以及擁有百分之四十點三股份的阿什頓礦業有限公司。[127]戴比爾斯沒有準備好要接受失敗，於二〇〇〇年時出價收購阿什頓礦業公司，但遭到力拓公司出價反制，[128]而澳洲政府並不樂見戴比爾斯再次控制阿蓋爾的採礦管理，因此力拓公司成了最後的贏家。[129]收購要約上已經指出產量下滑，以及力拓公司（如今是礦場的唯一擁有者）在二〇〇五年啟動了一項將阿蓋爾礦轉型為地下分塊崩落（block cave）採礦的計畫。這項計畫於二〇一三年完成，並讓雇工總數減少至四百九十九人，其中百分之四十三均為來自東金伯利的當地人。那時，阿蓋爾的沖積帶及露天開採已經生產出八億多克拉的原鑽。根據力拓公司說法，這一轉型計畫是為了保證以平均每年兩千萬克拉的產量持續進行開採，[130]然而，現實更為嚴峻，阿蓋爾的儲量持續大幅下滑，導致力拓公司於二〇二〇年決定關閉該礦，也令澳洲鑽石的未來陷入未明。[131]

儘管阿蓋爾生產大部分的澳洲鑽石，但多年來也持續努力建立其他可行的鉀鎂煌斑岩管開採業務，尤其是在埃倫戴爾，那裡在一九七〇年代初發現了蘊藏鑽石的鉀鎂煌斑岩（圖97），由金伯利鑽石公司（Kimberley Diamond Company，KDC）負責管理的兩座岩管埃倫戴爾A和埃倫戴爾B，於二〇〇三年投入營運。埃倫戴爾因生產約占世界一半產量的黃鑽而知名，為了銷售這些鑽石，金伯利鑽石公司與蒂芙尼公司（Tiffany's）於二〇一〇年簽訂了銷售協議。二〇〇九年，埃倫戴爾B

岩管關閉後，當地的生產也逐漸困難。[132]二〇一五年七月，金伯利鑽石公司無力向政府支付特許權使用費後，埃倫戴爾A也關閉了。一百名工人失業，金伯利鑽石公司進入破產管理，[133]隨後在中國資金的資助下，其母公司買下了賴索托的雷勒拉（Lerala）黃鑽礦。[134]那一年稍晚，俄羅斯寡頭政治支持者、金伯利鑽石公司負責人於雪梨機場遭到逮捕，被控罪名是向股市提供誤導性資訊。[135]二〇一七年一月消息傳出，在幾家礦業公司從礦業恢復基金中支付了十五萬美元來進行環境清理工作之後，澳洲礦產部長正在尋找新的營運商以重啟埃倫戴爾。[136]二〇一九年，西澳大利亞政府宣布，他們正在重新出租埃倫戴爾礦的物業，目前有兩家澳洲公司參與，[137]負責業務的部長宣稱：「本部（礦業、工業管理及安全部）已與包括地方政府、原住民利益人士、警察及牧場主在內的利益相關人進行了廣泛磋商。」這一聲明相當符合今日對於鑽石開採對周邊環境影響的考量。[138]

吉布河鑽石公司（Gibb River Diamonds）是參與埃倫戴爾更新計畫的公司之一，[139]該公司的名字顯然表明了對於沖積帶開採之開發前景的興趣。他們是否會成功仍未知，但他們正在加入希望發現新沖積帶礦藏的一長串公司行列，自一九八〇年代澳洲鑽石生產全面起飛以來，這樣的希望從未消失，只是很少成真。一九八八年至一九九五年，距離阿蓋爾岩管東北方二十公里的鮑河（Bow）鑽石田共開採出大約七百萬克拉的鑽石。[140]力拓公司曾於一九九七年至二〇〇三年間管理位於北領地的梅林（Merlin）沖積帶鑽石田，此地距離達爾文（Darwin）九百公里，坐落於神聖的原住民土地上（圖97）。[141]人們在這段期間發現了澳洲最大的鑽石，一顆重達一百零四點三七克拉的白鑽「星隕石夢想之鑽」（Jungiila Bunajina）。[142]之後，穆格里吉離開了坦干伊喀持股有限公司，成立派拉蒙特礦業公司（Paramount Mining Corporation，PMC）從事鑽石探勘工作，但二〇一〇年穆格里吉突然過世，也意味著派拉蒙特礦業公司的結束。

加拿大極區的冒險之旅

一五四二年春，賈克・卡提耶（Jacques Cartier，法國著名探險家，其數次北美洲之旅是法國對加拿大主權宣稱的基礎）離開了魁北克（Québec）的鑽石岬角（Cap Diamant）返回祖國。他隨身帶著他認為是黃金和鑽石的東西，「在太陽的照耀下如火花般閃閃發亮」，[143]結果這批貴重的貨物原來不過是黃鐵礦和雲母。[144]卡提耶的誤判變成法國諺語「跟加拿大鑽石一樣假」（faux comme un diamant du Canada）被永遠記錄下來，十六世紀宇宙學家安德黑・泰維（André Thevet）就已使用這一表達方式。[145]要過了好幾個世紀人們才明白，北美鑽石其實一點都不假。十八世紀末，猶太鑽石貿易商約瑟夫・薩爾瓦多退隱到他在南加州的莊園，在與他住在倫敦的著名科學家表弟伊曼紐爾・柯斯塔（Emmanuel Mendes da Costa）的通信中，伊曼紐爾・柯斯塔提到，約瑟夫・薩爾瓦多土地上的河流可能含有從阿帕拉契山脈（Appalachian Mountains）帶到下游的黃金和寶石。[146]

伊曼紐爾・柯斯塔說的並非全錯，自從一八四〇年代以來，人們就不時會在喬治亞州、北加州、南加州及阿拉巴馬州的金礦開採地區發現小鑽石，這些地方都位於阿帕拉契山脈。一八五〇年代，在加州和奧勒岡州的幾波大淘金熱潮過後，廢棄的金礦中曾發現少量鑽石。[147]十九世紀晚期，五大湖區也曾發現一些鑽石，最大的一顆達二十一點二五克拉。[148]其他州也有些規模不大的進一步發現，雖然流傳著許多謠言和虛假故事，但都沒能讓人們發現一座具有開採價值的鑽石礦。一八七一年，隨著南非的鑽石發現，國際間也蔓延著一股鑽石熱，一名來自舊金山的鑽石鑽探公司（Diamond Drill Company）員工以及他住在肯塔基州的表弟，兩人假裝在洛磯山脈發現了大量的寶石，促使了幾家鑽石公司的成立，但他們的欺詐行為在一八七二年曝光。[149]十五年後，人們在肯塔基州發現了金伯利岩，[150]至今為止，美國五十個州中有二十七個生產鑽石，但這些發現都只有科學上的意義，不具商業價值。[151]根據計算，在一九〇八年至一九一八年間，美國領土內總共開採出總價為兩萬七千七百四十九美元（約七千九百一十英鎊）的鑽石，這約與澳洲同時期原鑽產量的價值相當，但與那些年南非的產量相比則相形見絀，因為南非在該時期的產量總值大約是七千七百五十萬英鎊。[152]今天，在阿肯色州過去曾是個鑽石礦的鑽石坑公園（Crater of Diamonds Park），遊客可以自己尋找的鑽石。[153]美國唯一已經投入營運的鑽石礦位於州界區（State Line district），一九五九年在這裡發現了美國最重要的鑽石礦，坐落於科羅拉多州和懷俄明州的州界，距離一八七一年那場騙局謊稱發現鑽石的地方不遠。州界區如今是美國最大的產鑽金伯利岩區，已經開採出超過十三萬克拉的工業級及寶石級鑽石，雖然是個小礦，且僅在一九九六年至二〇〇二年這段期間投入營運。這裡發現的最大顆鑽石重達二十三點八克拉。[154]

儘管美國的鑽石開採規模微不足道，但歷史卻在加拿大轉了一個大彎。一八六三年和一九二〇年，加拿大安大略省發現了鑽石，之後又在一九六二年於薩斯喀徹溫省（Saskatchewan）發現了幾顆小鑽石。[155] 一九六〇年和一九七〇年代進一步探勘，成功在安大略、加拿大北極群島（Canadian Arctic Archipelago）以及薩斯喀徹溫省發現了金伯利岩——其中，一九八九年在薩斯喀徹溫省發現一座含鑽金伯利岩管的公司，便是戴比爾斯的一家子公司莫諾普羅斯（Monopros）。[156] 儘管這些金伯利岩的發現並未讓人們找到豐富的礦藏，卻引起了其他公司的興趣。德州公司優質石油（Superior Oil）聘請了加拿大地質學家查克．費普克（Chuck Fipke）在北美洲尋找寶石，他在科羅拉多州找到了金伯利岩，但沒有蘊藏具商業價值的鑽石礦床；接著，費普克到了加拿大，在優質石油的協助下成立蒂雅梅特礦產（Dia Met），並專注探勘西北領地的黃刀鎮（Yellowknife）附近格拉斯湖（Lac de Gras）地區（圖99）。西北領地地廣人稀，在一百一十八萬三千零八十四平方公里的土地上只有三萬九千四百六十位居民，而格拉斯湖坐落於林線以上的苔原。[157]

由於一連好幾年都沒有發現鑽石，優質石油公司便放棄了尋找鑽石，[158] 但費普克繼續努力，並在決定乘坐直升機飛越格拉斯湖時，有了突破性的進展；他在那時意識到，金伯利岩管就藏在湖底下。他邀請了澳洲礦業公司必和必拓（BHP）作為合作夥伴提供額外資金，到了一九九一年，蒂雅梅特礦產公司已經找到金伯利岩管及八十一顆鑽石。[159] 消息傳開來，一股鑽石熱把莫諾普羅斯以及五十多家較小的公司吸引到格拉斯湖區，他們要求對超過八百萬公頃的土地進行鑽石探勘。[160] 一些規模較小的「資淺」公司自己組隊，如主要合夥人為力拓的DHK鑽石（DHK Diamonds）。幾家國際礦業巨人的出現令競爭變得十分激烈，事關誰能成為第一家從探勘進入開採階段的公司，最後，必和必拓拔得頭籌，成為第一個擁有加工廠的礦場，而力拓希望能迎頭趕上。[161]

鑽石探勘競賽導致西北領地出現了三個主要鑽石礦，每座鑽石礦均由一家大公司經營（圖99）。第一家投入營運的是一九九二年發現的必和必拓的埃喀提礦（Ekati，在當地泰伊丘語〔Tåîchô〕中意指「胖湖」），該礦坐落於租用的公有土地上，由六座露天礦坑及兩座地下開採作業組成，從一九九八年投入生產至二〇〇九年，該礦生產了四千萬克拉的原鑽。[162]在提交給政府的採礦影響評估報告中，必和必拓公司預計將在二十五年時間內雇用八百三十人，並同意在黃刀鎮雇用人員，首先雇用當地原住民，其次是雇用當地的非原住民，第三選項才考慮雇用其他加拿大人。[163]一九九九年，必和必拓公司同意透過戴比爾斯銷售其百分之三十五的產品，但這份為期三年的合約並未續約，必和必拓公司選擇透過其在安特衛普的辦事處出售其產品。[164]二〇一二年，該礦被出售給多米尼鑽石公司（Dominion Diamond Corporation，DDC，原名為海瑞溫斯頓鑽石公司〔Harry Winston Diamond Corporation〕），而在此之前，一家名為艾伯鑽石公司（Aber Diamond Corporation）的早期資淺探勘公司買下了海瑞溫斯頓公司的主要股份。[165]艾伯鑽石公司目前持有該礦百分之八十八點九的股份，及其鄰近地區百分之六十五點三的使用權利。二〇一三年埃喀提礦群生產了一百一十七萬克拉的鑽石，其中百分之二十為工業鑽石，[166]迄今，在埃喀提礦找到的最大顆鑽石重達一百八十六克拉，二〇一六年時以兩百八十萬美元的價格售出。[167]

加拿大的第二座礦是蒂雅維克礦（Diavik），也位於格拉斯湖區，於一九九四年發現，二〇〇三年起投入營運，該年加拿大鑽石產量從五百萬克拉躍升為一千一百萬克拉（圖100）。[168]發現者是有「鑽石皇后」稱號的艾拉・湯瑪斯（Eira Thomas），她當時是個年輕的地質學家，為父親的公司艾伯鑽石工作。蒂雅維克礦是由艾伯鑽石公司及力拓公司聯合開發，而多米尼鑽石公司目前擁有蒂雅維克礦百分之四十的股份，力拓則擁有百分之六十，該礦被認為是「世界上最高等級的鑽石岩管群」。[169]二〇一六年五月，蒂雅維克礦的產量超過了一億克拉，目前是加拿大最大的鑽石礦。[170]這兩個礦仍在擴大當中，它們蘊藏數量相對較高的寶石級鑽石，並生產了加拿大大部分的鑽石，對戴比爾斯構成了決定性挑戰。當「血鑽石」這一標籤重挫了大眾對鑽石的看法時，加拿大的儲量提供了一個乾淨的替代選項，但戴比爾斯卻沒有參與到加拿大最大鑽石礦的管理中。這是戴比爾斯失去壟斷地位的又一步，但是戴比爾斯確實設法在一九九九年從資淺公司之一溫斯皮爾鑽石（Winspear Diamonds）手中買

圖99　加拿大的鑽石礦藏。

下了一個位於斯內普湖的鑽石礦（圖99）。[171]斯內普湖礦是加拿大第一個地下鑽石礦，也是戴比爾斯在非洲以外地區的第一個礦。斯內普湖礦建在一座金伯利岩脈上，而不是一個坑。[172]目前，戴比爾斯運營著加拿大的其他兩個鑽石礦，一個是位於北安大略省的維克多礦（Victor），另一個則是西北領地的加喬庫埃礦，於二〇一六年開始投入生產。二〇〇七年，兩個鑽石礦估計儲量為七千九百五十萬克拉，比埃喀提礦的估計儲量少了兩百五十萬克拉。[173]而加拿大的三座主要鑽石礦均坐落於西北領地的苔原，只有通過飛機及冬季的冰路才能抵達。二〇〇八年，埃喀提、蒂雅維克及斯內普湖三礦總共雇用兩千五百名員工，產量為一千四百萬克拉，總值為二十億八千萬美元。[174]

加拿大在二〇〇八年生產了大約一千四百八十萬克拉的原鑽，按重量計算，加拿大是那一年世界上第五大原鑽供應國。[175]加拿大鑽石品質優良，二〇〇八年時，平均每克拉價值一百五十二點三美元。[176]二〇一六年，有四家新公司正在探勘西北領地，希望能找到新的礦藏。[177]鑽石探勘促使產量擴張，二〇一八年，加拿大的原鑽產量增加至兩千三百二十萬克拉，意味著十年內產量就增加了百分之五十四，這主要是因為戴比爾斯的擴張活動使然。[178]

加拿大和俄羅斯出現鑽石使得科學家及田野探勘者開始思考，鑽石礦藏也可能出現在更北的地方。俄羅斯已經向聯合國提出北冰洋（Arctic Ocean）部分地區的主權主張，即羅蒙諾索夫海脊（Lomonosov Ridge）③，俄羅斯認為這裡蘊藏鑽石，但丹麥和加拿大對此則有疑慮。[179]二〇一三年，人們宣布南極洲（Antarctica）發現了金伯利岩管，但仍不清楚這些岩管的鑽石蘊藏量是否具有商業價值，[180]此外，南極洲也不允許進行開採，這一禁令一時不可能有所改變，特別是在二十一世紀，因鑽石開採對環境的影響已成為一個重要考量。

永懷希望的舊鑽石田

二十一世紀，鑽石開採活動比過去任何時候都更為廣泛。戴比爾斯喪失其壟斷地位，安哥拉國營鑽石公司及阿羅莎在鑽石界旗鼓相當，在這個領域，主導的仍是少數工業公司，經營著建在金伯利岩管上的露天及地下礦井；此外還有不知名的大量手工開採礦工，懷抱著找到鑽石改善生活的希望，持續在河床上抽取砂礫。這一切都發生在一個比過去範圍更為廣

圖100　蒂雅維克礦，加拿大，二〇一六年。

③　編按：位於北冰洋洋底的海底山脈，綿延一千八百公里，山勢陡峭。

大的地理區域上——俄羅斯、加拿大和澳洲都在開採鑽石，而從十九世紀末就開始挖掘其璀璨珍寶的非洲國家，鑽石儲量也尚未枯竭。和許多其他地方進行的大規模工業開採相比，印度、婆羅洲和巴西的昔日榮光就相形失色了，但仍有夠多的人懷抱希望，儘管十九世紀的螺旋式下滑一直持續至今，但舊礦區仍然有什麼可以期待。正是這一持續不輟的希望吸引著個人礦工及小公司前往那些已經活躍了幾個世紀的鑽石田。

那些仍在印度、婆羅洲和巴西河流中工作的人，懷抱希望的根據不只是渴望與幻想而已。[181]在南非發現鑽石後，人們對於出現鑽石的金伯利岩地質也有了更深入的認識，並運用這些知識在其他地區尋找類似的地質。二十世紀末，人們在印度的幾個地方發現了一些含鑽的金伯利岩和鉀鎂煌斑岩，更令人們燃起了印度鑽石開採未來仍有可為的希望。[182]然而，儘管有這些發現，現今只有一個金伯利岩／鉀鎂煌斑岩礦區在進行商業開採，即距離潘納城二十五公里遠的馬加萬（Majhgawan）鑽石礦。[183]該礦由一家一九五八年成立、名為國家礦業開發公司（National Mineral Development Corporation，NMDC）的國營公司經營，該公司也控制了一些鐵礦。環境問題導致該礦幾度暫時關閉，[184]雖然當地的年產能為八萬四千克拉，但產量始終大幅落後於產能，二〇〇九年時僅生產了九千三百一十七點二一克拉，二〇一二年為兩萬六千九百八十九點五八克拉，當時國家礦業開發公司雇用了一百九十九名員工。而到此時，馬加萬礦總共已開採出大約一百萬五千零六十四克拉的原鑽。[185]

二〇〇五年政府資料來源估計，印度鑽石儲量約為四百六十萬克拉。[186]正在進行的研究（常常是為跨國礦業公司而做）的估計數字則更高，英澳礦業巨頭力拓公司開始準備在印度開啟第二個鑽石礦，即位於本德爾肯德（中央邦）的邦德計畫（Bunder Project），那裡已經發現了一個蘊藏量估計有兩千七百四十萬克拉的鑽石礦。印度政府於二〇一三年批准了該項計畫，但力拓公司在二〇一六年因質疑其可行性而決定放棄，該礦落入中央邦政府手中，中央邦政府於二〇一九年六月決定拍賣該計畫，據說有幾家礦業公司表示興趣，包括國營的國家礦業開發公司。[187]二〇一九年十二月，該礦出售給一家總部位於孟買的印度跨國公司。[188]力拓公司也在印度中西部巴斯塔爾（Bastar）地區的恰蒂斯加爾邦（Chattisgarh）南部發現了一個有潛力的鑽石礦床，就位於歷史悠久的威拉加爾、戈爾康達鑽石礦以及馬哈納蒂河上的鑽石礦場之間，一個未開採地區的南部（圖5），但由於目前人們認為該地區政治上太不穩定，毛派叛軍（Maoist）④極為活躍，因此尚未排定開採計畫。而恰蒂斯加爾邦地方政府已經允許幾家公司在更北方的科爾巴山區（Korba Hills）進行探勘。[189]從二〇〇九年至二〇一八年這十年的鑽石產量可以看出，在印度建立結構性開採事業方面十分困難，這段期間總共開採了二十八萬七千九百七十九點七五克拉的鑽石，金融價值約為五千五百萬美元——還不到巴西同年年產量的三分之一。[190]

婆羅洲的鑽石產量已經下滑了很長一段時間。即使印尼在一九四九年獨立，使得該島鑽石開採

④ 編按：其行動策略主要是以綁架、謀殺以及炸彈攻擊等方式破壞地方政治秩序。

的政治控制權易主，但荷蘭並未放棄他們在這塊前殖民地的經濟利益，印尼政府決定繼續利用荷蘭的鑽石專業。約瑟夫・阿切爾（Joseph Asscher）為知名的荷蘭猶太裔鑽石家族的後人，一九六五年六月，他與印尼政府在雅加達協商，主題是荷蘭與印尼以聯合企業形式開採南加里曼丹鑽石礦。阿切爾表示，至今為止印尼的開採活動仍僅以「非常原始的方式」進行，他會帶來技術知識，並投資卡車、吉普車、拖索以及洗砂機器，全部都從荷蘭進口；他還承諾在阿姆斯特丹銷售印尼鑽石，而印尼方面則必須保證開採現代化及優良的管理。阿切爾更進一步希望開發龍目島（Lombok）和蘇門答臘的鑽石。[191]

印尼政府對此提議很感興趣，他們回答說，環境迫使他們更廣泛地控制其鑽石礦，並指出婆羅洲是少數仍未納入國家控制的鑽石開

圖101 查帕卡鑽石開採情形，一九五〇年以前。

採區之一。他們估計，在查帕卡區，每星期可找到一千五百克拉的原鑽，其中只有五百克拉的鑽石在馬塔普拉進行拋光和交易（圖101），其他均被走私到爪哇、新加坡、曼谷和香港的買家手上。印尼人表示，透過荷蘭人的協助加強對鑽石礦的掌控，他們希望每年獲得兩億美元的收益，因為百分之九十的鑽石為寶石級。[192]由於印尼與阿切爾的合作，也或許只是巧合，很快就發現了一顆重達一百六十六點七克拉的大鑽石，估計價值高達一百萬荷蘭盾。這是四十二名鑽石礦工集體發現的，都是當地的達雅族人，他們將這顆鑽石獻給了印尼總統蘇卡諾（Sukarno），總統立即宣布，南加里曼丹的鑽石蘊藏比南非金伯利地區更加豐富，鑽石品質也更好。礦工們因此得到了下次前往麥加朝聖將有優待的獎勵，但這次的發現使得馬塔普拉陷入了極大的興奮中，結果不幸引起火災，造成的損失和發現的鑽石價值相當。[193]蘇卡諾將這顆鑽石命名為「提里薩克尼」（Tri Sakti），意為「三原則」，指的是印尼的三大支柱：政治自由、以印尼傳統為基礎的文化，以及經濟獨立。[194]阿切爾在阿姆斯特丹將這顆鑽石切割，並向蘇卡諾總統展示了這顆重達五十三克拉的拋光鑽石，之後鑽石被出售，由私人擁有，部分原因是為了償還印尼國債。

儘管有阿切爾的提議以及總統對鑽石蘊藏和開採現代化的樂觀宣示，婆羅洲礦業還是維持著多年來相同的狀態，傳統沖積帶開採仍屹立不搖。一九七九年，一顆重達三十克拉鑽石的發現引發了一場鑽石熱，吸引四千名冒險家前往這裡的鑽石田。[195]一九八〇年代，在查帕卡活動的礦工平均不到五百人，其中許多是穆斯林農民，從事鑽石挖掘是希望幸運發現的鑽石可以支付他們前往麥加朝聖的費用。[196]但人們逐漸意識到鑽石蘊藏已經接近枯竭，儘管瀰漫著悲觀的情緒，不時仍有人嘗試籌集外資進行現代化轉型。失去了前殖民地，又失去阿姆斯特丹作為鑽石中心的優越地位，荷蘭公司對此表現出最大的興趣，這點自不令人意外。阿姆斯特丹鑽石協會（Amsterdam Diamond Association）決定向位於馬塔普拉的一家現代鑽石切割工廠提供支援。[197]一九七〇年代，一家國家支持的公司P・T・安內卡塔班（P. T. Aneka Tambang）開始在瑞安卡南河（Rian Kanan）上作業，儘管結果好壞參半，但一家澳洲公司及一家英國公司被吸引，成立了合資企業，與該公司一起在婆羅洲開採鑽石。[198]這幾家公司最後合併成安內卡塔班公司（Aneka Tambang，Antam），他們在鑽石田的存在始終是個少見的例外。安內卡塔班公司在二〇一三年的報告顯示，他們持有查帕卡鑽石計畫（Cempaka Diamond Project）百分之二十的股份，該計畫在加里曼丹東南、馬塔普拉附近從事沖積帶鑽石加工（圖14）；另外百分之八十的股份則控制在英屬維京群島（British Virgin Islands）註冊的寶石鑽有限公司（Gem Diamonds Ltd.）手中，該公司在賴索托和波札那均有鑽石礦。[199]那一年，金伯利流程的統計數字並未顯示任何印尼的正式產量，但是在二〇〇五年至二〇〇九年（金伯利流程網站上有資料可查的最後一年），五年之間印尼共生產了十二萬八千一百三十九點二三克拉的鑽石，占世界總產量的百分之零點零二；以金融價值來計算，則占百分之零點零五，顯示印尼鑽石品質優於平均水準。[200]

儘管今日印度和婆羅洲的開採活動仍水準較低，但也有一些亞洲國家希望加入鑽石生產國的行列，尤其是中國——中國與鑽石生產的淵源可回溯至十九世紀。一八七四年，兩個法國人宣稱在沂州府（Yi-Tchéo-Fou）發現了鑽石礦床，[201]這個地方可確認是山東省的沂州（Ichou），距離二十世紀發現的常馬（Changma）鑽石田不遠。[202]根據二十世紀初一本關於寶石的著作，這些法國旅行家對於中國人開採鑽石的奇怪方式感到震驚，他們會穿著鞋底為稻草製成的涼鞋四處走動，鑽石鋒利尖銳的邊緣會附著在鞋底，當他們認為自己的涼鞋上已經扎進夠多東西時，他們就會把鑽石挖出來。[203]巴戴特曾寫到，一八九六年德國人在山東發現了鑽石礦床，[204]這極可能是真的，因為德國人在一八九八年時獲得了修築一條鐵路的權利，這條鐵路穿過沂州。[205]

自一九六〇年代以來，中國有六個地區因生產鑽石而知名，其中四個是沖積帶鑽石田，兩個是金伯利岩管，一個位於遼寧省阜新縣附近、北京東北方約六百公里遠之處，另一個則靠近山東省常馬莊、首都以南五百公里處。常馬鑽石區的鑽石蘊藏量最為豐富。自一九四〇年代起，人們就知道山東沖積帶鑽石的存在，儘管仍不確定其商業潛力，但該省至少擁有十座含有鑽石的金伯利岩。第一個礦名為紅旗一號礦，如今為植被覆蓋，於一九七〇年至一九八一年產出了兩萬克拉鑽石；第二個礦在一九八五年的產量是三萬一千克拉，該年中國鑽石的產量估計約介於三十萬至五十萬克拉之間，其中百分之十五為寶石級。[206]二〇〇二年，山東的露天開採轉型為地下開採。截至二〇〇六年為止的三十年間，產量可能高達一百六十萬克拉，估計儲量則為九百七十萬克拉。[207]自二〇〇三年中國加入金伯利流程以來，二〇〇四年至二〇一三年的正式產量為四十一萬六千九百九十二點一一克拉，但在這段期間產量大幅下滑——二〇〇四年的產量為七萬四千零二十九克拉，到二〇一三年卻僅有一千零五十克拉。就正式產量而言，中國仍只是一個很小的鑽石生產國，二〇一八年的產量為九十九克拉，因此該國所需的寶石鑽石及工業鑽石很大程度上仍倚賴進口。[208]

亞洲鑽石礦藏的未來開採計畫仍十分不確定，南美亦同。巴西的問題是以前沒有發現像非洲金伯利岩那樣的原始礦床，直到上個世紀才有所改變。自一九六七年以來，巴西已發現了超過三百個金伯利侵入岩體（intrusive rocks）⑤，但只有極少數是真正的金伯利岩，沒有一個含有可開採的鑽石礦床。[209]近年來，儘管米納斯吉拉斯及巴伊亞手工採礦仍在繼續，但這些地區如今吸引人的主因是保存良好的歷史礦業城鎮。歐魯普雷圖和蒂雅曼提納已經成為聯合國教科文組織（UNESCO）登錄的世界文化遺產，巴伊亞的鑽石田則變成了一座國家公園——查帕達蒂雅曼提納（Chapada Diamantina），一個占地約一千五百二十平方公里的翠綠山區。二〇一五年時擁有一萬一千四百四十五名居民的舊礦業小鎮蘭索伊斯，如今是前往該公園進行冒險之旅的熱門起點，這裡的十九世紀礦場考古遺址亦是國家公園的重要景點。[210]然而個人礦工並未放棄希望，國家也沒有，一九六九年巴西地質調查局（Geological Survey of Brazil，CPRM）成立，由國家及私人共同所有。它在全國各地共有八個辦公室，其中幾個負責監管位於巴伊亞（聖伊納西烏〔Santo Inácio〕）以及朗多尼亞州（Rondônia）、馬托格羅索州（Mato Grosso，靠近蒂雅曼提納及庫亞巴，圖20）、羅賴馬州（Roraima）以及米納斯吉拉斯州的鑽石挖掘計畫。[211]一九九七年，巴西地質調查局的資料顯示，巴西有十五個仍在進行開採活動的鑽石礦以及三個廢棄鑽石礦，還有三百六十五個仍有開採活動的祕密盜採營地（二百九十三個廢棄營地）。此外，它還計算出有十八個未探勘礦床及九十八個有潛力的礦點，總計有七百九十二個產鑽地點。[212]

幾年前，巴西公司利帕里礦業（Lipari Mineração）獲許在巴拉烏納（Braúna）計畫所在地啟動開採作業，這裡位於巴伊亞東北方，距離諾德斯提納城（Nordestina）約十公里。一九八〇年代，這裡發現了二十二處金伯利岩，二〇一六年一月，該公司宣布投資四千六百萬英鎊，期望開發巴西第一座金伯利岩礦。他們預計露天開採頭七年的年產量為二十二萬五千克拉，之後才會開始進行地

圖102　巴西蒂雅曼提納附近的沖積帶鑽石開採，二〇〇三年。

⑤　編按：岩漿上升到地殼中一定部位時，由於上覆岩層的壓力大於岩漿的內部壓力，使岩漿停留在地殼中冷凝結晶，自身形成岩石，便稱為侵入岩。

下開採，[213]這個數字充滿野心，因為二〇一一年至二〇一五年間，巴西正式鑽石產量為二十三萬兩千六百八十五點一七克拉。[214]在二〇一六年五月至七月的內部通訊中，該公司宣布「巴拉烏納礦已成為現實」（Mina Braúna é realidade）。[215]

除了努力建立工業化開採外，個人或成群結隊的礦工們仍在舊鑽石區河床上尋找鑽石。我曾在二〇〇三年拜訪過一個距離蒂雅曼提納數小時車程的鑽石田，看見那裡的礦工就像數百年前的人一樣正在水中工作，唯一的現代化設備是台抽取河中砂土的機器（圖102、103）。在二〇〇九年至二〇一八年，巴西生產了九十六萬八千五百八十四點五克拉的鑽石，產量在這段期間的最後幾年不斷成長，從二〇一五年的三萬一千八百二十五點六克拉增加到二〇一六年的十八萬三

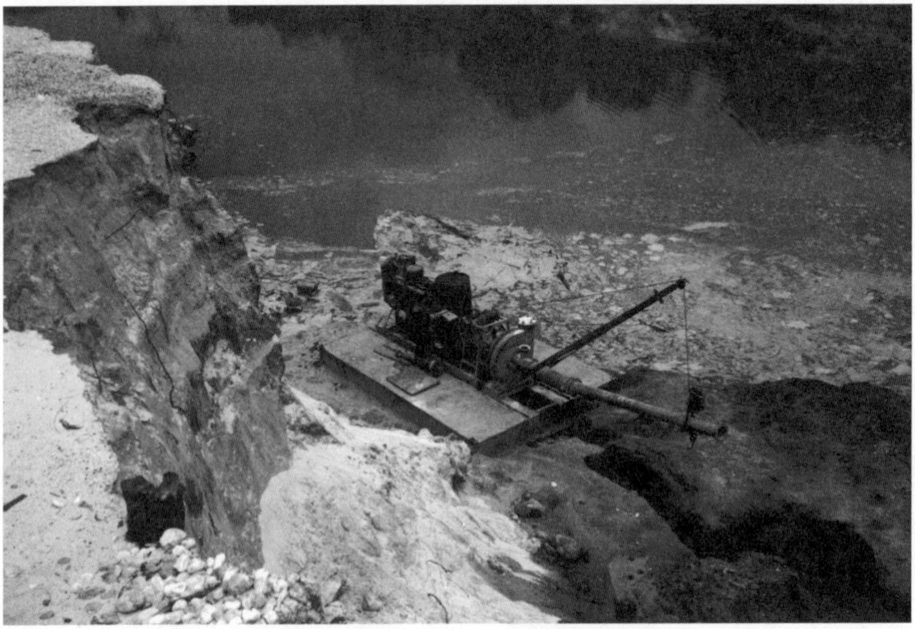
圖103 巴西蒂雅曼提納附近的沖積帶鑽石開採，二〇〇三年。

千五百一十五點七克拉，而隨後的兩年年產量均超過二十五萬克拉。[216]

巴西不是南美洲唯一擁有鑽石礦藏的國家。至少十九世紀的最後幾十年，人們就知道蓋亞那有鑽石存在。來到當時英屬蓋亞那的礦工當中，有很大一部分是非裔美國人，他們乘船來到這裡的鑽石田。一九五五年有四十家對蓋亞那的黃金和礦產有興趣的外國公司，這些公司也開採鑽石。[217]在二〇〇九年至二〇一八這十年間，蓋亞那的鑽石田生產了七十七萬一千四百零一點一二克拉鑽石，比巴西在這些年的產量低了約十九萬七千一百八十三克拉。但一般來說，蓋亞那鑽石出售的價格比巴西的鑽石更好。[218]

委內瑞拉在二十世紀初就發現了鑽石，到了一九四八年，該國的鑽石年產量介於一萬三千至三萬四千克拉之間，其中百分之七十五的鑽石為寶石級。[219]委內瑞拉週期性地出現鑽石熱，也曾零星地發現過巨大的鑽石，例如一九四三年發現重達一百五十五克拉的「解放者鑽」（Liberator），由美國珠寶商溫斯頓買下，除此之外，溫斯頓還將瓦加斯鑽切割為數顆較小的鑽石。[220]一九六九年，約八千名渴望找到鑽石的冒險家湧入了與巴西接壤的偏遠村莊聖薩爾瓦多保羅（San Salvador de Paul）。[221]由於委內瑞拉在二〇〇八年退出金伯利流程，因此我們無法取得委內瑞拉鑽石產量的最新資料，但金伯利流程網站仍提供一些二〇〇八年後的統計數據，但正式產量極低：二〇〇九年為七千七百三十點三七克拉，二〇一〇年則為兩千零九十九點一克拉。[222]在金伯利流程的主席拜訪卡拉卡斯後，儘管亞馬遜叢林中的走私及祕密盜採活動仍持續不斷，但委內瑞拉於二〇一六年重新被納入金伯利流程。[223]

結語　關於人權與環境考量

他的強烈渴望伸向了鑽石……在他統治的六年間，人們還以為他想要把整個歐洲的鑽石一掃而空，甚至買下戈爾康達和巴西的全部產量。[1]

這段引文來自十八世紀末出版的一個故事，故事是關於一個來自婆羅洲的黑人男孩，後來成為了鄂圖曼帝國太監長的寵兒。一七四六年太監長過世時，這名叫作貝基爾・艾嘉（Bekir Aga）的男孩被指定為繼任者，故事說艾嘉和一個年輕的奴隸及一名亞美尼亞商人合作，開始從事鑽石貿易，希望攢到夠多的財富，然後退休去開羅。男孩後來怎麼樣不得而知，也不知道這故事是否屬實，但這故事顯示長久以來鑽石一直推動著人們社會流動的夢想，雖然只有少數幸運兒才能圓夢，許多的人仍懷抱這樣的夢想。

鑽石開採的歷史漫長且充滿血腥。大多數時候，鑽石是透過奴隸制或其他剝削形式開採出來，在二十世紀更加劇了非洲心臟地帶的流血衝突，這場明顯可見的災難使得鑽石生產商與非政府組織建立了金伯利流程，作為原鑽來源以及不曾捲入衝突的保證，以期解決此一問題。就阻止採礦場所發生的虐待行為而言，這是個值得稱讚的努力，但金伯利流程的會員身分是自願性質，而惡質的公司仍會設法透過走私或隱藏鑽石的真正來源來規避金伯利流程制定的規則。二十世紀末，全球的鑽石開採情況好轉，戴比爾斯也喪失了壟斷地位，再加上提供更乾淨的替代選項，促進了對非洲血鑽石的施壓，但人們也因此意識到，要處理鑽石開採對地球造成的影響，單只是關注原鑽在非洲戰爭中扮演的角色是不夠的。

加拿大籍開發專業人士伊恩．斯麥里（Ian Smillie）是曾協助制定金伯利流程制度的人之一，他呼籲人們注意一件事：對非洲血鑽石的關注已導致人們忽視與全球鑽石開採相關的人權議題。在整個歷史上，許多鑽石礦藏均為沖積帶性質，這意味著大批手工採礦者會被吸引到這些礦藏區，成為某種「賭博經濟」的一環，幸運發現鑽石致富的美夢更推動著他們前仆後繼。[2]我曾在二〇〇三年拜訪過一個位於巴西的採礦場，一小群人正在傑奇蒂諾尼亞河為當地的投資者挖掘鑽石。他們的薪資是根據開採出來的鑽石的百分比來計算的，但是開採一年多了，他們還沒有找到任何東西（圖102、103）。他們住在距離蒂雅曼提納數小時車程的簡陋棚屋裡，自己釀酒（巴西著名的甘蔗酒），和他們住在一起的一位女性正式工作是負責煮飯洗衣等家務，但是很明顯她也被期望提供性服務。這種做法讓人想起一九五〇年代俄羅斯的鑽石探險隊，有來自伊爾庫次克的芭蕾舞者及仕女參與其中的情景，她們被帶到那裡的目的是娛樂男人。[3]

儘管奴隸制在巴西早已是過去的事，但很明顯，許多從事採礦業的礦工仍被困在一個倚賴尚未實現的幻想且士氣低落的經濟體制中，這一描述也適用於一個半世紀前的印度。當愛爾蘭地質學家鮑爾發表了一份針對印度礦業的調查時，法律上已禁止使用奴工數十年了，但他卻說：「事實上，幾乎可以說，除非是在奴隸制之下，否則在印度開採鑽石不可能有利可圖。現行體制雖然不叫這個名字，但實際上也差不多一樣了。」[4]正如所有之前與之後的手工採礦者，我遇過的巴西人都懷抱著一個夢想，那就是找到一顆不同凡響的鑽石，讓他們可以脫離這泥濘的鑽石田。綜觀歷史，世界各地的男男女女均懷抱同一個美夢，一個受到掌握大權者糟蹋利用的美夢，而鮑爾的話至今仍適用於世界各地的若干採礦事業。斯麥里估計，目前有百分之十六的原鑽是由手工採礦者生產。[5]二〇一三年，世界銀行（World Bank）曾做出結論，包括手工採礦者及其家人在內，有一億人倚賴小規模的鑽石、黃金及其他貴金屬開採維生，相較之下，只有七百萬人倚賴工業開採。[6]一個主要的問題是，這些人大部分在邊緣地區從事開採，無法獲得如醫療保健或教育等重要資源，同時，這項工作有害健康，因為礦工們往往在偏遠地區的河流中工作，而工作的地方水深及膝，且工時很長。礦工不僅需忍受筋疲力竭的工作，還可能因為將婦女當成性奴的做法而染上性病，例如在迦納的阿夸提亞區鑽石區，二〇〇四年的愛滋病流行率是全國流行率的兩倍。[7]礦工群居於沖積帶礦場的潮濕環境中，也容易因疾病爆發而染病，例如二〇〇五年初，在礦區重新開放幾天之後，剛果民主共和國北部的東方省（Oriental Province）礦業城鎮佐比亞（Zobia）附近就爆發了肺炎性鼠疫，導致六十名礦工死亡，三百五十名礦工染疫。[8]

童工問題也仍是手工開採世界中普遍存在並受爭議的一個問題。部分原因是，來自西方的機構往往一味要求世界其他地區終結童工現象，卻沒有充分認識到西方又是如何透過殖民統治擴展童工使用的歷史，或是未能認識到許多西方國家今天仍因其他地區的童工而獲益的事實。[9]儘管人們當然應該將西方對於童工的關切放在適當的歷史、經濟及政治背景之下來考察，但也必須說在採礦業中兒童虐待十分普遍。二〇〇三年國際勞工組織（International Labour Organization）估計，有一百萬名兒童從事小規模的採礦及採石工作，而在某些地區，例如獅子山的黃金與鑽石礦床，百分之八十年齡在九至十八歲之間的人口從事採礦工作。[10]童工現象持續存在，跟經濟貧困及沒有採取政治行動來根除這些做法有關。[11]

儘管在大部分擁有沖積帶礦藏的國家，手工式開採受到執照費用及租金支付的監管，但是在獅子山的研究顯示，由於費用過高，礦工們往往從事非法開採。此外，由於鑽石礦藏常常地處偏遠，並分散在廣闊的土地上，政府很難控制這些地方的開採活動。[12]這造成了某種惡性循環，因為祕密盜採降低了政府的採礦收入，反而減少了改善手工採礦者生活環境的可用資金；而鑽石公司經常在這些沖積帶鑽石田派駐人手，他們與政府控制之外的手工採礦者直接接觸，進一步損害了這些礦工的人權，他們挖掘出的鑽石往往無法得到公平的收購價格。類似的情況也出現在坦尚尼亞：「沒有工資，也沒有食物，唯一從這折磨人的苦工裡賺到錢的方式，就是把挖出來的寶石走私出礦場，不讓礦主發現，然後將原石賣給鎮上的眾多交易商之一。」[13]人們在金伯利流程的框架外成立了幾個非政府組織，以處理人權及環境議題，二〇〇五年成立的鑽石發展倡議（Diamond Development Initiative）即是其中之一。[14]

今天，剝削兒童並不僅發生在礦業。研究顯示，在印度的鑽石工坊，成人與兒童都在惡劣的環境下工作，導致二十世紀初爆發了幾次的抗議活動。[15]而今天，也只有一小部分的勞動者享有穩定的薪水，百分之八十的人每拋光一顆鑽石僅能得到一至二十五盧比（相當於零點零一三至零點三三美元）的工資。勞動環境如此惡劣，以至於人們發現古吉拉特邦的自殺率達到了前所未見的高峰。[16]儘管法律廢除了聘雇童工的法案，但這種做法仍持續存在，二〇一八年，路透社一個針對鑽石工人自殺問題的報導訪談了一名男孩的母親——他從十六歲起成為鑽石工人，後來使自殺了。[17]

這本書的目的，是要展示礦業勞動對於底層工人及奴隸男女的持續榨取這一值得矚目的現象，並藉由證據充分表明剝削始終存在。由地方領導者、蘇丹和王公、國王及王后、皇帝組成的一小群菁英，以及隨後的殖民統治者、總督，還有再後來的資產階級資本家、壟斷者及工業家們，這些人對控制原鑽流動的努力從不曾停止。然而，無論鑽石礦位於多麼遠離文明世界的偏遠地方，尋找鑽石礦並限制成群結隊的冒險家自行從事挖掘工作，始終是整個鑽石開採史中反覆出現的一個要素。另一個要素是對於勞動力的控制。歷史上曾出現過幾次只要交稅，所有人都能自由採礦的情況，但更常見的做法，是雇用薪資勞動者或是使用奴隸男女及兒童的方式來充分控制採礦。這些勞動力往往被隔離在封閉的圈舍或是有警衛看守的營地裡，以防止鑽石盜竊及走私，同時也單純是因為缺乏對人類生命的尊重。世界各地的政府及私人公司往往倚賴強迫勞動體制，近代早期印度的貧困農民、殖民時期巴西的非洲奴隸，以及南非遭受種族歧視虐待的受薪勞工，都是今天在非洲、印度和巴西從事低薪或祕密採礦工作的礦工階級的前例。儘管奴隸制已被正式廢除，但對人權的踐踏並未消失，在今天許多的鑽石田中，敲詐勞工的情形也很常見。這類做法之所以能夠持續存在於鑽石世界中，是因為原鑽的流動控制在一群經過精挑細選並且行事隱密的礦業公司手中。這正是本書的第三條軸線所要分析的，機構對於全球原鑽貿易的控制能力，從東印度公司及葡萄牙殖民政府、羅德斯、恩內斯特·歐本海默及戴比爾斯，到今天的礦業巨頭，例如阿羅莎、安哥拉國營鑽石公司，以及，一直都在的戴比爾斯。透過安排鑽石交易、固定價格和供給，以及以保密來隱藏原鑽的取得方式，少數人不僅能控制鑽石市場好幾個世紀，還成功掩蓋了為了從大地榨取這些最珍貴的寶石，許許多多人所付出的血汗代價。

採礦傷害了過去及現在正試圖用尋找寶石來謀生的人們，也深刻影響了生活在產鑽地區的人。在南非，從很早期開始，由於使用移工以及將地方經濟轉型為專門滿足鑽石礦場的需求，當地社區因此遭到了破壞。類似的演變過程也發生在納米比亞、安哥拉、西非及剛果民主共和國。例如在二〇〇一年，為了替鑽石開採掃清障礙，波札那政府以保護野生動物為由，決定將生活在卡拉哈里中部野生動物保護區（Central Kalahari Game Reserve）的桑布希曼人（San bushmen）重新安置到無法進行狩獵及採集活動的營區。[18]二〇一四年，一座鑽石礦更在桑人的祖傳土地上開挖。[19]

巴西的掘鑽者經常冒險進入亞馬遜叢林中的原住民土地，並導致暴力衝突。[20]一九九九年，一場鑽石熱將三千多名掘鑽者帶進了羅斯福印地安人保留區（Roosevelt Indian Reserve），這裡是辛塔拉加（Cinta Larga）部落的家園。《村聲》（*Village Voice*）雜誌二〇一〇年曾寫到，從一九九九年起這裡已挖掘出價值二十億的原鑽。[21]二〇〇四年，至少有二十九名祕密盜採者被辛塔拉加部落成員殺害。辛塔拉加人第一次與外界接觸的時間可追溯至一九〇四年，當時他們會見了後來成為旅行家的美國前總統老羅斯福（Theodore Roosevelt）。[22]在原住民土地上採礦是非法行為，政府也設置路障阻止礦工進入，但收效甚微。二〇〇四年大屠殺受到了世界各地媒體的廣泛報導，記者揭露了政府腐敗、欺詐及走私的一連串行為；同年，一名鑽石貿易商在甘迺迪機場被捕，因他攜帶了一千一百七十克拉無金伯利認證的鑽石。[23]儘管自二〇一〇年起，羅斯福印第安保留區的鑽石開採已暫停，但非法採礦及走私無疑仍持續進行，鑽石被帶進委內瑞拉及蓋亞那。國家原住民基金會（FUNAI）的惡劣財政狀況，更令這場與巴西原住民地區開採活動的戰爭有如雪上加霜。國家原住民基金會是負責原住民人口的巴西政府機構，二〇一四年，該機構平均分配給每個人的經費為五十二美元，這使得對於祕密採礦感興趣的不只是礦工和國際貿易商，就連原住民部落也開始感興趣，二〇一五年底，在朗多尼亞州進行鑽石走私進行調查後，巴西聯邦警察逮捕了一些人。[24]

在澳洲，鑽石是在原住民的土地上開採的。自英國殖民以來，澳洲的原住民承受了巨大的苦難：他們的土地被奪走、在澳洲政治中長期沒有代表、的預期壽命顯著低於澳洲的平均水準，接受高等教育的機會也較少。簡言之，他們缺乏獲得基本社會福利的機會，而澳洲的礦業繁榮卻經常奠定在侵占他們的土地之上。儘管原住民領導層缺乏一個超越地方或全國性等級的結構，使得他們很難採取一個統一的立場，但原住民反對幾個礦業開採地點的開發計畫，尤其是在一九八〇年代反對阿蓋爾鑽石礦的開發，因為這個礦場位於極具精神意義的原住民土地上。理論上，原住民土地受到一九七二年《文化遺產法》（*Cultural Heritage Act*）的保護，但立法預先考慮了某些地點的另類用途，阿蓋爾的鑽石開採事業就在這樣的理由下成立了。幾名原住民土地所有者收到了為數不多的賠償金，不超過鑽石銷售收入的百分之零點一五，直到一九九五年力拓公司保證要改善該公司與原住民的關係，情況才有所改變。雙方經過談判，最終在二〇〇四年簽訂了《阿蓋爾鑽石協議》（*Argyle Diamonds Agreement*），保證協議規定的經濟補償金將用於協助原住民發展，未經所有者同意不得破壞文化遺址，以及最大限度地增加阿蓋爾的原住民就業機會。[25]一開始，該協議似乎有利於居住在阿蓋爾礦附近的原住民族群，該礦雇用的原住民也從百分之八上升至百分之二十五，[26]然而，由於支付給原住民所有者的兩千五百萬澳幣土地使用費管理不善，加上產量下降，令當地原住民族群產生了新的擔憂，當得知阿蓋爾礦將於二〇二〇年關閉，他們對於採礦的未來感到茫然。[27]

礦業公司破壞環境、竊據土地的問題往往因殖民主義獲得助長，這些問題始終是歐洲以外大多數地方礦業的核心問題，至今仍然持續發生。這些問題並不侷限於鑽石的開採，就在二〇二〇年九月，力拓公司執行長與另兩名同僚才剛被迫辭職，起因是該公司為了替一座鐵礦騰出空間，竟炸毀了位於尤坎峽谷（Juukan Gorge）一處有四萬六千年歷史的原住民聖地——這塊土地甚至不屬於該公司。[28]

土地所有權問題、迫遷及對祖先土地的環境破壞，類似的問題也存在於加拿大西北領地，雖然人們經常提及這裡較高的就業率以及經濟繁榮，認為是大礦業公司與原住民族群之間互動的少數正面結果。[29]更廣地來說，加拿大鑽石開採活動一直受到人們的歡迎，認為這是與殖民主義或受到殖民主義啟發的南半球礦業實踐分道揚鑣的必經之路——即使仍可提出當地繼續奴役原住民族群的論點。然而，即使有必須提出「影響及利益分配協議」（*Impact Benefit Agreement*）以便將原住民人口納入開採考慮範圍的義務要求，鑽石礦對於當地社會經濟結構產生的環境及社會影響，仍威脅了捕魚、誘捕及狩獵等傳統上重要的經濟活動，且難以抵銷。[30]當一座礦關閉，採礦的積極面向也就消失了，而這又強化了地方依賴國際礦業公司的形象。

因土地侵占而衍生的歷史不平等問題仍未解決，在加拿大及澳洲，國家和礦業公司給予原住民的可說是某種形式的家父長式管制，造成了當地人依賴礦業公司。不可否認的是，從侵占來的土地上榨取自然財富並送到國外，絕大部分是由外國跨國公司所為，這種情況在歐洲、加拿大、南非、波札那、剛果以及世界上其他地方都是一樣的。主要問題之一始終是鑽石開採代表了巨大的公司利益，且往往是與當地政府攜手合作展開談判或開採。在俄羅斯的例子裡，蘇聯瓦解後，薩哈當地居民透過政治行動主義，揭露了工業化鑽石開採的負面影響，但這場運動在一九九〇年代末便銷聲匿跡，其無力應對阿羅莎在該地區的經濟與政治力量，也無力面對萬一行動過於激進時又得面臨失去工作的威脅。[31]

對於人權的日益關注始終是開採過程之外的主要額外考量之一，而這是否只是向大眾銷售乾淨鑽石的一種美化手法或是真心的憂慮，人人自有判斷。另一個近年來變得更重要的是關切對生態的負面影響。在加拿大，針對北美馴鹿遷移及苔原繁殖鳥類的研究顯示，礦業並未造成明顯的行為變化，然而，人們開始會進行這類研究並帶入礦業公司與政府的協商中，這件事情本身就表明了開採方式的改變。[32]此外，加拿大與澳洲的開採協議中，都納入了減少因開採造成的植被損失及監測水質的具體規劃。在納米比亞，離岸尋找海洋鑽石的活動已引起人們對於干擾海底生物棲地的憂慮。[33]

鑽石開採已經對印度的動物生活產生了負面影響。中央邦的潘納，位於距離該邦首府波帕爾（Bhopal）約三百八十公里處，是個因蘊藏鑽石而久享盛名的地方，國家礦業開發公司目前正在此地進行探勘，但一個環境監測小組要求該公司停止開採，因為這些礦的所在地——潘納國家公園（Panna National Park）是印度的老虎保護區之一。在保護區採礦的權利是一場正在進行的法律戰的一部分。[34]目前有二十五隻老虎生活在該園區，而國家礦業開發公司的策略之一，就是以保護老虎為由來阻止個人手工採礦者進入該地區，結果，掘鑽者家庭居住的整個村莊不得不遷移到其他地方。[35]二〇二〇年報紙報導，要找到潘納的小型鑽石礦仍是個困難的任務，當地人在私人土地、叢林和森林地區進行採礦，這些非法活動壓過了合法活動，導致警方定期突襲臨檢，並沒收鐵鍬、柴油機器和其他的開採設備。[36]至於合法的採礦事業，一個地方可以有多達一百人同時在工作，他們一天的工資為一百至兩百盧比，相當於一點二四至二點四八英鎊，雇用他們的是承包商及地主，由於官方不再允許採集森林裡的東西來販賣，他們因此被迫從事採礦。[37]潘納的情形反映了政府利益、礦業利益、生態影響，以及社會後果之間的複雜交互作用。

部分問題在於大量手工式掘鑽者被吸引到沖積帶鑽石田，希望改善他們的生活，他們的許多活動一直沒有受到監管導致過度開採，這不利於掘鑽者以及環境。於一些人而言，對環境的主要破壞不是來自大公司的工業化採礦活動，而是這些為數眾多的小規模沖積帶掘鑽作業。掘鑽者運送河土、改變河道，剷除環境中的植被，並在過程中摧毀農田。斯麥里指出，在Google Earth搜尋獅子山考度鎮時，不僅可以看到兩座正在開採的金伯利岩管，還能看到人為的坑洞與池塘所造成的傷痕般地景（圖104、105），[38] 在幾個曾經存在過手工式開採活動的巴西定居點周圍，也可找到類似的例子。[39]

今天，人們日益關注環境及掘鑽者和周圍當地居民的人權問題，儘管公司會利用這點來銷售更多據說更為乾淨的鑽石，但這仍然是向正確的方向邁進了一步。[40]

圖104　獅子山考度鎮附近的沖積帶鑽石開採，二〇二〇年。

大多數大公司的網站都會有一個區塊專門說明永續性以及環境和社會問題，協調生態影響與社會關切始終是主要議題之一，而關於根源於殖民時期做法的土地占用手段的辯論，也永遠不會消失。在迦納，政府已經開始實施教育計畫，以提升黃金及鑽石挖掘者對於環境破壞及健康危害的認識，同時也有人建議成立礦業合作社，為挖掘者創造一個更好的金融環境，讓沖積帶鑽石田的管理能夠朝著更永續的方向邁進。[41]在獅子山，人們認識到促進鑽石礦區經濟進步的一個可能方案，是緊密地結合農業生產與礦業經濟，因此提倡土地復耕，試圖將一些礦區重新變回農田，這一方法的目的是同時解決環境及社會經濟問題。[42]這些努力也許改善了許多人的命運，但儘管非政府組織持續施壓，廣告宣傳向消費者保證他們購買的鑽石是用永續、乾淨的方式開採出來的產品，但對許

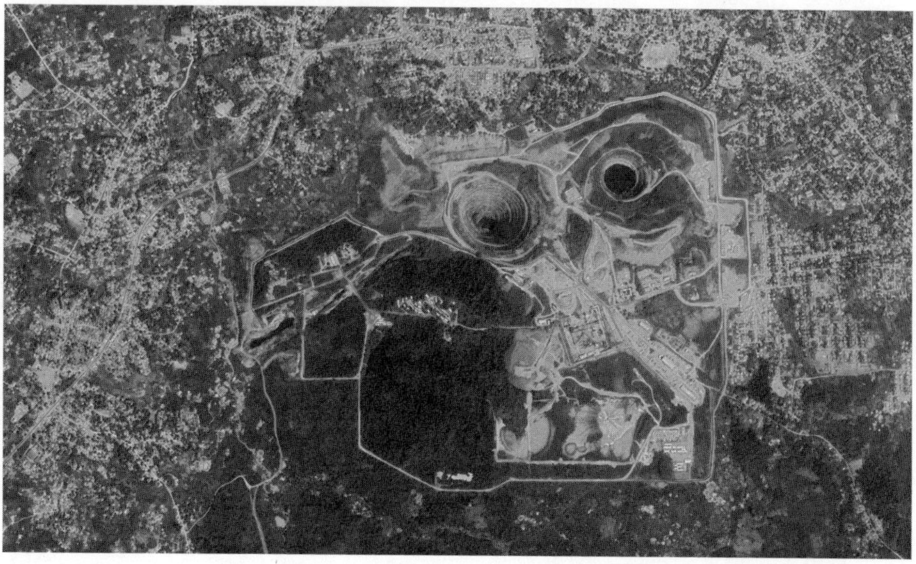

圖105 獅子山考度鎮附近的金伯利岩管，二〇二〇年。

多鑽石開採業的工作者而言，這些鑽石從不曾真正擁有光彩，它們的光澤不過是個遙不可及的改善承諾，一個只有靠著血汗與淚水才能實現的承諾。

謝辭

這本書是我走入鑽石世界的漫長心血結晶。我要感謝艾迪・史托斯（Eddy Stols），他是第一位讓我走上巴西寶石之路的人。他給了機會，使我能在米納斯吉拉斯聯邦大學（Universidade Federal de Minas Gerais）度過一段時間，並在這裡邂逅了一群啟發人心的歷史學家，我要感謝與愛德華・佩瓦（Eduardo França Paiva）以及尤尼亞・佛塔多（Júnia Ferreira Furtado）共度的時光，以及巴特・凡斯波文（Bart Vanspauwen）的時常相伴。後來我持續研究鑽石，但轉向了近代早期的貿易，並以此取得了佛羅倫斯的歐洲大學研究所（European University Institute）的博士文憑，我幸運地獲得了迪奧戈・庫爾托（Diogo Ramada Curto）以及安東尼・莫羅（Anthony Molho）的指導。評審委員會的另兩位成員，馬克辛・伯格（Maxine Berg）以及簡・弗里斯（Jan de Vries）則大力鼓勵我專注於研究鑽石。

遇到研究同一主題的同行總是樂事一件，二〇一五年我在華威大學（Warwick）與「運輸中的寶石」（Gems in Transit）工作坊（二〇一六年在阿姆斯特丹、烏特勒支〔Utrecht〕及安特衛普繼續舉辦）的參與者進行了多場談話，這些談話對於本書的寫作極富啟發意義。感謝麥可・拜克羅夫特（Michael Bycroft）、斯文・杜普雷（Sven Dupré）、凱琳・霍夫米斯特，尤其感謝始終慷慨分享訊息及提供建議的瑪西亞・波因頓。我也同樣幸運地遇到了莉莉安・佩雷茲（Liliane Hilaire Perez）以及伊芙琳・歐里爾－格勞茲（Evelyne Oliel-Grausz），她們兩人幫助我增進了對猶太史及技術史的認識。我也十分感謝佩特拉・達姆（Petra van Dam）以及阿勒・威廉斯（Al Angharad Williams）閱讀了手稿的各個版本，並慷慨地給予他們的時間、回饋及鼓勵。我同樣衷心感激那位提供許多有用建議及批評的匿名同行評審。我很幸運地能夠在寫作這本書的同時，也享受與瑪麗亞・弗薩羅（Maria Fusaro）、李查・布雷克摩爾（Richard Blakemore）、艾瑞卡・奎吉伯斯（Erika Kuijpers）以及我在阿姆斯特丹自由大學（Vrije Universiteit Amsterdam）的同事們交流思想的樂趣。如果沒有和特雷西安・梅寇爾（Tracian Meikle）的對話，這本書就不可能以目前的形式誕生，他幫助我了解作為一名學者也可以有行動主義。如果沒有朋友家人的支持，我顯然不可能完成這本書。我感激以下這些人帶來的溫暖：雅欣內・庫嘉（Yassine Khoudja）、伊娃・舒密茲（Eva Schmitz）、安德烈・卡佩奇（Andrea Capecci）、菲爾・貝伯（Phil Baber）、葛雷・阿托泰（Gray Akotey）、奧莉薇亞・索姆森（Olivia Somsen）、亞德里安・奧利弗特（Adrian Olivet）、愛利絲・巴爾特雷米（Alice Barthelemy）、瑪蓮納・德瓦耶爾（Marlène Dewaere）、歐非・梅爾森（Orfee Melsen）、羅貝托・施耐德（Roberto Verdecchia Schneider）、山德・弗里斯（Sander de Vries）、尼恩可・亞爾伯斯（Nienke Elbertse）、伊莉莎白・恩多芬（Elisabeth Enthoven），以及在「海報」（L'Affiche）的每一個人，包括韓克・史萊吉佛（Henk Sleijfer）、米榭・海斯普（Michel Hesp），錢姆・塭內特（Chaim Wannet）和SBK的其他人。

最後，我要把愛與感激給予我最虧欠的人，崔斯・吉斯特（Trees de Geest），以及決定與我共度一生的羅莎・斯吉本（Rosa Sijben），沒有他們，我絕不可能完成這本書的。

多年來我一直夢想要寫一本關於鑽石開採的通史，我非常感謝雷克遜出版社（Reaktion Books）的每一個人，他們以無限的耐心幫助了我。謝謝你，班・海耶斯（Ben Hayes）、麥可・雷曼（Michael Leaman）、艾米・奇爾科恩（Amy Salter Maria Kilcoyne），以及艾力克斯・喬巴努（Alex Ciobanu）。我尤其感激我的編輯菲比・寇利（Phoebe Colley）的無限耐心和她對內容的細心謹慎；感激蘇珊娜・傑斯（Susannah Jayes）在選圖方面的幫助，因為直到最後一刻我仍不斷改變主意。

我一直都希望這本書是個完整又令人讀來有趣讀物，我知道我的第一個目標失敗了，所以我只能冀望我的第二個目標是成功的。

Samuel, Edgar, 'Diamonds and Pieces of Eight: How Stuart England Won the Rough-diamond Trade', *Jewish Historical Studies*, xxxviii (2002), pp. 23–40.

Shield, Renée Rose, *Diamond Stories: Enduring Change on 47th Street* (Ithaca, ny, 2002).

Smillie, Ian, *Blood on the Stone: Greed, Corruption and War in the Global Diamond Trade* (London, 2010).

Taylor, Ian, and Gladys Mokhawa, 'Not Forever: Botswana, Conflict Diamonds and the Bushmen', *African Affairs*, cii/407 (2003), pp. 261–83.

Tichotsky, John, *Russia's Diamond Colony: The Republic of Sakha* (London and New York, 2000).

Tillander, Herbert, *Diamond Cuts in Historic Jewellery, 1381–1910* (London, 1995).

Tolansky, Samuel, *The History and Use of Diamond* (London, 1962).

Trivellato, Francesca, *The Familiarity of Strangers: The Sephardic Diaspora, Livorno, and Cross-cultural Trade in the Early Modern Period* (New Haven, ct, 2009).

Turrell, Robert Vicat, *Capital and Labour on the Kimberley Diamond Fields, 1871–1890* (Cambridge, 1987).

Vanneste, Tijl, *Global Trade and Commercial Networks: Eighteenth-century Diamond Merchants* (London, 2011).

Vlassenroot, Koen, and Steven Bockstael, eds, *Artisanal Diamond Mining: Perspectives and Challenges* (Ghent, 2008).

Worger, William H., *South Africa's City of Diamonds: Mine Workers and Monopoly Capitalism in Kimberley, 1867–1895* (New Haven, ct, 1987).

Yogev, Gedalia, *Diamonds and Coral: Anglo-Dutch Jews and Eighteenth-century Trade* (Leicester, 1978).

York, 1970).

Mawe, John, *Travels in the Interior of Brazil, particularly in the gold and diamond districts of that country* (London, 1813).

Meredith, Martin, *Diamonds, Gold and War: The British, the Boers, and the Making of South Africa* (New York, 2007).

Monnier, Laurent, Bogumil Jewsiewicki and Gauthier de Villers, eds, *Chasse au diamant au Congo/Zaire*, Cahiers Africains: Afrika Studies 45–6 (Tervuren, 2001).

Munich, Adrienne, *Empire of Diamonds. Victorian Gems in Imperial Settings* (Charlottesville, va, 2020).

Mwaipopo, Rosemarie, '*Ubeshi* – Negotiating Co-existence: Artisanal and Largescale Relations in Diamond Mining', in *Mining and Social Transformation in Africa: Mineralizing and Democratizing Trends in Artisanal Production*, ed. D. F. Bryceson, E. Fisher, J. B. Jonsson and R. Mwaipopo (New York and Abingdon, 2014), pp. 161–76.

Newbury, Colin, *The Diamond Ring: Business, Politics and Precious Stones in South Africa, 1867–1947* (Oxford, 1989).

Ogden, Jack, *Diamonds: An Early History of the King of Gems* (New Haven, ct, 2018).

Oltuski, Alicia, *Precious Objects: A Story of Diamonds, Family, and a Way of Life* (New York, 2011).

Pointon, Marcia, *Brilliant Effects: A Cultural History of Gem Stones and Jewellery* (New Haven, ct, 2009).

—, *Rocks, Ice and Dirty Stones: Diamond Histories* (London, 2017).

Proctor, Robert N., 'Anti-agate: The Great Diamond Hoax and the Semiprecious Stone Scam', *Configurations*, ix/3 (2001), pp. 381–412.

Robertson, Marian, *Diamond Fever: South African Diamond History, 1866–9, from Primary Sources* (Cape Town, 1974).

Said, Hakim Mohammad, ed., *Al-Beruni's Book on Mineralogy: The Book Most Comprehensive in Knowledge on Precious Stones* (Islamabad, 1989).

History of Discovery (Littleton, co, 2002).

Evans, Joan, *A History of Jewellery, 1100–1870* (New York, 1953).

Farrell-Robert, Janine, *Glitter and Greed: The Secret World of the Diamond Cartel* (St Paul, mn, 2003).

Ferreira Furtado, Junia, *Chica da Silva: A Brazilian Slave of the Eighteenth Century* (New York, 2009).

Frost, Diane, *From the Pit to the Market: Politics and the Diamond Economy in Sierra Leone* (Martlesham, Suffolk, 2012).

Greenhalgh, Peter, *West African Diamonds, 1919–83: An Economic History* (Manchester, 1985).

Hart, Matthew, *Diamond: The History of a Cold-blooded Love Affair* (London, 2001)

Hazen, Robert M., *The Diamond Makers* (Cambridge, 1999).

Hofmeester, Karin, ed., *Een Schitterende Erfenis: 125 jaar nalatenschap van de Algemene Nederlandse Diamantbewerkersbond* (Zutphen, 2019).

—, 'Shifting Trajectories of Diamond Processing: From India to Europe and Back, from the Fifteenth Century to the Twentieth ', *Journal of Global History*, viii/1 (2013), pp. 25–49.

Kanfer, Stefan, *The Last Empire: De Beers, Diamonds, and the World* (New York, 1993).

Kempton, Daniel R., 'Russia and De Beers: Diamond Conflict or Cartel?', *South African Journal of International Affairs*, iii/2 (1995), pp. 94–131.

Knight, John, and Heather Stevenson, 'The Williamson Diamond Mine, De Beers, and the Colonial Office: A Case-study of the Quest for Control', *Journal of Modern African Studies*, xxiv/3 (1986), pp. 423–45.

Krajicek, Kevin, *Barren Lands: An Epic Search for Diamonds in the North American Arctic* (New York, 2002).

Kurin, Richard, *Hope Diamond: The Legendary History of a Cursed Gem* (New York, 2007).

Lenzen, Godehard, *The History of Diamond Production and the Diamond Trade* (New

參考書目

Alam, Ishrat, 'Diamond Mining and Trade in South India in the Seventeenth Century', *Medieval History Journal*, iii/2 (2000), pp. 291–310.

Allen, V. L., *The History of Black Mineworkers in South Africa*, 3 vols (London, 2005).

Bergstein, Rachelle, *Brilliance and Fire: A Biography of Diamonds* (New York, 2016).

Bieri, Franziska, *From Blood Diamonds to the Kimberley Process: How ngos Cleaned Up the Global Diamond Industry* (Farnham and Burlington, vt, 2010).

Bycroft, Michael, and Sven Dupre, eds, *Gems in the Early Modern World: Materials, Knowledge and Global Trade* (London, 2019).

Cleveland, Todd, *Diamonds in the Rough: Corporate Paternalism and African Professionalism on the Mines of Colonial Angola, 1917–1975* (Athens, oh, 2015).

—, *Stones of Contention: A History of Africa's Diamonds* (Athens, oh, 2014).

Coenen Snyder, Saskia, '"As Long as It Sparkles!": The Diamond Industry in Nineteenth-century Amsterdam', *Jewish Social Studies*, xxii/2 (2017), pp. 38–73.

Dalrymple, William, and Anita Anand, *Koh-i-Noor: The History of the World's Most Infamous Diamond* (New York and London, 2017).

De Bie, Annelies, 'The Paradox of the Antwerp Rose: Symbol of Decline or Token of Craftsmanship?', in *Innovation and Creativity in Late Medieval and Early Modern European Cities*, ed. Karel Davids and Bert de Munck (Farnham and Burlington, vt, 2014), pp. 269–94.

De Boeck, Filip, '*Garimpeiro* Worlds: Digging, Dying and "Hunting" for Diamonds in Angola', *Review of African Political Economy*, xxviii/90 (2001), pp. 549–62.

De Vries, David, *Diamonds and War: State, Capital and Labor in British-ruled Palestine* (New York and Oxford, 2010).

Epstein, Edward Jay, *The Rise and Fall of Diamonds: The Shattering of a Brilliant Illusion* (New York, 1982).

Erlich, Edward I., and W. Dan Hausel, *Diamond Deposits: Origin, Exploration, and*

Shelf Sediments off Southern Namibia', *Quaternary International*, xcii/1 (2002), pp. 101–12.

34. P. Naveen, 'Tigers Vanished from Panna after Diamond Mines Were Shut: Madhya Pradesh Authorities', www.timesofindia.indiatimes.com, 2 October 2014；以及：Neeraj Santoshi, 'Close Diamond Mining in Panna Tiger Reserve by 2017: Panel', www.hindustantimes.com, 22 September 2014.

35. 為達特里婦幼資源中心（Dhaatri – A Resource Centre for Women and Children）工作期間，與巴努馬蒂・卡盧利博士（Dr Bhanumathi Kalluri）的私人通訊，參見：www.dhaatri.org, 讀取於二〇二〇年五月五日。

36. 'Illegal Diamond Mines Raided in Panna Reserve', www.timesofindia.india- times.com, 9 February 2020.

37. 與卡盧利博士的私人通訊。

38. Smillie, *Diamonds*, p.148.

39. 可參照：Ricardo Junior de Assis Fernando Gonçalves and Marcelo Rodrigues Mendonça, 'Trabalho e garimpo: atividade garimpeira de diamantes na Comunidade de Douradinho no município de Coromandel/ mg', *Espaço em Revista*, xiv/1 (2012), pp. 86–95.

40. 近期學術性概述參見：Koen Vlassenroot and Steven Bockstael, eds, *Artisanal Diamond Mining: Perspectives and Challenges* (Ghent, 2008).

41. R. K. Amankwah and C. Anim-Sackey, 'Strategies for Sustainable Development of the Small-scale Gold and Diamond Mining Industry of Ghana', *Resources Policy*, xxix/3 (2003), pp. 131–8.

42. Roy Maconachie and Tony Binns, '"Farming Miners" or "Mining Farmers"?: Diamond and Rural Development in Post-conflict Sierra Leone', *Resources Policy*, xxiii/3 (2007), pp. 367–80.

Justice: Educating for Both Advocacy and Action, ed. R.G.J. Ill (New York, 2009), pp. 207–30.

26. Michael West and Suzanne Smith, 'Diamonds Are Not Forever: Indigenous Communities Grapple with End of the Mining Boom' , www.abc.net.au, 讀取於二〇二〇年五月五日。

27. Ibid.

28. Ben Butler, Lorena Allam and Calla Wahlquist, 'Rio Tinto ceo and Senior Executives Resign from Company after Juukan Gorge Debacle', *The Guardian*, 11 September 2020；以及：Lorena Allam, '"Devastated" Indigenous Owners say Rio Tinto Misled Them Ahead of Juukan Gorge Blast ', *The Guardian*,12 October 2020.

29. Colleen M. Davison and Penelope Hawe, 'All That Glitters: Diamond Mining and Tåîchô Youth in Behchokö, Northwest Territories', *Arctic*, lxv/2 (2012), pp. 214–28.

30. 批判性研究參見：Hall, 'Diamond Mining'; and Richard J. DiFrancesco, 'A Diamond in the Rough? An Examination of the Issues Surrounding the Development of the Northwest Territories', *Canadian Geographer*, xliv/2 (2000), pp. 114–34；更正面的評估可參見：Patricia J. Fitzpatrick, 'A New Staples Industry? Complexity, Governance and Canada's Diamond Mines', *Policy and Society*, xxvi/1 (2007), pp. 93–112。

31. Crate, 'Co-option in Siberia'; 也可參見： Susan A. Crate and Natalia Yakovleva, 'Indigenous People and Mineral Resource Extraction in Russia: The Case of Diamonds', in *Earth Matters: Indigenous Peoples, the Extractive Industries and Corporate Social Responsibility*, ed. Ciaran O'Faircheallaigh and Saleem Ali (Sheffield, 2008), pp. 222–44. 關於採礦對薩哈當地維柳伊河影響的詳細評估，以及與加拿大原住民保護制度的比較，參見：Susan Crate, *Cow, Kin, and Globalization: An Ethnography of Sustainability* (Lanham, MD, 2006),pp. 221–88.

32. Couch, 'Strategic Resolution', p. 271; Adam C. Smith, John A. Virgl, Damian Panayi and Allison R. Armstrong, 'Effects of a Diamond Mine on Tundra- breeding Birds', *Arctic*, lviii/3 (2005), pp. 295–304.

33. J. Rogers and X. C. Li, 'Environmental Impact of Diamond Mining on Continental

Diamond Industry Continues Despite Abolition', www.mapsofindia.com, 8 February 2015.

18. Ian Taylor and Gladys Mokhawa, 'Not Forever: Botswana, Conflict Diamonds and the Bushmen', *African Affairs*, cii/407 (2003), pp. 261–83；亦可參見：Kenneth Good, *Diamonds, Dispossession, and Democracy in Botswana* (Woodbridge, 2008).

19. 'Botswana Government Lies Exposed as Diamond Mine Opens in Bushman Land', www.survivalinternational.nl, 4 September 2014.

20. 亞馬遜是個巨大的跨國區域，非法活動很難控制，政治邊界容易滲透，礦工們在鄰近國家之間來來去去。相關學術研究，參見：Marjo de Theije and Marieke Heemskerk, 'Moving Frontiers in the Amazon: Brazilian Small- scale Gold Miners in Suriname', *European Review of Latin American and Caribbean Studies/ Revista Europea de Estudios Latinoamericanos y del Caribe*, 87 (209), pp. 5–25.

21. Graham Rayman, 'A New York Operator's Trail of Blood, Bankruptcy, and Brazilian Diamonds', www.villagevoice.com, 9 March 2010.

22. Mario Osava, 'Rights-Brazil: Violence Stains National Day of Indigenous Peoples', www.ipsnews.net, 19 April 2004. 一九〇一年至一九〇九年擔任美國總統的老羅斯福曾出版他在亞馬遜的遊記。Theodore Roosevelt, *Through the Brazilian Wilderness* (New York, 1914).

23. Rayman, 'A New York Operator's Trail of Blood'. 關於這個故事的摘要，參見：Shawn Gerald Blore, ed., 'The Failure of Good Intentions: Fraud, Theft and Murder in the Brazilian Diamond Industry', *PAC Occasional Paper*, 12 (2005), pp. 25–7, www.impacttransform.org, 讀取於二〇二〇年五月五日。

24. 'Extração illegal de diamantes em ro é destaque no Jornal Hoje', redeglobo. globo. com, 8 December 2015. 欲了解顯示祕密採礦行動持續存在的最近追蹤報導，參見：Felipe Abreu and Luiz Felipe Silva, 'O garimpo illegal numa das maiores reservas de diamantes do planeta', *Folha de S. Paulo*, www.folha.uol.com.br, 27 September 2015.

25. Ciaran O'Faircheallaigh, 'Social Justice, Aboriginal Leadership and Mineral Development in Australia', in *A Twenty-first Century Approach to Teaching Social*

於5 May 2020.

7. Kaakpema Yelpaala and Saleem H. Ali, 'Multiple Scales of Diamond Mining in Akwatia, Ghana: Addressing Environmental and Human Development Impact ', *Resources policy*, xxx/3 (2005), pp. 145–55 (p. 153).
8. 'DR Congo Plague Outbreak Spreads', news.bbc.co.uk, 23 February 2005. 最近爆發的伊波拉（ebola）疫情也受到獅子山沖積帶鑽石開採的不健康及暴力環境的影響，相關分析參見：Paul Farmer, *Fevers, Feuds, and Diamonds: Ebola and the Ravages of History* (New York, 2020).
9. 對此可以補充的一點是，在歷史上大部分的時間裡，歐洲國家也都廣泛使用童工。參見：Hugh D. Hindman, ed., *The World of Child Labor:An Historical and Regional Survey* (London, 2009).關於十九世紀改變的分析，參見：Elisabeth Anderson, 'Policy Entrepreneurs and the Origins of the Regulatory Welfare State: Child Labor Reform in Nineteenth-century Europe', *American Sociological Review*, lxxxiii/1 (2018), pp. 173–211.關於現今的西方偏見，參見：Tracy McVeigh, 'un's Ban on Child Labour Is a "Damaging Mistake"', *The Guardian*, 18 December 2016.
10. Frost, *From the Pit to the Market*, pp. 101–4.
11. 可參照：Gavin Hilson, '"Once a Miner, Always a Miner": Poverty and Livelihood Diversification in Akwatia, Ghana', *Journal of Rural Studies*, xxvi/3 (2010), pp. 296–307。
12. Sigismond A. Wilson, 'Sierra Leone's Illicit Diamonds: The Challenges and the Way Forward', *GeoJournal*, lxxvi/3 (2011), pp. 191–212.
13. Richard Human, 'Tanzanite Trouble', www.newint.org, 2 April 2006.
14. 參見：www.ddiglobal.org, 讀取於二〇二〇年五月五日。
15. Farell-Robert, *Glitter and Greed*, pp. 46–7. 這本書在第四十五至六十頁的部分更廣泛地討論了印度的鑽石切割匠。
16. Roli Srivastava, 'Death by Diamonds: Suicides Wipe the Shine off India's Gem Trade', www.reuters.com, 10 July 2018.
17. Ibid. 關於禁止使用童工的法律，參見：Rumani Saikia Phukan, 'Child Labour in

218. 這些年的產量參見：'Annual Global Summary: Production, Imports, Exports and KPC Counts'.

219. Paul F. Kerr, Donald L. Graf and Sydney H. Ball, 'Carbonado from Venezuela', *American Mineralogist*, xxxiii/1–2 (1948), pp. 251–3.

220. 'Diamant-ontginning in Venezuela', *Amigoe di Curacao*, 25 January 1945. 關於一九五〇年代一位被巴西及蓋亞那閃亮鑽石前景吸引而來的冒險家的個人敘述，參見：Victor G. C. Norwood, *A Hand Full of Diamonds: Further Adventures and Experiences in the Jungles and Diamond Fields of Guiana and Brazil* (London, 1960).

221. 'Diamant-rush in Venezuela', *Nederlands Dagblad*, 16 August 1969.

222. 這些年的產量參見：'Annual Global Summary: Production, Imports, Exports and KPC Counts'.

223. Girish Gupta, 'Venezuela Rejoins Global Anti-"Blood Diamonds" Group', www.reuters.com, 18 November 2016. 金伯利統計數字網站的年度全球摘要中，沒有自委內瑞拉被重新接納以來的任何數字。參見：kimberleyprocessstatistics.org, 讀取於二〇二〇年五月五日。

結語　關於人權與環境考量

1. *Algemeene Oefenschoole van Konsten en Weetenschappen: Zesde Afdeeling. Dertiende deel* (Amsterdam, 1782), p. 389.

2. Smillie, *Diamonds*, pp. 149–50.

3. Jirí Strnad, 'The Discovery of Diamonds in Siberia and other Northern Regions: Explorational, Historical, and Personal Notes', *Earth Sciences History*, x/2 (1991), pp. 227–46 (p. 235); Grigorii Fainshtein, *Behind Us the Cities Will Arise* (Irkutsk, 1988), p. 90 [in Russian].

4. Ball,*Diamonds*,p.57.

5. Smillie,*Diamonds*,p.147.

6. 'Artisanal and Small-scale Mining', www.worldbank.org, 21 November 2013, 讀取

203. Escard, *Pierres précieuses*, p. 142.

204. Marcel Bardet, *Géologie du Diamant*, vol. I: *Généralités* (Paris, 1974), p. 158.

205. Barré, 'Chemins de fer Asiatiques', p. 134.

206. Peter C. Keller and Wan Guo-dong, 'The Changma Diamond District, Mengyin, Shandong Province, China', *Gems and Gemology*, xxii/1 (1986), pp. 14–23.

207. Kogel et al., *Industrial Minerals and Rocks*, p. 422.

208. 'Annual Global Summary: 2018 Production, Imports, Exports and KPC Counts'.

209. Erlich and Hausel, *Diamond Deposits*, p. 6.

210. 這個公園的網址是：www.guiachapadadiamantina. com.br, 讀取於二〇二〇年五月五日。亦可參見：Samir S. Patel, 'Diamond Rush: Nineteenth-century Wildcatters Left their Marks on Brazil's Landscape', *Archaeology*, lx/2 (2007), pp. 53–8.

211. 亦可參見他們的網站，網址是：www.cprm.gov.br, 讀取於二〇二〇年五月五日。關於聖伊納西烏的開採計畫，參見：Luiz Carlos de Moraes and José da Silva Amaral, 'Diamante de Santo Inácio Estado da Bahia', rigeo.cprm.gov.br, 讀取於二〇二〇年五月五日。

212. Iran F. Machado and Silvia F. de M. Figueirôa, '500 Years of Mining in Brazil: A Brief Review', *Resources Policy*, xxvii (2001), pp. 9–24 (p. 19).

213. Geraldo Bastos, 'Mina entrará em operação na ba', atarde.uol.com.br, 17 January 2016. 關於利帕里公司，可參見他們的網站，網址是：www.lipari.com. br, 讀取於二〇二〇年五月五日。

214. 這些年的產量參見：'Annual Global Summary: Production, Imports, Exports and KPC Counts'.

215. 'Mina Braúna é Realidade', www.lipari.com.br, 讀取於二〇二〇年五月五日。

216. 這些年的產量參見：'Annual Global Summary: Production, Imports, Exports and KPC Counts'.

217. Barbara P. Josiah, *Migration, Mining, and the African Diaspora: Guyana in the Nineteenth and Twentieth Centuries* (New York, 2011).

188. 'Bunder Diamond Mine in India Has New Owner', www.thediamondloupe. com, 16 December 2019.

189. 'Rio Tinto Finds Diamond Reserves in Bastar, but Says Can't Mine due to Maoist Problem', www.indianexpress.com, 24 January 2014.

190. 這些年產量參見：'Annual Global Summary: Production, Imports, Exports and KPC Counts'.

191. 'Asscher gaat in Zuid-Borneo diamantmijn exploiteren', *Het Vrije Volk*, 8 June 1965; 以及：'Reuze-diamant op Borneo gevonden', *Limburgsch Dagblad*, 5 November 1965.

192. 'Indonesie wil controle op diamantwinning', *Algemeen Handelsblad*, 3 November 1966.

193. 'Edelsteen', *Algemeen Handelsblad*, 28 September 1965.

194. 'Miljoenendiamant op Borneo gedolven', *Nieuwsblad van het Noorden*, 4 November 1965.

195. Spencer et al., 'Diamond Deposits', p. 74.

196. Ronald E. Seavoy, 'The Religious Motivation for Placer Diamond Mining in Southeastern Kalimantan, Indonesia', *Journal of Cultural Geography*, iii/2 (1983), pp. 56–60.

197. 'Diamant', NRC *Handelsblad*, 25 April 1979; 以及：'Diamant', *Limburgsch Dagblad*, 2 October 1979.

198. Spencer et al., 'Diamond Deposits', p. 67.

199. '2013 Laporan Tahunan. Annual Report. Managing Reality Overcoming Uncertainty', pp. 230–31, www.antam.com, 讀取於二〇二〇年五月五日。

200. 這些年產量參見：'Annual Global Summary: Production, Imports, Exports and KPC Counts'. 根據這篇文獻，二〇一八年婆羅洲沒有官方正式鑽石生產量。

201. Jean Escard, *Les pierres précieuses* (Paris, 1914), p. 142.

202. Paul Barré, 'Les chemins de fer Asiatiques (suite et fin)', *Revue de Géographie*, xxiv/48 (1901), pp. 131–7 (p. 134).

175. 'Annual Global Summary: 2008 Production, Imports, Exports and KPC Counts'.
176. Ibid.
177. Cairns et al., *2016 Northwest Territories*, pp. 6–8.
178. 'Annual Global Summary: 2018 Production, Imports, Exports and KPC Counts'.
179. 'Partial Revised Submission of the Russian Federation to the Commission on the Limits of the Continental Shelf in Respect of the Continental Shelf of the Russian Federation in the Arctic Ocean. Executive Summary 2015', www.un.org, 讀取於二〇二〇年五月五日。
180. G.M. Yaxley et al., 'The Discovery of Kimberlites in Antarctica Extends the Vast Gondwanan Cretaceous Province', *Nature Communications*, iv (2013), Article No. 2921.
181. 欲了解印度鑽石開採與神話及宗教的持續聯繫，參見：Kuntala Lahiri-Dutt and Arnab Roy Chowdhury, 'In the Realm of the Diamond King: Myth, Magic, and Modernity in the Diamond Tracts of Central India', *Annals of the American Association of Geographers*, cviii/6 (2018), pp. 1620–34.
182. Abhijeet Mukherjee and K. S. Rao, 'Diamond Potential in India and Exploration Strategies to be Adopted', in *Mining Challenges of the 21st Century*, ed. A. K. Ghose and B. B. Dhar (New Delhi, 2000), pp. 307–18.
183. T. K. Rau, 'Panna Diamond Belt, Madhya Pradesh – A Critical Review', *Geological Society of India*, lxix/3 (2007), pp. 513–21.
184. 參見本書結語。
185. 'Diamond Mining Project, Panna', www.nmdc.co.in, 讀取於二〇二〇年五月五日。
186. 'Detailed Information Dossier on Diamond in India. Geological Survey of India 2011', www.employee.gsi.gov.in, p. 9, 讀取於二〇二〇年五月五日。
187. 'Rio Tinto Gifts Bunder Diamond Project in India to Government of Madhya Pradesh', www.riotinto.com, 7 February 2017. 關於這項拍賣計畫，參見：'India's Gov't to Auction Off Bunder Diamond Project', www.thediamondloupe, 5 June 2019.

(Vancouver, BC, 1999); Kevin Krajicek, *Barren Lands: An Epic Search for Diamonds in the North American Arctic* (New York, 2002).

159. Matthew Hart, *Diamond: The History of a Cold-blooded Love Affair* (London, 2001), pp. 71–86.

160. Levine et al., 'Diamond Sources', pp. 250–51.

161. Hart, *Diamond*, pp.87–116.

162. Dan Zlotnikoc, 'A Northern Star: Canada's First Diamond Mine Celebrates a Milestone', CIM *Magazine*, iii/7 (2008), pp. 40–43.

163. Couch, 'Strategic Resolution', p. 271.

164. Russel Shor, 'A Review of the Political and Economic Forces Shaping Today's Diamond Industry', *Gems and Gemology*, XLI/3, pp. 202–33 (p. 209).

165. Bernard Simon, 'Company News: Aber Mine of Canada Buys Control of Harry Winston', *New York Times*, 3 April 2004.

166. Donald W. Olson, 'Diamond, Industrial', U.S. *Geological Survey 2013 Minerals Yearbook* (2015).

167. H. Falck, S. Cairns, M. Robb and L. Powell, *2016 Northwest Territories Mineral Exploration Overview: November 2016* (Yellowknife, NT, 2016), p. 5.

168. Janse, 'Global Rough Diamond Production', p. 109；亦可參見：James E. Shigley et al., 'Mining Diamonds in the Canadian Arctic: The Diavik Mine', *Gems and Gemology*, lii/2 (2016).

169. Hart,*Diamond*,p.116.

170. Cairns et al., *2016 Northwest Territories*, p. 3.

171. Hart,*Diamond*,p.123.

172. G. H. Read and A.J.A. Janse, 'Diamonds: Exploration, Mines and Marketing', *Lithos*, cxii/supplement (2009), pp. 1–9 (p. 3).

173. Janse, 'Global Rough Diamond Production', p. 112.

174. Rebecca Hall, 'Diamond Mining in Canada's Northwest Territories: A Colonial Continuity', *Antipode*, XLV/2 (2013), pp. 376–93 (p. 379).

March 1786. 關於柯斯塔及薩爾瓦多之間的關係，參見：Vanneste, *Global Trade*, pp. 167–70.

147. Bauer,*Edelsteinkunde*,p.462.

148. Ibid.,p.463.

149. Robert Wilson, *The Explorer King: Adventure, Science, and the Great Diamond Hoax – Clarence King in the Old West* (New York, 2006).

150. J. S. Diller and G. F. Kunz, 'Is There a Diamond-field in Kentucky?', *Science*, x/241 (1887), pp. 140–42.

151. 概述參見：Erlich and Hausel, *Diamond Deposits*, pp. 14–24; Bauer, *Edelsteinkunde*, pp. 461–4.

152. 這個美元對英鎊的換算是在一九三二年、鮑爾作品出版那年計算的。當然，開採出來的原鑽價值不只與總重量有關，也跟鑽石的品質息息相關。Bauer, *Edelsteinkunde*, pp. 427, 453, 464.

153. 'Crater of Diamonds State Park', www.arkansasstateparks.com, 讀取於二〇二〇年五月五日。欲進一步了解阿肯色州鑽石的歷史，參見：Farell-Robert, *Glitter and Greed*, pp. 100–114.該礦於一九二七年關閉，第二次世界大戰期間人們曾就是否重新開採該礦進行過討論，但沒有達成任何結論。Ibid., pp. 105–7.

154. W. Dan Hausel, *Geology and Mineralization of the Cooper Hill Mining District, Medicine Bow Mountains, Southeastern Wyoming* (Cooper Hill, WY, 1994).亦可參見：'Wyoming State Geological Survey', www.wsgs.wyo.gov, 讀取於二〇二〇年五月五日。

155. L. D. Cross, *Treasure under the Tundra: Canada's Arctic Diamonds* (Victoria, BC, 2011), p. 110.

156. Erlich and Hausel, *Diamond Deposits*, p. 26.

157. William J. Couch, 'Strategic Resolution of Policy, Environmental and Socio-economic Impacts in Canadian Arctic Diamond Mining: BHP's NWT Diamond Project', *Impact Assessment and Project Appraisal*, xx/4 (2002),pp. 265–78 (p. 266).

158. 參見：Vernon Frolick, *Fire into Ice: Charles Fipke and The Great Diamond Hunt*

132. Anne Lim, 'Tiffany's Ellendale Mine in the Kimberly Strikes Yellow Diamond Gold', www.theaustralian.com.au, 7 November 2013.

133. Nick Evans, 'Precious Little Left to Salvage from Ellendale Diamond Mine', www.thewest.com.au, 12 July 2015.

134. Ben Hagemann, 'Kimberly Diamonds Shifts to Africa', www.australianmining.com.au, 1 July 2015.

135. Ben Hagemann, 'Kimberley Diamonds Former Chairman Arrested', www.australianmining.com.au, 16 September 2015.

136. Ben Collins, 'Minister Moves to Reopen Ellendale Diamond Mine and Avoid Environmental Costs', www.abc.net.au, 27 January 2017.

137. 'New Lease of Life for Former Ellendale Diamond Mine', www.mediastatements.wa.gov.au, 19 December 2019.

138. Ibid.

139. 'Ellendale Overview', www.gibbriverdiamonds.com, 讀取於二〇二〇年五月五日。

140. 參見：V. W. Fazakerley, 'Bow River Alluvial Diamond Deposit', in *Geology of the Mineral Deposits of Australia and Papua New Guinea*, ed. F. E. Hughes (Melbourne, 1990), pp. 1659–64；以及：Kogel et al., *Industrial Minerals and Rocks*, pp. 421–2.

141. 關於原住民權利以及這些權利如何進入採礦話語中，參見本書結語。

142. Kogel et al., *Industrial Minerals and Rocks*, p. 422.

143. Jacques Cartier, Robert Lahaise and Marie Couturier, eds, *Voyages en Nouvelle-France* (Montreal, 1977), pp. 146–7: 'lorsque le soleil les éclaire, ils brillent comme s'ils étaient des étincelles de feu'.

144. Robert Melançon, 'Terre de Caïn, âge d'or, prodiges du Saguenay', *Voix et Images*, v/1 (1979), pp. 51–63 (p. 56).

145. Ibid.,p.57.

146. BL, Add. Ms. 28542, ff. 98–9, Letter E. M. da Costa to Joseph Salvador, London, 6

120. James Shigley, John Chapman and Robyn K. Ellison, 'Discovery and Mining of the Argyle Diamond Deposit, Australia', *Gems and Gemology*, xxxvii/1 (2001), pp. 26–41 (p. 38).

121. Ibid.,p.38.

122. Colin White, *Strategic Management* (Basingstoke, 2004), p. 370；以及：'Argyle Diamond Mine Leaving De Beers Cartel', *New York Times*, 8 June 1996.

123. Hofmeester, 'Shifting Trajectories', pp. 44–7；以及：Sebastian Henn, 'Transnational Entrepreneurs and the Emergence of Clusters in Peripheral Regions: The Case of the Diamond Cutting Cluster in Gujarat (India)', *European Planning Studies*, xxi/11 (2013), pp. 1779–95.

124. Laureys, *Meesters van het Diamant*, pp. 412–14.

125. Hofmeester,'ShiftingTrajectories',p.47.

126. Shigley et al., 'Discovery', p. 40.

127. 力拓是一九九五年力拓鋅與其澳洲子公司康鋅力拓合併下的產物。'History. The Year 1995. The Modern Rio Tinto Group is Born', www.riotinto.com, 讀取於二〇二〇年五月五日。

128. 'Reasons for Decision Ashton Mining Ltd. In the matter of Ashton Mining Ltd [2000] ATP 9', ww.takeovers.gov.au, 10 October 2000.

129. 'Rio Tinto's ￡234m Argyle Bid Trumps De Beers', *The Independent*, 30 August 2000; 'De Beers Trumps Rio in Bid War for Ashton Mining', *The Independent*, 12 October 2000；以及：Neil Behrmann, 'Rio Tinto Buys 49% Ashton Stake, Beating Out Rival Bidder De Beers', *Wall Street Journal*, 7 November 2000.

130. 'Argyle Diamond Mine – Underground Project 110 km South of Kununurra, East Kimberley: Report and Recommendations of the Environmental Protection Authority', www.epa.wa.gov.au, November 2005. 亦可參見：'Rio Tinto 2013 Sustainable Development', www.riotinto.com, 讀取於二〇二〇年五月五日。

131. Courtney Fowler, 'Rio Tinto Argyle Diamond Mine's Future May Decide Fate of Australian Industry ', www.abc.net.au, 讀取於二〇二〇年五月五日。

一步參與，參見：'Digging for Diamonds in the Rough', todayspaper.smedia.com.au, 讀取於二〇二〇年五月五日。這篇文章最初發表於：*Australian Financial Review* on 26 June 2018.

108. Atkinson, 'Diamond Exploration', p. 4.

109. 穆格里吉的故事以及這句引言來自她的訃聞：Gerry Carman, 'Diamond Mine Trailblazer Dies', *Sydney Morning Herald*, 26 November 2010. 她逝世時六十二歲，仍在西澳大利亞探勘鑽石.

110. 阿肯色州的鑽石礦藏也是在鉀鎂煌斑岩中發現的。

111. Smith and Skinner, 'Diamondiferous Lamproite', p. 435.

112. Dave Cox, 'Argyle Diamonds: The Political Economy of a Lost Resource', *Australian Journal of Political Science*, xxxi/1 (1996), pp. 83–98 (p. 91). 參與阿什頓礦業集團最重要的公司是阿什頓礦業公司，該公司持有阿什頓聯合企業百分之二十四點二的股份，而由馬來西亞政府控制的馬來西亞礦業公司則是該公司最重要的股東（一九九一年時持有其百分之四十五點六五的股份）。Jennifer L. Carr, *Major Companies of the Far East and Australasia, 1991/92*, iii: *Australia and New Zealand* (London, 1991), p. 12.

113. Cox, 'Argyle Diamonds', pp. 91–2.

114. H. M. Thompson, 'Argyle, De Beers, and the International Diamond Market', *Minerals and Energy: Raw Materials Report*, ii/3 (1983), pp. 24–39.

115. 《一九八一年鑽石（阿蓋爾鑽石礦聯合企業）協議法》（Diamond (Argyle Diamond Mines Joint Venture) Agreement Act 1981）強化了阿什頓聯合企業和西澳大利亞政府的正式協議。www.legislation.wa.gov.au, 4 December 1981, 讀取於二〇二〇年五月五日。該法目前仍然生效中；其最新版本日期為二〇一一年三月十八日，可於西澳大利亞司法部網站上查詢。

116. Cox, 'Argyle Diamonds', pp. 90–94.

117. Ibid.,p.96.

118. Ibid.

119. Bain & Co., *The Global Diamond Industry: Lifting the Veil of Mystery* (2011), p. 10.

Deposits, pp. 139–42.

99. 這一想法促使新南威爾斯在一九九〇年代重新展開探勘工作。L. M. Barron, S. R. Lishmund, G. M. Oakes, B. J. Barron and F. L. Sutherland, 'Subduction Model for the Origin of Some Diamonds in the Phanerozoic of Eastern New South Wales', *Australian Journal of Earth Sciences*, xliii (1996), pp. 257–67.

100. Roger H. Mitchell and Steven C. Bergman, *Petrology of Lamproites* (New York, 1991), p. 5.

101. Georges Nzongola-Ntalaja, *The Congo from Leopold to Kabila: A People's History* (London, 2002), pp. 31–2.

102. Ewen W. J. Tyler, 'Australia's New Diamond Search', in *Transactions of the Fourth Circum-Pacific Energy and Mineral Resources Conference*, ed. M. K. Horn (New York, 1986), pp. 597–612. 亦可參見：*Tanganyika et Union Minière* (Amsterdam, 1954；以及：'Tanganyika Concessions Limited', *Daily Mail*, 18 December 1968.

103. 'Tanganyika Holdings Ltd.', *Sunday Times*, 11 May 1969.

104. Tony Thomas, 'Argyle, the Gleam in Ewen Tyler's Eye', 7 June 1991, www.afr.com, 讀取於二〇二〇年五月五日。

105. W. J. Atkinson, 'Diamond Exploration and Development in Australia', in *Mining Latin America: Mineria Latinoamericana*, ed. K. B. Smale-Adams (London, 1986), pp. 1–16 (pp. 3–4).

106. 史坦斯摩爾與陶伊的故事報導參見：Stephen Bartholomeusz, 'A Chance Lead to a Diamond Trail', *Sydney Morning Herald*, 2 January 1981.這篇文章將北方礦業公司稱為「在一個可能輕易成為世界上最大鑽石礦的計畫中，唯一純澳洲血統的合作夥伴」。在卡倫布魯的其他合夥企業還有比利時的西貝卡（Sibeka），戴比爾斯持有該公司股份；倫敦的錫公司（Tin，未來的馬來西亞礦業公司〔Malaysia Mining Corporation〕，與中央銷售組織有關），以及澳洲的簡寧斯工業（Jennings Industries）。關於議會對於卡倫布魯及其他鑽石相關事項的討論，參見：'Senate 17 November 1978, 31st Parliament, 1st Session', www.historichansard.net, 讀取於二〇二〇年五月五日。

107. 關於阿什頓的起步，參見前引書。欲了解一九七八年加入阿什頓的泰勒的進

85. Svetlana Shelest, 'Botuobinskaya Comes Online (Rapaport Magazine)', www.alrosa.ru, 讀取於二〇二〇年五月五日。原始文章刊載於：*Rapaport Magazine* in April 2015.

86. 'Mining', www.alrosa.ru, 讀取於二〇二〇年五月五日。

87. 'ALROSA Plans to Produce 40 Mln Carats by 2020', www.tass.com, 27 June 2014. 阿羅莎網站上仍表示烏達齊納亞轉型作業將於二〇一五年完成。'Operations', www.alrosa.ru, 讀取於二〇二〇年五月五日。

88. Graeme Davison, Stuart Macintyre and John B. Hirst, *The Oxford Companion to Australian History* (Oxford, 1998), pp. 283–5.

89. 'Diamonds in Australia', *The Times*, 10 January 1853.

90. 'The Diamond Discoveries in Australia', *Nottinghamshire Guardian*, 15 October 1869; and 'The Great Australian Diamond', *The Times*, 3 November 1869.

91. 'Diamond-mining in Australia', *Glasgow Herald*, 2 December 1869.

92. 'Diamonds and Other Gem Stones in Australia', *Otago Daily Times*, 3 March 1870.

93. Erlich and Hausel, *Diamond Deposits*, p. 24.

94. 幾家英文報紙在一八九八年十月十五報導了這股熱潮，包括：" 'Diamond Rush in Westralia', *Daily Mail*; 'Diamonds in Westralia', *Financial Times*; 以及 'Diamond Mining in Australia', *Morning Post*.

95. Albert F. Calvert, 'The Diamond Rush in Western Australia', *The Standard*, 17 October 1898；以及'Diamonds in Australia', *Financial Times*, 22 October 1898。

96. 'Diamond', www.resourcesandenergy.nsw.gov.au, 讀取於二〇二〇年五月五日。該網站是新南威爾斯初級產業部（New South Wales Department of Primary Industries）的一部分。

97. Department of Minerals and Energy, *Gemstones in Western Australia: Geological Survey of Western Australia* (Perth, 1994), p. 8.

98. B. H. Scott Smith and E.M.W. Skinner, 'Diamondiferous Lamproite', *Journal of Geology*, xcii/4 (1984), pp. 433–8. 後續研究在阿肯色州、尚比亞、印度、中國和象牙海岸找到了含有鑽石的鉀鎂煌斑岩。Erlich and Hausel, *Diamond*

75. Arkady Ostrovsky, 'Russia Welcomes Diamond Deal with De Beers', *Financial Times*, 4 November 1998.

76. 參見下文。

77. Ostrovsky, 'Russia Welcomes Diamond Deal with De Beers'.

78. 'Russian Diamond Miner Alrosa Raises $1.3 bln in Share Sale ', www. reuters.com, 28 October 2013；Andrew W. Kramer, 'Alrosa, a Russian Rival to De Beers, Enters Public Trading', *New York Times*, 30 October 2013；以及：'2014 Annual Report', *Alrosa Annual Report* (2014), www.alrosa.ru.

79. 'The United Selling Organization (USO) of ALROSA', www.alrosa.ru, 讀取於二〇二〇年五月五日。聯合銷售組織這名字太容易令人聯想起戴比爾斯的中央銷售組織，很可能人們在構思這名字時就是為了提醒戴比爾斯，他們的壟斷時代已經結束了。

80. Kari Liuhto and Jari Jumpponen, 'Russian Corporations and Banks Abroad', *Journal of East European Management Studies*, viii/1 (2003), pp. 26–45 (p. 36).

81. V. K. Garanin, G. P. Kudryavtseva, T. V. Possoukhova, M. Tikhova and E. M. Verichev, 'Two Types of the Diamondiferous Kimberlites from the Arkhangelsk Province, Russia', in *Mineral Deposits at the Beginning of the 21st Century*, ed. Adam Piestrzynski et al. (Lisse and Abingdon, 2001), pp. 955–8.

82. *Encyclopeaedia of Russian Business, 1995: Developments and Overviews: Industrial Review* (New York, 1995), pp. 226–7.

83. 'PJSC Severalmaz', www.alrosa.ru, 讀取於二〇二〇年五月五日。關於阿干折斯克的鑽石礦藏，亦可參見：D. V. Verzhak and K. V. Garanin, 'Diamond Deposits in Arkhangelsk Oblast and Environmental Problems Associated with their Development', *Moscow University Geology Bulletin*, lx/6 (2005), pp. 20–30.

84. 'Lukoil Concludes Agreement to Sell Grib Diamond Mine', www.lukoil.ru, 2 December 2016. 原始所有者大天使鑽石公司（Archangel Diamond Corporation）也曾試圖在芬蘭探勘鑽石田，但一無所獲。'Europe's First Diamond Mine Planned in Finland', www.investinfinland.fi, 9 April 2014.

月五日。

60. 'Soviet Union to Market Diamonds through Antwerp', *Financial Times*, 17 July 1973.

61. 'Where Have Russia's Diamonds Gone?', *Russian Politics and Law*, xxxv/1 (1997), pp. 69–82 (p. 74). 斯摩倫斯克工廠於一九六三年開業，今天仍雇用超過兩千名員工，參見：'About', www.kristallsmolensk. com, 讀取於二〇二〇年五月五日。

62. A.J.A. Janse, 'Global Rough Diamond Production since 1870', *Gems and Gemology* (2007), pp. 98–119 (p. 101).

63. Campbell, *Soviet Policy*, p. 103.

64. Kempton and Levine, 'Soviet and Russian Relations', p. 88; Sara Kohles, 'Diamond Rings: Capitalizing on Social Trends', *Financial History*, 105 (2013), pp. 29–31.

65. Kempton and Levin, 'Soviet and Russian Relations', p. 98. Forpton and Levine, 'Soviet and Russian Relations', p. 88.

66. Tony Warwick-Ching, *The International Gold Trade* (Cambridge, 1993), pp. 159–60.

67. Kempton and Levin, 'Soviet and Russian Relations', p. 98. 關於鑽石戰爭，參見：Daniel R. Kempton, 'The Republic of Sakha (Yakutia): The Evolution of Centre-periphery Relations in the Russian Federation', *Europe-Asia Studies*, xlviii/4 (1996), pp. 587–613 (pp. 591–4).

68. Ibid.,pp.592–3.

69. Kempton and Levine, 'Soviet and Russian Relations', p. 100.

70. Kempton, 'The Republic of Sakha', pp. 593–4.

71. 這句話摘自他們的網站，網址為：www.tuymaadadiamond.com, 讀取於二〇二〇年五月五日。

72. H. G. Broadman, ed., *From Disintegration to Reintegration: Eastern Europe and the Former Soviet Union in International Trade* (Washington, DC, 2005), p. 341.

73. Tichotsky, *Russia's Diamond Colony*, p. 269.

74. 關於這些動盪歲月的概述，參見：ibid., pp. 235–82.

Sakha', *Polar Geography*, xxvi/4 (2002), pp. 418–35 (p. 422).

46. Ibid.,pp.421–2.

47. 'Sakha', www.britannica.com, 讀取於二〇二〇年五月五日。

48. Tichotsky, *Russia's Diamond Colony*, pp. 103–4.

49. Ibid.,p.104.

50. 'De Beers to Market Soviet Diamonds', *Financial Times*, 19 January 1960.

51. '"Don't Fight It – Join It"', *The Economist*, 23 January 1960.

52. 'Diamond Pact with Russia', *The Times*, 19 January 1960; 'Soviet Diamond Agreement Renewed', *Financial Times*, 19 January 1961; 'Soviet Diamond Agreement Renewed', *Financial Times*, 5 December 1961; 以及：'Soviet Diamond Agreement', *The Times*, 6 December 1961.

53. Daniel R. Kempton, 'Russia and De Beers: Diamond Conflict or Cartel?', *South African Journal of International Affairs*, iii/2 (1995), pp. 94–131(pp. 99–100).

54. Charles Lloyd, 'De Beers Stop Red Diamond Sales', *Daily Mail*, 16 May 1964.

55. Kempton and Levine, 'Soviet and Russian Relations', pp. 87–8.

56. Kurt M. Campbell, *Soviet Politics towards South Africa* (Basingstoke, 1986), p. 102；以及：Tichotsky, *Russia's Diamond Colony*, pp. 105–6。

57. Debora L. Spar, *The Cooperative Edge: The Internal Politics of International Cartels* (Ithaca, NY, 1994), p. 67.

58. Kempton, 'Russia and De Beers', pp. 102–3; Campbell, *Soviet Politics*, p. 103.

59. J. Danoczi and A. Koursaris, 'Development of Luminescent Diamond Simulants for X-ray Recovery', *Journal of the Southern African Institute of Mining and Metallurgy*, cviii (2008), pp. 89–97. 今天在俄羅斯，人們仍在持續開發這項技術。布雷維斯尼克（Bourevestnik）目前屬於擁有俄羅斯鑽石開採權利的公司，它在二〇一三年十一月申請X光分離礦物的專利，並於次年獲得了俄羅斯專利。參見：Leonid Vasilievich Kazakov et al., 'Method for X-ray Luminescent Separation of Minerals and X-ray Luminescent Separator for Carrying Out Said Method' (patented 6 November 2014), patents.google. com, 讀取於二〇二〇年五

Occurrence and Applications, with an Introduction to their Determination, for Mineralogists, Lapidaries, Jewellers, Etc. with an Appendix on Pearls and Coral (London, 1904), p. 231.

33. Edward I. Erlich and W. Dan Hausel, *Diamond Deposits: Origin, Exploration, and History of Discovery* (Littleton, CO, 2002), pp. 9–10.
34. Vladimir S. Sobolev, *Petrology of Traps of the Siberian Platfrom*, Proceedings of the Arctic Institute 43 (Leningrad, 1936) [in Russian]. N. V. Sobolev, 'Preface: Contribution of Vladimir S. Sobolev to the Study of Petrology of the Lithosphere and Diamond Genesis' , *Russian Geology and Geophysics*, l (2009), pp. 995–8.
35. Daniel R. Kempton and Richard M. Levine, 'Soviet and Russian Relations with Foreign Corporations: The Case of Gold and Diamonds', *Slavic Review*, liv/1 (1995), pp. 80–110 (p. 87).
36. Erlich and Hausel, *Diamond Deposits*, pp. 10–11.
37. 'Sovjet Rusland en Diamant', *Amigoe di Curaçao: Dagblad voor de Nederlandse Antillen*, 3 May 1950.
38. Erlich and Hausel, *Diamond Deposits*, p. 11. 她與她的上級共同將她的發現出版，參見：Natalya N. Sarsadskikh and Larisa A. Popugaeva, 'New Data on the Manifestation of Ultramafic Magmatism in the Siberian Platform', *Razvedka Nedr*, 5 (1955), pp. 11–20 [in Russian].
39. Tichotsky, *Russia's Diamond Colony*, p. 111.
40. Erlich and Hausel, *Diamond Deposits*, pp. 12–13.
41. Levinson, 'Diamond Sources', pp. 96–7.
42. 'Grote diamantvelden in Siberië? Ned. Diamantkringen niet verontrust', *De Telegraaf*, 6 March 1956.
43. G. A. Vvedensky, 'Progress in the Soviet Diamond Industry', *Bulletin of the Institute for the Study of the* ussr, vi (1959), pp. 17–21.
44. Tichotsky, *Russia's Diamond Colony*, p. 102.
45. Susan A. Crate, 'Co-option in Siberia: The Case of Diamonds and the Vilyuy

24. 'Customer Directory', gss.debeersgroup.com, 讀取於二〇二〇年五月五日。

25. 人們經常誤以為薩哈是西伯利亞的一部分。John Tichotsky, *Russia's Diamond Colony: The Republic of Sakha* (London, 2000), p. 21.

26. *Groninger Courant*, 5 January 1830.

27. 'Account of the Discovery of Diamonds in Russia. In a Letter from St Petersburgh', *Edinburgh Journal of Science*, ii (1830), p. 261: 'la sable de platine de Nijny-Toura appartenant à la fabrique de la couronne Koushra, offre une resemblance frappante avec celui du Brèzil, où l'on trouve ordinairement les diamans'. 亦可參見：'Mines de diamans', *Revue Encyclopédique*, xlv (1830), pp. 460–61. 其他也提到這篇文章的當代資料來源：John Murray, *A Memoir on the Diamond: Including its Economical and Political History* (London, 1831), pp. 29–30.恩格爾哈特的科學發現出版為：Moritz von Engelhardt, *Die Lagerstätte des Goldes und Platini im Ural-Gebirge: Untersuchungen* (Riga, 1828); 以及：Moritz von Engelhardt, *Die Lagerstätte der Diamanten im Ural-Gebirge: Untersuchung* (Riga, 1830).

28. Alexander von Humboldt, *Essai géognostique sur le gisement des roches dans les deux hémisphères* (Paris, 1823).

29. Engelhardt, *Lagerstätte der Diamanten*, p. 8; Wulff, *The Invention of Nature*, p. 204.

30. 關於洪堡德這次俄羅斯探險的廣泛描寫，參見：Andrea Wulf, *The Invention of Nature: Alexander von Humboldt's New World* (New York, 2015), pp. 201–17. 探險隊成員之一、普魯士礦物學家古斯塔夫・羅斯（Gustav Rose）將他的旅行經驗出版，參見：Gustav Rose, *Mineralogisch-geognostische Reise nach dem Ural, dem Altai und dem Kaspischen Meere* (Berlin, 1837)。關於波里耶，參見：'Полье, граф Адольф Антонович это [Polier, Count Adolf Antonovich de]', dic.academic.ru, 讀取於二〇二〇年五月五日。

31. 'Russische Diamanten', *Bredasche Courant*, 11 September 1832; *Mémorial encyclopédique et progressif des connaissances humaines, ou annales des sciences, lettres et beaux-arts; des arts industriels, manufactures et métiers; de l'histoire, la géographie et les voyages* (1836), vol. vi, p. 359.

32. 英文譯本為：Max Bauer, *Precious Stones: A Popular Account of their Characters,*

bloomberg.com, 15 August 2012; Anthony DeMarco, 'De Beers Seeks a Return to the u.s., Moves Diamond Operations to Botswana', www.forbes.com, 15 August 2012.

15. 來自與作者湯姆·佐勒納（Tom Zoellner）的私人談話，引用於：Tom Zoellner, *The Heartless Stone: A Journey through the World of Diamonds, Deceit, and Desire* (New York, 2006), p. 150.

16. Richard Wachman, 'Anglo American Gains Controlling Stake in De Beers', *The Guardian*, 4 November 2011.

17. Janse, 'Global Rough Diamond Production', p. 109.

18. Helen Thomas, 'Botswana Readies for Diamond Trade', *Financial Times*, 19 February 2013.

19. Alexandra Wexler, 'De Beers Left London for Botswana, Transforming Lives and a Sleepy City', *Wall Street Journal*, 27 April 2016.

20. 'The Group', www.debeersgroup.com, 讀取於二〇二〇年五月五日。

21. 'Finsch', www.petradiamonds.com, 讀取於二〇二〇年五月五日；亦可參見：Janse, 'Global Rough Diamond Production', p. 109. 佩特拉鑽石（Petra Diamonds，埃卡帕的合夥企業之一）目前擁有坦尚尼亞的威廉森礦。

22. 關於納米比亞，參見：Daniel R. Kempton and Roni L. Du Preez, 'Namibian-De Beers State-Firm Relations: Cooperation and Conflict', *Journal of Southern African Studies*, xxiii/4 (1997), pp. 585–613； 亦可參見：John J. Gurney, Alfred A. Levinson and H. Stuart Smith, 'Marine Mining of Diamonds off the West Coast of Southern Africa', *Gems and Gemology*, xxvii/4 (1991), pp. 206–19.納米比亞的離岸鑽石開採促使二〇〇八年發現葡萄牙商船「好耶穌號」（*Bom Jesus*），這艘船於一五三三年三月離開里斯本。它的部分貨物屬於歐洲極為富有的福格（Fugger）家族。Francisco J. S. Alves, 'The 16th-century Portuguese Shipwreck of Oranjemund, Namibia. Report on the Missions Carried Out by the Portuguese Team in 2008 and 2009', www.patrimoniocultural.gov.pt, 讀取於二〇二〇年五月五日。

23. 'Mines', www.debeersgroup.com, 讀取於二〇二〇年五月五日。

3. 因為大部分的俄羅斯鑽石來自薩哈共和國，所以俄羅斯的產量被納入亞洲的占比中。

4. 當然了，兩個主要的例子是南非的種族隔離政策及血鑽石。

5. Epstein, *The Rise and Fall of Diamonds*, p. 202.

6. Dale J. Montpelier, 'Diamonds are Forever? Implications of United States Antitrust Statutes on International Trade and the De Beers Diamond Cartel', *California Western International Law Journal*, xxiv/2 (1993), pp. 277–344(pp. 294–6).

7. 這是可以取得的最近資料，來源是：'Annual Global Summary: 2018 Production, Imports, Exports and KPC Counts'.「其他」這一類別下有十二個占比不到百分之一的國家，包括：巴西（百分之零點一七）、印度（百分之零點零三）、喀麥隆（Cameroon）、中非共和國、剛果共和國、迦納、幾內亞、蓋亞那、印度、象牙海岸、賴比瑞亞、坦尚尼亞以及中國（二〇一八年官方正式生產量為九十九克拉）。

8. 'Annual Global Summary: 2018 Production, Imports, Exports and KPC Counts'.

9. Ibid.,pp.296–7.

10. David E. Koskoff, *The Diamond World* (New York, 1981), p. 325.

11. Keith Bradsher, 'U.S. Indicts G.E. and De Beers in Diamond Pricing', *New York Times*, 18 February 1994.

12. Mark R. Joelson, *An International Antitrust Primer: A Guide to the Operation of United States, European Union and Other Key Competition Laws in the Global Economy* (Alphen aan den Rijn, 2006), p. 131. 關於一九九四年的案件，也可參見：Janine Farrell-Robert, *Glitter and Greed: The Secret World of the Diamond Cartel* (St Paul, MN, 2003), pp. 161–4.關於第三個案件，參見：'United States v. General Elec. Co., 869 F. Supp. 1285 (S.D. Ohio 1994)', www.law.justia.com, 讀取於二〇二〇年五月五日。

13. 'United States Court of Appeal for the Third Circuit', pp. 14–15.（參見第四章開章引文）

14. Carli Cooke, 'De Beers Studies u.s. after 60-year Ban in No. 1 Market', www.

200. 參見：Nigel Davidson, *The Lion that Didn't Roar: Can the Kimberley Process Stop the Blood Diamonds Trade?* (Acton, 2016).

201. Ritu Sarin, 'Rosy Blue also in hsbc List: Diamond Dealers are Tax Haven's Best Friends', www.theindianexpress.com, 7 April 2016.「巴拿馬文件」及「天堂文件」（Panama and Paradise Papers）中也提到了這家公司。Ritu Sarin, 'Paradise Papers: on All Black Money Lists Leading Diamond Firm Rosy Blue Is Back', www.theindianexpress.com, 8 November 2017. 兩者讀取於二〇二〇年五月五日。

202. 二〇一八年六月二十日，雷努斯在歐洲議會進行了一次報告。該簡報文件可在安娜·戈梅斯（Ana Gomes）的網站下載━戈梅斯是在二〇〇四年至二〇一九年代表葡萄牙社會主義黨（Portuguese Socialist Party）歐洲議會成員。David Renous, 'Omega Diamonds Case in Belgium: An Opportunity to Repatriate Assets to Angola', www.anagomes. eu, 讀取於二〇二〇年五月五日。

203. Ibid.

204. 關於瑞士洩密事件及歐米茄案件，參見：David Leigh, James Ball, Juliette Garside and David Pegg, 'HSBC files: Swiss Bank Hid Money for Suspected Criminals', *The Guardian*, 12 February 2015. 大約在同一天，《世界報》（*Le Monde*）也出現了一篇類似文章。

第六章 西方世界的鑽石開採：二十一世紀戴比爾斯鑽石世界的瓦解

1. 引自戴比爾斯網站：'A Diamond's Journey', www.debeersgroup.com, 讀取於二〇二〇年五月五日。

2. 美國的鑽石礦藏沒有一座具有經濟效益上的可行性。中非共和國已被暫停金伯利流程資格。金伯利流程網站提供其數據的最後一年是二〇一二年，那一年的產量是三十六萬五千九百一十五點六三克拉，每克拉與美元的比率是每克拉一百六十九點七九美元。'Annual Global Summary: 2012 Production, Imports, Exports and KPC Counts'.

190. 一九八〇年獨立後，穆加比立刻成為該國領導人，但於二〇一七年十一月遭到罷黜，在近兩年後（二〇一九年九月）去世。關於最近針對穆加比的評價文章，參見：Munyaradzi Mawere, Ngonidzashe Marongwe and Fidelis Peter Thomas Duri, eds, *The End of an Era? Robert Mugabe and a Conflicting Legacy* (Bamenda, 2018).

191. Rumu Sarkar, *International Development Law: Rule of Law, Human Rights, and Global Finance* (Oxford, 2009), p. 344.

192. Chikuhwa,*Zimbabwe*,p.413.

193. Misha Gupta, *The 'Invisible Hand ', De Beers, and Emerging Markets* (Cergy-Pontoise, 2011).

194. 這是二〇一八年的情況。

195. 關於辛巴威鑽石、金伯利流程政策的失敗，以及馬蘭吉發生的人權侵害，參見：*Reap What You Sow: Greed and Corruption in Zimbabwe's Marange Diamond Fields* (Ottawa, 2012)；Andrew H. Winetroub, 'A Diamond Scheme Is Forever Lost: The Kimberley Process's Deteriorating Tripartite Structure and Its Consequences for the Scheme's Survival', *Indiana Journal of Global Legal Studies*, xx/2 (2013), pp. 1425–44； 以及：Katie Farineau, 'Red Diamonds: Chinese Involvement in Zimbabwe', *Harvard International Review*, xxxv/1 (2013), pp. 28–30. 欲了解屬於中國軍事國防產業的安進公司，參見：Chikuhwa, *Zimbabwe*, pp. 415–16。

196. 二〇一三年和二〇一五年產量：'Annual Global Summary: Production, Imports, Exports and KPC Counts'.

197. 'Mugabe: Government Will Now Own All Zimbabwe's Diamonds', www.aljazeera.com, 4 March 2016, 讀取於二〇二〇年五月五日。

198. 'Annual Global Summary: 2015 Production, Imports, Exports and KPC Counts'.

199. Nathan Munier, 'Diamonds, Dependence and De Beers: Monopoly Capitalism and Compliance with the Kimberley Process in Namibia', *Review of African Political Economy*, xliii/150 (2016), pp. 542–55.

182. Aryn Baker, 'Inside the Democratic Republic of Congo's Diamond Mines', *Time*, 27 August 2015.

183. Patience Kabamba, 'A Tale of Two Cities: Urban Transformation in Gold- centred Butembo and Diamond-rich Mbuji-Mayi, Democratic Republic of the Congo', *Journal of Contemporary African Studies*, xxx/4 (2012), pp. 669–85；亦可參見：Jean-Luc Piermay, 'Naissance et évolution d'une ville post-coloniale: Mbuji-Mayi (Zaïre): acteurs et enjeu fonciers', in *Espaces disputes en Afrique Noire: pratique foncières locales*, ed. Bernard Crousse and Emile Le Bris (Paris, 1986), pp. 133–43.

184. Jessica E. Kogel, Nikhil C. Trivedi, James M. Barjer and Stanely T. Krukowski, eds, *Industrial Minerals and Rocks: Commodities, Markets, and Uses*, 7th edn (Littleton, CO, 2006), p. 420.

185. 欲了解鑽石在武裝衝突中所扮演的角色，參見：Päivil Lujala, Nils Petter Gleditsch and Elisabeth Gilmore, 'A Diamond Curse? Civil War and a Lootable Resource', *Journal of Conflict Resolution*, xlix/4 (2005), pp. 538–62；亦可參見：Joseph Hummel, 'Diamonds are a Smuggler's Best Friend: Regulation, Economics, and Enforcement in the Global Effort to Curb the Trade in Conflict Diamonds', *International Lawyer*, xli/4 (2007), pp. 1145–69.

186. 這段引言來自：Lucinda Saunders, 'Rich and Rare are the Gems They War: Holding De Beers Accountable for Trading Conflict Diamonds', *Fordham International Law Journal*, xxiv/4 (2000), pp. 1402–76 (p. 1476). 關於金伯利流程的歷史，參見：Franziska Bieri, *From Blood Diamonds to the Kimberley Process: How* ngos *Cleaned Up the Global Diamond Industry* (Farnham and Burlington, VT, 2010).

187. Ibid.,p.185.

188. Audrie Howard, 'Blood Diamonds: The Successes and Failures of the Kimberley Process Certification Scheme in Angola, Sierra Leone and Zimbabwe', *Washington University Global Studies Law Review*, xv/1 (2016), pp. 137–59.

189. Jacob W. Chikuhwa, *Zimbabwe: The End of the First Republic* (Bloomington, IN, 2013), p. 410.

174. Filip De Boeck, '*Garimpeiro* Worlds: Digging, Dying and "Hunting" for Diamonds in Angola', *Review of African Political Economy*, xxviii/90 (2001), pp. 549–62 (pp. 554–5).

175. 關於一個以紮根研究為基礎的詳細分析，參見：De Boeck, 'Domesticating Diamonds'; 以及： De Boeck, '*Garimpeiro* Worlds'.

176. 欲了解基桑加尼在獨立後的簡短故事，參見：Jean Omasombo, 'Kisangani: A City at its Lowest Ebb', in *Urban Africa: Changing Contours of Survival in the City*, ed. Abdou Maliq Simone and Abdelghani Abouhani (Dakar, 2005), pp. 96–119.關於基桑加尼的鑽石礦藏在第一百零五至一百零九頁。

177. Ibid.,p.106.

178. Smillie, *Blood on the Stone*, p. 124.

179. 衝突從未徹底平息，與烏干達及盧安達接壤的剛果東部情勢仍然十分不穩。參見：Jason Stearns, *Dancing in the Glory of Monsters: The Collapse of the Congo and the Great War of Africa* (New York, 2011). 亦可參見：Jason Burke, '"The Wars Will Never Stop": Millions Flee Bloodshed as Congo Falls Apart', *The Guardian*,3 April 2018.

180. Ingrid Samset, 'Conflict of Interests or Interests in Conflict? Diamonds and War in the DRC', *Review of African Political Economy*, xxix/93 (2002), pp. 463–80 (pp. 470–72). 關於剛果戰爭，亦可參見：Walter C. Soderlund, E. Donald Briggs, Tom Pierre Najem and Blake C. Roberts, *Africa's Deadliest Conflict: Media Coverage of the Humanitarian Disaster in the Congo and the United Nations Response, 1997–2008* (Waterloo, ON, 2013).針對鑽石在剛果戰爭中所扮演角色的經濟學分析，亦可參見：Hugues Leclercq, 'Le Rôle économique du diamant dans le conflit Congolais', in *Chasse au diamant*, ed. Monnier, Jewsiewicki and de Villers, pp. 47–78.勒克雷克（Leclercq）就一九九〇年代出口至盧安達及烏干達的剛果鑽石提供了詳細資料。

181. Ingrid J. Tamm, *Diamonds in Peace and War: Severing the Conflict-diamond Connection* (Cambridge, MA, 2002), p. 15; 'Sifting Through a Dark Business', *Newsweek*, 12 July 2003.

Contemporary African Studies, xxx/4 (2012), pp. 687–703.

166. Rafael Marques, *Diamantes de Sangue. Corrupção e Tortura em Angola* (Lisbon, 2011), 英文翻譯版本是：*Blood Diamonds: Corruption and Torture in Angola* (n.p., 2011).

167. 'The Case of Rafael Marques de Morais', globalfreedomofexpression. columbia.edu, 讀取於二〇二〇年五月五日。

168. David N. Gibbs, 'Dag Hammarskjöld, the United Nations, and the Congo Crisis of 1960–1: A Reinterpretation', *Journal of Modern African Studies*, xxxi/1 (1993), pp. 163–74 (pp. 163–7).

169. 多年來，這次謀殺的詳細情況，以及中情局和比利時政府的參與始終存在爭議。前殖民時期警察傑拉德・索特（Gerard Soete）曾在比利時電視節目上承認，他用硫酸來讓盧蒙巴的屍體消失。Ludo De Witte, *The Assassination of Lumumba* (London, 2001), 一九九九年在荷蘭出版第一版。 二〇一六年，在一場跟索特女兒的訪談中，她向記者展示了一顆盧蒙巴的牙齒，並因此激起了極大爭議。Jan Antonissen and Hanne van Tendeloo, 'De moord op Lumumba: de dochter van de lijkruimer spreekt', *Humo*, 16 January 2016.

170. 關於針對莫布圖統治下的剛果民主共和國的評價，參見：Mabiengwa Emmanuel Naniuzeyi, 'The State of the State in Congo-Zaire: A Survey of the Mobutu Regime', *Journal of Black Studies*, xxix/5 (1999), pp. 669–83.關於這個仰仗利益的政治體制，參見：Winsome J. Leslie, *Zaïre: Continuity and Political Change in an Oppressive State* (Boulder, CO, 1993).

171. 最近有一篇文章談到在比利時和剛果民主共和國的特定背景下，處理持續存在的政治及經濟西方殖民主義歷史的呼聲日益高漲，參見：Neil Munshi, 'Belgium's Reckoning with a Brutal History in Congo', *Financial Times*, 13 November 2020.

172. Smillie, *Blood on the Stone*, pp. 120–23.

173. Filip De Boeck, 'Domesticating Diamonds and Dollars: Identity, Expenditure and Sharing in Southwestern Zaire (1984–1997)', *Development and Change*, xxix (1998), pp. 777–810 (p. 784).

Dietrich (Pretoria, 2000), pp. 275–93.

154. Smillie, *Blood on the Stone*, pp. 70–73.

155. Alex Vines, *Angola Unravels: The Rise and Fall of the Lusaka Peace Process* (New York, 1999), p. 191.

156. 概述參見：ibid., pp. 191–217.

157. 'Final Report of the un Panel of Experts on Violations of Security Council Sanctions against unita: The "Fowler Report", S/2000/203', www.globalpolicy.org, 10 March 2000.

158. Jake H. Sherman, 'Profit vs. Peace: The Clandestine Diamond Economy of Angola', *Journal of International Affairs*, liii/2 (2000), pp. 699–719 (p. 707).

159. Smillie, *Blood on the Stone*, p. 71.

160. Ibid., pp. 74–5. 亦可參見：Ben Smith, 'Meet the Mogul', www.nymag.com, 4 May 2007, 讀取於二〇二〇年五月五日。

161. 二〇〇五年和二〇一八年產量：'Annual Global Summary: Production, Imports, Exports and KPC Counts'.

162. Christian Dietrich, 'Inventory of Formal Diamond Mining in Angola', in *Angola's War Economy*, ed. Cillers and Dietrich, pp. 141–72 (p. 142).

163. 二〇一八年，就在推行特許合作社制度的前一年，約有四千八百名手工採礦者活躍於這個鑽石地區。'Angola tem mais de 4.800 garimpeiros, mais de 230 cooperativas de garimpo artesanal aguardam licenciamento', www.novojornal.co.ao, 3 July 2018； 亦 可 參 見：Armando Sapalo, 'Jovens dinamizam exploração de diamantes na Lunda-norte', www.jornaldeangola.sapo.ao, 12 August 2017.

164. 'Angola Might End Semi-industrial Diamond Mining', www.thediamond- loupe.com, 16 January 2020. 安哥拉國營鑽石公司的新聞部門仍發布消息表示，合作是可能解決方案的一部分，儘管許可證的數目未來可能會減少。'Ana Feijó, alerta Cooperativas inativas vão perder Licenças', www.endiamaimprensa.com, 20 November 2019.

165. Cristina Udelsmann Rodrigues and Ana Paula Tavares, 'Angola's Planned and Unplanned Growth: Diamond Mining Towns in the Lunda Provinces', *Journal of*

141. Lansana Gberie, *A Dirty War in West Africa: The RUF and the Destruction of Sierra Leone* (Bloomington, IN, 2005), pp. 118–55.

142. Sebastian Junger, *Fire* (New York, 2001), pp. 175–98.

143. 'Charles Taylor Found Guilty of Abetting Sierra Leone War Crimes', *The Guardian*, 26 April 2012.

144. Smillie, *Blood on the Stone*, pp. 113–14.

145. Lydia Polgreen, 'Diamonds Move from Blood to Sweat and Tears', *New York Times*, 25 March 2007. 關於獅子山當前鑽石經濟較一般性的分析，參見：Nina Engwicht, 'The Local Translation of Global Norms: The Sierra Leonian Diamond Market', *Conflict, Security and Development*, xviii/6 (2018), pp. 463–92.

146. 參見：www.koiduholdings.com, 讀取於二〇二〇年五月五日。這家公司由具爭議性的以色列商人及企業家貝尼・斯坦梅茲（Beny Steinmetz）的BSG資源（BSG Resources）所有。參見：Ian Cobain and Afua Hirsch, 'The Tycoon, the Dictator's Wife and the $2.5bn Guinea Mining Deal', *The Guardian*, 30 July 2013.

147. Amelia Hill, 'Bin Laden's $20m African "Blood Diamond" Deals', *The Guardian*, 20 October 2002.

148. 參見：Norrie MacQueen, *The Decolonization of Portuguese Africa: Metropolitan Revolution and the Dissolution of Empire* (London, 1997)；以及：Lincoln Secco, *A Revolução dos Cravos e a crise do império colonial português: economias, espaços e tomadas de consciências* (São Paulo, 2004).

149. Smillie, *Blood on the Stone*, pp. 63–78.

150. Cleveland, *Diamonds in the Rough*, p. 214.

151. Manuel Ennes Ferreira, 'Nacionalização e confisco do capital português na indústria transformadora de Angola (1975–1990)', *Análise Social*, xxxvii/162 (2002), pp. 47–90.

152. Cleveland, *Diamonds in the Rough*, p. 215.

153. Christian Dietrich, 'unita's Diamond Mining and Exporting Capacity', in *Angola's War Economy: The Role of Oil and Diamonds*, ed. Jakkie Cilliers and Christian

kimberleyprocessstatistics.org, 讀取於二〇二〇年五月五日。

129. 關於獨立後幾年的情況，參見：Roger Causse, 'Le diamant en Guinée (situation en 1957–1958)', in Pierre Legoux et André Marelle, *Les mines et la recherché minière en Afrique occidentale* (Paris, 1991), pp. 213–29。同一卷中還有一篇對於象牙海岸鑽石開採的概述，參見：René Malaurent, 'Chronique de la Saremci (1945–1962) ou le diamant en Côté- d'Ivoire', pp. 230–60。亦可參見：*L'Afrique d'expression française et Madagascar* (Paris, 1985), p. 107；二〇一五年和二〇一八年產量：'Annual Global Summary: Production Imports, Exports and KPC Counts' for 2015 and 2018.

130. 關於詳盡的歷史概述，參見：Frost, *From the Pit to the Market.*

131. Cleveland, *Stones of Contention*, p. 148.

132. William Reno, *Corruption and State Politics in Sierra Leone* (Cambridge, 1995), p. 118；亦可參見：H. L. van der Laan, *The Lebanese Traders in Sierra Leone* (The Hague, 1975).

133. Reno, *Corruption and State Politics*, p. 106； 以 及：Cleveland, *Stones of Contention*, p. 149.

134. Reno, *Corruption and State Politics*, pp. 115–24.

135. 關於這兩次衝突的概述，以及鑽石在其中扮演的角色，參見：Ian Smillie, *Blood on the Stone: Greed, Corruption and War in the Global Diamond Trade* (London, 2010), pp. 79–114.

136. Cleveland, *Stones of Contention*, p. 150.

137. Greg Campbell, *Blood Diamonds: Tracing the Deadly Path of the World 's Most Precious Stones* (New York, 2004), pp. 40–41, 51–2. 曼丁卡族人口約有一千一百萬，位在馬利、幾內亞、塞內加爾、象牙海岸、甘比亞、布吉納法索、賴比瑞亞以及獅子山。

138. 'Viktor Bout Sentenced to 25 Years in Prison', *The Guardian*, 5 April 2012.

139. Campbell, *Blood Diamonds*, pp. 75–8.

140. Ibid.,p.54.

117. Sylvie Bredeloup, 'La fièvre du diamant au temps des colonies (Afrique)', *Autrepart*, xi (1999), pp. 171–89 (pp. 174–5).

118. Magbaily C. Fyle, *Historical Dictionary of Sierra Leone* (Lanham, MD, 2006), pp. 185–6.

119. David John Harris, *Sierra Leone: A Political History* (Oxford, 2014), p. 34. Bredeloup, 'La fièvre', pp. 176–7. 亦可參見：H. L. van der Laan, *Sierra Leone Diamonds: An Economic Study Covering the Years 1952–61* (Oxford, 1965).

120. 關於象牙海岸的數字，參見：Marcel Bardet, *Géologie du Diamant*, vol. ii: *Gisements de diamants d'Afrique* (Paris, 1974), pp. 172–212. 關於礦工的來去及採取的措施，參見： Bredeloup, 'La fièvre', pp. 174–9.

121. 'Diamantsmokkel in Sierra Leone neemt enorme vormen aan', *Leeuwarder Courant*, 18 June 1955: 'veel diamant verdwijnt via Beyrouth of Zwitserland achter 't Ijzeren Gordijn.'

122. 詹姆斯·龐德系列書籍的作者弗萊明，曾與該組織成員之一的約翰·寇拉德（John Collard）進行了一系列訪談，並在《星期日泰晤士報》上發表一系列文章，集結出版為《鑽石走私者》（*The Diamond Smugglers*）一書。

123. 根據資料來自：Greenhalgh, *West African Diamonds*, pp. 38–9, 54.

124. Ian Fleming, *The Diamond Smugglers* (London, 1957), p. 118.

125. Madelaine Drohan, *Making a Killing: How and Why Corporations Use Armed Force to Do Business* (Toronto, 2003), pp. 67–93. 卡米爾出版了他的回憶錄：Fred Kamil, *The Diamond Underworld* (New York, 1979).

126. 這也用於澳洲和加拿大原住民，但是這兩個地方二十世紀採礦作業的性質並未導致強迫勞動，更多的是關於竊占原住民土地的問題。

127. 一個好例子是：Babatunde Zack-Williams, 'Diamond Mining and Underdevelopment in Sierra Leone, 1930/1980', *Africa Development/Afrique et Développement*, xv/2 (1990), pp. 95–117.

128. 2006 Minerals Yearbook: Ghana ([usa], 2009); 二〇一五年和二〇一八年產量見：'Annual Global Summary: Production, Imports, Exports and KPC Counts'

101. Emmanuel Ofosu-Mensah Ababio, 'Mining in Colonial Ghana: Extractive Capitalism and its Social Benefits in Akyem Abuakwa under Nana Ofori Atta i', *Africa Today*, lxiii/1 (2016), pp. 23–55 (pp. 28–33).

102. Phillips, 'Alfred Chester Beatty', pp. 231–2.

103. 包括電力服務以及阿塔將開採收益用於興建學校並提供海外獎學金等相關利益的概況，參見：Ofosu-Mensah, 'Mining in Colonial Ghana', pp. 34–48.

104. Greenhalgh, *West African Diamonds*, p. 45.

105. Newbury, *The Diamond Ring*, p. 287.

106. 在南非，他們持有開普海岸探勘股份有限公司三分之一的股份。Greenhalgh, *West African Diamonds*, p. 46.

107. 'Sierra Leone's New Diamond Field', *Journal of the Royal Society of Arts*, lxxxv/4430 (1937), pp. 1043–5.

108. Greenhalgh, *West African Diamonds*, p. 52.

109. F. H. Hatch, 'Description of a Diamondiferous Gem Gravel from the West Coast of Africa', *Geological Magazine*, ix/3 (1912), pp. 106–10.

110. Greenhalgh, *West African Diamonds*, pp. 71–3.

111. 概述參見：Ibrahim Soumah, *Les Mines en Guinée: Comment ça fonctionne* (Paris, 2010).

112. Edward Wharton-Tigar, *Burning Bright: The Autobiography of Edward Wharton-Tigar* ([London], 1987), p. 132. 沃頓－提嘉（Wharton-Tigar）在一戰前後曾為畢提精選信託工作，在第二次世界大戰時他擔任英國間諜，於一九九五年去世。'Edward Wharton-Tigar, 82, British Agent', *New York Times*, 26 December 1995.

113. A.J.A. Janse, 'A History of Diamond Sources in Africa: Part ii', *Gems and Gemology*, xxxii/1 (1996), pp. 2–31 (p. 8).

114. Cleveland, *Stones of Contention*, p. 100.

115. Janse, 'A History, Part ii', pp. 9–10.

116. 選擇這一時期是因為可以取得這兩個群體在這些年的資料。

對阿散蒂帝國的軍事征服，參見：Robert B. Edgerton, *The Fall of the Asante Empire: The Hundred-year War for Africa's Gold Coast* (New York, 1995).

88. 欲了解迦納的黃金開採歷史，參見：Gavin Hilson, 'Harvesting Mineral Riches: 1000 Years of Gold Mining in Ghana', *Resources Policy*, xxviii (2002), pp. 13–26.

89. Hilson,'Harvesting',pp.19–22.

90. Emmanuel Ofosu-Mensah Ababio, 'Mining and Conflict in the Akyem Abuakwa Kingdom in the Eastern Region of Ghana, 1919–1938', *Extractive Industries and Society*, ii (2015), pp. 480–90 (p. 483).

91. Kevin Shillington, ed., *Encyclopedia of African History*, 3 vols (New York, 2005), vol. i, p. 979；亦可參見：'Diamonds in West Africa', *Financial Times*, 27 February 1924.

92. 畢提（一八七五年至一九六八年）是一位愛爾蘭裔美國礦業工程師及企業家，後來也在納馬夸蘭及獅子山投資鑽石開採事業。John Phillips, 'Alfred Chester Beatty: Mining Engineer, Financier, and Entrepreneur, 1898–1950', in *Mining Tycoons in the Age of Empire, 1870–1945*, ed. Dumett, pp. 215–38.

93. Peter Greenhalgh, *West African Diamonds, 1919–83: An Economic History* (Manchester, 1985), p. 40.

94. Ibid., pp. 36–40; 'West African Diamond Syndicate', *Financial Times*, 21 August 1923.

95. 'The West African Diamond Syndicate', *Financial Times*, 21 December 1925.

96. 第一樁訴訟的報導：'Diamonds in West Africa', *Financial Times*, 27 February 1924. Greenhalgh, *West African Diamonds*, pp. 41–2.

97. 概述參見：Greenhalgh, *West African Diamonds*, pp. 62–8.

98. William Burnett Harvey, *Law and Social Change in Ghana* (Princeton, NJ, 1966), pp. 71–2.

99. Roger S. Gocking, *The History of Ghana* (Westport, CT, 2005), p. 295.

100. 參見：Emmanuel Ofosu-Mensah Ababio, 'Mining and Conflict in the Akyem Abuakwa Kingdom in the Eastern Region of Ghana, 1919–1938', pp. 480–90.

二三年前往安哥拉，但是這很難解釋為何最早在一九二三年一月英文報紙上即已刊出這新聞。《劍橋非洲史》（*Cambridge History of Africa*）完全沒有提到巴爾納托的股份（百分之二十），卻指出英美資源集團持有百分之十七的股份。Clarence-Smith, *The Third Portuguese Empire*, p. 129; Newbury, *The Diamond Ring*; p. 248;以及： A. D. Roberts, ed., *The Cambridge History of Africa*, vol. vii: *From 1905 to 1940* (Cambridge, 1986), p. 256. 而巴爾納托兄弟在同一時期取得英美資源集團股份的事實則讓事情變得更加複雜。

79. 'Big Congo Diamond Deal: The Angola Company, Barnato and Anglo- American Auspices', *Financial Times*, 11 January 1923.
80. 克萊因公司早期曾參與企圖取得德屬西南非鑽石貿易壟斷權的過程，因此擁有大量專業知識。
81. 'Congo Diamond Industry: Anglo-American Corporation', *Financial Times*, 7 June 1922.
82. Laureys, *Meesters van het Diamant*, pp. 71–5.
83. 'Diamant-industrie: Besprekingen te Brussel', *Het Vaderland*, 16 October 1931; 'Uit de diamantnijverheid', *Algemeen Handelsblad*, 19 July 1932; 以及：'Diamond Corp. en verkoop van Congo-diamant', *Algemeen Handelsblad*, 3 July 1934. 一九三三年九月二十八日《金融時報》的〈鑽石協議〉（Diamond Pact）一文引用《一般商業報》（*Algemeen Handelsblad*）的報導，稱恩內斯特·歐本海默與國際林業及礦業公司之間已達成協議。
84. Heertje, *De Diamantbewerkers*, pp. 175–213.
85. 在與阿姆斯特丹的國際社會史研究所（International Institute of Social History）有關的幾位學者，尤其是霍夫米斯特的推動下，人們又重新對十九及二十世紀阿姆斯特丹鑽石工人的歷史燃起了興趣。可參照最近一個關於荷蘭鑽石工人工會的研究：Hofmeester, *Een Schitterende Erfenis*.
86. Albert E. Kitson, *Report on the Discovery of Diamonds at Abomosa, Northwest of Kibbi, Eastern Province, Gold Coast* (Accra, 1919).
87. 相關歷史概況參見：Christopher R. Decorse, *An Archaeology of Elmina: Africans and Europeans on the Gold Coast, 1400–1900* (Washington, DC, 2001). 關於英國

69. Carlos Fieremans, *Het voorkomen van diamant langsheen de Kwango-rivier in Angola en Zaïre* (Brussels, 1977). Michiel C. J. de Wite and Edmond Thorose, 'Diamond-bearing Gravels along the Lower Kwango River DRC', in *Geology and Resource Potential of the Congo Basin*, ed. Maarten J. de Wit, François Guillocheau and Michiel C. J. de Wit (Heidelberg, 2015), pp. 341–60. 比利時和葡萄牙殖民政府在劃定剛果和安哥拉之間的邊界時並未考慮到鑽石礦藏如何劃分，因此從開採管理及控制的角度來看，這造成了一個有趣的局面。關於這一地區的人類學研究，參見：Filip de Boeck, 'Borderland Breccia: The Mutant Hero in the Historical Imagination of a Central-African Diamond Frontier', *Journal of Colonialism and Colonial History*, i/2 (2000), pp. 1–43.
70. Cleveland, *Diamonds in the Rough*, pp. 38–9.
71. 針對安哥拉鑽石公司勞動體制的最詳盡分析來自：Cleveland, *Diamonds in the Rough*, pp. 42–211.
72. Ibid.
73. Cleveland, *Stones of Contention*, pp. 99–103.
74. Todd Cleveland and Jorge Varanda, '(Un)healthy Relationships: African Labourers, Profits and Health Services in Angola's Colonial-era Diamond Mines, 1917–1975', *Medical History*, lviii/1 (2014), pp. 87–105.
75. Todd Cleveland, 'Miners in Name Only: Child Laborers on the Diamond Mines of the *Companhia de Diamantes de Angola* (Diamang), 1917–1975', *Journal of Family History*, xxxv/1 (2010), pp. 91–110.
76. 關於這一辯論的廣泛概述，參見：Diogo R. Curto, 'The Debate on Race Relations in the Portuguese Empire and Charles R. Boxer's Position', *e-Journal of Portuguese History*, xi/1 (2013), pp. 1–42.
77. Laureys, *Meesters van het Diamant*, p. 46.
78. Newbury, *The Diamond Ring*, pp. 248–9. 由於這些交易的祕密性質，歷史學家很難針對確切的時間順序達成共識。克雷蘭斯－史密斯（Clarence-Smith）提到巴爾納托兄弟是在一九二二年那年進入安哥拉鑽石公司，但科林·紐伯瑞（Colin Newbury）則認為時間是一九二四年。紐伯瑞也聲稱歐本海默在一九

58. 剛果現已廢棄的欣科洛布韋礦（Shinkolobwe）生產了美國用於轟炸廣島及長崎的大部分的鈾。Tom Zoellner, *Uranium: War, Energy, and the Rock that Shaped the World* (New York, 2009), pp. 2–3. 關於美國如何取得欣科洛布韋的鈾並在不引起注意的情況下將之運出剛果，詳盡研究參見：Susan Williams, *Spies in the Congo: America's Atomic Mission in World War* ii (New York, 2016). 蘇珊・威廉斯（Susan Williams）的研究顯示，美國情報機構（戰略情報局〔OSS〕）利用針對鑽石走私的官方調查來掩蓋針對鈾走私的調查。Williams, *Spies in the Congo*, pp. 95–100.

59. Laureys, *Meesters van het Diamant*, p. 44.

60. Ibid.

61. Daleep Singh, *Francophone Africa, 1905–2005: A Century of Economic and Social Change* (New Delhi, 2008), p. 241.

62. Laureys, *Meesters van het Diamant*, pp. 44–7.

63. Todd Cleveland, *Diamonds in the Rough: Corporate Paternalism and African Professionalism on the Mines of Colonial Angola, 1917–1975* (Athens, OH, 2015), p. 27; W. G. Clarence-Smith, *The Third Portuguese Empire, 1825–1975* (Manchester, 1985), pp. 129–30. 關於勃內，參見：Nuno Miguel Lima, 'Henry Burnay no contexto das fortunas da Lisboa oitocentista', *Análise Social*, xliv/192 (2009), pp. 565–88.

64. Cleveland, *Diamonds in the Rough*, pp. 30–38.

65. Clarence-Smith, *The Third Portuguese Empire*, p. 130.

66. Jeremy Ball, *Angola's Colossal Lie: Forced Labor on a Sugar Plantation, 1913–1977* (Leiden, 2015), p. 60.

67. Jorge Varanda, 'Crossing Colonies and Empires: The Health Services of the Diamond Company of Angola', in *Crossing Colonial Historiographies: Histories of Colonial and Indigenous Medicines in Transnational Perspective*, ed. Anne Digby, Waltraud Ernst and Projit B. Mukharji (Cambridge, 2010), pp. 165–84.

68. Cleveland, *Diamonds in the Rough*, p. 34.

40. Arnaud, 'Les mines de diamant', p. 90. 亦可參見：'Know Your Competitors'. 這篇文章表示，一九二五年時有兩萬五千名剛果勞工活躍於開賽的沖積帶礦場。

41. Todd Cleveland, 'A Minority in the Middle: Ethnic Baluba, the Portuguese Colonial State, and the *Companhia de Diamantes de Angola* (Diamang)',in *Minorities and the State in Africa*, ed. Michael U. Mbanaso and Chima J. Korieh (Amherst, MA, 2010), pp. 195–216 (p. 199).

42. Cleveland, *Stones of Contention*, pp. 115–16.

43. Mafulu Uyind-a-Kanga, 'Mobilisation de la main-d'œuvre agricole: la dépendance de la zone rurale de Luiza des centres miniers du Kasai et du Haut-Katanga industriel (1928–1945)', *African Economic History*, xvi (1987), pp. 39–60.

44. Arnaud, 'Les mines de diamant', pp. 90–91.

45. Buell, *The Native Problem*, vol. II, pp. 533–4.

46. David Northrup, *Beyond the Bend in the River: African Labor in Eastern Zaire, 1865–1940* (Athens, OH, 1988), pp. 131–8.

47. Jules Marchal, *Travail forcé pour le cuivre et pour l 'or* (Borgloon, 1999), p. 10.

48. Willemina Kloosterboer, *Involuntary Labour since the Abolition of Slavery: A Survey of Compulsory Labour throughout the World* (Leiden, 1960), p. 134.

49. Derksen, 'Forminiere', p. 55; Buell, *Native Problem*, vol. II, p. 538; 以及：Cleveland, *Stones of Contention*, pp. 103, 106.

50. Derksen,'Forminiere',pp.55,58–60.

51. 壟斷指的是一個商品只有一個買家，但有數個賣家的市場情況。

52. Cleveland, *Stones of Contention*, p. 103; Derksen, 'Forminiere', p. 59.

53. Buell, *Native Problem*, vol. II, p. 538.

54. Cleveland, *Stones of Contention*, p. 113.

55. Arnaud, 'Les mines de diamant', pp. 90–91.

56. 如此書所引：Michel Merlier, *Le Congo de la colonisation belge à l'indépendance* (Paris, 1962), p. 122.

57. Buell, *Native Problem*, vol. II, p. 509.

David van Reybrouck and Bambi Ceuppens (Leuven, 2009), p. 43–62.

32. Frans Buelens and Danny Cassimon, 'The Industrialization of the Belgian Congo', in *Colonial Exploitation and Economic Development: The Belgian Congo and the Netherlands*, ed. E.H.P. Frankema and F. Buelens (London, 2013),pp. 229–50.

33. 湯瑪斯・萊恩（Thomas Ryan）是個金融家，一八七〇年起在巴爾的摩（Baltimore）為一家乾貨公司工作。當他在一九二八年去世時，報導稱他為「剛果鑽石田的最大個人持有者」，他也在美國菸草公司（American Tobacco Company）以及英國菸草公司（British Tobacco Company）中擔任要角。'Sixty Million Will of U.S. Financier', *Daily Mail Atlantic Edition*, 25 November 1928. 他的兒子克蘭德寧・萊恩（Clendenin Ryan）繼承了他的事業。古根罕透過參與美國鐵路及冶金產業而致富。Laureys, *Meesters van het Diamant*, p. 457. 關於比利時通用銀行的崛起，參見：Isidore Ndaywel è Nziem, *Histoire générale du Congo: De l 'héritage ancien à la République Démocratique* (Paris, 1998), pp. 28–30.

34. Richard Derksen, 'Forminiere in the Kasai, 1906–1939', *African Economic History*, xii (1983), pp. 9–65 (p. 52).

35. Ibid.,p.51.

36. Ibid.,p.63.

37. Georges Arnaud, 'Les mines de diamant du Congo Belge', *Annales de Géographie*, xxxiv/187 (1925), pp. 90–91. 一九二二年南美的預估產量為英屬蓋亞那十六萬克拉、巴西六萬克拉。

38 賈多與古根罕這場會面的相關訊息來自一篇關於布黑的文章，他曾陪同賈多到布魯塞爾並成為比利時通用銀行的「鑽石人」。他在一九二五年被任命為國際林業及礦業公司的董事，並於一九三二年——賈多逝世那年——成為它的總裁。 'Know Your Competitors – xxxiv. Firmin van Brée: Diamonds', *Financial Times*, 24 October 1956.

39. Raymond Leslie Buell, *The Native Problem in Africa*, 2 vols (New York, 1928), vol. ii, p. 554. 布爾（Buell）是哈佛大學的學者，曾在一九二〇年代造訪剛果。亦可參見：Cleveland, *Stones of Contention*, p. 103.

21. ‘Gemengd Indisch Nieuws’, *Het Nieuws van den Dag voor Nederlandsch-Indië*, 14 August 1929; ‘De diamantwinning’, *Het Vaderland*, 6 May 1930.

22. Spencer et al., ‘Diamond Deposits’, p. 74.

23. Ronald E. Seavoy, ‘The Religious Motivation for Placer Diamond Mining in Southeastern Kalimantan, Indonesia’, *Journal of Cultural Geography*, iii/2 (1983), pp. 56–60.

24. 關於剛果鑽石開採的全面概述，參見本書中的不同篇文獻：Laurent Monnier, Bogumil Jewsiewicki and Gauthier de Villers, eds, *Chasse au diamant au Congo/ Zaire*, Cahiers Africains: Afrika Studies 45–6 (Tervuren, 2001).

25. 德國殖民政策導致德屬西南非的建立，而英國則在南部和北部擁有殖民地——羅德斯的舊夢是將這兩處殖民地連接起來。

26. 參　見：Raymond F. Betts, *The Scramble for Africa: Causes and Dimensions of Empire* (Lexington, MA, 1972)；Muriel Evelyn Chamberlain, *The Scramble for Africa* (London, 1974)；Bernard Porter, ‘Imperialism and the Scramble’, *Journal of Imperial and Commonwealth History*, ix/1 (1980), pp. 76–81.

27. 概述參見：Adam Hochschild, *King Leopold’s Ghost: A Story of Greed, Terror and Heroism in Colonial Africa* (London, 1998). 這一殘暴殖民統治的縮影即是那批剛果種植園工人的著名照片：他們的手被砍掉以示懲罰。

28. 可參照：‘The Congo Atrocities’, *Evening Telegraph*, 21 November 1906.

29. Joseph Conrad, *Heart of Darkness* [1902] (London, 1973), p. 44. Hochschild, *King Leopold’s Ghost*, pp. 142–9.從這一角度討論《黑暗之心》並描寫種族主義。現代非洲文學之父奇努瓦·阿契貝（Chinua Achebe）在一九七五年的一場演講中，對這本小說助長刻板印象做出了強烈駁斥，這篇講稿發表於：Chinua Achebe, ‘An Image in Africa: Racism in Conrad’s Heart of Darkness’, in *Heart of Darkness, An Authoritative Text, Background and Sources Criticism*, ed. Robert Kimbrough (London, 1988), pp. 251–61.

30. ‘Het Congo Vraagstuk’, *De Volksstem*, 12 June 1907.

31. Vincent Viaene, ‘Reprise-remise: De Congolese identiteitscrisis van België rond 1908’, in *Congo in België: Koloniale cultuur in de metropool*, ed. Vincent Viaene,

8. I. M. Krol, 'De Borneo-diamant, haar voorkomen, winning en bewerking', *De Ingenieur*, xxxiv/39 (1919), pp. 707–9 (p. 708): 'deze maat is nog een over- blijfsel uit den Sultanstijd, toen de steenen van en boven dit gewicht aan hem moesten worden afgeleverd.' 然而三克拉這個數字是錯誤的，一個更早的資料來源提到的門檻是五克拉。

9. Posewitz,*Borneo*,p.390.

10. Ibid. 這類宣稱令人回想起巴西殖民時期，人們對於來自米納海岸的男女具有探勘鑽石技能的看法（參見第二章）。

11. 'Diamanten in W. Borneo', *Het Nieuws van den Dag voor Nederlandsch-Indië*, 10 January 1926; *Nieuwsblad van Friesland*, 17 September 1929.

12. 這個島的其餘部分現在屬於馬來西亞的一部分（稱為東馬來西亞），汶萊蘇丹國也包括在內。

13. 'Indische Diamanten: Kansen op nieuwe diamantwinning op Borneo', *Sumatra Post*, 23 March 1932.

14. 'Borneo: Een diamant-geschiedenis', *Nieuw Rotterdamsche Courant*, 14 July 1921.

15. M. D. Teenstra, *Beknopte Beschrijving van de Nederlandsche Overzeesche Bezittingen*, 3 vols (Groningen, 1852), vol. ii, p. 438.

16. Dirk Willem Bosch, *Geschied- en Aardrijkskundige Beschrijving van Neêrlands Oost- en West-Indische Bezittingen* (Amsterdam, 1844), p. 147.

17. 在婆羅洲，一家中國礦工「公司」後來成為自治的蘭芳共和國（Lanfang Republic），其於一八八四年受到荷蘭人鎮壓。Mary Somers Heidhues, *Golddiggers, Farmers, and Traders in the 'Chinese Districts' of West Kalimantan, Indonesia* (Ithaca, NY, 2003), pp. 65, 124–5.

18. 'De Diamanten van Borneo', *Bataviaasch Nieuwsblad*, 12 December 1918.

19. Hendrik Tillema, *Apo-kajan: Een filmreis naar en door Centraal-Borneo* (Amsterdam, 1938).

20. 上工前進行祭祀也是在印度鑽石田的常見做法，還有其他宗教儀式也很常見（圖7）。

293. Ibid.

294. Ibid.

295. Ibid.

296. M. D. Dewani, 'De Beers and Apartheid', *Economic and Political Weekly*, xxiii/41 (1988), pp. 2094–5.

297. Ibid.

298. V. L. Allen, *The History of Black Mineworkers in South Africa*, vol. iii: *Organise or Die: 1982–1994* (London, 2005). 亦可參見：Raphaël Bativeau, *Organise or Die? Democracy and Leadership in South Africa's National Union of Mineworkers* (Johannesburg, 2017).這是第一個關於全國礦工工會及其在結束種族隔離統治上扮演角色的主要研究。

299. Cleveland, *Stones of Contention*, p. 120.

300. Ibid.,pp.120–21.

第五章　沖積帶開採的持久魅力（一八八四年至二〇一八年）

1. Ian Fleming, *The Diamond Smugglers* (London, 1957), p. 81.

2. *Verhandelingen van het Bataviaasch Genootschap, der Konsten en Weetenschappen* (Rotterdam and Amsterdam, 1786), vol. iv, pp. 545–8.

3. W. L. Ritter, 'De Diamant, eene Borneosche overlevering uit de XVIIIde eeuw', *Tijdschrift voor Neêrlands Indie*, iii (1840), pp. 595–632 (pp. 603–9).

4. 'Borneo: Eenige reizen in de Binnenlanden van dit Eiland, door eenen Ambtenaar van het Gouvernement, in het jaar 1824. Diamantmijnen te Soengie-Roentie', *Tijdschrift voor Neêrlands Indie*, i (1838), pp. 81–4.

5. 'The Banjarmasin Diamond, Anonymous', www.rijksmuseum.nl, 讀取於二〇二〇年五月五日。

6. *Leeuwarder Courant*, 18 June 1858.

7. De Loos, *Gesteenten*, p. 9.

連結在一起。

275. Mwaipopo, '*Ubeshi* – Negotiating Co-existence', p. 167.

276. Ibid. 這些數字最初來自傑伊・艾伯斯坦（Jay Epstein）。

277. 針對西南非圈舍的廣泛研究，參見：Robert J. Gordon, *Mines, Masters and Migrants: Life in a Namibian Compound* (Johannesburg, 1977).

278. 欲了解南非種族隔離制度的歷史概況，參見：Nancy L. Clark and William H. Worger, *South Africa: The Rise and Fall of Apartheid* (London, 2004).

279. 關於反對種族隔離的聯合國政策，參見：*The United Nations and Apartheid, 1948–1994* (New York, 1994).

280. 參見第六章。

281. Kanfer, *The Last Empire*, p. 265.

282. 詳細分析參見：V. L. Allen, *The History of Black Mineworkers in South Africa*, vol. i: *Mining in South Africa and the Genesis of Apartheid, 1871–1948* , 以及 vol. ii: *Apartheid, Repression and Dissent in the Mines, 1948–1982* (London, 2005).

283. Tom Lodge, *Mandela: A Critical Life* (Oxford, 2006), p. 83.

284. Kanfer, *Last Empire*, pp. 237, 281–95.

285. Ibid.,pp.312–14.

286. 被用來安置黑人礦工的幾座建築在種族隔離制度結束後仍保存多年。Svea Josephy, 'Fractured Compounds: Photographing Post-apartheid Compounds and Hostels', *Social Dynamics*, xl/3 (2015), pp. 444–70.

287. Mamdani, *Citizen and Subject*, p. 258.

288. Ibid., pp. 258–9. 針對開普敦居住所生活情況，最廣泛的學術研究是：Mamphela Ramphele, *A Bed Called Home: Life in the Migrant Labour Hostels of Cape Town* (Claremont, 1993).

289. 'Why 7-month Shifts Suit an Honest Man', *Sunday Times*, 8 February 1976.

290. Ibid.

291. Ibid.

292. Ibid.

by Size', *Economic and Political Weekly*, xix/34 (1984), pp. M99–M103 (p. M99).

260. 關於澳洲的鑽石產量，參見第六章。

261. Hofmeester,'ShiftingTrajectories',p.47.

262. Berman, 'The Location of the Diamond-cutting Industry', p. 326.

263. Lenzen, *The History of Diamond Production*, pp. 184–5.

264. De Vries, *Diamonds and War*, p. 236.

265. Newbury, 'South Africa and the International Diamond Trade – Part Two: The Rise and Fall of South Africa as a Diamond Entrepôt, 1945–1990', *South African Journal of Economic History*, xi/2 (1996), pp. 251–84 (pp. 252, 260).

266. Newbury, 'South Africa, Part Two', pp. 253–6.

267. Newbury, 'South Africa, Part One', p. 17.

268. Newbury, 'South Africa, Part Two', pp. 268–70.

269. Ibid.,p.251.

270. Pointon, *Rocks, Ice and Dirty Stones*, p. 166.艾爾在戰時為戴比爾斯策劃了幾場圍繞著「戰鬥的鑽石」這一愛國主題的宣傳活動。參見：Jessica L. Ghilani, 'DeBeers' "Fighting Diamonds": Recruiting American Consumers in World War ii Advertising', *Journal of Communication Inquiry*, xxxvi/3 (2012), pp. 222–45.

271. 詳細分析參見：Peter Carstens, *In the Company of Diamonds. De Beers, Kleinzee, and the Control of a Town* (Athens, OH, 2001).

272. John Knight and Heather Stevenson, 'The Williamson Diamond Mine,De Beers, and the Colonial Office: A Case-study of the Quest for Control', *Journal of Modern African Studies*, xxiv/3 (1986), pp. 423–45.

273. Ian Smillie, *Diamonds* (Cambridge and Malden, MA, 2014), p. 142.

274. Rosemarie Mwaipopo, '*Ubeshi* – Negotiating Co-existence: Artisanal and Large-scale Relations in Diamond Mining', in *Mining and Social Transformation in Africa: Mineralizing and Democratizing Trends in Artisanal Production*, ed. D. F. Bryceson, E. Fisher, J. B. Jønsson and R. Mwaipopo (New York and Abingdon, 2014), pp. 161–76. 木韋波波將威廉森的故事與後來坦尚尼亞鑽石開採的發展

251. 關於長達一世紀反抗荷蘭殖民統治的長期奮鬥，參見：Piet Hagen, *Koloniale oorlogen in Indonesië: Vijf eeuwen verzet tegen koloniale over- heersing* (Amsterdam, 2018).

252. 從這個角度來看，荷蘭政府和許多西方政府沒什麼不同，它們皆拒絕放棄他們曾殖民過、但已經獨立的國家的經濟利益。

253. 參見：Bipan Chandra, Mridula Mukherjee, Aditya Mukherjee, K. N. Panikkar and Sucheta Mahajan, *India's Struggle for Independence, 1857–1947* (New Delhi, 1988); Yasmin Khan, *The Great Partition: The Making of India and Pakistan* (New Haven, CT, 2007).

254. Hofmeester, 'Working for Diamonds', p. 43.

255. Hofmeester, 'Shifting Trajectories', p. 45. 關於這些家族人脈發揮的作用以及帕蘭普爾耆那教商人在鑽石方面的參與，參見：Sebastian Henn, 'Transnational Entrepreneurs, Global Pipelines and Shifting Production Patterns: The Example of the Palanpuris in the Diamond Sector', in *The Global Diamond Industry: Economics and Development*, ed. Roman Grynberg and Letsema Mbayi, 2 vols (Basingstoke, 2015), vol. ii, pp. 87–115.

256. 這影響到剛興起的巴勒斯坦鑽石產業，他們一直在向印度出口他們的加工成品。De Vries, *Diamonds and War*, p. 237.

257. Hofmeester, 'Shifting Trajectories', pp. 45–6. Berman, 'The Location of the Diamond-cutting Industry', p. 326.

258. 關於玫瑰藍的歷史，參見：'Rosy Blue India's Historic Journey', www.rosyblue.in.亦可參見：Sallie Westwood and Annie Phizacklea, *Trans- nationalism and the Politics of Belonging* (Abingdon, 2000), p. 73.關於這一家族在比利時的金融地位，參見他們列出最富有比利時人的網站上有關條目：'Familie Mehta (Rosy Blue)', www.derijkstebelgen.be.他們的資本估計有兩億七千一百三十萬歐元。關於二〇一六年這場審判，參見：Mark Eeckhaut, 'Geen genade voor frauderende diamantairs', www.destandaard.be, 18 May 2016. 全部讀取於二〇二〇年五月五日。

259. S. P. Kashyap and R .S. Tiwari, 'Shaping Industry in Surat: Characteristics of Firms

het Diamant, pp. 391–8.

239. 關於這些戰前的努力，參見：Vries, *Diamonds and War*, pp. 16–26.韋里斯的專著是關於巴勒斯坦與以色列鑽石產業發展的最廣泛研究。關於他對鑽石產業暫時遷往巴勒斯坦託管地一事的看法，精簡版可參見：David de Vries, 'Burnishing the Rough: The Relocation of the Diamond Industry to Mandate Palestine', in *Borders and Boundaries in and around Dutch Jewish History*, ed. J. Frishman, D. J. Wertheim, I. de Haan and J. J. Cahen (Amsterdam, 2011), pp. 143–54.

240. 關於這些戰時的談判及限制鑽石產業的提議，參見：De Vries, *Diamonds and War*, pp. 26–64.

241. Laureys, *Meesters van het Diamant*, p. 396; De Vries, *Diamonds and War*, p. 240.

242. Laureys, *Meesters van het Diamant*, pp. 394–7.

243. Ibid.,p.388.

244. De Vries, *Diamonds and War*, p. 243.

245. Ibid.,pp.247–8.

246. 關於此項協議，參見：ibid., pp. 240–48.欲了解不斷變化的經濟背景，參見：ibid., p. 235.

247. Mildred Berman, 'The Location of the Diamond-cutting Industry', *Annals of the Association of American Geographers*, lxi/2 (1971), pp. 316–28 (p. 326).

248. 欲了解更多現今訊息，參見以色列鑽石產業的網站，網址為：www.israelidiamond.co.il, 讀取於二〇二〇年五月五日。

249. NATH, 2.10.62: Netherland Forces Intelligence Service [NEFIS] en Centrale Militaire Inlichtingendienst [cmi] in Nederlands-Indië, No. 1790: Stukken betreffende tijdens de Japanse bezetting verborgen en verdwenen sieraden en juwelen, 1947: Bureau voor Oorlogsschade, Afd. Restitutie, Batavia to Hoofd Japanse Zaken in Batavia, Batavia, 9 October 1947.信件包含一份李康川原始信件的荷語譯本。

250. 'Diamantslijperijen in Zuid-Borneo', *De Locomotief*, 16 March 1948. .

229. Newbury, *The Diamond Ring*, pp. 345–6.

230. Gerhard T. Mollin, *Die* usa *und der Kolonialismus: Amerika als Partner und Nachfolger der belgischen Macht in Afrika, 1939–1965* (Berlin, 1996), pp. 63–5.

231. Kanfer, *Last Empire*, pp. 227–31.

232. 關於這些公司，參見第五章。

233. Newbury, *The Diamond Ring*, pp. 333–49.

234. 在塞科於一九六五年取得政權後，剛果更名為薩伊（直到一九九七年），並成為西方的重要盟友。

235. 關於安特衛普的重振，參見：Laureys, *Meesters van het Diamant*, pp. 331–86.關於阿姆斯特丹的不幸遭遇，參見：Laureys, *Meesters van het Diamant*,pp. 398–404.幾個倖存下來的鑽石交易商或他們在比利時和荷蘭的家庭成員試圖取回他們失去的貨物。

236. 'De Amsterdamsche Diamant Industrie', *Nieuwe Courant*, 27 March 1946. 許多文章試圖解釋為何在荷蘭有這麼多的荷蘭猶太人被殺（百分之七十五），相較之下，法國是百分之二十五、比利時是百分之四十。根據皮姆·格利菲恩（Pim Griffioen）及朗恩·札勒（Ron Zeller）的重要研究，荷蘭是由平民德國政府所管理，而希望讓事情平穩運行的荷蘭官員、荷蘭警察，以及荷蘭猶太委員會均在其中扮演了一個角色。Pim Griffioen and Ron Zeller, 'Comparing the Persecution of the Jews in the Netherlands, France and Belgium, 1940–1945: Similarities, Differences, Causes', in *The Persecution of the Jews in the Netherlands, 1940–1945*, ed. Peter Romijn et al. (Amsterdam, 2012), pp. 55–92.

237. Laureys, *Meesters van het Diamant*, pp. 391–8. 關於一位紐約鑽石商孫女的個人回憶錄，參見：Alicia Oltuski, *Precious Objects: A Story of Diamonds, Family, and a Way of Life* (New York, 2011)。關於曼哈頓鑽石區的人類學研究，參見：Renée Rose Shield, *Diamond Stories: Enduring Change on 47th Street* (Ithaca, NY, 2002).欲了解古巴的臨時鑽石產業，參見：Herman Portocarero, *De Diamantdiaspora: Een verborgen geschiedenis tussen Antwerpen en Havana* (Antwerp, 2019).

238. 有關鑽石切割中心在戰爭期間衰敗的大致情況，參見：Laureys, *Meesters van*

Toep）的故事，她在貝爾根－貝爾森集中營與賈普・波拉克（Jaap Polak）墜入愛河。她是亞伯拉罕・索普（Abraham Soep）之女，後者是戰前阿姆斯特丹最大的鑽石切割廠所有人之一。參見：Jack Polak and Ina Soep-Polak, *Steal a Pencil for Me: Love Letters from Camp Bergen-Belsen and Westerbork* (Scarsdale, NY, 2000). 最近一個研究講述了這些「鑽石猶太人」子女的故事，儘管他們的父母許多已死去，但四十六名所謂的「鑽石孩童」中有四十四名在納粹大屠殺中倖存。Bettine Siertsema, *Diamantkinderen: Amsterdamse Diamantjoden en de Holocaust* (Hilversum, 2020). 本書的研究廣泛使用了與大屠殺倖存孩童的訪談以及一九九〇年代的訪談影片。

223. NATH, 2.05.80, No. 3567: Stukken betreffende verzoeken van Nederlandse diamantbewerkers om tewerk te worden gesteld in verschillende landen, 1941–1944: Legation of the Netherlands to Ministry of Foreign Affairs, Caracas, 15 October 1941: 'de Venezolaanse Regeering bevordert de immigratie van deskundigen in het diamantvak wijl zij hoopt daardoor de Venezolaanse diamantmijnen tot ontwikkeling te kunnen brengen. Zij heeft daarom aan den Venezolaanschen Consul te Marseille opdracht verstrekt de paspoorten van de lieden . . . te viseeren'.

224. 關於盟軍在多大程度上意識到納粹大屠殺一事眾說紛紜。長期以來，歷史學界的一個主流說法是，儘管盟軍的情報單位很早就意識到奧斯威辛（Auschwitz）集中營的存在，但他們誤解了該營的性質。麥可・弗萊明（Michael Fleming）針對這問題寫了一篇極有見地的分析，他的結論是盟軍意識到大屠殺的時間比之前公認的還要早。Michael Fleming, *Auschwitz, the Allies and Censorship of the Holocaust* (Cambridge, 2014).

225. 兩部工業鑽石爭奪戰的英語電影分別於一九四二年（*Enemy Agents Meet Ellery Queen*, dir. James P. Hogan）以及一九五九年（*Operation Amsterdam*, dir. Michael McCarthy）上映。

226. Newbury, *The Diamond Ring*, p. 346.

227. Edward Jay Epstein, *The Rise and Fall of Diamonds: The Shattering of a Brilliant Illusion* (New York, 1982), pp. 93–6.

228. De Vries, *Diamonds and War*, p. 130.

Palestine (New York, 2010), p. 20.

210. Laureys, *Meesters van het Diamant*, pp. 151–63.

211. Ibid.,p.158.

212. Ibid.,p.161.

213. 參見：Barak D. Richman, 'How Community Institutions Create Economic Advantage: Jewish Diamond Merchants in New York', xxxi/2 (2006), pp. 383–420. 關於從比利時逃難至紐約的情況，參見：Laureys, *Meesters van het Diamant*, pp. 167–71.

214. Ibid.,pp.171–7.

215. 例如索耶當時就沒有涉足鑽石產業。

216. 關於兩座城市的比較，參見二〇一七年的一篇會議論文：Pim Griffioen, 'The Fate of the "Diamond Jews" of Antwerp and Amsterdam, 1940–1945: A Historical Comparative Overview', www.academia.edu, 讀取於二〇二〇年五月五日。

217. 關於德國占領期間阿姆斯特丹猶太鑽石產業的歷史概況，參見：Dawn Skorczewski and Bettine Siertsema, '"The Kind of Spirit that People Still Kept": vha Testimonies of Amsterdam's Diamond Jews', *Holocaust Studies: A Journal of Culture and History* (2018),pp. 1–23 (pp. 4–6).

218. Ibid.,p.5.

219. Ibid.

220. 'Translation of Document NO-1278 Prosecution Exhibit 440. Letter of defendant Mummenthey to defendant Baier, 8 June 1944, concerning proposal to set up a diamond cutting factory in Bergen-Belsen because the Dutch Jews have been deported from concentration camp Hertogenbosch, Netherlands', in *Trials of War Criminals before the Nuernberg Military Tribunals under Control Council Law No. 10: Nuernberg October 1946–April 1949*, 15 vols (Washington, DC, 1950), vol. v, pp. 639–41.

221. Ibid.

222. Skorczewski and Siertsema, '"The Kind of Spirit that People Still Kept"', pp. 5–6. 一些「鑽石猶太人」的生命故事通過口頭證詞流傳下來。例如伊納・索普（Ina

202. Ibid.

203. 這些訊息來自對索耶的訪談，發表於虛擬聖保羅人民博物館網站（People's Museum in São Paulo）：'Pedalando para longe do terror', www.museudapessoa.net, ·10 November 2005.

204. 'Jules Sauer, Brazilian "Gemstone Hunter," Dies at 95', www.timesofisrael. com, 3 February 2017. 這篇訃文提到他逃離的那一年是一九三九年，這是錯誤的。里約熱內盧現在仍有一家阿姆斯特丹索耶公司，他們的網址：www.sauer1941. com, 讀取於二〇二〇年五月五日。索耶曾寫過許多書，例如：*The Eras of the Diamond* (Rio de Janeiro, 2003); *Emeralds Around the World* (Rio de Janeiro, 1992); *Brazil: Paradise of Gemstones* (n.p., 1982).

205. 關於最近針對納粹大屠殺的一般性研究佳作，參見：Laurence Rees, *The Holocaust: A New History* (London, 2017).

206. 關於比利時沒收境內猶太人物品，參見比利時聯邦政府委託撰寫的官方報告：'De bezittingen van de slachtoffers van de Jodenvervolging in België. Spoliatie Rechtsherstel Bevindingen van de Studiecommissie: Eindverslag van de Studiecommissie betreffende het lot van de bezittingen van de leden van de joodse gemeen- schap van België, geplunderd of achtergelaten tijdens de oorlog 1940–1945 (2001)', pp. 95–118, www.combuysse.fgov.be, 讀取於二〇二〇年五月五日。關於荷蘭的情況，參見：A. J. van der Leeuw, 'Die Aktion Bozenhardt & Co.', in *Studies over Nederland in oorlogstijd*, ed. A. H. Paape (The Hague, 1972), vol. i, pp. 257–77. 也可參見： Bies van Ede and Paul Post, *De Diamantenroof: Hoe hoge Nazi's met Diamanten uit België en Nederland naar Zuid-Amerika vluchtten* (Utrecht, 2016)。第一百二十八頁中提到了六萬克拉這個數字。

207. NATH, 2.05.80, No. 3026: Stukken betreffende de diamantindustrie en de handel in en inlichtingen over uit Nederland afkomstige diamanten, 1942– 1945: Letter Dutch Embassy Washington to Dutch Ministry of Foreign Affairs in London, Washington, 9 December 1942.

208. Ibid.

209. David De Vries, *Diamonds and War: State, Capital and Labor in British-ruled*

187. 'Diamantwinning', *Algemeen Indisch Dagblad*, 21 December 1923.

188. 'Geld voor groepsgemeenschappen', *Bataviaasch Nieuwsblad*, 7 February 1938; 'Volksraad', *Het Nieuws van den Dag voor Nederlandsch-Indië*, 9 July 1932.

189. 'Diamanten in Borneo', *Het Nieuws van den Dag voor Nederlandsch-Indië*, 21 December 1925.

190. 'Productie van goud, zilver en diamant in Ned.-Indië in de periode 1913–1939', *Soerabaijasch Handelsblad*, 28 December 1940.

191. 'Diamanten op Borneo', *De Locomotief*, 7 March 1918.

192. 'Inheemsche diamantnijverheid op Borneo', *Het Vaderland*, 7 December 1932.

193. 關於所謂發現原始礦床的情形，參見：'Diamant op Zuid-Borneo: Het moedergesteente gevonden', *Algemeen Handelsblad*, 27 December 1932; 'De diamanten van Borneo: Onderzoek op primaire vindplaats', *Soerabaijasch Handelsblad*, 13 March 1934; 以及：'De Zuid-Borneodiamant', *Haagsche Courant*, 5 May 1934.

194. Frank G. Carpenter, 'The Richest Man in East Asia: A Visit to Lan Win Hong, the Multi-millionaire of Kwantung', *Deseret News*, 19 January 1901.

195. 'Diamant-winning op Borneo', *Het Nieuws van den Dag voor Nederlandsch- Indië*, 3 November 1930.

196. 'Diamanten gevonden in het Martapoerasche', *De Telegraaf*, 11 November 1930,提及他們的還有：'foreign Easterlings in our Indian Archipelago'.

197. Herold and Rines, 'A Half-century Monopoly', pp. 19–20.

198. S. Hartveld, *Schetsen uit Brazilië* (Antwerp, 1921), p. 30.

199. Ibid.: 'de afgewerkte brillanten zijn tamelijk goed geslepen'. 這令人聯想到印度人對重量的執著（圖10）。

200. *De Juweelenstoet, Le Cortège des Bijoux, The Jewels Pageant* (Antwerp, 1923).

201. 這顆鑽石乃是以時任巴西總統的熱圖利奧·瓦加斯（一八八二年至一九五四年）的名字命名的。Sydney Ball and Paul F. Kerr, 'The Vargas Diamond', *Gems and Gemology*, iii/9 (1941), pp. 135–6.

171. 關於鑽石生產商協會成立，參見：Newbury, *The Diamond Ring*, pp. 252–332.

172. Lenzen, *The History of Diamond Production*, p. 182. 第五章將對這些國家的鑽石生產進行分析。

173. Ibid.,p.181.

174. Newbury, 'South Africa, Part One', pp. 5, 10.「看貨會」制度至今仍存在。

175. Laureys, *Meesters van het Diamant*, pp. 40–41.

176. 一份一九三〇年的印度出版物表明，當時在潘納仍有某種開採活動。Hofmeester, 'Working for Diamonds', p. 43.

177. 'Nederland', *Sumatra Post*, 15 April 1919. 婆羅洲鑽石曾是好幾次議會辯論的主題。

178. 'Diamantzoeken op Borneo', *Bataviaasch Nieuwsblad*, 11 October 1921.

179. Diamantwinning op Borneo', *Het Nieuws van den Dag voor Nederlandsch- Indie*, 26 January 1918; 'Exploitatie van de diamant-velden op Borneo', *Het Nieuws van den Dag voor Nederlandsch-Indie*, 22 September 1919; 以及：'Het gebrek aan ruw diamant en de Nederlandsche diamant-ontginningen op Borneo', *Het Centrum*, 1 April 1920.

180. 'Diamanten op Borneo', *De Locomotief*, 7 March 1918.

181. 'Koelie-Polak', *De Tribune*, 20 September 1919; 'Een beraamde tribunistische aanval', *Het Volk*, 19 September 1919.

182. 'De diamanten van Borneo', *Bataviaasch Nieuwsblad*, 12 December 1918; 以及：'Diamant-industrie van Martapoera', *De Preanger Bode*, 4 June 1922.

183. J. Thomas Lindblad, *Between Dayak and Dutch: The Economic History of Southeast Kalimantan 1880–1942* (Dordrecht, 1988), p. 182.

184. 'Borneo', *De Graafschap-Bode*, 23 December 1927.

185. 'Diamantzoeken op Borneo', *Bataviaasch Nieuwsblad*, 11 October 1921.

186. 很久之後，澳洲及加拿大採取措施，保證在他們的礦場雇用原住民，這一政策之後過了許久，兩國官方才承認他們的礦業乃是依賴竊取原住民的土地。參見結語。

156. Theodore Gregory, *Ernest Oppenheimer and the Economic Development of Southern Africa* (Cape Town, 1962), p. 171.

157. 根據為此書中的資料：Lenzen, *The History of Diamond Production*, pp. 172–6, 以及：Newbury, 'South Africa, Part One', passim.

158 這段引言來自以〈非洲之子〉（a son of Africa）為題發表於一九二八年十月三日《星報》（*The Star*）上的一封信。這段摘錄文字收錄在：T. P. Clynick, *The Lichtenburg Alluvial Diamond Diggers, 1926–1929*, African Studies Seminar Paper 149 (University of the Witwatersrand, 1984).這一參考文獻對於對李騰堡礦區情況做了很好的說明。

159. L.C.A. Knowles and C. M. Knowles, *The Economic Development of the British Overseas Empire*, 3 vols (London, 1936), vol. iii, pp. 230–31.

160. Clynick, *The Lichtenburg Alluvial Diamond Diggers*, pp. 4, 7.

161. Ben Fine and Zavareh Rustomjee, *The Political Economy of South Africa. From Minerals-Energy Complex to Industrialisation* (London, 1996), p. 143.

162. Newbury, *The Diamond Ring*, p. 271.

163. Lenzen, *The History of Diamond Production*, p. 178.

164. Ibid.,p.181.

165. Newbury, 'South Africa', p. 4.

166. 'De Beers Mine's New Interests', *The Times*, 21 March 1931.

167. Lenzen, *The History of Diamond Production*, p. 181.

168. Ibid.

169. Ibid.

170. 這些數據來自此書：Lenzen, *The History of Diamond Production*, pp. 179, 182–83, 185。第七和第八欄的數據來自此書：Newbury, 'South Africa, Part One', p. 17.西南非託管政府（The Mandatory Administration of South West Africa）包括西南非聯合鑽石礦產的配額。對大鑽石公司而言，比例是每個公司所持有的財務份額；但對鑽石生產商協會而言，比例代表的是生產配額，表示在倫敦的總銷量有多少將由某一特定生產商承擔。

Polishing', *Proceedings: Mathematical, Physical and Engineering Sciences*, cdlx/2052 (2004), pp. 3547–68.

143. Klein, *Faceting History*, pp. 94–5.

144. 'Marcel Tolkowsky, 92, A Retired Gemologist', *New York Times*, 15 February 1991. 關於目前的家族企業及其歷史，參見該公司網站，網址為：www.tolkowsky.com, 讀取於二〇二〇年五月五日。

145. 'Het Smokkelen van Juweelen', *Het Nieuws van den Dag voor Nederlandsch- Indie*, 3 November 1930: 'listiger dan de mannen'.

146. Lenzen, *The History of Diamond Production*, p. 171.

147. 關於俄羅斯的情況，參見：Sean McMeekin, *History's Greatest Heist: The Looting of Russia by the Bolsheviks* (New Haven, CT, 2009), pp. 54–72.

148. 'Sovjet-Rusland en de nood van de diamantwerkers', *Het Volk*, 2 November 1920.

149. Lenzen, *The History of Diamond Production*, p. 172.

150. 沃爾納及貝特公司和莫森索爾父子公司不再屬於其中一員，但除了英美資源集團之外，還有其他三位新成員：路德維克．布萊特梅耶公司（L. Breitmeyer & Co.）、勃恩海姆（Bernheim）、德雷弗斯公司（Dreyfus & Co.）；Lenzen, *The History of Diamond Production*, pp. 173–4.這些公司過去均曾在十九世紀末與戴比爾斯聯合礦業有過關係。參見：Colin Newbury, 'Technology, Capital, and Consolidation: The Performance of De Beers Mining Company Limited, 1880–1889', *Business History Review*, lxi/1 (1987), pp. 1–42 (p. 39).路德維克．布萊特梅耶最初是沃爾納及貝特公司在金伯利的代理人，後來又成為它的合夥人。Newbury, 'The Origins and Function', pp. 13–14.

151. 關於這些公司的活動，參見第五章。

152. Newbury, *The Diamond Ring*, pp. 247–61.

153. 'De Beers and Diamonds', *Financial Times*, 7 January 1926.

154. Newbury, *The Diamond Ring*, p. 265.

155. J. S. Kotze, 'Geskiedenis van die Wes-Transvaal Diamant Delwerye', ma thesis, University of Port Elizabeth, 1972, p. 123.

134. Newbury, *The Diamond Ring*, pp. 212–16.

135. Michael Coulson, *The History of Mining: The Events, Technology and People Involved in the Industry that Forged the Modern World* (Petersfield, Hampshire, 2012), pp. 233–5.

136. Tolkowsky, *Diamond Design*, p. 24. 後來，正如所有機器，磨削機在技術上取得了突破。二〇〇七年，美國專利局授予在古吉拉特邦亞美達巴德的一位企業家磨削機的專利：Arvindbhai Lavjibhai Patel, 'Laser Bruting Machine' (patented 30 October 2007), patents.google.com, 讀取於二〇二〇年五月四日。

137. Ogden,*Diamonds*,pp.125–6.

138. 這個專利的副本收錄於他的博士論文：Marcel Tolkowsky, 'Research on the Abrading, Grinding or Polishing of Diamonds', PhD thesis, University of London, 1920.這本論文的掃描檔可在大英圖書館電子論文線上服務下載，網址為：ethos.bl.uk, 讀取於二〇二〇年五月五日。

139. Tolkowsky, *Diamond Designs*.

140. 托考斯基的設計中沒有尖底（culet），但許多現代明亮式切工鑽石都有尖底。五十七個刻面包括頂部的那一面。流行於十八、十九世紀的舊式明亮式切工被稱為「老式明亮式切工」（old brilliant cut）、「老式歐洲切工」（old European cut）或「老礦式切工」（old mine cut）（圖15與17）。

141. Robert J. Wueste, 'Brilliant Cut Diamond' (patented 2 March 2004), patents.google.com, 讀取於二〇二〇年五月四日。關於一個相當新的研究例子，參見：Ilene M. Reinitz et al., Modeling the Appearance of the Round Brilliant Cut Diamond: An Analysis of Fire, and More About Brilliant', *Gems and Gemology*, xxxvii/3 (2001), pp. 174–97.

142. 幾家過去知名的歐洲切割公司宣傳自己的特殊明亮式切工。總部位於阿姆斯特丹的寇斯特鑽石即是一例，一八四〇年營運至今的寇斯特鑽石宣傳他們自己可達兩百零一刻面的明亮式切工━皇家二〇一式（Royal 201）。'Cut', www.costerdiamonds.com, 讀取於二〇二〇年五月五日。一個相對較新的研究承認托考斯基開創性工作的持續重要性，但也指出了使用如高解析度顯微鏡等較為現代技術的更新科學工作。J. R. Hird and J. E. Field, 'Diamond

他的參與及殞落：Vincent Mercier, *Prins Diamant: Het tragische verval van een wereldimperium* (Leuven, 2013).

123. Leviticus, *Encyclopaedie*, pp. 40–46. Heertje, *De Diamantbewerkers*, pp. 146–51.

124. Laureys, *Meesters van het Diamant*, pp. 50–51.

125. 關於坎潘鑽石業的學術研究不多，其中一個例子是：Eric Meylemans, 'De tewerkstelling in de diamantindustrie in de Zuiderkempen', thesis, Economische Hogeschool Limburg, 1984.更多訊息可參見當地鑽石中心網站：www.briljantekempen.be, 讀取於二〇二〇年五月五日。

126. 該產業在一九六〇年代因無法應對來自海外的競爭而邁入衰退，最後一家關門大吉的老工廠是一九八五年位於奈倫的斯里貝里利坎斯（Slijperij Lieckens）。現今人們已將他們的舊廠房修復完成。'Vroegere diamantslijperij Lieckens in Nijlen wordt gerestaureerd', www.onroerenderfgoed.be, 讀取於二〇二〇年五月五日。關於該廠址的現況，亦可參見：'Diamantwerkplaats Lieckens met waterput', inventaris.onroerenderfgoed.be, 讀取於二〇二〇年五月五日。

127. Heertje, *De Diamantbewerkers*, pp. 150–51.

128. Steven Press, 'Sovereignty and Diamonds in Southern Africa, 1908–1920', *Duke Journal of Comparative and International Law*, xxviii (2018), pp. 473–80 (p. 478).

129. Newbury, *The Diamond Ring*, pp. 187–94.

130. 在戴比爾斯壟斷局面結束後，最大生產商之間的商業協議在鑽石業監管方面再次變得更重要。參見第六章。

131. Ibid.,pp.194–7.

132. Kanfer, *Last Empire*, pp. 192–4. 亦可參見：Colin Newbury, 'Spoils of War: Sub-imperial Collaboration in South West Africa and New Guinea, 1914–20', *Journal of Imperial and Commonwealth History*, xvi/3 (1983), pp. 86–105.

133. Colin Newbury, 'South Africa and the International Diamond Trade, Part One: Sir Ernest Oppenheimer, De Beers and the Evolution of Central Selling, 1920–1950', *South African Journal of Economic History*, x/2 (1995), pp. 1–22 (p. 3); Newbury, *The Diamond Ring*, p. 212.

Wilhelm von Humboldt-Dachroeden, *Die deutsche Diamantenpolitik* (Jena, 1918). 無法取得一九〇九年及一九一〇年南非礦區的可靠數據。

110. 'Germany's Diamond-studded Sands: A Golconda in the Desert', *Illustrated London News*, 6 March 1909.

111. 關於德國殖民協會，參見：Franz Göttlicher, *Koloniale Gesellschaften und Verbände* (Koblenz, 2003).

112. 關於納米比亞早期鑽石史的軼事，參見：Olga Levinson, *Diamonds in the Desert: The Story of August Stauch and his Times* (Tafelberg, 1983).斯陶屈在大蕭條期間失去了大部分的財產。一九〇八年，英國報紙刊出了關於發現鑽石礦藏的第一波報導，不過這些最早的文章中並未有太多訊息。可參照：'Discovery of a Diamond Field', *Exeter and Plymouth Gazette*, 27 June 1908.

113. 'Diamond Mining in German South-west Africa: The Question of a Consolidated Company', *Financial Times*, 21 November 1908.

114. 'Diamonds in German South-west Africa: Government Regulations', *Financial Times*, 15 December 1908.

115. Victor L. Tonchi, William A. Lindeke and John J. Grotpeter, *Historical Dictionary of Namibia*, 2nd edn (Lanham, MD, 2012), pp. 78–9.

116. S. E. Katzenellenbogen, 'British Businessmen and German Africa, 1885– 1919', in *Great Britain and Her World, 1750–1914: Essays in Honour of W. O. Henderson*, ed. Barrie M. Ratcliffe (Manchester, 1975), pp. 237–62 (pp. 252–4).

117. Tonchi et al., *Historical Dictionary*, pp. 77–8.

118. Katzenellenbogen, 'British Businessmen', p. 253.

119. Ibid.,pp.252–4.

120. 'Diamonds in German South-west Africa. Price Agreement Said to be Unnecessary', *Financial Times*, 9 July 1909.

121. Lenzen, *The History of Diamond Production*, p. 160.

122. *Algemeen Handelsblad*, 25 April 1910. 克特曼斯（在安特衛普鑽石業中大名鼎鼎的人物）的一位後人，在一本有些古怪但有時帶來許多樂趣的書中描述了

明「阿切爾切工」而聞名，這是一種以桌形鑽石為基礎的另類切割方式，在裝飾藝術（Art Deco）時期受到西方菁英的歡迎。關於這個家族企業，參見他們的網站，網址為：www.royalasscher. com, 讀取於二〇二〇年五月五日。

102. Newbury, *The Diamond Ring*, pp. 172–87.

103. Dario Gaggio, 'Diamond Industry: Industrial Organization', in *The Oxford Encyclopedia of Economic History*, ed. Joel Mokyr, 5 vols (Oxford, 2003), vol. i, pp. 79–82 (p. 80); 也可參見：Alfred A. Levinson, 'Diamond Sources and Their Discovery', in *The Nature of Diamonds*, ed. George E. Harlow (Cambridge, 1998), pp. 72–104 (pp. 86–7).

104. 'German South-west Africa', *The Times*, 23 April 1900. 關於一八八四年至一九一九年間（即從柏林會議上歐洲殖民列強瓜分非洲，至第一次世界大戰結束後的《凡爾賽條約》（Treaty of Versailles）終結了德國帝國主義計畫為止）這個短命的德國殖民帝國的概述，參見：Sebastian Conrad, *German Colonialism: A Short History* (Cambridge, 2012). 這本書的德文原版為：*Deutsche Kolonialgeschichte* (Munich, 2008)。關於德屬西南非的概述，參見英文譯本第三十八至四十二頁。

105. 'German South-west Africa'.

106. 關於西南非公司殖民活動及其吸引德國投資者所做的努力的概述，參見：Richard A. Voeltz, *German Colonialism and the South West Africa Company, 1894–1914* (Athens, OH, 1988).

107. 'Diamonds in German South-west Africa', *Aberdeen Journal*, 14 December 1906. 卡普里維地帶確實蘊藏了一些鑽石，不過數量不大，且人們當時並未在那裡進行有組織的探勘活動。

108. Levinson, 'Diamond Sources', p. 88. 這件事發生在德國殖民部隊結束對納馬人（Nama）及赫雷羅人（Herero）的種族滅絕行動後一年。參見：David Olusoga and Casper W. Erichsen, *The Kaiser's Holocaust: Germany's Forgotten Genocide and the Colonial Roots of Nazism* (London, 2010).

109. 這個單位為克拉的產量數字來自：Lenzen, *The History of Diamond Production*, p. 160.他從珀西．華格納（Percy Wagner）的敘述，和此處取得這些數字：

88. Ibid.

89. Ibid.

90. Louis Waefelaer, 'The Richest Diamond Mine in the World', *San Francisco Sunday Call*, 21 March 1909. 感謝波音頓提供我這篇文章作為參考。

91. Ibid.

92. 'Diamonds More Dear', *New York Tribune Illustrated Supplement*, 16 October 1904.

93. Ibid.

94. Ibid.

95. 關於第二次波爾戰爭，參見： Iain Smith, *The Origins of the South African War, 1899–1902* (London, 1996).

96. 二〇一五年及二〇一六年，曾有人想要移除他在牛津大學的雕像。參見：Yussef Robinson, 'Oxford's Cecil Rhodes Statue Must Fall– It Stands in the Way of Inclusivity', *The Guardian*, 18 January 2016.開普敦大學的#Rhodesmustfall（譯按：羅德斯必須倒下）運動要求拆除他在大學中的雕像，導致該雕像在二〇一五年四月遭到拆除。這一事件激起了一場更大的關於雕像的辯論，因這些雕像是曾參與暴力及種族主義殖民壓迫者的紀念物。Amit Chaudhuri, 'The Real Meaning of Rhodes Must Fall', *The Guardian*, 16 March 2016.

97. Mark Twain, *Following the Equator: A Journey around the World* (Hartford, CT, 1898), p. 710.

98. 關於與普米耶礦營運發展有關之事件的概述，參見：Newbury, *The Diamond Ring*, pp. 172–87.

99. Pointon, *Rocks, Ice and Dirty Stones*, pp. 37–8. 博塔在一九一〇年成為獨立的南非聯邦的首任總理，他也是種族隔離制度發展的幕後主要推手之一。

100. *Soerabaijasch handelsblad*, 14 January 1908.

101. 在這張圖片上排中間的鑽石是庫里南一號，它是切割為七十四個刻面的梨形鑽石，重量為五百三十點二克拉，到一九九二年為止都是世界上最大的切割鑽石。在它左邊的是切割為枕形的庫里南二號。Pointon, *Rocks, Ice and Dirty Stones*, pp. 37–8. 今日仍活躍於鑽石業的阿切爾家族在開普時期崛起，並因發

72. Newbury, 'The Origins and Function', pp. 6–8.

73 這些公司包括波蒽、鄧克爾斯布勒、巴爾納托以及莫森索爾的公司。Newbury, 'The Origins and Function', p. 7.

74. Ibid.,p.9.

75. 貝特和沃爾納均對一八八〇年代羅德斯的事業成功發揮了作用。Colin Newbury, 'Cecil Rhodes, De Beers and Mining Finance in South Africa: The Business of Entrepreneurship and Imperialism', in *Mining Tycoons in the Age of Empire, 1870–1945*, ed. Raymond Dumett (Farnham and Burlington, VT, 2009), pp. 85–108 (pp. 97–9).

76. 有兩個短暫的時期利奇公司（V. A. Litkie & Co.）也是其合作夥伴。Newbury, 'The Origins and Function', p. 9.

77. Ibid.中央礦業及投資公司是由沃爾納及貝特公司（Wernher, Beit & Co.）於一九〇五年成立，兩家公司交叉持股，其成立目的是為約翰尼斯堡附近的黃金開採募集資金。參見：Raleigh Trevelyan, *Grand Dukes and Diamonds: The Wernhers of Luton Hoo* (London, 2012), pp. 181, 244–5.

78. Newbury, 'The Origins and Function', p. 11.

79. 戴比爾斯的壟斷今日已不復存在，但該公司仍是一股不可小覷的龐大勢力，並持續以同樣的方式組織其產品銷售。參見第六章。

80. Ibid.,pp.13–16.

81. Ibid.,pp.11–13.

82. Ibid.,pp.5–17.

83. Newbury, 'Cecil Rhodes', p. 103.

84. Newbury, 'The Origins and Function', pp. 13–15, 18. 亦可參見圖69。

85. 關於一七五〇年至一八三〇年間法國化妝品產業廣告的發展，參見：Martin, *Selling Beauty*, pp. 52–72.

86. 關於訂婚戒指概念發展的廣泛概述，參見：Pointon, *Rocks, Ice and Dirty Stones*, pp. 151–67.

87. 'Incomparable Display of Diamonds!', *Evening Star*, 15 December 1898.

the Gold Mines' Labour Supply, 1890–1920 (Kingston, ON, and Montreal, QC, 1985).

61. 'The Wealth of Kimberly. How Diamonds Are Found. The Enormous Profits', *Evening Telegraph*, 1 March 1900.

62. 'South Africa and Its Problems: The Diamond City', *Daily Telegraph*, 25 December 1900.

63. 'The Labour System in Kimberley', *The Times*, 29 January 1901. 亦可參見：'African Mines', *Illustrated Police News*, 29 July 1899.該文總結了礦工在監工手下所遭受的各種虐待，包括生病時被迫工作以及經常性毆打，不過文章將暴力歸咎於祖魯人警衛。

64. 'Chinese Labour', *The Times*, 9 February 1905. 亦可參見：Peter Richardson, 'The Recruiting of Chinese Indentured Labour for the South African Gold- Mines, 1903–1908', *Journal of African History*, xviii/1 (1977), pp. 85–108.

65. Jonathan Crush, 'Scripting the Compound: Power and Space in the South African Mining Industry', *Environment and Planning D: Society and Space*, xii/3 (1994), pp. 301–24 (p. 306).

66. Mahmood Mamdani, *Citizen and Subject: Contemporary Africa and the Legacy of Late Colonialism* [1996] (Princeton, NJ, 2018), pp. 256–7.

67. 這張以及其他各張照片發表於：'Guarding a Diamondmine in South Africa: Night and Day Precautions in a Native Workers' Compound', *Illustrated London News*, 27 February 1932.

68. Ibid.

69. Lenzen, *The History of Diamond Production*, p. 158.

70. Turrell, *Labour and Capital*, pp. 74–5.巴爾納托在致富前是個警察。

71. Ibid., p. 75. 關於薩羅門斯家族，參見：Vanneste, *Commercial Culture*, pp. 153–5. 薩羅門斯家族最重要的鑽石貿易商之一，是以色列．薩羅門斯，也被稱為耶希爾．普拉傑，此人在十八世紀下半葉活躍於倫敦。關於其活動的廣泛分析，參見：Yogev, *Diamonds and Coral*, pp. 183–274.

15 June 1897.

51. 詳盡分析參見：Thomas Pakenham, *Scramble for Africa: White Man's Conquest of the Dark Continent from 1876 to 1912* (New York, 1991), pp. 336–57, 372–92, 487–503, 641–56.關於羅斯柴爾德參與金伯利的礦業併購，以及羅德斯對於蘭德黃金開採業務的興趣，亦可參見：John Cooper, *The Unexpected Story of Nathaniel Rothschild* (London, 2015), pp. 73–82.

52. Colin Newbury, 'The Origins and Function of the London Diamond Syndicate, 1889–1914', *Business History*, xxix/1 (1987), pp. 5–26 (p. 20).

53. 'The Jagersfontein and South African Diamond Mining Association, Limited', *Financial Times*, 26 September 1889.

54. Worger, *South Africa's City of Diamonds*, pp. 274–8.

55. Newbury, *The Diamond Ring*, p. 158.

56. Cooper, *The Unexpected Story*, pp. 73–4.

57. 賈德納・威廉斯曾在一八九九年出版了一本關於鑽石礦的論文。他的兒子艾爾弗斯・威廉斯（Alpheus F. Williams）後來成為戴比爾斯的總經理，在一九三二年也出版了一本有關南非鑽石開採的書，在書中，他對於鑽石開採的地質展現出極大的興趣。Alpheus F. Williams, *The Genesis of the Diamond*, 2 vols (London, 1932).

58. Newbury, *The Diamond Ring*, pp. 107–31.

59. Ibid., p. 125. 英國報紙有時也會報導罷工事件。一九〇五年六月九日，在一篇標題為〈本地人在戴比爾斯礦場進行罷工〉（'Natives on Strike in the De Beers Mines'）的文章中，《金融時報》告訴讀者，有兩千三百名黑人礦工在杜托伊茲潘礦進行罷工，有五十三人遭到逮捕。

60. A. E. Van Der Merwe, I. Ribot, D. Morris, M. Steyn and G.J.R. Maat, 'The Origins of Late Nineteenth-century Migrant Diamond Miners Uncovered in a Salvage Excavation in Kimberley, South Africa', *South African Archaeological Bulletin*, lxv/192 (2010), pp. 175–84. 關於同一時期金礦移工的研究，參見：Alan H. Jeeves, *Migrant Labour in South Africa's Mining Economy: The Struggle for*

36. Alie Emily van der Merwe, 'Health and Demograhpy in Late Nineteenth Century Kimberley: A Palaeopathological Assessment', PhD thesis, Leiden University Medical Centre (2010).

37. 此書分析了幾張十九世紀末關於「脫光搜身」的照片：Marcia Pointon, 'De Beers's Diamond Mine in the 1880s: Robert Harris and the Kimberley Searching System', *History of Photography*, xlii/1 (2018), pp. 4–24.

38. Worger, *South Africa's City of Diamonds*, pp. 147–87.

39. Turrell, *Labour and Capital*, pp. 134–8.

40. Ibid.,pp.138–43.

41 引言出自詹姆斯·布朗（James Brown），共享工作者委員會（Combined Working Men's Committee）領袖之一，發表於：*Daily Independent* on 26 April 1884 and reproduced in Turrell, *Labour and Capital*, p. 143.

42. 如此書所引：Turrell, *Labour and Capital*, p. 143.

43. Worger, *South Africa's City of Diamonds*, pp. 203–19.

44. Cleveland, *Stones of Contention*, pp. 77–8.

45. 許多英國報紙都刊出了這則消息。一篇針對該事件的廣泛報導並附上一張礦井陷入火海中的版畫，參見：'Fire in the De Beers Diamond Mine', *Illustrated London News*, 18 August 1888。《約克先驅報》（*York Herald*）在一八八八年七月十四日刊出的文章〈南非礦災〉（'The Mining Disaster in South Africa'）中證實這次事件有五百多人獲救，文章並附上所有白人罹難者的名單，但當然，沒有提及死亡的黑人礦工。

46. 'Terrible Fire in a Mine. Great Loss of Life', *Daily Telegraph*, 13 July 1888.

47. Ibid.

48. Newbury, *The Diamond Ring*, p. 87; Turrell, *Capital and Labour*, p. 207.

49. 關於該故事的詳述，參見：Turrell, *Capital and Labour*, pp. 206–27; Newbury, *The Diamond Ring*, pp. 86–95; 以及：Worger, *South Africa's City of Diamonds*, pp. 191–236.

50. 'Mr. Barney Barnato Drowns Himself at Sea. His Body Recovered', *Evening News,*

British Expansionism in Southern Africa, 1877–1895 (Trenton, NJ, 2001), pp. 170–73.

22. Turrell, *Capital and Labour*, pp. 146–7. John M. Smalberger, 'I.D.B. and the Mining Compound System in the 1880s', *South African Journal of Economics*, xlii/4 (1974), pp. 247–58.

23. 關於圈舍的更多資料，參見：Turrell, *Capital and Labour*, pp. 155–63。關於圈舍的早期歷史，亦可參見：Rob Turrell, 'Kimberley's Model Compounds', *Journal of African History*, xxv/1 (1984), pp. 59–75；以及：Alan Mabin, 'Labour, Capital, Class Struggle and the Origins of Residential Segregation in Kimberley, 1880–1920', *Journal of Historical Geography*, xii/1 (1986), pp. 4–26.

24. Zélie Colvile, *Round the Black Man's Garden* (Edinburgh and London, 1893), p. 266. 關於柯爾維爾的更多資料，參見：Cheryl McEwan, *Gender, Geography and Empire: Victorian Women Travellers in West Africa* (Abingdon, 2000).

25. Ibid.

26. Ibid.,p.267.

27. Williams, *Diamond Mines*, p. 258.

28. 詳細分析參見：V. L. Allen, *The History of Black Mineworkers in South Africa*, vol. i: *Mining in South Africa and the Genesis of Apartheid, 1871– 1948* (London, 2005).

29. Linda Weiss, 'Exceptional Space: Concentration Camps and Labor Compounds in Late Nineteenth-century South Africa', in *Archaeologies of Internment*, ed. Adrian Myers and Gabriel Moshenska (New York, 2011), pp. 21–32.

30. Lenzen, *The History of Diamond Production*, p. 151.

31. Williams, *Diamond Mines*, pp. 240–41.

32. Turrell, *Labour and Capital*, p. 150; Newbury, *The Diamond Ring*, pp. 76–8.

33. Newbury, *The Diamond Ring*, pp. 76–82.

34. Colvile, *Round the Black Man's Garden*, p. 266.

35. Turrell, *Labour and Capital*, p. 159.

7. Worger, *South Africa's City of Diamonds*, pp. 42–3.

8. Turrell, *Capital and Labour*, pp. 81, 105. 馬丁・利連菲爾德（古斯塔夫及里歐波德・利連菲爾德的兄弟）自己則在倫敦以外的地方營運。關於利連菲爾德公司，參見：Lynfield, *In Search of Gustav*.

9. 一八六〇年時，阿姆斯特丹總共有五家鑽石切割工廠，最大的一家擁有五百三十八個鑽石磨，雇用的切割匠多達九百二十五人，由波斯諾家族擁有。'Nederlandsche Diamant-industrie', *Java-bode*, 7 January 1860. 五年後，一家報紙報導，波斯諾公司已經關門大吉，並導致四百名切割匠失業。'Brieven uit Nederland', *Bataviaasch handelsblad*, 21 December 1864.

10. Turrell, *Capital and Labour*, pp. 80–82 and 111–16.

11. Newbury, *The Diamond Ring*, p. 27.

12. Turrell, *Capital and Labour*, p. 116; Stefan Kanfer, *The Last Empire: De Beers, Diamonds, and the World* (New York, 1993), pp. 53–8 (Barnato) and 67–8 (Robinson).

13. 黃金開採後來成為十九世紀末其他主要開採行業之一，黃金的開採及勞動史與鑽石開採業有許多相似之處。關於羅賓森，參見：Robert V. Kubicek, 'The Randlords in 1895: A Reassessment', *Journal of British Studies*, xxi/2 (1972), pp. 84–103. Charles Harvey and Jon Press, 'The City and International Mining, 1870–1914', *Business History*, xxxii/3 (1990), pp. 98–119 (pp. 110–11).

14. 羅德斯這些初期的努力，參見：Turrell, *Capital and Labour*, pp. 82–7.

15. Worger, *South Africa's City of Diamonds*, p. 221. 亦可參見：Robert I. Rotberg, *The Founder: Cecil Rhodes and the Pursuit of Power* (Oxford, 1988), pp. 199–201.

16. Payton, *The Diamond Diggings*, p. 138.

17. Cleveland, *Stones of Contention*, p. 63.

18. Ibid.

19. Ibid., pp. 63–4; Turrell, *Capital and Labour*, pp. 94–100.

20. 引述自：Turrell, *Capital and Labour*, p. 98.

21. Christopher M. Paulin, *White Men's Dream, Black Men's Blood: African Labor and*

Vermandere and Karin Hofmeester, 'Internationale solidariteit uit zelfbehoud: Antwerpen onttroont Amsterdam', in *Een Schitterende Erfenis*, ed. Hofmeester, pp. 79–101.

220. 一些人認為是摩爾斯（和他的工頭一起）在一八七〇年代發明了第一座磨削機，不過托考斯基駁斥這個說法，他認為磨削機發源於安特衛普或阿姆斯特丹。Tolkowsky, *Diamond Design*, p. 24; 'The Pioneer Lapidary: Death of H. D. Morse, the Wellknown Dealer in Diamonds', *New York Times*, 4 January 1888.

221. 一份廣泛研究可參見：Thomas Figarol, 'Le district industriel de Saint- Claude et le monde du diamant à l'âge de la première mondialisation (années 1870–1914)', PhD thesis, Université de Besançon, 2015.

222. Heertje, *De Diamantbewerkers*, pp. 144–6.

223. Coenen Snyder, '"As Long as It Sparkles!"', p. 61.

第四章　建立全球帝國：戴比爾斯的世紀（一八八四年至一九九〇年）

1. 'United States Court of Appeal for the Third Circuit. Shawn Sullivan; Arrigotti Fine Jewelry; James Walnum, on behalf of themselves and all others similarly situated, v. DB Investments, Inc; De Beers s.a.; De Beers Consolidated Mines, Ltd; De Beers a.g.; Diamond Trading Company; cso Valuations a.g.; Central Selling Organization; De Beers Centenary a.g. . . . Reargued En Banc on February 23, 2011', pp. 11–12, www.uscourts.gov, 讀取於二〇二〇年五月五日。

2. Kanfer, *Last Empire*, pp. 153–6, 161, 171–5.

3. Newbury, *Diamond Ring*, pp. 40–43.

4. Worger, *South Africa's City of Diamonds*, pp. 30–37.

5. Morton, *South African Diamond Fields*, p. 83.

6. Turrell, *Capital and Labour*, p. 82.

206. Daniël Metz and Karin Hofmeester, 'Amsterdam Diamantstad: Een nieuwe industrie', in *Een Schitterende Erfenis: 125 jaar nalatenschap van de Algemene Nederlandse Diamantbewerkersbond*, ed. Karin Hofmeester (Zutphen, 2019), pp. 13–33 (p. 20).

207. Ibid.,p.26.

208. Ibid.,p.28.

209. Heertje, *De Diamantbewerkers*, pp. 27–30.

210. Ibid.,pp.31–41.

211. Eric Laureys, *Meesters van het Diamant: De Belgische diamantsector tijdens het nazibewind* (Tielt, 2005), pp. 49–50.

212. Evans, *A History of Jewellery*, p. 182.

213. 'Holland and the Hollanders [Second Paper]', *Harper's New Monthly Magazine*, xliv (December 1871–May 1872), pp. 349–64 (p. 351).

214. Karina Sonnenberg-Stern, *Emancipation and Poverty: The Ashkenazi Jews of Amsterdam, 1796–1850* (London, 2000).

215. Karin Hofmeester, *Jewish Workers and the Labour Movement: A Comparative Study of Amsterdam, London and Paris, 1870–1914* (London, 2004), p. 14.

216. 'Holland and the Hollanders', p. 351.

217. 一些人設法在這道社會經濟階梯往上爬，其他人則注定要繼續在這些有害健康的工廠裡工作。關於阿姆斯特丹猶太人在鑽石方面獲得與錯失的機會，概述可參見：Saskia Coenen Snyder, ' "As Long as It Sparkles!": The Diamond Industry in Nineteenth-century Amsterdam', *Jewish Social Studies*, xxii/2 (2017), pp. 38–73。施奈德（Snyder）成功證明，如果沒有鑽石，一部分的猶太無產階級將不可能向上流動。

218. 關於該工會早期歷史的概述，參見：Margreet Schrevel, 'Een stem in het kapittel. Diamantbewerkers organiseren zich', in *Een Schitterende Erfenis*, ed. Hofmeester, pp. 35–55.

219. 關於比利時一般鑽石工人協會以及世界鑽石工人工會，參見：Martine

1910', ma thesis, University of Cape Town, 2009, pp. 52, 55.

190. Turrell, *Capital and Labour*, pp. 34–5.

191. Higgs, 'The Historical Development', pp. 31–2.

192. Turrell, *Capital and Labour*, pp. 34–6 (p. 35). 關於掘鑽者在同一時期自行建立的替代形式政府，參見：ibid., pp. 36–42。

193. Ibid.,p.12.

194. 關於所有這些技術創新的討論，參見：Williams, *Diamond Mines*, pp. 229–31.

195. Turrell, *Capital and Labour*, pp. 12, 35.

196. Ibid.,pp.52–6.

197. Ibid.,pp.63–4.

198. Ibid.,p.58.

199. 完整分析參見：ibid., pp. 49–72.

200. 關於一八七一年至一八八〇年間，三個不同行政管理體制所推行的鑽石開採法規的概述，參見：Higgs, 'The Historical Development'.

201. Alois S. Mlambo and Neil Parsons, *A History of Southern Africa* (London, 2019), p. 115; 也可參見： I. B. Sutton, 'The End of Coloured Independence:The Case of the Griqualand East Rebellion of 1878', *Transafrican Journal of History*, viii/1–2 (1979), pp. 181–200. 這同一段動盪時期發生了英國與祖魯戰爭（Anglo-Zulu War，一八七九年）以及第一次波爾戰爭（First Boer War，一八八〇年至一八八一年）。儘管祖魯部隊遭到擊敗，但波爾軍隊卻成功重建了川斯瓦共和國—直到他們在第二次波爾戰爭中戰敗為止。Meredith, *Diamonds, Gold and War*, pp. 86–104. 關於第一次波爾戰爭，又稱為川斯瓦叛亂（Transvaal Rebellion），參見：John Laband, *The Transvaal Rebellion: The First Boer War, 1880–1881* (London, 2005).

202. Anthony Trollope, *An Old Man's Love* [1884] (London, 1993), p. 68.

203. Heertje, *De Diamantbewerkers*, p. 25.

204. Ibid.

205. Ibid.,p.26.

175. Cleveland, *Stones of Contention*, p. 53.

176. Ibid., p. 57. 這造成了其他地方的勞動力短缺；舉例來說，這是一八七三年左右納塔爾殖民勞動市場混亂背後的原因之一。Atkins, *The Moon Is Dead!*, p. 132.

177. Payton, *Diamond Diggings*, p. 165.

178. Turrell, *Capital and Labour*, p. 31.

179. Doughty, *Early Diamond Days*, p. 190.

180. John Angove, *In the Early Days: The Reminiscences of Pioneer Life on the South African Diamond Fields* (Kimberley, 1910), pp. 67–9.

181. 'South Africa', *Glasgow Herald*, 8 February 1872.

182. Turrell, *Capital and Labour*, pp. 27–9.

183. Ibid.,pp.28–9.

184. 關於鑽石礦場在早期歷史中種族主義刻板印象的發展，以及日益增長的種族對立，參見：Paul G. Lawrence, 'Class, Colour Consciousness and the Search for Identity: Blacks at the Kimberley Diamond Diggings, 1867–1893' , ma thesis, University of Cape Town, 1994.

185. Payton, *Diamond Diggings*, p. 139.

186. Ibid., p. 141. 艾克斯特大廳（Exeter Hall）是位於倫敦河岸街上的一棟建築物，反奴隸制運動定期在此舉行會議。佩頓關於當地勞工的章節標題為「我們的有色人種勞工」。Payton, *Diamond Diggings*, p. 137. 當他稱呼自己的工人時，佩頓經常使用諸如「我的男孩」或「我的兩個黑仔」這類具種族主義色彩的用詞。Ibid., p. 145.

187. Turrell, *Capital and Labour*, pp. 100–102. 儘管存在著對他們不利的一切，但在整個一八七〇年代，一些黑人及亞洲裔權利地持有者仍堅持下來，並成功在賣掉他們的採礦權利前賺錢致富。

188. Ibid.,p.50.

189. Jade Davenport, 'Colonial Mining Policy of the Cape of Good Hope: An Examination of the Evolution of Mining Legislation in the Cape Colony, 1853–

161. Anneke Higgs, 'The Historical Development of Diamond Mining Legislation in Griqualand West during the Period 1871 to 1880', *Fundamina*, xxiv/1 (2018), pp. 18–56 (p. 19).

162. Payton, *Diamond Diggings*, p. 5.

163. Meredith, *Diamonds, Gold and War*, pp. 33–4.

164. 'A Growl from the Diamond Fields', *The Times*, 8 February 1872.

165. Todd Cleveland, *Stones of Contention: A History of Africa's Diamonds* (Athens, OH, 2014), p. 52.

166. 'A Growl from the Diamond Fields'.

167. Rob Turrell, 'The 1875 Black Flag Revolt on the Kimberley Diamond Fields', *Journal of Southern African Studies*, vii/2 (1981), pp. 194–235 (p. 200).

168. Newbury, *Diamond Ring*, p. 22.

169. Payton, *Diamond Diggings*, p. 139.

170. Cleveland, *Stones of Contention*, p. 52.

171. Ibid., p. 53. 關於十九世紀下半葉納塔爾殖民背景下的黑人勞動研究，參見：Keletso E. Atkins, *The Moon Is Dead! Give Us Our Money! The Cultural Origins of an African Work Ethic, Natal, South Africa, 1843–1900* (Portsmouth, nh, 1993).儘管這一分析並未處理礦業勞動，但是針對參與殖民勞動市場的社群在文化上與社會上如何感知這一殖民勞動市場的嵌入，作者的研究發現對於參與鑽石礦早期移民勞動的社群仍同樣具有意義。

172. John Pampallis, *Foundations of the New South Africa* (Cape Town, 1991), p. 24.

173. Robert Vicat Turrell, *Capital and Labour on the Kimberley Diamond Fields, 1871–1890* (Cambridge, 1987), pp. 18–19. 克利夫蘭的數字更高，因為他估計約有一萬五千至三萬五千名非白人勞工居住在金伯利，這數字在接下來幾年中增加到五萬至八萬人。Cleveland, *Stones of Contention*, p. 52. 居住在金伯利的勞工也在附近的其他礦場工作可以局部解釋這一差異。

174. Oswald Doughty, *Early Diamond Days: The Opening of the Diamond Fields of South Africa* (London, 1963), p. 182.

但除了一些例外，他們主要從事支持礦業經濟的職業，而不是擔任礦工。「沒有證據表明有任何中國人從事鑽石挖掘工作，雖然有許多人靠著開店或擔任洗衣工來維持生計，他們住在鎮郊的馬來人營地。」Melanie Yap and Dianne Leong Man, *Colour, Confusion and Concessions: The History of the Chinese in South Africa* (Hong Kong, 1996), pp. 47–8. 馬來人營地是由馬來人運輸駕駛建立的社區。

151. Payton, *Diamond Diggings*, p. 107.

152. Babe, *South African Diamond Fields*, p. 23.

153. Payton, *Diamond Diggings*, pp. 106–7. 佩頓後來成為一名英國外交官，派駐於莫加多（Mogador，即摩洛哥），並成為熱那亞板球與足球俱樂部（Genoa Cricket & Football Club，即今日義大利的熱那亞足球俱樂部〔Genoa F.C.〕）創辦人之一。「黑佬」一詞源自阿拉伯語，意思為不信教的人，在十九世紀南非殖民主義的脈絡中被用來指屬於班圖族的人，不過更常被拿來當成專門詆毀某個人的污言穢語。參見：A. J. Christopher, '"To Define the Indefinable": Population Classification and the Census in South Africa', *Area*, xxxiv/4 (2002), pp. 401–8.

154. Payton, *Diamond Diggings*, pp. 103, 114.

155. 引自：ibid., p. 26.

156. Ernest Cohen, 'Mittheilungen an Professor G. Leonhard', *Neues Jahrbuch für Mineralogie, Geologie und Palaeontologie* (1872), pp. 857–61；亦可參見：E. J. Dunn, 'On the Mode of Occurrence of Diamonds in South Africa', *Quarterly Journal of the Geological Society*, xxx (1874), pp. 54–60 (p. 54).

157. H. Carvill Lewis, 'The Genesis of the Diamond', *Science*, viii/193 (1886), pp. 345–7.

158. 這些規則總共有二十四條，轉載於：Boyle, *To the Cape for Diamonds*, pp. 402–3.

159. Ibid.,pp.119–22.

160. Worger, *South Africa's City of Diamonds*, p. 18.

South Africa (London, 1873), p. 86.

134. Robertson, *Diamond Fever*, p. 133.

135. Babe, *South African Diamond Fields*, pp. 19–22.

136. Meredith, *Diamonds, Gold and War*, pp. 24–5.

137. Babe, *South African Diamond Fields*, p. 48.

138. Robertson, *Diamond Fever*, pp. 173–92.

139. Meredith, *Diamonds, Gold and War*, pp. 22–6.

140. Colin Newbury, *The Diamond Ring: Business, Politics and Precious Stones in South Africa, 1867–1947* (Oxford, 1989), pp. 9–17.

141. Charles A. Payton, *The Diamond Diggings of South Africa: A Personal and Practical Account* (London, 1872), p. 156.

142. Babe, *South African Diamond Fields*, pp. 37–9.

143. Robertson, *Diamond Fever*, pp. 209–32.

144. Lynfield, *In Search of Gustav*, pp. 98–100; Gardner F. Williams, *The Diamond Mines of South Africa: Some Account of their Rise and Development* [1899] (New York, 1902), pp. 165–8.

145. Robertson, *Diamond Fever*, pp. 209–32.

146. A. E. Coleman, 'Life in the Diamond Fields', *Harper's Magazine*, xlvi (December 1872–May 1873), pp. 321–36 (p. 327).

147. Williams, *The Diamond Mines*, pp. 172–5. 這將成為未來的大坑。圖40及其他幾張來自相同資料庫的圖像均被標示源自約一九〇〇年。所有證據均指出這些作品完成於更早期，最早的可能是一八七二年，例如，可將一八七二年《倫敦畫報》（*The London Illustrated News*）上的圖像（圖4）與圖40做個比較。

148. Ibid.,p.168.

149. 'Diamond Land', *Penny Illustrated Paper*, 16 September 1871.

150. Babe, *South African Diamond Fields*, p. 70. William H. Worger, *South Africa's City of Diamonds: Mine Workers and Monopoly Capitalism in Kimberley, 1867– 1895* (New Haven, CT, 1987), p. 15. 雖然中國、印度和馬來移工也在金伯利礦工作，

116. 如此書所引：Robertson, *Diamond Fever*, p. 138.關於亞瑟司通，參見：'Atherstone, William Guybon', *Encylopaedia Brittanica* (New York, 1911), vol.ii, p. 845。

117. 如此書所引：Robertson, *Diamond Fever*, pp. 123, 132–3.

118. Ibid.,p.137.

119. James R. Gregory, 'Diamonds from the Cape of Good Hope', *Geological Magazine*, v/54 (1868), pp. 558–61 (p. 561).

120. James R. Gregory, 'Discovery of Diamonds, Etc., at the Cape', *Geological Magazine*, vi/61 (1869), pp. 333–4.

121. 參見：Robertson, *Diamond Fever*, p. 162. 一八六八年林波波河（Limpopo）北方發現黃金，引爆了一股淘金熱。Meredith, *Diamonds, Gold and War,* p. 135.

122. 'The Precious Stones of Australia', *The Star*, 20 February 1869.

123. 'Gregory', *A Dictionary of South African English on Historical Principles* (Oxford, 1996), p. 266.

124. 'Kaapkolonie', *Nieuwe Rotterdamsche Courant*, 22 May 1869. 他們從開普敦的一份報紙上發現了這個消息：*Kaapsche Volksblad*, 19 April 1869.

125. 利連菲爾德家族在南非早期鑽石歷史上以貿易商及礦工的身分發揮了重要作用。更多訊息參見：Lynfield, *In Search of Gustav.*

126. *Graaff-Reinet Herald*, 24 March 1869.

127. Robertson, *Diamond Fever*, p. 194.

128. 'European Items', *The Star*, 12 May 1871.

129. William J. Morton, *South African Diamond Fields and the Journey to the Mines* (New York, 1877), p. 10.

130. Robertson, *Diamond Fever*, p. 202; Jerome L. Babe, *The South African Diamond Fields* (Kimberley, 1976), p. 19.

131. Robertson, *Diamond Fever*, p. 206.

132. 'The Diamond Valley', *Western Times*, 1 November 1870.

133. Frederick Boyle, *To the Cape for Diamonds: A Story of Digging Experiences in*

（Legassick）一九六九年於加州大學洛杉磯分校（UCLA）提交的博士論文。

107. Waldman, *The Griqua Conundrum*, pp. 63–9.

108. 這遊戲據說發源自亞洲，但世界上許多地方的人也玩它，玩法是重複拋接五顆石頭，或原始的玩法是拋接黃耆、山羊或綿羊的距骨或指節骨——在英語中，這遊戲仍被稱為指節骨。它是最古老的機會遊戲之一，已存在數千年之久，隨著時間推移而造成的語言混淆及遊戲規則消失，令人很難追溯遊戲起源的確切時空背景，也不一定能進行比較。但人們普遍認為，將動物的骨頭拋向空中與占卜及遊戲均有關係，因為兩者皆涉及機會及機率。參見：Florence Nightingale David, *Games, Gods, and Gambling: A History of Probability and Statistical Ideas* [1962] (Mineola, NY, 1998), pp. 2–5.

109. 洪德後來因非法購買鑽石遭到逮捕，並為此在牢裡待上了一段時間，之後他回到荷蘭。赫希特收藏了一批寶石，並在一八一七年發表了一篇關於這批收藏的論文。Geoffrey Lynfield, *In Search of Gustav: The Story of the Lilienfeld (later Lynfield) Family Covering the Last 200 Years* (New York, 2005), p. 79. Marian Robertson, *Diamond Fever: South African Diamond History, 1866–9, from Primary Sources* (Cape Town, 1974), p. 232.

110. Robertson, *Diamond Fever*, pp. 69–84. 關於尤里卡的發現還有其他的故事版本，但根據羅伯森（Robertson），這個版本的故事最為可信。一九六七年，戴比爾斯買下了這顆鑽石，並將它捐贈給南非人民。這顆鑽石目前收藏於金伯利礦區博物館（Kimberley Mine Museum）。

111. Ibid.,p.36.

112. ibid., p. 69。

113. Ibid.,pp.66–8.

114. ibid., p. 125。

115. Emanuel appears in J. Culme, *The Directory of Gold and Silversmiths, Jewellers and Allied Traders, 1838–1914* (London, 1987). 亦可參見：Charlotte Gere and Judy Rudoe, *Jewellery in the Age of Queen Victoria: A Mirror to the World* (London, 2010).

Absorption Investigation Confirms the Extraterrestrial Origin of Carbonado Diamonds', *Astrophysical Journal Letters*, dcliii/2 (2006), pp. 153–6.

96. Janusz Konstanty, *Powder Metallurgy Diamond Tools* (Amsterdam, 2005), p.2.

97. Marc W. Herold, 'The Black Diamonds of Bahia (Carbonados) and the Building of Euro-America: A Half-century Supply Monopoly (1880–1930s)', *Commodity of Empire*, Working Paper No. 21 (London, 2013). 北卡羅來納州曾發現過非常少量的黑金剛石，婆羅洲也開採黑金剛石。

98. Marc W. Herold and Samuel Rines, 'A Half-century Monopoly (1880–1930s): the Black Diamonds (carbonados) of Bahia and Jewish Merchants', *Revista Ciências Administrativas*, xvii/1 (2011), pp. 13–54 (p. 36).

99. Ibid.,p.25.

100. 詳細分析可參見：Norman Etherington, *The Great Treks: The Transformation of Southern Africa, 1815–1854* (Abingdon, 2014).

101. Meredith, *Diamonds, Gold and War*, p. 7.

102. 在歷史上，殖民者曾用具有貶抑及種族主義色彩的詞「霍騰托人」(Hottentot) 來稱呼柯伊人，用「布希曼人」來稱呼桑人。

103. 關於南非殖民種族體制的發展，參見：Timothy Keegan, *Colonial South Africa and the Origins of the Racial Order* (London, 1996).

104. Linda Waldman, *The Griqua Conundrum: Political and Socio-cultural Identity in the Northern Cape, South Africa* (Oxford, 2007), p. 58.

105. Jan van der Stoep in conversation with Mr Cecil le Fleur and Captain Johannes Kraalshoek, 'Do Minorities Need Cultural Rights? The Case of the Griqua People in South Africa', in *From Our Side: Emerging Perspectives on Development and Ethics*, ed. Steve de Gruchy, Nico Koopman and Sytse Strijbos (Amsterdam, 2008), pp. 75–86 (p. 78).

106. 關於格里夸人在那些年的發展，深入分析可參見：Martin Chatfield Legassick, *The Politics of a South African Frontier: The Griqua, the Sotho-Tswana, and the Missionaries, 1780–1840* (Basel, 2010). 這部分的研究是基於雷加斯克

82. Marco Lobato Martins, 'A presença da fábrica no "grande empório do Norte": surto industrial em Diamantina entre 1870 e 1930', *Anais do* ix *Seminário sobre a Economia Mineira*, i (2000), pp 281–304 (p. 290).

83. Ibid., p. 290; 以及： Paul Walle, *Au Brésil État de Minas Geraes (Préface de M.E. Levasseur)* (Paris, 1916), pp. 29–30. 威爾（Walle）以法國商業代表團領導人的身分造訪巴西。他去了包括鑽石區在內的不同地方，並聲稱巴西鑽石的品質優於南非鑽石。

84. 集結這些信件出版的合集為：Nicolaas Verschuur, *Brieven uit Brazilië* (Amsterdam, 1989).

85. 'Sobre o descobrimento', p. 260.

86. Spix and Martius, *Reise*, vol. ii, pp. 608–9.

87. José Martins Catharino, *Garimpo Garimpeiro Garimpagem* (Rio de Janeiro, 1986), pp. 53–70.

88. Alex Robinson, *Bahia: The Heart of Brazil 's Northeast* (Guilford, CT, 2010), p. 234.

89. 'A Diamond Mine', *The Penny Satirist*, 25 October 1845, and 'Discovery of a Diamond Mine', *Morning Post*, 17 November 1845.

90. 出版的報告為：B. M. da Silva Acauã, 'Relatorio dirigido ao governo imperial, em 15 de Abril 1847, pelo inspector geral dos terrenos diamantinos da província da Bahia, o Sr. Dr. Benedicto Marques da Silva Acauã, membro correspondente do Instituto', *Revista Trimensal de Historia e Geographia, ou Jornal do Instituto Historico e Geographico Brasileiro*, ix/2 (1869), pp. 227–60.

91. Ibid.

92. Bauer, *Precious Stones*, p. 179.

93. Harry Emanuel, *Diamonds and Precious Stones: Their History, Value, and Distinguishing Characteristics with Simple Tests for their Identification*, 2nd edn (London, 1867), p. 59.

94. Lenzen, *The History of Diamond Production*, pp. 131–3.

95. Jozsef Garai, Stephen E. Haggerty, Sandeep Rekhi and Mark Chance, 'Infrared

66. Eschwege, *Pluto Brasiliensis*, p. 155.

67. Biblioteca Antonio Torres, Diamantina, *Resolução da Assembleia Geral Legislativa*, 25 October 1832.

68. Dos Santos, *Memórias*, p. 397: 'sombrio, melancólico'.

69. Marcos Lobato Martins, 'A Mineração de Diamantes e a Administração Geral dos Terrenos Diamantinos: Minas Gerais, Décadas de 1830–1870', *Revista de História*, clxvii (2012), pp. 129–63 (pp. 134–5).

70. Dos Santos, *Memórias*, p. 403: 'lei que julgamos excelente'.

71. 關於從米納斯吉拉斯當地背景來分析奴隸制及其廢除，參見：Bergad, *Slavery and the Demographic and Economic History of Minas Gerais.*

72. Lobato Martins, 'Mineração', pp. 137–9.

73. 關於提及布蘭特家族的部分，參見：Burton, *Explorations*, vol. ii, p. 125.

74. Ibid.,pp.121–2.

75. Ibid.,p.104.

76. APM, Presidência da Província – Seção Provincial (hereafter APM/SP), No. 1007: Originais de ofícios e mais papéis dirigidos ao Governo sobre indústrias e terrenos diamantinos, 1863, f. 60r.

77. Ibid., ff. 126–7: 'gente da baixa condição'. 這些檔案中有多處提及類似的採礦熱潮。

78. APM/SP, No. 551: Registro de ofícios e mais atos do Governo sobre terrenos diamantinos, 1854–1866: 'pessoas que na maior parte são da peor classe da sociedade'.

79. Lobato Martins, 'Mineração', p. 144.

80. APM, Delegacia dos Terrenos Diamantinos, No. 13: Repartição de Terrenos Diamantinos – Matrícula de lotes arrendados (1886–1913), p. 196. 關於庫比切克的生平及總統在位時情況，參見：Robert J. Alexander, *Juscelino Kubitschek and the Development of Brazil* (Athens, OH, 1991).

81. Burton,*Explorations*,vol.ii,pp.98–100.

44. Posewitz,*Borneo*,p.381.

45. D. de Loos, *Gesteenten en Mineralen van Nederlandsch Oost-Indie*, vol. ii: *Diamant en Edele Metalen* (Haarlem, 1889), p. 5.

46. J. Rueb, 'Diamanten op Borneo', *Economisch-Statistische Berichten: Algemeen Weekblad voor Handel, Nijverheid, Financiën en Verkeer*, ii/99 (1917), pp. 867–9 (p. 869).

47. Max Bauer, *Edelsteinkunde*, 3rd edn (Leipzig, 1932), p. 281.

48. Rueb, 'Diamanten op Borneo', p. 869.

49. 'De Diamantwinning', *Het Vaderland*, 6 May 1930.

50. Posewitz,*Borneo*,pp.481–3.

51. 'Exploratie van diamantvelden op Borneo', *Het Nieuws van den Dag voor Nederlandsch-Indië*, 26 September 1919.

52. De Loos, *Gesteenten*, p. 7.

53. Rueb, 'Diamanten op Borneo', p. 869.

54. Ibid.

55. Ibid.

56. Posewitz,*Borneo*,pp.404–5.

57. Ibid.,p.405.

58. Ibid.,p.401.

59. Ibid.,p.405.

60. Ibid.,p.397.

61. Ibid., p. 398. 馬塔普拉鎮在該世紀稍晚成為婆羅洲主要鑽石加工中心。

62. Posewitz,*Borneo*,p.397.

63. John Crawfurd, *History of the Indian Archipelago: containing an account of the manners, arts, languages, religions, institutions, and commerce of its inhabitants*, 3 vols (Edinburgh, 1820), vol. iii, p. 493.

64. Ibid.

65. 圖30清楚顯示，巴西產量數字在十九世紀初時顯著下滑。

人耳熟能詳的稱號是「孟加拉文藝復興」，這是場提倡受到西方啟發的自由思想方式的知識運動，但它也培養了民族主義及反英情緒。可參照：Susobhan Chandra Sarkar, *Bengal Renaissance and Other Essays* (New Delhi, 1970；以及：David Kopf, *British Orientalism and the Bengal Renaissance* (Berkeley, CA, 1969).

30. Rousselet, *L'Inde des rajahs*, pp. 440–41; and Abshire et al., 'A Mathematical Method for Visualizing Ptolemy's India', p. 33.
31. Rousselet, *L'Inde des rajahs*, pp. 442–3.
32. Ibid.
33. 觀察者對巴西沖積帶鑽石礦也做出了類似評論。
34. Ball, *The Diamonds, Coal and Gold of India*, p. 46.
35. Ibid., p. 51. 但鮑爾卻未提到是哪份報紙、出刊日期及作者的名字。
36. Ibid.,pp.51–2.
37. Hofmeester, 'Working for Diamonds', p. 42.
38. Ball, *The Diamonds, Coal and Gold of India*, p. 57.
39. 'Sambas and Pontianak Sultanates', p. 1170.
40. 一九三八年，這兩個行政單位合併為婆羅洲政府，首府位於馬辰。參見：Robert Cribb, *Historical Atlas of Indonesia* (Richmond, Surrey, 2000), p. 129.關於十九世紀婆羅洲發展的概述，參見：Graham Irwin, *Nineteenth-century Borneo: A Study in Diplomatic Rivalry* (The Hague, 1955).
41. Mary Somers Heidhues, 'Chinese Organizations in West Borneo and Bangka: Kongsis and *Hui*', in *'Secret Societies' Reconsidered: Perspectives on the Social History of Modern South China and Southeast Asia*, ed. David Ownby and Mary F. Somers Heidhues (Armonk and London, 1993), pp. 68–88(pp. 70–76).
42. H. Blink, *Nederlandsch Oost- en West-Indië Geographisch, Ethnographisch en Economisch beschreven*, 2 vols (Leiden, 1907), vol. ii, pp. 360–62.
43. Posewitz, *Borneo*, pp. 401–2. 波瑟維茲針對鑽石的討論在第三百七十九至四百零六頁。另一份提及鑽石的報告是：R.D.M. Verbeek, *Die Eocänformation von Borneo und ihre Versteinerungen* (Cassel, 1875).

co.uk, 20 April 2016, 以及'Return the Kohinoor to Lahore: Pakistan Minister', www.thehindu.com, 11 April 2019.

14. 針對這一事件，歷史學研究在死亡人數及英國有意識謀殺印度人方面存在分歧的意見。Saul David, *The Indian Mutiny* (New York, 2002)提供了一個經典的描述。阿瑪瑞許・米施拉（Amaresh Mishra）將英國對這次譁變的解決方式稱為「大屠殺」，並估計這次屠殺在一八五七年後的十年間導致了一千萬人死亡。Amaresh Mishra, *War of Civilisations: India, 1857* ad, 2 vols (New Delhi, 2008).

15. Bandyopadhyay, *From Plassey to Partition*, pp. 66–183.

16. 更多訊息可參見他們的網站：'Geological Survey of India', mines.gov.in, 讀取於二〇二〇年五月四日。

17. Ball, *The Diamonds, Coal and Gold of India*, pp. 14–16.

18. Ibid.,p.14.

19. 十九世紀早期，地質學家也曾造訪過這個地方。Ibid., pp. 16–18.

20. Ibid.,p.18.

21. Ibid.,p.19.

22. Ibid.,p.21.

23. Rasanada Tripathy, *Crafts and Commerce in Orissa* (Delhi, 1986), p. 55.

24. 關於這個地區的礦業史，參見：Ball, *The Diamonds, Coal and Gold of India*, pp. 39–44.

25. Ibid., pp. 25–38 (p. 38).

26. 'The Diamond Mines of Sumbulpore', *New World*, iii (6 November 1841), pp. 299–300.

27. Bhagwan Das Gupta, *A History of the Rise and Fall of the Marathas in Bundelkhand, 1731–1804: Based on Original Sources* (Delhi, 1987).

28. Ball, *The Diamonds, Coal and Gold of India*, pp. 50–54.

29. Louis Rousselet, *L'Inde des rajahs: voyage dans l'Inde centrale et dans les présidences de Bombay et de Bengale* (Paris, 1875), p. 440. 孟加拉改革運動更為

South Africa', *Nature: A Weekly Illustrated Journal of Science*, iii (November 1870–April 1871), pp. 2–3 (p. 3).這句話也出現在另一篇文章中，只是措辭稍有不同：*Sunday Times*, 13 November 1870. 關於蕭，參見：William Beinart, *The Rise of Conservation in South Africa: Settlers, Livestock, and the Environment, 1770–1950* (Oxford, 2003), p. 119.

3. 關於鑽石在十九世紀帝國主義和維多利亞時期大不列顛之背景下的意義，最近的研究參見：Adrienne Munich, *Empire of Diamonds: Victorian Gems in Imperial Settings* (Charlottesville, VA, 2020).

4. 關於普拉西戰役及其對英國殖民主義和領土擴張的影響，參見：Sekhar Bandyopadhyay, *From Plassey to Partition: A History of Modern India* (New Delhi, 2004), pp. 1–65.關於克利夫在殖民政策中扮演的角色及其與鑽石貿易商約瑟夫・薩爾瓦多（後者在一七六〇年代初為克利夫提供政策方面的建議）之關係，相關討論參見：Vanneste, *Commercial Culture*, pp. 276–8.

5. Bandyopadhyay, *From Plassey to Partition*, p. 44.

6. 難怪莫特前往薩姆巴爾普爾的任務發生在一年後，這不是巧合（參見第一章）。

7. FAA, Insolvente Boedelskamer James Dormer, IB1743, Francis & Jacob Salvador to James Dormer, London, 24 November 1747.

8. G. W. Forrest, 'The Siege of Madras in 1746 and the Action of La Bourdonnais', *Transactions of the Royal Historical Society*, 3rd series, ii (1908), pp. 189–234. 關於薩爾瓦多和多默爾的參與，參見：Vanneste, *Commercial Culture*, p. 98.他們的嘗試似乎失敗了，幾年後他們試著控制巴西的鑽石壟斷權，但仍以失敗告終。

9. Bandyopadhyay, *From Plassey to Partition*, pp. 49–50.

10. Ibid.,pp.51–65.

11. Dalrymple and Anand, *Koh-i-Noor*, pp. 173–88.

12. Ibid.,pp.219–28.

13. 'Koh-i-Noor: India Says It Still Wants Return of Priceless Diamond', www. bbc.

187. 關於倫敦的鑽石切割，參見：Ogden, *Diamonds*, pp. 171–2, 183–4.

188. Jeffries, *A Treatise on Diamonds*, p. 101.

189. Tillander, *Diamond Cuts*, pp. 136, 167, 182; Jeffries, *A Treatise on Diamonds*, p. 152; Hofmeester, 'Shifting Trajectories', p. 34.

190. Bleue-Marine Massard, 'La Manufacture Royale de Taille de Diamant (1779–1787) ou La volonté de doter la France d'un nouvel art sous Louis xvi', ma thesis, Université Paris IV Sorbonne, 2011.

191. FAA, Insolvente Boedelskamer van der Meeren, IB2352, C. van Hogerwoert to M. van der Meeren, Amsterdam, 28 February 1735: 'onse vrinden die hier aen smousen of Joden maackelen of beunasen . . . in plaats van dat aen eerlyke Christenen te zenden'. 「smous」一詞可能衍生自意第緒語（Yiddish），是對猶太人的一種反猶主義蔑稱。

192. Schlugleit, 'De Strijd om de Ambachtsregelingen'.

193. Heertje, *De Diamantbewerkers*, pp. 22–3.

194. Ibid., p. 23: 'alzoo het ons onmogelijk is, volgens onze aangebore aart, gelijk de Jooden doen, onze kost te winnen met Schoenen schoon maken, of met Kammen en Brillen, en oude Kleeren te kopen en ons te behelpen gelijk de Zwijnen, 10 of 12 in een hok.'

195. ANTT, PT/TT/RED/A: Real Extracção de Diamantes das Minas no Brasil – A Direcção de Lisboa (1764–1807), PT/TT/RED/A-A/001: Fábrica de Lapidação de Diamantes. Recibos dos lapidarias, 1806–1807.

第三章 駛向現代化工業的雲霄飛車（一七八五年至一八八四年）

1. Burton,*Explorations*,vol.ii,pp.104–5.

2. 這句話出現在蕭博士的一篇文章摘要中，該文的原始出處為：*Cape Monthly Magazine* (September 1870). John Shaw, 'The Geology of the Diamond Fields of

171. Tolkowsky, *Diamond Design*, p. 22.

172. Ogden,*Diamonds*,pp.170–72.

173. Jeffries, *A Treatise on Diamonds*, p. 30.

174. Evans, *A History of Jewellery*, p. 149.

175. 這些切工可能是在舊款式的基礎上做變化，並且有許多形狀，如橢圓形、珍珠形、心形或桌形。不規則切工的選擇可能與未拋光鑽石的特定形狀、或是與特定消費者的需求有關。Tolansky, *The History and Use of Diamond*, pp. 76–80.

176. Evans, *A History of Jewellery*, p. 152.

177. Morag Martin, *Selling Beauty: Cosmetics, Commerce, and French Society, 1750–1830* (Baltimore, MD, 2009), pp. 93–4. 法國大革命及其後的時期是動盪不安的，從兩個巨大事件即可以說明這一時期的特徵。第一個事件是發生在一七八四年至一七八六年間的著名鑽石項鍊事件；第二個事件則是一七九二年的法國王冠珠寶遺竊事件。關於第一個事件，參見：Pointon, *Brilliant Effects*, pp. 147–78；關於第二個事件，參見：Germaine Bapst, *Histoire des joyaux de la Couronne de France d 'après des documents inédits* (Paris, 1889), pp. 447–576.

178. Evans, *A History of Jewellery*, p. 151.

179. Pointon, *Rocks, Ice and Dirty Stones*, p. 143.

180. Ibid.

181. *Amsterdamse Courant*, 12 August 1730.

182. *Oprechte Haerlemsche Courant*, 17 August 1730.

183. 關於歐洲鑽石中心之依賴性的看法，參見：Vanneste, 'The Eurasian Diamond Trade'.

184. Hofmeester,'ShiftingTrajectories',p.38.

185. De Bie, 'The Paradox of the Antwerp Rose', pp. 269–93.

186. D. Schlugleit, 'De Strijd om de Ambachtsregelingen in het Diamantvak te Antwerpen in 1754', *Bijdragen tot de Geschiedenis*, new series, xxii/9 (1931), pp. 42–9.

Historical Society of England), xvi (1945–51), pp. 11–23.

159. Kaplan, *Nathan Mayer Rothschild*, p. 16. 一名荷蘭歷史學家堅稱他是十八世紀下半葉荷蘭最重要的猶太人物之一：Jozeph Michman, *The History of Dutch Jewry during the Emancipation Period, 1787–1815* (Amsterdam, 1995), pp. 15–16.

160. Alexandre José Mello Moraes, *Historia do Brasil-Reino e Brasil-Imperio*, 2 vols (Rio de Janeiro, 1871), vol. i, pp. 40–41.

161. Bernstein, *The Brazilian Diamond*, pp. 100–103.

162. 考慮到非法活動的存在，實際數字可能要高得多。

163. 這個年平均數明顯低於巴西今日的年平均數，巴西今日年平均數只占全球產量的一小部分，以重量計的話，接近印度今日的年產量。當然了，巴西十八世紀生產的鑽石比今日巴西或印度生產的鑽石都具有更高的寶石品質。

164. 直到一七九〇年的資料均來自十八世紀的《編年史》，抄錄於：'Do descobrimento dos diamantes', pp. 35–6.其他年分的資料來自：Eschwege, *Pluto Brasiliensis*, pp. 391–6.艾施維格也納入一七九〇年以前的數字，這些數字與〈鑽石的發現〉（'Do descobrimento dos diamantes'）中數字的一樣。在一七四〇年至一七七一年這段期間簽訂的六份採礦合約均無法取得年度產量數字，只能找到每份合約開採的鑽石總量。我用這些數字得出年平均數後，再將其運用於相關年分。

165. Lenzen, *The History of Diamond Production*, p. 125.

166. Eschwege, *Pluto Brasiliensis*, pp. 125–6.

167. Tijl Vanneste, 'The Eurasian Diamond Trade in the Eighteenth Century: A Balanced Model of Complementary Markets', in *Goods from the East: Trading Eurasia, 1600–1800*, ed. Maxine Berg, Hannah Hodacs, Felicia Gottman and Chris Nierstrasz (Basingstoke, 2015), pp. 139–53 (pp. 147, 149).

168. 'Do descobrimento dos diamantes', p. 79.

169. Hofmeester, 'Diamonds as Global Luxury Commodity', p. 83

170. 人們尚不清楚這一切工的確切起源以及馬札林在其中扮演的角色。Ogden, *Diamonds*, pp. 168–70. 也可參見：Tolkowsky, *Diamond Design*, pp. 21–2.

確定誰參與了壟斷有時是個複雜的過程，因為這種事往往是祕密進行。這肯定是一些學術文獻引用阿姆斯特丹的布雷特施奈德（Bretschneider）兄弟在一七七〇年代參與巴西壟斷的原因之一，儘管我找不到任何檔案資料曾提到他們。然而有一位名叫簡恩・布雷特施奈德（Jan Adam Bretschneider）的人曾以玻璃商人的身分活躍於阿姆斯特丹，他曾在一七七五年五月十日的《萊茲通訊》（*Leydse Courant*）刊登過一則廣告，想要出售他的整個事業。

149. David Rabello, *Os Diamantes do Brasil na regência de Dom João (1792–1816): um estudo de dependência externa* (São Paulo, 1997), p. 177.

150. Fernande Jorge Dores Costa, 'Crise financeira, dívida pública e capitalistas (1796–1807)', ma thesis, Universidade Nova de Lisboa, 1992, p. 289. 其中一些人屬於克魯茲－索布拉爾、昆特拉及班代拉家族。

151. FAA, Insolvente Boedelskamer James Dormer, IB1701, Thomas & Adrian Hope to James Dormer, Amsterdam, 3 August 1747, 21 August 1747 and 21 April 1749. 亦可參見：M. G. Buist, *At Spes non Fracta: Hope & Co., 1770–1815; Merchant Bankers and Diplomats at Work* (The Hague, 1974), pp. 384–5.

152. 欲了解這筆貸款的詳情，參見：Buist, *At Spes non Fracta*, pp. 383–427.

153. Ibid.,p.513.

154. Patrick Wilcken, *Empire Adrift: The Portuguese Court in Rio de Janeiro, 1808–1821* (London, 2005).

155. 關於貸款帳戶的清償，參見：Rabello, *Os Diamantes*, pp. 125–228.

156. José Luís Cardoso, 'A New Contribution to the History of Banco do Brasil (1808–1829): Chronicle of a Foretold Failure', *Revista Brasileira de História*, xxx/59 (2010), pp. 165–89.

157. Harry Bernstein, *The Brazilian Diamond in Contracts, Contraband and Capital* (Lanham, MD, 1986), pp. 81–123.

158. Herbert H. Kaplan, *Nathan Mayer Rothschild and the Creation of a Dynasty: The Critical Years, 1806–1816* (Stanford, ca, 2006), p. 7. 亦可參見：Lord Justice Cohen, 'Levi Barent Cohen and Some of his Descendants', *Transactions (Jewish*

Pombal (1709–1786)', *Revista da Faculdade de Letras*, ii (2003), pp. 109–37.

137. 副本收錄於：*História Chronológica*, ff. 238r–9r.

138. *Deducçaó Compendiosa*, ff. 341v–2r.

139. Ibid., f. 340v: 'corporaçaó dos Hebreos'.

140. 關於該家族歷史的更多資料，參見：C. J. De Bruyn Kops, 'De Amsterdamse verzamelaar Jan Gildemeester Jansz', *Bulletin van het Rijksmuseum*, xiii/3 (1965), pp. 79–114. 簡恩・格爾德密斯特的兒子是一名藝術收藏家，他曾購買過幾幅早前曾屬於葛利特・布拉坎普（Gerrit Braamcamp）的畫作。亦可參見最近一本關於該家族的論文：Inger Wesseling, 'The Gildemeesters: A Family's Strategies for Commercial Success and Upwards Social Mobility during the 18th Century', ma thesis, Leiden University, 2019.

141. 副本收錄於： *História Chronológica*, ff. 239v–43r.

142. Hofmeester,'ShiftingTrajectories',p.38.

143. Tijl Vanneste, 'Les privilèges de l'industrie du diamant brésilien au dix- huitième siècle', in *Die Ökonomie des Privilegs, Westeuropa 16.–19. Jahrhundert*, ed. Guillaume Garner (Frankfurt, 2016), pp. 465–83 (pp. 478–9； 以 及：Kenneth Maxwell, *Marquês de Pombal, paradoxo do iluminismo* (São Paulo, 1996), pp. 44–57.

144. *Deducçaó Compendiosa*, f. 346r.

145. Marquis de Bombelles, *Journal d 'un ambassadeur de France au Portugal (1786–1788)*, ed. Roger Kann (Paris, 1979), pp. 129–30.

146. BNL/PBA, Cod. 691, ff. 18r–v: *Letras sobre o contrato dos Diamantes que há para pagar, e dias dos seus vencimentos*, 1770.

147. 'Do descobrimento dos diamantes', pp. 77–8.

148. 有人曾提到，父親為米蘭人的喬治是蓬巴爾的商業資產階級的一員。Catia Brilli, 'Coping with Iberian Monopolies: Genoese Trade Networks and Formal Institutions in Spain and Portugal During the Second Half of the Eighteenth Century', *European Review of History*, xxiii/3 (2016), pp. 1–30 (p. 9). 在那些年要

of the Diamond-trade in the Dominions of Portugal, With some Authentic Pieces. In a Letter from a Merchant in Lisbon to his Correspondent in London (London, 1754).

124. Archives Diplomatiques. Ministère de l'Europe et des Affaires étrangères, La Courneuve, Mémoires et Documents Portugal, vol. ii: *Recueil de Pieces sur les Diamants du Brezil*, p. 341: 'l'un leurs acheptont toutes les diaments Bruts, cétoint . . . Sebastien Vanderton fils d'Ernest Vanderton Natif d'Anvers lapidaire de profession, très experimenté dans ce commerce'. Yogev, *Diamonds and Coral*, p. 121.這句話表明范德頓家族確實擁有壟斷權。
125. Vanneste, *Global Trade*, pp. 52–3.
126. *Deducçaó Compendiosa*, ff. 308v–11v.
127. Vanneste, 'Money Borrowing'.
128. Yogev, *Diamonds and Coral*, pp. 118–19.
129. *Deducçaó Compendiosa*, f. 311r: 'os seus sinistros conselhos' and 'cauzou ao dito Famozo Hebreo huma grande alegria'.
130. Ibid.,f.326v.
131. Fernando de Castro Brandão, *História Diplomática de Portugal, uma cronologia* (Lisbon, 2002), p. 144；以及：C. Bille, *De tempel der kunst of het kabinet van den heer Braamcamp* (Amsterdam, 1961).
132. Vanneste, 'Money Borrowing'.
133. 這份合約的副本收錄於：*História Chronológica*, ff. 230v–33v.
134. FAA, Insolvente Boedelskamer James Dormer, ib1743, Joseph Salvador to James Dormer, London, 1 April 1757.
135. L.M.E. Shaw, *The Anglo-Portuguese Alliance and the English Merchants in Portugal, 1654–1810* (Aldershot, 1998), p. 89.
136. 'Gore, John (*c*. 1689–1763), of Bush Hill, Mdx.', www.historyofparliament- online.org, 讀取於二〇二〇年五月四日。針對里斯本的大衛・普利（David de Purry）及其與政府的關係，參見：Agostinho Rui Marques Araújo, 'Das Riquezas do Brasil aos Gastos e Gostos de um Suiço em Lisboa. David de Purry, um amigo de

109. Richard Burton, *Explorations of the Highlands of the Brazil; with a Full Account of the Gold and Diamond Mines*, 2 vols (London, 1869), vol. ii, p. 153. Barbosa, *Dicionário*, p. 389. 關於柏頓在其時代背景中的生活及思想考察，參見：Dane Kennedy, *The Highly Civilized Man: Richard Burton and the Victorian World* (Cambridge, MA, 2005).

110. Barbosa,*Dicionário*,p.453.

111. Clarete Paranhos da Silva, *O Desvendar do Grande Livro da Natureza: Um Estudo da Obra do Mineralogista José Vieira Couto, 1798–1805* (São Paulo, 2002), pp. 57–70. 他對其在該地區發現的討論收錄於：José Vieira Couto, *Memoria sobre as Minas da Capitania de Minas Geraes* [1801] (Rio de Janeiro, 1842), pp. 113–38.

112. Barbosa,*Dicionário*,pp.321,389–95.

113. 人們在一份討論可能在巴西建立貿易壟斷的葡萄牙文文件中表達了幾個憂慮。AHU/CUMG, Cx. 28, D. 2295: *Condições para o estabelecimento do comércio dos diamantes*, n.p., *c.* 1734；亦可參見：Jeffries, *A Treatise on Diamonds*, p. 66.

114. AHU/CUMG, Cx.28,D.2295:*Condições.*

115. NAK, State Papers, 89/37, ff. 166–8: Lord Tyrawley to the Duke of Newcastle, Lisbon, 2 May 1732.

116. 兩封信均收錄於：AHU/CUMG, Cx. 28, D. 2295: *Condições*.

117. Yogev, *Diamonds and Coral*, pp. 110–20.

118. 可以在不同資料來源中找到這個故事，包括：Jeffries, *A Treatise on Diamonds*。參見柏頓的旅行日誌中提及的參考資料：Burton, *Explorations*, vol. ii, p. 108.

119. Ibid.

120. AHU/CUMG, Cx.28,D.2295:*Condições.*

121. AHU/CUMG, Cx. 37, D. 3024: Certidão do auto de rematação do contrato de extração dos diamantes.亦可參見：Furtado, *Chica da Silva*, p. 82.

122. 參見上一註釋。

123. 關於一名商人對這些事件的看法，參見：*A Genuine Account of the Present State*

Rodrigues de Macedo', *Locus: Revista de História*, xi/1–2 (2005), pp. 1–20.

100. 參見：Kenneth Maxwell, *Conflicts and Conspiracies: Brazil and Portugal, 1750–1808* (Cambridge, 1973), pp. 84–114.

101. Virgínia Maria Trindade Valadares, 'Elites mineiras setecentistas: conjugação de dois mundos (1700–1800)', 2 vols, PhD thesis, Universidade de Lisboa, 2002, vol. i, p. 295.

102. Ibid., p. 299. 關於農業，參見：José Newton Coelho Meneses, 'Produção de alimentos e atividade econômica na comarca do Serro Frio – Século xviii', in *Anais do* ix *Seminário sobre a Economia Mineira*, ed. H.E.A. Cerqueira, 2 vols (Belo Horizonte, 2000), vol. i, pp. 123–46.

103. AHU/CUMG, Cx. 58, D. 4806: Requerimento de João Fernandes de Oliveira, possuidor de muitas fazendas de criação de gado em Minas Gerais, solicitando a D. João V a mercê de ordenar que só ele possa fazer uso das ditas terras, comprometendo se a continuar a produzir bom gado, n.p., 5 January *c.* 1751. Meneses, 'Produção de alimentos', p. 125. 亦可參見：Carlos Magno Guimarães and Liana Maria Reis, 'Agricultura e escravidão em Minas Gerais (1700–1750)', *Revista do Departamento de História da* ufmg, i/2 (1986), pp. 7–36.

104. 全面性研究可參見：Valadares, 'Elites mineiras setecentistas'.

105. Dos Santos, *Memórias*, p. 104.

106. 關於戈亞斯鑽石開採活動的概述，參見：Ernst Pijning, 'Illusive Gems: The Disappearance of Diamonds from Goiás', *História Revista*, v/1–2 (2000), pp. 11–23. 亦可參見：'Do descobrimento dos diamantes', pp. 153–9.

107. Luís Palacín, *O Século do Ouro em Goiás 1722–1822: Estrutura e Conjutura numa Capitania de Minas* (Goiânia, 1994), pp. 52–4.

108. Francis de Castelnau, *Expédition dans les parties centrales de l'Amérique du Sud, de Rio de Janeiro à Lima, et de Lima au Para; exécutée par ordre du gouvernement français pendant les années 1843 a 1847, sous la direction de Francis de Castelnau: Histoire du voyage*, 6 vols (Paris, 1850), vol. ii, p. 232.

85. John Mawe, *Travels in the Interior of Brazil, particularly in the gold and diamond districts of that country* (London, 1813), p. 313.

86. Spix and Martius, *Reise*, vol. ii, p. 442.

87. Mawe, *Travels*, p. 320.

88. Auguste de Saint-Hilaire, *Viagem pelo Distrito dos Diamantes* (Belo Horizonte, 1974), p. 16.

89. Dos Santos, *Memórias*, p. 159.

90. Affonso Ávila, *Minas Gerais: Monumentos históricos e artísticos: circuito do diamante* (Belo Horizonte, 1995), p. 287.

91. *História Chronologica*, ff. 36r–9v.

92. Mawe,*Travels*,pp.219–37.

93. 遺憾的是，馬威並未將這些車畫成插圖收錄於他的著作中。圖27描繪的水輪車是後來馬威的旅遊札記出版時才收錄進去，用途是抽乾河水，與圖23的那座類似。馬威描寫的這兩項創新¯水輪車和滾筒，可能是為因應奴隸勞工數量下降而想出的技術解決方案。

94. AHU/CUMG, Cx. 118, D. 9374: Carta de D. Rodrigo José de Menezes, governador de Minas, informando Martinho de Melo e Castro, entre outro assuntos, sobre a desordem que campeia nos serviços diamantinos, Ouro Preto, 24 June 1782.

95. AHU/CUMG, Cx. 118, D. 9350: Carta de D. Rodrigo José de Menezes, governador de Minas, informando Martinho de Melo e Castro sobre a necessidade que há em que algumas companhias de infantaria guarneçam Vila Rica a fim de protegerem as cofres da tesouraria geral e da intendência, Ouro Preto, 15 April 1782.

96. Dos Santos, *Memórias*, p. 98.

97. Spix and Martius, *Reise*, vol. ii, pp. 445–6.

98. Waldemar de Almeida Barbosa, *Dicionário Histórico-Geográfico de Minas Gerais* (Belo Horizonte, 1971), p. 205. 另一個例子是米洛威爾德鎮（Milho Verde）。

99. 關於在一七八〇年代參與走私的一名皇家礦業雇員的故事，參見：André Figueiredo Rodrigues, 'Os "extravios que tão conti- nuados têm sido . . .": contrabando e práticas comerciais ilícitas nas atividades do contratador João

colonial', *Estudos Econômicos*, xvii (1987), pp. 61–88. 這本書的英文譯本為：Stuart B. Schwartz, 'Rethinking Palmares: Slave Resistance in Colonial Brazil', in *Slaves, Peasants, and Rebels: Reconsidering Brazilian Slavery*, ed. Stuart B. Schwartz (Urbana, IL, 1992), pp. 103–36. 二〇一七年出版的一本優秀繪本小說講述了帕爾馬里斯的這段歷史：Marcelo D'Salete, *Angola Janga: Uma História de Palmares* (São Paulo, 2017)。英文譯本於二〇一九年六月問世。

84. 關於這段合約期間的礦業社會概述，參見：Rodrigo de Almeida Ferreira, *O descaminho dos diamantes; relações de poder e sociabilidade na demarcação diamantina no período dos contratos (1740–1771)* (Belo Horizonte, 2009).這兩份手稿基本上是同一個人所寫，並且內容大量重疊。儘管《編年史》更關注礦業並納入許多相關法令的副本，但《摘要》更著重於與貿易壟斷有關的貿易及事件。有足夠的跡象表明它的作者是蓬巴爾侯爵，或是以他的名義撰寫，尤其是針對法蘭西斯・薩爾瓦多、帶有個人及反猶色彩的評論，以及提到在解決布蘭特的祕密盜採活動帶來的危機後，作者（蓬巴爾）「可以不被打擾地單獨在我的辦公室裡（待上八天）」的這一評論。這句引言的出處是：BNL/PBA, Cod. 695, ff. 306-80: *Deducçaó Compendiosa dos Contractos de Mineraçaó dos diamantes; dos outros contractos da Extracçaó delles; dos cofres de Lisboa para os Payzes Estrangeiros; dos perigos em que todos laboravam e das Providencias, comque a elles occorreo o senhor Rey Dom Jozeph para os conservar*, n.d., on f. 324r: '[oito dias] em que pude estár fechado no Meu Gabinete sem ser interrompido'. 關於法蘭西斯・薩爾瓦多與蓬巴爾之間的敵意，參見：Vanneste, 'Money Borrowing'. 其他手稿的出處：BNL/CFGM), Cod. 746: *História Chronológica dos Contratos da Minerassão dos Diamantes dos Outros Contractos de Extracsão delles dos Cofres de Lisboa para os Paizes Estrangeiros dos Abuzos em que todos laborarão, e das Providencias com que se lhe tem occorrido ate o anno de 1788*, n.d.這份手稿由一位不具名作者出版成書，書中未做額外解釋或分析，參見：'Do descobrimento dos diamantes, e diferentes methodos, que se tem praticado na sua extracção', *Anais da Biblioteca Nacional*, lxxx (1960), pp. 9–251.

Brasilien auf Befehl Sr. Majestät Maximilian Joseph I. Könings von Baiern in den Jahren 1817 bis 1820, 3 vols (Munich, 1828), vol. ii, p. 443.

72. Fernandes, *A Inquisição em Minas Gerais*, p. 66.

73. Laura de Mello e Souza, 'Violência e práticas culturais no cotidiano de uma expedição contra quilombolas: Minas Gerais, 1769', in *Liberdade por um fio: história dos quilombos no Brasil*, ed. João José Reis and Flavio dos Santos Gomes (São Paulo, 1996), pp. 193–212 (pp. 194–6).

74. *História Chronológica*, f. 42v.

75. 關於對神職人員的限制，參見：*História Chronológica*, f. 64r; 關於這些人口清單，參見： Furtado, *O livro da capa verde*, p. 48.

76. Caio César Boschi, 'Sociabilidade religiosa laica: as irmandades', in *História da Expansão Portuguesa*, vol. iii: *O Brasil na Balança do Império (1697–1808)*, ed. Francisco Bethencourt and Kirti Chaudhuri (Lisbon, 1998), pp. 352–71.

77. 針對非洲奴隸最重要的兄弟會，廣泛性研究可參見：Julita Scarano, *Devoção e escravidão: a irmandade de Nossa Senhora do Rosário dos Pretos no distrito diamantino no século* xviii (São Paulo, 1976).

78. 十分有意思的是，這些殖民時期礦業教堂的建築風格反覆出現在後來非洲西部貝南（Benin）和奈及利亞的教堂中，這些教堂是十九世紀初返回非洲的前非洲奴隸男女們建造的。參見：André de Oliveira, 'A história perdida da arquitetura brasileira dos retornados à África', www.elpais.com, 1 June 2018.

79. Scarano, *Devoção e escravidão*, pp. 79–95.

80. Ibid.,p.92.

81. Ibid.,p.83.

82. Ibid.,p.80.

83. 巴西最著名的基倫博是位於伯南布哥州（Pernambuco）的帕爾馬里斯（Palmares），這一基倫博存在於一六三〇至一六九五年間。全盛時期是擁有數千位居民的小小社會，許多是從糖業種植園逃出的難民。參見：Stuart Schwartz, 'Mocambos, Quilombos, e Palmares: A Resistência escrava no Brasil

Negócios Coloniais, vol. i, pp. 323–5 (p. 324).

63. 關於該原始書信，可查閱：AHU/CUMG, Cx. 108, D. 8571: Ofício do intendente geral dos diamantes, João da Rocha Damas e Mendonça para o secretário de estado da marinha e domínios ultramarinos, Martinho de Melo e Castro, no qual remete as relações de todos os habitantes da demarcação diamantina, Tejuco, 15 January 1775.

64. 關於在這一背景下針對朱里昂的分析，參見：Silvia Hunold Lara, 'Carlos Julião and the Image of Black Slaves in Late Eighteenth-century Brazil', *Slavery and Abolition*, xxiii/2 (2002), pp. 125–46.他也畫了一些女黑人小販的圖像。朱里昂作品的複製品可參見：Carlos Julião, *Riscos illuminados de figurinhos de brancos e negros dos uzos do Rio de Janeiro e Serro do Frio* (Rio de Janeiro, 1960).

65. BNL, Colecção Pombalina (hereafter BNL/PBA), Cod. 691, ff. 1–11: *Regimento para os administradores do contrato de dos diamantes*, 2 August 1771. 詳細說明參見：Júnia Ferreira Furtado, *O livro da capa verde: o regimento diamantino de 1771 e a vida no Distrito Diamantino no período da real extracção* (São Paulo, 1996).

66. 這個訊息來自十八世紀晚期的荷塞．羅查（José Joaquim Rocha）的著作，收錄於：José Joaquim Rocha, *Geografia Histórica da capi- tania de Minas Gerais*, ed. Maria Efigênia Lage de Resende (Belo Horizonte, 1995), p. 134; Furtado, *O livro da capa verde*, p. 118; 以及： Raimundo José da Cunha Matos, *Corografia histórica da Província de Minas Gerais (1837)*, 2 vols (Belo Horizonte, 1981), vol. i, p. 371.

67. João Luís Ribeiro Fragoso, *Homens de grossa aventura: acumulação e hierarquia na praça mercantil do Rio de Janeiro, 1790–1830* (Rio de Janeiro, 1992), p. 106.

68. *Regimento para os administradores do contrato de diamantes*, art. xxxviii and xxxix.

69. Furtado, *O livro da capa verde*, p. 45.

70. AHU/CUMG, Cx. 117, D. 9237: João da Rochas Dantas e Mendonça, informando Martinho de Melo e Castro sobre a remessa de mapas contendo a relaçao de diamantes e pessoal relativo ao referido serviço, Tejuco, 22 January 1781.

71. Johannes Baptiste von Spix and Carl Friedrich Philipp von Martius, *Reise in*

55. Michael Kevane, 'Gold Mining and Economic and Social Change in West Africa', in *The Oxford Handbook of Africa and Economics*, vol. ii: *Policies and Practices*, ed. Célestin Monga and Justin Yifu Lin (Oxford, 2015),pp. 340–53.

56. Eduardo França Paiva, 'Bateias, Carumbés, Tabuleiros: Mineração Africana e Mestiçagem no Novo Mundo', in *O trabalho mestiço: maneiras de pensar e formas de viver – séculos* xvi *a* xix, ed. Eduardo França Paiva and Carla Maria Junho Anastasia (São Paulo, 2002), pp. 187–207.

57. Vanneste, 'Women in the Colonial Economy'. 關於自由黑人與混血婦女的經濟活動，請參見：Júnia Ferreira Furtado, 'Pérolas negras: mulheres livres de cor no Distrito Diamantino', in *O trabalho mestiço*, ed. França Paiva and Junho Anastasia (São Paulo, 2002), pp. 497–512。

58. 關於她們活動的總體概述，參見：Vanneste, 'Women in the Colonial Economy'.

59. Ibid.

60. Ibid. 關於鑽石區婦女在更廣泛背景下的活動，參見：Luciano Figueiredo, 'Mulheres nas Minas Gerais', in *História das mulheres no Brasil*, ed. Mary del Priore (São Paulo, 2008), pp. 141–88；以及：Luciano Figueiredo, *O Avesso da Memória: Cotidiano e trabalho da mulher em Minas Gerais no século* xviii (Rio de Janeiro, 1993). 關於為鑽石區供應食物的農業網絡發展，參見：A. A. Carrara, *Minas e Currais: Produção rural e mercado interno de Minas Gerais, 1674–1807* (Juiz de Fora, 2007). 關於附近金礦區女性的研究，參見：Kathleen J. Higgins, *'Licentious Liberty' in a Brazilian Gold-mining Region: Slavery, Gender, and Social Control in Eighteenth-century Sabará, Minas Gerais* (University Park, PA, 1999).

61. 這張圖之前已出現在這本書：Tijl Vanneste, 'Women in the Colonial Economy: The Agency of Female Food Sellers in Brazil's Diamond District', *Tijdschrift voor Genderstudies/Journal of Gender Studies*, xviii/3 (2015),pp. 255–72 (p. 261).它的根據是本書作者利用歷史資料中的數據所做的計算，主要歷史資料是《編年史》。至於一七四〇年至一七七一年的合約期，每一期的給定數量則適用於每一年，因為無法取得這些合約期限內特定年分的資料。

62. Letter Francisco da Cruz to Francisco Pinheiro, Vila Real, 17 May 1730, in Lisanti,

45. ANTT, Col. Leis, Maço 4, No. 144: *Decreto Real*, 11 August 1753.

46. Charles R. Boxer, *The Golden Age of Brazil, 1695–1750: Growing Pains of a Colonial Society* (Berkeley, ca, 1962), p. 223.

47. 參見費雷拉．富爾塔多（Júnia Ferreira Furtado）所寫關於她的那本佳作，英文譯本為：*Chica da Silva: A Brazilian Slave of the Eighteenth Century* (New York, 2009)。亦可參見：Mara Angélica Alves Pereira, Vânia Gico and Nelly P. Stromquist, 'Chica da Silva: Myth and Reality in an Extreme Case of Social Mobility', *Iberoamericana*, v/17 (2005), pp. 7–28.著名巴西音樂家喬治．本（Jorge Ben）曾寫過一首關於她的曲子，發表於他的開創性專輯：*África Brasil* (Philips, 1976).

48. 關於跨大西洋奴隸貿易的概述，參見：David Eltis and David Richardson, *Atlas of the Transatlantic Slave Trade* (New Haven, CT, 2015) and Herbert Klein, *The Atlantic Slave Trade* (Cambridge, 2010)。關於巴西與安哥拉透過奴役建立的聯繫，參見：Roquinaldo Ferreira, *Cross-cultural Exchange in the Atlantic World: Angola and Brazil during the Era of the Slave Trade* (Cambridge, 2012).

49. 'Slave Voyages: Trans-Atlantic Slave Trade – Database', www.slavevoyages. org, 讀取於二〇二〇年五月四日。

50. Jacob Gorender, *Escravismo Colonial* (São Paulo, 1978), p. 457.

51. APM, Casa dos Contos, No. 1062: Tejuco: Intendência dos diamantes (1734–1741): *recebimento da capitação de 1734*.

52. *História Chronológica*, f. 51r. 十九世紀法國科學家阿爾希德．多比尼（Alcide d'Orbigny）宣稱在一七七六年時有六千名奴隸在鑽石區工作。Alcide d'Orbigny, *Voyage dans les deux Amériques* (Paris, 1854),p. 137.

53. 十九世紀時有更多奴隸來自剛果。關於這些比例數字，參見：Laird W. Bergad, *Slavery and the Demographic and Economic History of Minas Gerais, Brazil, 1720–1888* (Cambridge, 1999), pp. 150–56.

54. Rodrigo de Almeida Ferreira, 'Técnicas de trabalho nos serviços diamantíferos e sociabilidade na demarcação diamantina', *Anais da* vi *Jornada Setecentista*, i (2005), pp. 531–9 (p. 532).

36. 'Sobre os irmãos Felisberto e Joaquim Caldeira Brant', *Revista do* APM, iv (1899), p. 812.

37. *História Chronológica*, ff. 178r–81r.

38. Santos, *Memórias*, p. 104；以及：Diogo Pereira Ribeiro de Vasconcelos and Carla Maria Junho Anastasia, eds, *Breve descrição geográfica, física e política da capitania de Minas Gerais* (Belo Horizonte, 1994), p. 238.

39. Furtado, *Chica da Silva*, p. 85; Júnia Ferreira Furtado, 'O labirinto da fortuna: ou os revezes na trajetória de um contratador dos diamantes', in *História: fronteiras*, ed. Eunice Nodari, Joana Maria Pedro and Zilda M. Gricoli, 2 vols (Florianópolis, 1999), vol. i, pp. 309–20 (p. 312).

40. AHU/CUMG, Cx. 58, D. 4912: Carta do ouvidor a informar o rei dos excessos cometidos pelo contratador dos diamantes Felisberto Caldeira Brant e das diligências feitas sobre o assunto, n.p., 1752 (erroneously given as 1751); AHU/CUMG, Cx. 60, D. 5044: Ofício do governador de Minas, José Antonio Freire de Andrada para Diogo de Mendonça Corte Real, no qual dá conta da queixa apresentada pelo contratador dos diamantes, capitão Felisberto Caldeira Brant sobre o desaparecimento de diamantes do cofre, Ouro Preto,8 September 1752; AHU/CUMG, Cx. 60, D. 5017: Carta de Sancho de Andrade Castro e Lanções, intendente dos diamantes da comarca do Serrio Frio, expo- ndo ao rei D. José I os fundamentos da queixa de que formulava contra o contratador Felisberto Caldeira Brant, Tejuco, 5 August 1752.

41. Lima Júnior, *História dos Diamantes*, p. 199; Furtado, 'O labirinto da fortuna', p. 318.

42. *Deducçaó Compendiosa*, f. 319v: 'um homem summamente rustico; summamente simples e taó demente que . . . havia arrematado hum contrato que absolutamente naó podia cumprir'. This anonymous manuscript is very similar to the *História Chronológica*. 完整資料可參見下方註釋八十四。

43. 參見：Vanneste, *Commercial Culture*, pp. 285–93.

44. 貿易壟斷將在下文進一步探討。

12r–3r) and 2 December 1733 (f. 15r).

27. ‘Sobre o descobrimento’, p. 262: ‘as pessoas inuteis ou perniciosas’.

28. ANTT, Manuscritos do Brasil, L.15, ff. 10v–1: Letter Conde das Galvêas to Martinho Mendonça de Pina e Proença, Ouro Preto, 19 July 1734.

29. 這些規定的副本被納入一份十八世紀有關巴西鑽石開採歷史的不具名手稿。*História Chronológica*. Regulations issued by Rafael Pires Pardinho, Tejuco,8 November 1734 (f. 127r) and 27 December 1734 (f. 128r).關於這份手稿的全部參考書目，參見下面的註釋八十四。

30. Arquivo Histórico Ultramarino, Lisbon (hereafter AHU), Conselho Ultramarino Brasil/Minas Gerais (hereafter AHU/CUMG), Cx. 28, D. 2296: Representação dos povos das Minas sobre o lamentável estado em que a capitação tem posto as minas, cuja decadência e grande, pedindo que as quatro comarcas sejam beneficiadas, n.p., *c.* 1734. 也可參見： Joaquim Felício dos Santos, *Memórias do Distrito Diamantino da Comarca do Sêrro Frio* (Rio de Janeiro, 1956), p. 78.

31. Júnia Ferreira Furtado, *Chica da Silva e o contratador dos diamantes: o outro lado do mito* (São Paulo, 2003), p. 33.

32. 關於奧利維拉早期在米納斯吉拉斯停留的日子，參見：Furtado, *Chica da Silva*, pp. 74–9. AHU/CUMG, Cx. 37, D. 3024: Certidão do auto de rematação do contrato de extração dos diamantes, realizado entre Gomes Freire de Andrade, governador das Minas e João Fernandes de Oliveira, que o rematou por 4 anos.

33. Ibid；亦可參見：AMP/SC, Cod. 1: Registro de alvarás, cartas patentes, provisões, confirmações de cartas patentes, sesmarias e doações (1609–1799), ff. 173r–7r: *Condizóes para a extracáo dos Diamantes aprovada pello Senhor General Gomes Freire de Andrada*, Ouro Preto, 20 June 1739.

34. Furtado, *Chica da Silva*, p. 80.

35. AHU/CUMG, Cx. 41, D. 3324: Carta de Gomes Freire de Andrade, governador de Minas Gerais, a D. João V expondo as dificuldades experimentadas pelos contratadores da companhia de diamantes, Ouro Preto, 12 June 1741.

Library Quarterly, lxxvii/4 (2015),pp. 373–416 (p. 381).

20. BNL/CFGM, Cod. 4530, ff. 282r–84v and 310r–16v: Regimento do Governador da Capitania de Minas Gerais para a lavra de diamantes da Comarca do Serro Frio, Ouro Preto, 26 June 1730.

21. A.J.R. Russell-Wood, 'Technology and Society: The Impact of Gold Mining on the Institution of Slavery in Portuguese America', *Journal of Economic History*, xxxvii/1 (1977), pp. 59–83 (p. 59).

22. APM, Secretaria de Governo da Capitania (Seção Colonial) (hereafter APM/SC), Cod. 33: Registro de portarias, regimentos, bandos, cartas, provisões, termos . . . e autos de arrematação (exploração de diamantes) (1729–1755),ff. 6r–7v. Letter by the ouvidor of Serro do Frio, Vila do Príncipe, 2 February 1732.

23. 由於強迫及自由的跨種族性接觸的原因，殖民時期的巴西很快就出現了不同的人口，並導致根據膚色和（主觀認定的）族裔而有區別的種族待遇，以及改善社會處境的不同可能性。一個混血者（葡萄牙語「黑白混血者」〔mulato〕或「棕色的」〔pardo〕）可能是自由人，而在葡萄牙語中，「黑人」（negro）和「黑色的」（preto）則極常被用作「奴隸」（escravo）的同義詞。無論如何，這些類別大多被認為「黑」到一個程度，並因此受到種族主義及殖民主義的壓迫。關於混血者在白人自由及黑人奴役這兩個極端之間所處地位的分析，參見：Mariana L.R. Dantas, 'Picturing Families between Black and White: Mixed Descent and Social Mobility in Colonial Minas Gerais, Brazil', *The Americas*, lxxiii/4 (2016), pp. 405–26.關於殖民時期美洲之族群分類的分析，參見：Eduardo França Paiva, *Dar nome ao nove: uma história lexical da Ibero-América entre os séculos* xvi *e* xviii *(as dinâmicas de mestiçagens e o mundo do trabalho)* (Belo Horizonte, 2015).

24. 'Sobre o descobrimento', pp. 259–60.

25. APM/SC, Cod. 33, ff. 9r–10r: Regulation issued by D. Lourenço de Almeida, Ouro Preto, 22 April 1732: 'se possa minerar Diamantes em todos os Rios, e terras da Comarca do Serro do Frio, como ate aqui se fes'.

26. APM/SC, Cod. 33: Letter André de Mello e Castro, Ouro Preto, 16 April 1733 (ff.

（Rio Caetemirim）中工作，這是傑奇蒂諾尼亞河的一條支流。正如葡萄牙和巴西檔案中大多數的檔案化參考文獻一樣，像這樣的文件往往被編目在一個描述性的標題下，但這一描述性標題未必會完全一致地出現在文件本身的內容中。在這種情況下，我決定保留這一標題。當涉及的檔案化文件確實有某一特定標題時，該標題將以斜體來標示。

12. APM/SG, Cx. 125, D. 32: Silvestre Garcia do Amaral, Informa que ele foi morador muitos anos na capitania e que examinando umas pedras para D. Lourenço de Almeida certificou que eram diamantes, foi-lhe no entanto pedido segredo agora muitas pessoas se apresentam como os descobridores das pedras pede que seja lhe passada certidão de que é o verdadeiro descobridor, n.p., n.d.
13. APM/SG, Cx. 2, D. 10: Atestado passado por João Marques Bacalhau, desembargador da Casa da Suplicação, referente a chegada no porto de Lisboa de uma frota vinda do Rio de Janeiro, trazendo notícias dos diamantes encontrados em Minas, Lisbon, 10 January 1732. 這表示阿瑪雷爾的請願大約是在同一日期提出，而羅波的則是在更早的時候提出。
14. 'Sobre o descobrimento dos diamantes na Comarca do Serro Frio. Primeiras administrações', *Revista do* APM, vii/1 (1902), pp. 251–63.
15. Augusto de Lima Júnior, *História dos Diamantes nas Minas Gerais* (Rio de Janeiro, 1945), pp. 19–20.
16. 'Sobre o descobrimento'.
17. Biblioteca Nacional, Lisbon (hereafter BNL), Codices e Fundo Geral dos Manuscritos (hereafter BNL/CFGM), Cod. 4530, f. 280: Letter D. Lourenço de Almeida to the Crown, Vila Rica de Ouro Preto, 2 December 1729.
18. Letter Francisco da Cruz to Francisco Pinheiro, Vila Real, 3 August 1729, in *Negócios Coloniais Uma Correspondência Comercial do Século* xviii, ed. Luis Lisanti, 4 vols (São Paulo, 1973), vol. i, p. 322.
19. 一七二九年的三英鎊六先令相當於今天六百六十至九百九十英鎊的購買力。Robert D. Hume, 'The Value of Money in Eighteenth-century England: Incomes, Prices, Buying Power – and Some Problems in Cultural Economics', *Huntington*

urbains au Minas Gerais (Brésil, xviii *siècle)* (Lisbon, 2003), pp. 48–52.

5. Arquivo Nacional da Torre do Tombo, Lisbon (hereafter ANTT), Corpo Cronológico, Parte i, Maço 84, No. 109: Carta de Filipe Guilhem dando parte ao rei que, indo a porto Seguro para descobrir algumas minas, descobrira além de um grande rio, uma serra amarela que resplandecia como o sol, São Salvador, 20 July 1550.
6. W. L. von Eschwege, *Pluto Brasiliensis: Eine Reihe von Abhandlungen über Brasiliens Gold-, Diamanten- und anderen mineralischen Reichtum, über die Geschichte seiner Entdeckung, über das Vorkommen seiner Lagerstätten, des Betriebs, der Ausbeute und die darauf bezügliche Gesetzgebung u.s.w.*, 2 vols (Berlin, 1833), vol. ii, p. 105.
7. André João Antonil, *Cultura e Opulencia do Brasil por suas drogas, e minas, Com varias noticias curiosas de fazer o Assucar; plantar, & beneficiar o Tabaco; tirar Ouro das Minas; & descubrir as da Prata* (Lisbon, 1711), pp. 131–2.
8. Neusa Fernandes, *A Inquisição em Minas Gerais no século* xviii (Rio de Janeiro, 2000), p. 54.
9. A.J.R. Russell-Wood, *The Black Man in Slavery and Freedom in Colonial Brazil* (New York, 1982), p. 110.「五一稅」或葡萄牙語中的「quinto」是一種古老的皇家稅，針對透過採礦及戰爭掠奪方式取得的物品徵收百分之二十的稅。奴隸也是課徵五一稅的商品。關於五一稅在巴西的應用，參見：Manoel S. Cardoso, 'The Collection of the Fifths in Brazil, 1695–1709', *Hispanic American Historical Review*, xx/3 (1940), pp. 359–79.
10. Eddy Stols, *Brazilië: Vijf eeuwen geschiedenis in dribbelpas* (Leuven, 1996), p. 264.
11. Arquivo Público Mineiro, Belo Horizonte (hereafter APM), Secretaria de Governo da Capitania (Seção Governmental) (hereafter APM/SG), Cx. 125, Doc. 30: Informa sobre uma representação de Bernardo Fonseca Lobo, que descobriu uma lavra de diamantes no Serro Frio e ainda acudiu, com seus escravos arrematados, uma sublevação de pessoas contra o pagamento de impostos, n.p., n.d. 雖然確切地點始終成謎，但羅波也許是在未來的鑽石首府特烏科附近的一條小河凱特米利河

297. Ad van der Woude, 'The Volume and Value of Paintings in Holland at the Time of the Dutch Republic', *Art in History, History in Art: Studies in Seventeenth-century Dutch Culture*, ed. David Freedberg and Jan de Vries (Santa Monica, CA, 1991), pp. 285–330 (pp. 300–301).

298. CAA/5075, Notaris Jacobus Snel, No. 3602B: Minuutacten en afschriften (1681–1686), 29 September 1685, p. 311.

299. Heertje, *De Diamantbewerkers*, p. 22.

300. CAA/5075, Notaris Daniel van den Brink, No. 10300: Minuutacten (1735), 23 November 1735, f. 352; 也可參見：Heertje, *De Diamantbewerkers*, pp. 15, 25–6.

301. Erve van Putten and Bast Boekhoudt, *De zingende koddenaar, queelende verscheide nieuwe liederen, die hedendaags gezongen werden* (Amsterdam, 1774), pp. 61–2. 這首歌曲的曲名原文是'De Vrolykheyt vol Verdriet, of het Hedendaagse Leven en Bedryf, der Diamant Sneyers en Slypers, zynde een Zamen-spraak'，意為「充滿悲傷的歡快，或當代生活與鑽石切割匠的職業，一種對話」。

第二章　奴役與壟斷：殖民時期巴西的鑽石（一七二〇年至一八二一年）

1. FAA, Insolvente Boedelskamer James Dormer, IB1742, Francis and Joseph Salvador to James Dormer, London, 28 September 1753.

2. 針對這些貿易商周遭發展出來的跨文化鑽石貿易網絡的研究，參見：Vanneste, *Global Trade*.

3. 關於葡萄牙人早期在巴西殖民過程的概述以及原住民社會運作的分析，參見：Jorge Couto, *A Construção do Brasil. Ameríndios, Portugueses e Africanos, do início do povoamento a finais de Quinhentos* (Lisbon, 1997). 在佩羅·卡米納（Pero Vaz de Caminha）寄往葡萄牙的那封著名的信中提到了卡布羅的經驗。評述版參見：Maria Beatriz Nizza da Silva, *A carta de Pero Vaz de Caminha. Estudo crítico de J. F. de Almeida Prado* (Rio de Janeiro, 1965).

4. Cláudia Damasceno Fonseca, *Des terres aux villes de l'or: Pouvoirs et territoires*

Global Perspective, ed. Grewe and Hofmeester, pp. 27–54.更一般性的分析可參見：Kim Siebenhüner, 'Approaching Diplomatic and Courtly Gift-giving in Europe and Mughal India: Shared Practices and Cultural Diversity', *Medieval History Journal*, xvi/2 (2013), pp. 525–46.關於蒙兀兒人的切割知識，參見：Taylor L. Viens, 'Mughal Lapidaries and the Inherited Modes of Production', in *Gems in the Early Modern World*, ed. Bycroft and Dupré, pp. 259–79.

288. 歐洲人在印度鑽石業的參與度日益增加，不僅改變了整個貿易模式，透過流傳下來的幾本商業期刊及日誌，也令人們更加認識印度的鑽石礦。

289. Everaert, 'Soldaten, diamantairs en jezuïeten', pp. 89–91. 這篇文章還提到了其他的例子。亦可參見：Vanneste, *Global Trade*, p. 43.

290. Jean de Thévenot, *Les voyages de Mr. de Thevenot aux Indes Orientales, Contenans une Description exacte de l'Indostan, des nouveaux Mogols, & des autres Peuples & Païs des Indes Orientales; avec leur Moeurs & Maximes, Religions, Fêtes, Temples, Pagodes, Cimetiéres, Commerce, & autres choses remarquables,* 3rd edn (Amsterdam, 1727), vol. v, p. 296: 'le roi [the sultan of Golconda] veut que les bons Ouvriers y demeurent . . . il fait même loger des joualiers dans son Palais . . . Les ouvriers du Château sont occupez aux pierreries communes du Roi, qui en a une si grande quantité que ces gens-là ne peuvent presque travailler pour aucune autre personne'.

291. Tavernier, *Les six voyages*, vol. ii, pp. 328–9.

292. Ibid.,p.328.

293. Ogden, *Diamonds*, p. 329.

294. City Archives Amsterdam (hereafter CAA), 5075: Archief van de Notarissen ter Standplaats Amsterdam (hereafter CAA/5075), Notaris G. van Bruegel, No. 3496: Minuutacten van attestation (1669–1670), 15 March 1670, pp. 330–32: 'welcke const vant werck oock altijd naer de subtielheijd x const betaelt'.

295. Ibid. 這證實了分割匠的報酬更高。

296. Ibid.

斯特丹及安特衛普相競爭的切割產業，但從未成功。

274. 關於這三段工序，參見：Ogden, *Diamonds*, pp. 79–80.

275. 例如十九世紀末的倫敦切割工廠，在一天工作十二小時的情況下，支付給切割匠的薪水為一週三十五至七十五先令，拋光匠為一週四十至一百二十先令，分割匠為一週五十至一百三十先令。Ogden, *Diamonds*, p. 180.

276. Ibid.,pp.125–6.

277. 關於加工過程的概述，參見：Tolansky, *The History and Use of Diamond*, pp. 56–69.鑽石粉是磨削過程的剩餘產物。

278. Heertje, *De Diamantbewerkers*, p. 21. F. Leviticus, *Geillustreerde Encyclopaedie der Diamantnijverheid* (Haarlem, 1908), pp. 200–204.

279. Thomas Nicols, *Lapidary; or, The history of pretious stones: With cautions for the undeceiving of all those that deal with Pretious Stones* (Cambridge, 1652), p. 53.

280. Tolansky, *The History and Use of Diamond*, pp. 74–6.

281. 關於這一時期鑽石在珠寶中用途的演變，參見：Evans, *A History of Jewellery*, pp. 103–25.

282. Hofmeester, 'Diamonds as Global Luxury Commodity', p. 70. 霍夫米斯特在她文章中將鑽石與女性氣質之間日益密切的關係與當時大量的女性君主連結起來，但十九世紀後期的論述顯示，商業、奢侈品與女性氣質在感知上具有強烈的聯繫。可參照：Catherine Ingrassia, *Authorship, Commerce, and Gender in Early Eighteenth-century England: A Culture of Paper Credit* (Cambridge, 1998).

283. Evans, *A History of Jewellery*, p. 125.

284. Ibid.,p.130.

285. 關於近代早期對鑽石評價的一般性討論，參見：Marcia Pointon, 'Good and Bad Diamonds in Seventeenth-century Europe', in *Gems in the Early Modern World*, ed. Bycroft and Dupré, pp. 173–96.

286. Dalrymple and Anand, *Koh-i-Noor*, pp. 42–3.

287. 關於與蒙兀兒帝國皇帝有關的珠寶，參見：Kim Siebenhüner, 'Precious Things in Motion: Luxury and the Circulation of Jewels in Mughal India', in *Luxury in*

(Venice, 1986), pp. 13–14. 關於十五世紀前切割技術之現有證據，可參見以下兩本書的概述：Ogden, *Diamonds*, pp. 79–82; Marjolijn Bol, 'Polito et Claro: The Art and Knowledge of Polishing, 1100– 1500', in *Gems in the Early Modern World*, ed. Bycroft and Dupré, pp. 223–57.

264. Benvenuto Cellini, *The Autobiography of Benvenuto Cellini*, trans. Anne Macdonell (New York, 2010), p. 170.
265. Bartholomeo di Pasi, *Tariffa de i pesi, e misure corrispondenti dal Levante al Ponente, e da una terra, e luogo all'altro, quasi per tutte le parti dil mondo: con la dichiaratione, e notificatione di tutte le robbe, che si tragono di uno paese per l'altro* [1503] (Venice, 1557), pp. 166, 178, 180, 186; Hofmeester, 'Shifting Trajectories', p. 34.
266. Lenzen, *The History of Diamond Production*, pp. 71–5.
267. Felixarchief Antwerp (City Archives Antwerp (hereafter FAA), BE SA 174784: Gebodboeken A Bis (1 January 1439–31 December 1496), f. 15v.
268. FAA, BE SA 166831: Schepenregisters (1 January 1491–31 December 1491), f. 132r.
269. 關於這些金匠的諮詢，參見：FAA, BE SA 61783, Ambachten Boek (1 January 1563–31 December 1588), No. 4487.關於該法令，參見：FAA, BE SA 174877, Stadsplakkaten (1 January 1542–31 December 1599), *Ordonnantie van de Diamantsnijders* (25 October 1582).安特衛普檔案包含了一五八三年至一七九八年頒布的許多關於該同業公會的附加規定及法律。
270. FAA, BE SA 424023, Vierschaar (1 January 1501–31 December 1600); 一些事件可在一五八二年十一月和十二月找到。
271. Henri Heertje, *De Diamantbewerkers van Amsterdam* (Amsterdam, 1936), p. 15.
272. 一五三四年二月二十日，一名來自比利時根特（Ghent）的鑽石切割匠被指控為再洗禮派（Anabaptist）。FAA, BE SA 174785, Gebodboeken A (1 January 1489–31 December 1539), f. 193r.
273. Hofmeester, 'Shifting Trajectories', p. 37. 這兩個城市都長期試圖建立可與阿姆

251. 承認索黑爾是首位的說法至少可追溯至十九世紀。Pierre Jaubert, *Dictionnaire raisonné universel des arts et métiers: contenant l'histoire, la description, la police des fabriques et manufactures de France et des pays étrangers: ouvrage util a tous les citoyens*, 5 vols (Lyon, 1801), vol. ii, p. 529.

252. Hofmeester, 'Diamonds as Global Luxury Commodity', p. 69.

253. 如此書所引：Lenzen, *The History of Diamond Production*, p. 23.亦可參見：Anna M. Miller, *Gems and Jewelry Appraising: Techniques of Professional Practice* (New York, 1988), p. 2.

254. Lenzen, *The History of Diamond Production*, p. 23

255. Glenn Klein, *Faceting History: Cutting Diamonds and Colored Stones* (Bloomington, IN, 2005), pp. 40–41.

256. Colette Sirat, 'Les pierres précieuses et leurs prix au xve siècle en Italie, d'après un manuscrit hébreu', *Annales: Économies, Sociétés, Civilisations*, xxiii/5 (1968), pp. 1067–85 (p. 1078).

257. Karin Hofmeester, 'Shifting Trajectories of Diamond Processing: From India to Europe and Back, from the Fifteenth Century to the Twentieth', *Journal of Global History*, viii/1 (2013), pp. 25–49 (pp. 30–31).

258. Samuel Tolansky, *The History and Use of Diamond* (London, 1962), p. 71.

259. Evans, *A History of Jewellery*, p. 96.

260. 關於這篇手稿和這一故事的討論，參見：Marcel Tolkowsky, *Diamond Design: A Study on the Reflection and Refraction of Light in a Diamond* (London and New York, 1919), pp. 17–19. 托考斯基也不認為這個故事可信，但他確實認為勃肯可能貢獻了一些技術，這些技術有助於以拋光鑽石的形式達成更高的對稱性。

261. 參見：Vandamme and Rosenhøj, *Brugge Diamantstad*, p. 21.安特衛普最知名購物街德梅爾（De Meir）街上一棟建築物的立面即有一尊勃肯手持一顆鑽石的雕像。

262. 法文原文的譯文來自：Tolkowsky, *Diamond Design*, p. 17.

263. Piero Pazzi, *I diamanti nel commercio nell'arte e nelle vicende storiche di Venezia*

234. Spencer et al., ‘The Diamond Deposits of Kalimantan, Borneo’, pp. 67–80 (p. 70).

235. François Farges and Thierry Piantanida, *Le Diamant Bleu* (Neuilly-sur- Seine, 2010). 由於這顆鑽石被重新切割，因此人們對希望鑽石與法蘭西之藍是否為同一顆鑽石仍存有一定懷疑。

236. 一本在澄清這顆鑽石的同時也揭穿這一傳說的好書：Richard Kurin, *Hope Diamond: The Legendary History of a Cursed Gem* (New York, 2007).

237. Lenzen, *The History of Diamond Production*, p. 16.

238. 關於這些地區之間的貿易聯繫，參見：Lenzen, *The History of Diamond Production*, pp. 1–8, 15–25.

239. Harlow, *The Nature of Diamonds*, p. 117.

240. C. Scott Littleton, ed., *Gods, Goddesses, and Mythology*, vol. vi: *Inca–Mercury* (New York, 2005), p. 735.

241. Lenzen, *The History of Diamond Production*, p. 21.

242. Ibid.

243. Ibid.

244. Ibid.,p.20.

245. Garcia da Orta, *Colloquios dos Simples e Drogas: Edição publicada por deliberação da academia real das sciencias de Lisboa. Dirigida e annotada pelo Conde de Ficalho socio effectivo da mesma academia* [1563] (Lisbon, 1891), pp. 195–6.

246. Ibid.

247. 這一做法將持續整個蒙兀兒帝國時期。歐洲人只有透過掠奪和不當侵占的方式才成功獲得了著名的鑽石。

248. 關於這些陸上貿易路線，參見：Lenzen, *The History of Diamond Production*, pp. 35–41.

249. Evans, *A History of Jewellery*, pp. 53–5, 61.

250. Karin Hofmeester, ‘Diamonds as Global Luxury Commodity’, in *Luxury in Global Perspective: Objects and Practices, 1600–2000*, ed. Bernd-Stefan Grewe and Karin Hofmeester (Cambridge, 2016), pp. 55–90 (p. 69).

224. 關於這些蘇丹國，參見：ibid., pp. 211–12, 1170–71.

225. *Historische Beschryving der Reizen, of Nieuwe en Volkome Verzameling van de Allerwaardigste en Zeldzaamste Zee- en Land-Togten ter Ontdekkinge en Naspeuringe Gedaan* (Amsterdam, 1759), xviii, p. 152: 'het Land der Wilden'.

226. NATH, 1.04.02: De Archieven van de Verenigde Oostindische Compagnie, 1602–1795, No. 4855: *Kopie-beschrijving van de staat van de* voc-*handel in Borneo, in het bijzonder van Banjarmasin, door Johan Andries, baron van Hohendorff, raad extraordinaris* (1757).

227. 'Letter of John Saris to the Right Worshipful the East India Company', Bantam, 4 December 1608, in *Letters Received by the East India Company from its Servants in the East, Transcribed from the 'Original Correspondence' Series of the India Office Records*, vol. i: *1602–1613*, ed. F. C. Danvers (London, 1896), pp. 20–23.

228. Jack Ogden, 'Diamonds, Head Hunters and a Prattling Fool: The British Exploitation of Borneo Diamonds', *Gems and Jewellery*, xiv/3 (2005), pp. 67–9. 在近代早期文獻中，「佛拉芒人」一詞的使用並不罕見，指的是居住在今天比利時法蘭德斯的居民，也用來指荷蘭人。

229. L.C.D. Van Dijk, *Neerland 's vroegste betrekkingen met Borneo, den Solo- Archipel, Cambodja, Siam en Cochin-China* (Amsterdam, 1862), p. 2.

230. Ibid.

231. *Act of Cession and Handing Over of Landak and Sukadana (Borneo) between the Netherlands East India Company (the Netherlands), and Bantam, signed at Surasuang*, 26 March 1778.

232. Tivadar Posewitz, *Borneo: Its Geology and Mineral Resources* (London, 1892), p. 398.

233. Edward Balfour, *Cyclopaedia of India and of Eastern and Southern Asia, Commercial, Industrial and Scientific: Products of the Mineral, Vegetable and Animal Kingdoms, Useful Arts and Manufactures*, 3 vols, 2nd edn (Chennai, 1871), vol. ii, p. 90.

Deckard, *Paradise Discourse*, p. 133.關於十九世紀對亞當峰的描述，參見：William Skeen, *Adam's Peak: Legendary, Traditional, and Historic Notices of the Samanala and Srí-Páda, with a Descriptive Account of the Pilgrims' Route from Colombo to the Sacred Foot-print* (Colombo, 1870).

215. 關於鄂多立克對於斯里蘭卡的說法的討論，參見：Ananda Abeydeera, 'Italian Traveller and Missionary: Odoric of Pordenone's Journey to Ceylon', *Deutsches Schiffartsarchiv*, xxv (2002), pp. 11–18.欲了解鄂多立克的亞洲之旅，參見：Bernard Hamilton, 'Western Christian Contacts with Buddhism, *c.* 1050–1350', *Studies in Church History*, li (2015), pp. 80–91.

216. James Emerson Tennent, *Ceylon, An Account of the Island: Physical, Historical, and Topographical with Notices of its Natural History, Antiquities and Productions*, 2 vols (London, 1860), vol. i, p. 38. 「卡斯維尼」即阿拉波學者阿勒－卡茲維尼（Al-Qazwini，一二〇三年至一二八三年），關於阿勒－卡茲維尼一些作品的分析，參見：Persis Berlekamp, *Wonder, Image, and Cosmos in Medieval Islam* (New Haven, ct, 2011).

217. Henri Cordier, ed., *Les voyages en Asie au* xive *siècle du bienheureux frère Odoric de Pordenone Religieux de Saint-François* (Paris, 1841), pp. 222–32.

218. Deckard, *Paradise Discourse*, p. 134.

219. Said, ed., *Al-Beruni's Book on Mineralogy*, p. 80.

220. L. K. Spencer, S. David Dikinis, Peter C. Keller and Robert E. Kane, 'The Diamond Deposits of Kalimantan, Borneo', *Gems and Gemology*, xxiv/2 (1988), pp. 67–80 (p. 67).

221. Ibid., p. 68. Henri-Jean Schubnel, 'Other Producers', in *Diamonds: Myth, Magic, and Reality*, ed. Jacques Legrand (New York, 1980), pp. 180–87.

222. Thomas Suárez, *Early Mapping of Southeast Asia* (Singapore, 1999), p.185.

223. 'Sambas and Pontianak Sultanates', in *Southeast Asia: A Historical Encyclopedia, From Angkor Wat to East Timor*, ed. Ooi Keat Gin (Santa Barbara, CA, 2004), p. 1170.

199. BL/IOR B/40: Court Minute Book EIC 36 (1690–1695), entry on 6 June 1694，一筆凱倫德參與其中的鉛交易的例子。

200. Ibid., entry on 15 March 1695.

201. BL/IOR, B/40: Court Minute Book EIC 36 (1690–1695), entry on 7 January 1691.

202. BL/IOR, B/62: Court Minute Book EIC 55 (1732–1733), entry on 10 October 1733.

203. 關於瑟里曼家族，參見：Korsch, 'The Scerimans and Cross-cultural Trade in Gems'; and Aslanian, *From the Indian Ocean*, pp. 150–58.

204. 針對瑟里曼家族之利佛諾支系，及其與寶石之關係的廣泛研究，參見：Massimo Sanacore, 'Splendore e deca-denza degli Sceriman a Livorno', in *Gli Armeni lungo le strade d 'Italia: Atti del Convegno Internazionale (Torino, Genova, Livorno, 8–11 marzo 1997)* (Pisa and Rome, 1998), pp. 127–60.

205. Korsch, 'The Scerimans and Cross-cultural Trade in Gems', p. 235.

206. 針對整個故事的分析，參見：ibid., pp. 235–6.

207. 法蘭柯家族是經由利佛諾在鑽石・珊瑚貿易上獲得極大利益的塞法迪猶太家族之一。參見：Katz, *The Jews in the History of England*, pp. 176–7.

208. Korsch, 'The Scerimans and Cross-cultural Trade in Gems', pp. 235–6.

209. 關於這筆交易，參見：ibid., p. 236。

210. 關於此一案件，可查閱：Archivio di Stato di Livorno (hereafter ASL), Governatore e Auditore, Atti Civili Spezzati e Lettere (1629–1815), No. 2211.

211. 關於此一案件，可查閱：ASL, Governatore e Auditore, Atti Civili del Governatore Alessandro Del Nero, No. 694 (1719).

212. 商人在法庭上解決商業糾紛的情形一點也不罕見。參見：Tijl Vanneste, *Intra-European Litigation in Eighteenth-century Izmir: The Role of the Merchants' Style* (Boston, ma, and Leiden, forthcoming).關於亞盧坎故事的更詳細討論，參見：Sanacore, 'Splendore e deca- denza degli Sceriman'，另於此處也提及此事：Korsch, 'The Scerimans and Cross-cultural Trade in Gems', pp. 236–7.

213. Sprenger, trans., *El-Mas'údí's Historical Encyclopaedia*, pp. 59–60.

214. 'Adam's Peak', www.britannica.com, 讀取於二〇二〇年五月四日；亦可參見：

voyage" de Challe', *Revue d 'histoire littéraire de la France*, lxxix/6 (1979), pp. 1025–9 (p. 1026).

194. Challe, *Journal d 'un voyage fait aux Indes Orientales*, vol. ii, pp. 381-2: 'fatigué, & rebutté de tant de chicannes inconnues dans son Païs'.

195. Coolhaas, *Generale Missiven*, i, p. 201.

196. BRBML, John Chardin Correspondence and Documents, Gen MSS 216, Series i, Folder 12: Sir John Chardin's Letters (1686–1706): Letter of John Chardin to Daniel Chardin, London, 5 April 1693: 'nous ne sommes pas de marchands en comparaison d'eux'. 關於亞美尼亞商人的行跡及其在英國東印度公司架構內的活動，更全面的概述可參見：Vahé Baladouni and Margaret Makepeace, eds, *Armenian Merchants of the Seventeenth and Early Eighteenth Centuries: English East India Company Sources* (Philadelphia, PA, 1998).

197. BL/IOR, B/40: Court Minute Book 36 (1690–1695), entries on 20 and 24 February 1690. 關於英國東印度公司與在印度的亞美尼亞貿易離散群體的關係，一份簡短的分析可參見：Ruquia Hussain, 'The Armenians and the English East India Company', *Proceedings of the Indian History Congress*, lxxiii (2012), pp. 327–34. 關於亞美尼亞人在十八世紀下半葉與英國東印度公司的互動往來，一份廣泛考察可參見：Aslanian, 'Trade Diaspora versus Colonial State'.

198. Ibid., p. 50. 當然，亞美尼亞人定居印度不是什麼新鮮事，亞美尼亞人已經在那裡建立定居點好幾個世紀了，但該協議導致越來越多亞美尼亞人從波斯移民到印度。Aslanian, 'Trade Diaspora versus Colonial State', pp. 46–50. 凱倫德必定是倫敦最重要的亞美尼亞人之一，因為約翰・夏爾丹在一六九七年曾評論，亞美尼亞人的貿易已開始在倫敦蓬勃發展，但在凱倫德死後卻陷入了低谷。BRBML, John Chardin Correspondence and Documents, Gen MSS 216, Series i, Folder 7: Letter of John Chardin to Daniel Chardin, London, 24 April 1697. 凱倫德的遺囑保存於：British National Archives in Kew (hereafter nak), Prerogative Court of Canterbury and related Probate Jurisdictions: Will Registers (1384–1858), Prob 11/434/167: Will of Coja Panous Calendar, 24 September 1696. 該家族姓氏也拼寫為Ghalandarian。Aslanian, 'Trade Diaspora versus Colonial State', p. 46.

communautaire intercontinental et intégration locale: la colonie marseillaise des marchands arméniens de la Nouvelle-Djoulfa (Ispahan), 1669–1695', *Revue d 'histoire moderne et contemporaine*, lix/1 (2012), pp. 83–102.倫敦直到十七世紀最後幾十年才被納入這一散居世界的版圖，一六九〇年代時有四十名亞美尼亞商人居住在該城。Sebouh D. Aslanian, 'Trade Diaspora versus Colonial State: Armenian Merchants, the English East India Company, and the High Court of Admiralty in London, 1748–1752', *Diaspora*, xiii/1 (2004), pp. 37–100 (p. 46).

190. 參見：Sushil Chaudhury and Kéram Kévonian, eds, *Les Arméniens dans le commerce Asiatique au début de l 'ère moderne* (Paris, 2018); 以及：Bhaswati Bhattacharya, 'Armenian European Relationship in India, 1500–1800: No Armenian Foundation for European Empire?', *Journal of the Economic and Social History of the Orient*, xlviii/2 (2005), pp. 277–322.亞美尼亞人的網絡從印度延伸出去，最遠到達馬尼拉。Bhaswati Bhattacharya, 'Making Money at the Blessed Place of Manila: Armenians in the Madras- Manila Trade in the Eighteenth Century', *Journal of Global History*, iii/1 (2008), pp. 1–20.

191. 目前尚未出現關於亞美尼亞人參與近代早期鑽石貿易的系統性研究，但以下幾頁的參考文獻可令人對亞美尼亞貿易網絡在近代早期亞洲鑽石貿易的重要性有個整體的印象。相關個案研究，參見：Evelyn Korsch, 'The Scerimans and Cross-cultural Trade in Gems: The Armenian Diaspora in Venice and its Trading Networks in the First Half of the Eighteenth Century', in *Commercial Networks and European Cities, 1400–1800*, ed. Andrea Caracausi and Christof Jeggle (London, 2014), pp. 223–39, 293–8.

192. Beinecke Rare Book and Manuscript Library, Yale University (hereafter BRBML), John Chardin Correspondence and Documents, Gen MSS 216, Series i, Folder 7: Letters from Sr John Chardin, with some accounts, & from some Jews: Letter of John Chardin to Daniel Chardin, London,24 April 1697: 'l'esprit defiant des Armeniens ne leur permet pas de remetre leurs affaires a personne.'

193. 夏勒在他的旅行日記中講述了這個故事。Challe, *Voyage fait aux Indes Orientales*, vol. ii, pp. 372–83. 也可參見：Jacques Rougeot, 'Le "Journal d'un

185. 陸路商貿路線的問題在於，大體而言，由於缺乏資料來源，歷史學家對其運作所知甚少。這和歐洲檔案中大部分與近代早期貿易有關的紀錄均聚焦於海上這一塊，因此忽略了陸路路線有關。參見：Sushil Chaudhury, 'Trading Networks in a Traditional Diaspora: Armenians in India, *c.* 1600–1800', paper submitted for presentation at Session 10, 'Diaspora Entrepreneurial Networks, *c.* 1000–2000' of the xiiith International Economic History Congress, Buenos Aires, 22–26 July 2002, p. 3.

186. Coolhaas, *Generale Missiven*, vol. i, pp. 186–7. 亞齊是印尼蘇門達臘島的一部分部分。

187. 作為亞美尼亞人的定居點，它的名字來自舊朱利法，舊朱利法位於今天的亞塞拜然（Azerbaijan），但它是中世紀及近代早期亞美尼亞最重要的城市之一。現今，新朱利法是伊斯法罕的一部分部分，這裡仍居住著世界上最大的亞美尼亞離散社群之一。Ina Baghdiantz-McCabe, 'Princely Suburb, Armenian Quarter or Christian Ghetto? The Urban Setting of New Julfa in the Safavid Capital of Isfahan (1605–1722)', *Revue des mondes musulmans et de la Méditerranée*, 107–10 (2005), pp. 415–36. 欲了解當前的情況，參見：Saeed Rezaei and Maedeh Tadayyon, 'Linguistic Landscape in the City of Isfahan in Iran: The Representation of Languages and Identities in Julfa', *Multilingua*, xxxvii/6 (2018), pp. 701–20. 一份經典研究是：Edmund Herzig, *The Armenian Merchants of New Julfa, Isfahan: A Study in Pre-modern Asian Trade*(Oxford, 1991).

188. 亞美尼亞人將生絲帶進了地中海貿易圈。針對以新朱利法為中心的亞美尼亞貿易網絡的廣泛研究，參見：Sebouh D. Aslanian, *From the Indian Ocean to the Mediterranean: The Global Trade Networks of Armenian Merchants from New Julfa* (Berkeley, CA, 2011). 欲更加了解該國王的商業政策，包括新朱利法的建城，參見：Rudolph P. Matthee, *The Politics of Trade in Safavid Iran: Silk for Silver, 1600–1730* (Cambridge, 1999), pp. 61–90.

189. 總體而言，亞美尼亞人的離散多與地中海及印度洋產生連結，只有少數擴張至西北歐。相關概述，參見：Sebouh Aslanian, *From the Indian Ocean*, pp. 44–85.尤其是關於馬賽的亞美尼亞離散者，參見：Olivier Raveux, 'Entre réseau

於二〇二〇年五月四日。

177. Makrand Mehta, *Indian Merchants and Entrepreneurs in Historical Perspective* (Delhi, 1991). 關於札維利，參見第九十一至一百一十四頁；關於弗拉，參見第五十三至六十四頁。我們所知為數不多的其他幾個活躍於寶石貿易的耆那教商人，如耆那教學者、詩人兼寶石販子巴納拉西達斯（Banarasidas，一五八六年至一六四三年），其父親也是位珠寶貿易商。針對像他這樣的耆那教商人的職業生涯還需要進行更多研究。Suraiya Faroqhi, *The Ottoman and Mughal Empires: Social History in the Early Modern World* (New York, 2019), pp. 176–7.

178. Robert Challe, *Voyage fait aux Indes Orientales par une Escadre de six Vaisseaux commandez par Mr. Du Quesne, depuis le 24 Février 1690, jusqu'au 20 Août 1691, par ordre de la Compagnie des Indes Orientales*, 3 vols (Rouen, 1721), vol.ii,p. 121: 'ils s'habillent comme les Banians, parlent leur Idiome aussi-bien qu'eux, vivent & mangent avec eux & comme eux, font leurs mêmes cérémonies: en un mot, ceux, qui ne les connoissant pas, les prennent pour de vrais Banians.'

179. Ibid.,pp.123–5.

180. F. W. Stapel and Baron van Boetzelaer van Asperen en Dubbeldam, eds, *Pieter Van Dam's Beschryvinge van de Oostindische Compagnie*, 7 vols (The Hague, 1927–54), vol. II (1932), pp. 174–6.

181. Marshal, 'A Description of the Diamond-mines', p. 915. 泰盧固是擁有自己獨特語言的一個民族，這種語言屬於達羅毗荼（Dravidian）語系之一，達羅毗荼語系是世界第四大語系，南亞有一億七千五百萬人口為該語系的母語使用者。B. Krishnamurti, 'Telugu', in *The Dravidian Languages*, ed. Sanford B. Steever (London, 2015), pp. 202–40.

182. Van der Chijs, *Dagh-register*, pp. 368–72. 婆羅門在印度教種姓制度中屬於教士階層，但也被認為是農學家。G. S. Ghurye, *Caste and Race in India* (London, 1932), pp. 15–18.

183. Tavernier, *Les six voyages*, vol. ii, pp. 330–32.

184. Ibid.,pp.336–7.

Britain (Cambridge, 2010)，尤其是最後兩章，第一百四十頁至二百二十頁。亦可參見：Tillman W. Nechtman, 'Nabobinas: Luxury, Gender, and the Sexual Politics of British Imperialism in India in the Late Eighteenth Century', *Journal of Women's History*, xviii/4 (2006), pp. 8–30；Tillman W. Nechtman, 'A Jewel in the Crown? Indian Wealth in Domestic Britain in the Late Eighteenth Century', *Eighteenth-century Studies*, xli/1 (2007), pp. 71–86; Romita Ray, 'All that Glitters: Diamonds and Constructions of Nabobery in British Portraits, 1600–1800', in *The Uses of Excess in Visual and Material Culture, 1600–2010*, ed. Julia Skelly (Farnham and Burlington, vt, 2014), pp. 19–40.

171. 關於此一演變，參見：Yogev, *Diamonds and Coral*, pp. 169–80.

172. Ibid.,p.173.

173. Ibid.,pp.174–5.

174. Ibid.,pp.169–80.

175. Mentz, 'English Private Trade on the Coromandel Coast'. 亦可參見：Søren Mentz, *The English Gentleman Merchant at Work: Madras and the City of London, 1660–1740* (Copenhagen, 2005). 不僅從歷史學家的角度來看，走私很難分析，在近代早期，走私也常成為國家間進行重商主義競爭時的武器，而且是個廣泛存在的現象。關於這種「走私文化」，參見：Felicia Gottman, *Global Trade, Smuggling, and the Making of Economic Liberalism: Asian Textiles in France, 1680–1760* (Basingstoke, 2016), pp. 63–77.高特曼（Gottman）的著作是針對某種走私商品的少數廣泛性個案研究之一。科羅曼德爾海岸也許是個特別有意思的地方，因為在人們在臨岸地帶，尤其是隔開印度大陸和錫蘭的曼納灣（Gulf of Mannar）採收珍珠，這些珍珠可用來購買鑽石。參見：Sanjay Subrahmanyam, 'Noble Harvest from the Sea: Managing the Pearl Fisheries of Mannar, 1500–1925', in *Institutions and Economic Change in South Asia*,ed. Sanjay Subrahmanyam and Burton Stein (Oxford, 1996), pp. 134–72.

176. 蘇拉特是古吉拉特的主要商業中心。耆那教是印度三大最古老宗教之一，僅次於印度教和佛教，透過非暴力手段達到開悟是其核心要義。G. Ralph Strohl, Umakant Premanand Shah and Paul Dundas, 'Jainism', www.britannica.com, 讀取

163. 奧洛夫鑽石的歷史有些部分人們仍無法掌握。那名亞美尼亞商人和據說是名百萬富翁的伊朗人可能是同一人。而關於法國大兵如何以及從誰那裡得到這顆鑽石也仍然無解。奧洛夫鑽石也可能與另一顆著名的印度切工鑽石「大莫臥兒」（Great Mogul）是同一顆，這顆鑽石也在十八世紀中葉消失無蹤。Pointon, *Rocks, Ice and Dirty Stones*, pp. 54–5, 96; Ogden, *Diamonds*,pp. 308–10; 以 及 Edwin W. Streeter, *Precious Stones and Gems: Their History and Distinguishing Characteristics*, 2nd edn (London, 1879), p. 131.

164. 關於英國上流社會對知名塞法迪鑽石商人的接受程度，一份以約瑟夫．薩爾瓦多為具體例子的分析可參見：Vanneste, *Global Trade*, pp. 130–35。關於約瑟夫．薩爾瓦多的生平，參見：Maurice Woolf, 'Joseph Salvador 1716–1786', *Transactions and Miscellanies of the Jewish Historical Society of England*, 21 (1962–7), pp. 104–37.

165. Bruce Lenman and Philip Lawson, 'Robert Clive, the "Black Jagir", 以及：British Politics', *Historical Journal*, xxvi/4 (1983), pp. 801–29.

166. 關於近代早期對於友誼的理解，參見：Luuk Kooijmans, *Vriendschap en de kunst van het overleven in de zeventiende en achttiende eeuw* (Amsterdam, 1997).

167. Bruce P. Lenman, 'The East India Company and the Trade in Non-metallic Precious Materials from Sir Thomas Roe to Diamonds Pitt', in *The Worlds of the East India Company*, ed. H. V. Bowen, Margarette Lincoln and Nigel Rigby (Woodbridge, 2002), pp. 97–110 (pp. 108–9).

168. Ogden, *Diamonds*, pp. 194–7. 亦可參見：Gérard Mabille, *Les Diamants de la couronne* (Paris, 2001).

169. P. J. Marshall, *East India Fortunes: The British in Bengal in the Eighteenth Century* (Oxford, 1976). 在印度發財的歐洲人（nabob）一詞源於烏爾都語（Urdu），用來指在印度發財致富的東印度公司員工，暗示他們的財富是用貪腐及不正當手段取得，後來被更普遍地用來指在東方累積大量財富的男性。J. Albert Rorabacher, *Property, Land, Revenue, and Policy: The East India Company, c. 1757–1825* (London, 2017), p. 274.

170. 參見：Tillman W. Nechtman, *Nabobs: Empire and Identity in Eighteenth-century*

156. 學術界一直倚賴不同的理論模型來解釋中世紀及近代早期不斷成長的國際及跨文化貿易。關於博弈論的使用，參見：Avner Greif, *Institutions and the Path to the Modern Economy: Lessons from Medieval Trade* (Cambridge, 2006).關於對制度經濟學的倚賴，參見：Oliver E. Williamson, *Markets and Hierarchies: Analysis and Antitrust Implications – A Study in the Economics of Internal Organization* (New York 1975)，以及：Douglass C. North, *Institutions, Institutional Change and Economic Performance* (Cambridge, 1990).在這一歷史背景中進行的網絡分析有這些：Gunnar Dahl, *Trade, Trust and Networks: Commercial Culture in Late Medieval Italy* (Lund, 1998)；Xabier Lamikiz, *Trade and Trust in the Eighteenth-century Atlantic World: Spanish Merchants and their Overseas Networks* (Woodbridge, 2010)；Trivellato, *The Familiarity of Strangers;* Vanneste, *Global Trade*。後面兩篇參考文獻研究了近代早期特定的跨文化鑽石貿易網絡。尤格夫主張，「猶太人與非猶太人的合夥關係很常見，特別是在大商人之間」。Yogev, *Diamonds and Coral*, p. 148.

157. Victoria Hutchings, 'Hoare, Sir Richard (1648–1719)', www.oxforddnb.com, 讀取於二〇二〇年五月四日。關於李維・摩西去印度的許可紀錄，參見：British Library, India Office Records (hereafter bl/ior), B/62: Court Minute Book EIC 55 (1732–1733), entry 14 November 1732.

158. 他們的商業往來紀錄保存在霍爾銀行的檔案中。Archives C. Hoare & Co., London (hereafter AHL), HB/1/11: *An account of diamonds bought and sold by Sir Richard and Henry Hoare in partnership with Marcus Moses, 1707–08.*

159. BL/IOR, B/68: Court Minute Book EIC 68 (1744–1746), entry 5 December 1744.

160. AHL, CT/2: Invoices for diamonds and other precious stones consigned to Charles Turner, East India merchant (and bank customer), 1764–1770.

161. BL/IOR, L/AG/50/5/5: *Agreement between Sir Robert Nightingale acting for George Drake, and Anthony da Costa acting for Joseph James Osorio, connected with their partnership at Fort St. George in the diamond trade, December 1721.*

162. 鑽石庫是克里姆林宮可以參觀的常設展，網址為：www.gokhran.ru, 讀取於 二〇二〇年五月四日。

析，請參見：Tijl Vanneste, 'Commercial Culture and Merchant Networks: Eighteenth-century Diamond Traders in Global History', PhD thesis, European University Institute, Florence, 2009, pp. 181–7. 針對企圖從里斯本將葡萄牙金銀走私出國的英國貿易商進行的一份個案研究，參見：Tijl Vanneste, 'Money Borrowing, Gold Smuggling and Diamond Mining: An Englishman in Pombaline Circles', *e-Journal of Portuguese History*, xiii/2 (2015), pp. 80–94.

148. 關於珊瑚貿易，參見：Francesca Trivellato, *The Familiarity of Strangers: The Sephardic Diaspora, Livorno, and Cross-cultural Trade in the Early Modern Period* (New Haven, ct, 2009), pp. 224–50.這本重要專論分析了涉及猶太及印度鑽石貿易商的一個跨文化網絡。關於珊瑚在珠寶中的使用，參見：Pointon, *Brilliant Effects*, pp. 107–12, 127–44. 欲深入了解地中海的珊瑚撈捕情形，參見：Olivier Lopez, 'Coral Fishermen in "Barbary" in the Eighteenth Century: Between Norms and Practices', in *Labour, Law, and Empire: Comparative Perspectives on Seafarers, c. 1500–1800*, ed. Maria Fusaro, Bernard Allaire, Richard Blakemore and Tijl Vanneste (Basingstoke, 2015), pp. 195–211.

149. 後來採取的措施包括廢除進出口關稅（一六七六年）。自由港地位令利佛諾成為地中海最繁榮的港口城市之一。詳盡分析參見：Corey Tazzara, *The Free Port of Livorno and Transformation of the Mediterranean World, 1574–1790* (Oxford, 2017).

150. Yogev, *Diamonds and Coral*, p. 125.

151. Verberckmoes and Stols, *Aziatische omzwervingen*, pp. 194, 242–3.

152. Ibid.,p.129.

153. Yogev, *Diamonds and Coral*, pp. 132–4 (p. 134).

154. 關於倫敦在一特定十八世紀跨文化鑽石貿易網絡中，作為未切割印度鑽石在歐洲的主要供應中心所發揮的作用，參見：Vanneste, *Global Trade*, 尤其是第六十七至一百二十二頁。關於英印鑽石貿易機構在十八世紀全盛時期的概況， 參見：Yogev, *Diamonds and Coral*, pp. 124–68.

155. 參見：Vanneste, *Global Trade*, pp. 95–122。關於亞實基拿普拉傑公司的廣泛分析，參見：Yogev, *Diamonds and Coral*, pp. 183–274.

138. Rosalind Bowden, 'The Letter Books of John and Nathaniel Cholmley, Diamond Merchants', *North Yorkshire County Record Office Review*, 67 (2001), pp. 6–57 (pp. 6–7).

139. Samuel, 'Diamonds and Pieces of Eight', pp. 33–4. 關於猶太人定居清奈以及他們參與鑽石貿易的情況，參見：Walter J. Fischel, 'The Jewish Merchant-colony in Madras (Fort St George) during the 17th and 18th Centuries: A Contribution to the Economic and Social History of the Jews in India', *Journal of the Economic and Social History of the Orient*, iii/1 (1960), pp. 78–107, and iii/2 (1960), pp. 175–95.

140. Yogev, *Diamonds and Coral*, pp. 89–91.

141. Ibid., p. 94. 鑽石貿易商約瑟夫・薩爾瓦多曾以「愛國者」（Philo-Patriae）為筆名撰寫過兩本小冊子，為透過一七五三年《猶太法案》（Jew Bill）提倡的猶太人歸化提供論證，該法儘管有約瑟夫・薩爾瓦多及其他有力人士的多方努力，仍在引發輿論譁然後遭到廢除。Philo-Patriae, *Considerations on the Bill to Permit Persons Professing the Jewish Religion to be Naturalized by Parliament* (London, 1753); Philo-Patriae, *Further Considerations on the Act to Permit Persons Professing the Jewish Religion, to be Naturalized by Parliament* (London, 1753). 亦可參見：T. W. Perry, *Public Opinion, Propaganda and Politics in Eighteenth- century England: A Study of the Jew Bill of 1753* (Cambridge, MA, 1962).

142. Yogev, *Diamonds and Coral*, pp. 85, 95.

143. Ibid., p. 91, 以及 Samuel, 'Gems from the Orient', p. 354.

144. Josiah Child, *A New Discourse of Trade, Wherein is Recommended several weighty Points relating to Companies of Merchants. The Act of Navigation. Naturalization of Strangers. And Our Woollen Manufactures. The Balance of Trade . . .* (London, 1698), p. 142.

145. 參見：Philip Lawson, *The East India Company: A History* [1993] (Abingdon, 2013), pp. 51–6.

146. Yogev, *Diamonds and Coral*, pp. 94–102.

147. 可參照：Arthur Attman, *Dutch Enterprise in the World Bullion Trade, 1550–1800* (Göteborg, 1983).針對猶太鑽石貿易商這一背景下的十八世紀金銀貿易的分

Yogev, *Diamonds and Coral*, p. 163. 具體範例，參見： Vanneste, *Global Trade*, pp. 113–14, 154–8.

135. 儘管在一六八五年，路易十四廢除了給予胡格諾派基督徒宗教自由的南特詔書（Edict of Nantes），最糟糕的情況還未到來。關於胡格諾派基督徒的離散，參見：Owen Stanwood, *The Global Refuge: Huguenots in an Age of Empire* (Oxford, 2020).

136. 關於尚．夏爾丹生平的詳實傳記佳作，參見：Daniel van der Cruysse, *Chardin le Persan* (Paris, 1998). 關於他的旅行，參見： Ronald W. Ferrier, *A Journey to Persia: Jean Chardin's Portrait of a Seventeenth-century Empire* (London, 1996)。尚．夏爾丹的《尚．夏爾丹騎士的波斯和東方其他地方之旅》（*Voyages du chevalier Jean Chardin en Perse et autres lieux de l'Orient*，下簡稱《夏爾丹東遊記》）第一卷於一六八六年出版。接下來的十年裡，他在英國接連出版了《夏爾丹東遊記》的兩個版本，同時重印了他的《蘇萊曼三世的加冕》（*Le Couronnement de Soleiman Troisième*，一六七一年首次出版）。一七一一年，隨著《夏爾丹東遊記》四卷本的出版，尚．夏爾丹為這次旅行提供了一個完整而權威的記敘，它的精簡版也迅速問世，證明了歐洲人對東方研究及東方文化近乎永不滿足的胃口。到一七一二年尚．夏爾丹過世時，他的著作已經讓他贏得了英國歷史學家吉朋（Gibbon，譯按：出生於一七三七年）、法國思想家孟德斯鳩（Montesquieu，出生於一六八九年）和伏爾泰（Voltaire，譯按：出生於一六九四年）的讚譽。

137. 參見：Edgar Samuel, 'Gems from the Orient: The Activities of Sir John Chardin (1643–1713) as a Diamond Importer and East India Merchant', *Proceedings of the Huguenot Society*, xxvii/3 (2000), pp. 351–68, 特別是第三百六十一頁。薩爾瓦多家族是最成功的塞法迪鑽石貿易家族之一。小法蘭西斯．薩爾瓦多（Francis Salvador Junior）是第三個兄弟的兒子，他和他兩個兒子約瑟夫及雅各各自的事業都十分成功，雖然約瑟夫是在一個美國種植園中窮困潦倒以終。他們均參與了一個連結倫敦、阿姆斯特丹、安特衛普和里斯本的十八世紀跨文化鑽石貿易網絡，有關這個網絡的分析，參見：Vanneste, *Global Trade*.

126. Tijl Vanneste, *Global Trade and Commercial Networks: Eighteenth-century Diamond Merchants* (London, 2011), p. 44. 關於果阿在整個寶石貿易中扮演的歷史角色，參見：João Teles e Cunha, 'Hunting Riches: Goa's Gem Trade in the Early Modern Age', in *The Portuguese, Indian Ocean and European Bridgeheads, 1500–1800: Festschrift in Honour of Prof. K. S. Mathew*, ed. Pius Malekandathil and Jamal Mohammed (Tellicherry, 2001), pp. 269–304.

127. 關於葡屬印度持續的珠寶貿易，可參見此書的概述：George D. Winius, 'Jewel Trading in Portuguese India in the xvi and xvii centuries', *Indica*, xxv/1 (1988), pp. 15–34.

128. Lenzen, *The History of Diamond Production*, p. 91; 以及： T. R. de Souza, 'Goa-based Portuguese Seaborne Trade in the Early Seventeenth Century', *Indian Economic and Social History Review*, xii/4 (1975), p. 438. 克魯札多是種葡萄牙銀幣，當時的價值約四百雷斯。雷斯是葡萄牙基本貨幣，既是實際貨幣也是存款貨幣。文中提到的數額在十七世紀中葉，相當於三百五十萬英鎊及五千英鎊出頭。這些估計數字是基於這一時期的兌換率，兌換率可參見：John J. McCusker, *Money and Exchange in Europe and America, 1600–1775: A Handbook* (Chapel Hill, NC, 1978), p. 108.

129. Edgar Samuel, 'Diamonds and Pieces of Eight: How Stuart England Won the Rough-diamond Trade', *Jewish Historical Studies*, xxxviii (2002),pp. 23–40 (pp. 26–7).

130. 關於英國重新接納猶太人的歷史，可參見此書的詳細綜述：David S. Katz, *The Jews in the History of England, 1485–1850* (Oxford, 1994), pp. 107–44.

131. Yogev, *Diamonds and Coral*, pp. 82–5.

132. Samuel, 'Diamonds and Pieces of Eight', p. 27.

133. Ibid.,pp.27–9.

134. 想以自由商人身分移居印度的候選人必須取得英國東印度公司的許可，該公司的法庭紀要（Court Minute Book）中有許多這樣的請求。只要候選人承諾遵守該公司規定、支付費用並取得兩封推薦信，似乎直到一七七〇年為止英國東印度公司均會批准「任何得到一些公司股東支持的申請人」的請求。

116. 參見第二章。

117. Thomas Motte, 'A Narrative of a Journey to the Diamond Mines at Sumbhulpoor, in the Province of Orissa; By Thomas Motte, Esq. Undertaken in the Year 1766, by the Direction of the late Lord Clive, then governor of Bengal', *The Asiatic Annual Register; or, a view of the history of Hindustan, and of the politics, commerce and literature of Asia, For the Year 1799. Miscellaneous Tracts* (London, 1800), pp. 50–86 (p. 77).

118. Boyajian, *Portuguese Trade in Asia*, passim.

119. Ibid.,pp.181–2.

120. 雖然一五八〇年至一六四〇年葡萄牙與印度的貿易規模仍是個討論話題，當時荷蘭東印度公司和英國東印度公司都接管了印度，但博亞吉安認為，葡萄牙商人進行的貿易比一般接受的說法更多，但這一假設受到如歐姆·普拉卡什（Om Prakash）等學者的挑戰。雖然他並未專門處理鑽石這個主題，但可參見：Om Prakash, *The New Cambridge History of India*, part II, vol. V: *European Commercial Enterprise in Pre-colonial India* (Cambridge, 1998), pp. 37–9.

121. Femme S. Gaastra, *The Dutch East India Company: Expansion and Decline* (Zutphen, 2003).

122. 關於莫克勒巴南港口活動的當代描寫，參見：William Methwold, 'Relations of Golconda: Relations of the Kingdome of Golconda and Other Neighbouring Nations Within the Gulfe of Bengala (1625)', in *Relations of Golconda in the Early Seventeenth Century*, ed. W. H. Moreland (London, 1931), pp. 1–49 (pp. 36–8).

123. Søren Mentz, 'English Private Trade on the Coromandel Coast, 1660–1690: Diamonds and Country Trade', *Indian Economic and Social History Review*, xxxiii (1996), pp. 155–73.

124. Alam, 'Diamond Mining', pp. 305–6. W. P. Coolhaas, *Generale Missiven van Gouverneurs-Generaal en Raden aan Heren* xvii *der Verenigde Oostindische Compagnie*, vol. i: *1610–1638* (The Hague, 1960), p. 390.

125. Alam, 'Diamond Mining', p. 297.

103. Richard Burn, ed., *The Cambridge History of India*, vol. iv: *The Mughul Period* (Cambridge, 1937), pp. 269–72.

104. Kaushik Roy, *Warfare in Pre-British India, 1500* bce *to 1740* ce (London, 2015), pp. 180–82.

105. Van der Chijs, *Dagh-register*, p. 370.

106. Tavernier, *Les six voyages*, vol. ii, p. 248.

107. Ibid.,p.305.

108. Iradj Amini, *The Koh-i-Noor Diamond* (New Delhi, 1994), pp. 225–8.

109. Richards, *The New Cambridge History of India*, pp. 205–81.

110. 針對馬拉塔人征服及建立統治的廣泛分析，參見：Stewart Gordon, *The New Cambridge History of India*, part II, vol. IV: *The Marathas, 1600–1818* (Cambridge, 1993).

111. Jaswant Lal Mehta, *Advanced Study in the History of Modern India, 1707–1813* (Slough and Elgin, IL, 2005), pp. 107–9.

112. 寫過光之山的書很多，最近一份全面的分析，參見：William Dalrymple and Anita Anand, *Koh-i-Noor: The History of the World 's Most Infamous Diamond* (New York, 2017).孔雀王座（Peacock Throne）是在德里的蒙兀兒帝國寶座，由沙賈罕皇帝委託打造，上面鑲滿各種寶石。波斯沙阿納迪爾奪走王座後，王座便下落不明。參見：Susan Stronge, 'The Sublime Thrones of the Mughal Emperors of Hindustan', *Jewellery Studies*, x (2004), pp. 52–65.

113. Dalrymple and Anand, *Koh-i-Noor*, pp. 51–2.

114. 這顆鑽石原本重達一百九十克拉，但在英國進行分析後，人們發現它有瑕疵，這讓阿姆斯特丹公司摩西寇斯特（Moses Coster）兩位最重要的老闆決定在倫敦特別建造一間工作坊來切割這顆鑽石。Dalrymple and Anand, *Koh-i-Noor*, pp. 229–32.

115. Dalrymple and Anand, *Koh-i-Noor*, pp. 93–128.敘述這顆鑽石如何從沙賈罕王手中輾轉流經不同統治者，最終在一八一三年落入旁遮普的錫克大君蘭季德·辛格手上。

ii, pp. 125, 159, 231.

92. Nirmal Kumar Bose, *The Structure of Hindu Society* (Hyderabad, 1975), p. 45.

93. 關於蒙兀兒對於柯克拉鑽石的興趣，參見：Mathura Ram Ustad, 'Akbar and Jahangir's Attraction in the Diamonds of Kokhra', in *Proceedings of Indian History Congress: 57th Session*, ed. S.Z.H. Jafri and Aniruddha Ray (Chennai, 1996), pp. 392–3.

94. Henry Beveridge, ed., *The Tuzuk-i-Jahangiri; or, Memoirs of Jahangir*, trans. Alexander Rogers (London, 1909), pp. 314–16.

95. H. Blochmann, 'Notes from Muhammadan Historians on Chutia Nagpur, Pachet, and Palamau', *Journal of the Asiatic Society of Bengal*, xl/2 (1871), pp. 111–19 (pp. 115–16).

96. Annemarie Schimmel, *The Empire of the Great Mughals: History, Art and Culture* (London, 2004), p. 35; 以及： Gérard Toffin, 'Brotherhood and Divine Bonding in the Krishna Pranami Sect', in *The Politics of Belonging in the Himalayas: Local Attachments and Boundary Dynamics*, ed. Joanna Pfaff- Czarnecka and Gérard Toffin (New Delhi, 2011), pp. 144–66 (p. 150). 馬拉塔建國的起源是比賈普爾蘇丹國，並在十八世紀對蒙兀兒帝國構成了嚴重威脅。參見：John F. Richards, *The New Cambridge History of India*, part I, vol. V: *The Mughal Empire* (Cambridge, 1993), pp. 205–81。

97. Richards, *The New Cambridge History of India*, pp. 137–8.

98. 關於朱姆拉作為一名「投資組合型資本家」的職業生涯，參見：Sanjay Subrahmanyam, *The Political Economy of Commerce: Southern India, 1500–1650* (Cambridge, 2002), pp. 322–7.以下主要關注他的軍事成就：J. N. Sarkar, *The Life of Mir Jumla, the General of Aurangzeb* (New Delhi, 1979).

99. Biswas,'Gem-minerals',p.405.

100. Tavernier, *Les six voyages*, vol. ii, p. 311.

101. Marshal, 'A Description of the Diamond-mines', p. 909.

102. Radhika Seshan, *Trade and Politics on the Coromandel Coast: Seventeenth and Early Eighteenth Centuries* (Delhi, 2012), p. 32.

73. Alam, 'Diamond Mining', p. 300.霍夫米斯特在她有關鑽石勞動的文章中提供了更多的當代描述，證實了這一印象。Karin Hofmeester, 'Working for Diamonds from the 16th to the 20th Century', in *Working on Labor: Essays in Honor of Jan Lucassen*, ed. Marcel van der Linden and Leo Lucassen (Leiden, 2012), pp. 19–46 (pp. 25–8).

74. Tavernier, *Les six voyages*, vol. ii, p. 296.

75. Ibid.,p.304.

76. Ibid.

77. Ibid.,pp.304–7.

78. Ibid.,pp.308–11.

79. Ibid.

80. 朗吉報告的副本被列入一六六三年荷蘭殖民紀錄檔案，發表於：J. A. van der Chijs, ed., *Dagh-register gehouden int Casteel Batavia vant passerende daer ter plaetse als over geheel Nederlandts- India Anno 1663* (Batavia and The Hague, 1891), entry 31 July 1663, pp. 368–72.

81. Ibid., p. 369: 'van immemoriale tyden af '.

82. Pointon, *Rocks, Ice and Dirty Stones*, pp. 179–80.

83. 前一本引用書籍第一百八十頁提到，知名的英國十七世紀鑽石商喬姆利兄弟拒買「裂面切割鑽」，但其他人仍會購買。

84. Gedalia Yogev, *Diamonds and Coral: Anglo-Dutch Jews and Eighteenth-century Trade* (Leicester, 1978), p. 140.

85. Van der Chijs, *Dagh-register*, pp. 368–9.

86. Marshal, 'A Description of the Diamond-mines', p. 910.

87. 朗吉對最後一座礦的描寫最為詳細。Van der Chijs, *Dagh-register*, pp. 369–72.

88. Ibid.

89. Ibid.

90. 下面討論到的猶太商人羅德里哥斯即是一例。

91. Abul Fazl Allámi, *The Aín I Akbari*, trans. H. S. Jarrett, 3 vols (Kolkata, 1891), vol.

64. Seema Singh, 'Over Sea Trade of Golconda During the 17th Century', ma thesis, Aligarh Muslim University, 1986, p. 12.

65. Karin Hofmeester, 'Economic Institutions and Shifting Labour Relations in the Indian, Brazilian, and South African Diamond Mines', in *Colonialism, Institutional Change, and Shifts in Global Labour Relations*, ed. Karin Hofmeester and Pim de Zwart (Amsterdam, 2018), pp. 67–107 (pp. 70–71).

66. Verberckmoes and Stols, *Aziatische omzwervingen*, pp. 171–4. 類似事故也曾發生於巴西和非洲的沖積帶鑽石田。關於歐洲人眼中的娑提儀式，參見：Pompa Banerjee, *Burning Questions: Widows, Witches, and Early Modern European Travellers in India* (New York, 2003).

67. Pieter van der Aa, *La galerie agréable du monde . . .*, 66 parts in 27 vols (Leiden, 1729). 關於胡格的著作及德爾對其著作的使用，更多資訊可參見：Benjamin Schmidt, *Inventing Exoticism: Geography, Globalism,and Europe's Early Modern World* (Philadelphia, pa, 2015), pp. 200–204。針對德爾的廣泛研究，參見：P. G. Hoftijzer, *Pieter van der Aa (1659–1733): Leids drukker en boekverkoper* (Hilversum, 1999).

68. Pieter van der Aa, *La galerie agréable du monde . . . Cette Partie comprend le tome premier des Indes Orientales* (Leiden, 1729), pp. 5–6.

69. 一位曾在十九世紀末發表過一份關於印度鑽石礦報告的地質學家認為，拉穆爾科塔和羅爾康達礦是同一座。Valentine Ball, *The Diamonds, Coal and Gold of India: Their Mode of Occurrence and Distribution* (London, 1881), pp. 19–20.

70. Jean-Baptiste Tavernier, *Les six voyages de Jean-Baptiste Tavernier, Chevalier Baron d'Aubonne, qu'il a fait en Turquie, en Perse, et aux Indes, Pendant l'espace de quarante ans, & par toutes les routes que l'on peut tenir, accompagnez d'observations particulieres sur la qualité, la Religion, le gouvernement, les coûtumes & le commerce de chaque païs; avec les figures, le poids, & la valeur des monnoyes qui y ont cours*, 2 vols (Paris, 1676), vol. ii, p. 293.

71. Ibid.,p.296.

72. Ibid.

地區的普遍衰落，參見：Maria Fusaro, *Political Economies of Empire in the Early Modern Mediterranean: The Decline of Venice and the Rise of England, 1450–1700* (Cambridge, 2015).

55. James C. Boyajian, *Portuguese Trade in Asia under the Habsburgs, 1580–1640* (Baltimore, md, 2008), p. 135.

56. Michael Limberger and Christophe Vielle, 'Het land waar de peper groeit: De eerste Zuid-Nederlandse contacten met India', in *Het wiel van Ashoka: Belgisch-Indiase contacten in historisch perspectief*, ed. Idesbald Goddeeris (Leuven, 2013), pp. 19–34 (p. 28). 亦可參見：John G. Everaert, 'Soldaten, diamantairs en jezuïeten: Nederlanders in Portugees-Indië voor 1590', in *Souffrir pour Parvenir: De wereld van Jan Huygen van Linschoten*, ed. R. Van Gelder, J. Parmentier and V. Roeper (Haarlem, 1998), pp. 87–91.

57. S. V. Satyanarayana, 'Diamonds in the Deccan: An Overview', in *Deccan Heritage*, ed. H. K. Gupta, A. Parasher-Sen and D. Balasubramanian (Hyderabad, 2000), pp. 135–56 (p. 147).

58. Jan Huyghen van Linschoten, *Itinerario, Voyage ofte Schipvaert van Jan Huygen van Linschoten naer Oost ofte Portugaels Indien* (Amsterdam, 1596). 鑽石及其他寶石的討論在第一百零四至一百一十頁。

59. T. R. de Souza, 'A New Account of the Diamond Mines of the Deccan', in *Mediaeval Deccan History*, ed. A. R. Kulkarni, M. A. Nayeem and T. R. de Souza (Mumbai, 1996), pp. 124–34 (p. 124).

60. 這座山很可能跟孔提的鑽石山是同一座。

61. Linschoten, *Itinerario*, p. 104: 'de diepte van een mans lenghte'.

62. Johan Verberckmoes and Eddy Stols, *Aziatische omzwervingen: het levens- verhaal van Jacques de Coutre, een Brugs diamanthandelaar 1591–1627* (Berchem, 1988), pp. 171–4.

63. Kolipaka Srinivas, 'Diamond Industry and Trade in Medieval Andhra', *International Journal of Research in Economics and Social Sciences*, v/4 (2015), pp. 140–55 (pp. 141–2). 這些礦業管理上的選擇基本上和後來在其他環境中所做的選擇相同。

Silk Road Castles and Temples: Ancient Wakhan in Legends and History', in *Identity, History and Trans-nationality in Central Asia. The Mountain Communities of Pamir*, ed. D. Dagiev and C. Faucher (Abingdon, 2019), pp. 91–105. 尖晶石是一種八面體形式的彩色水晶，只有少量的尖晶石品質可達到寶石等級。它從羅馬時代就被用於珠寶，但經常與紅寶石混淆。歷史上，尖晶石曾出現於阿富汗、緬甸及錫蘭。參見：Richard W. Hughes, 'The Rubies and Spinels of Afghanistan: A Brief History', *Journal of Gemmology*, xxiv/4 (1994), pp. 256–67.

50. W.K.B. Loftus, H. S. Simpson and M. J. King, 'Recovery Plant Practice at De Beers Consolidated Mines, Kimberley, with Particular References to Improvements Made for the Sorting of Final Concentrates', *Journal of the South African Institute of Mining and Metallurgy*, vii/9 (1970), pp. 317–28 (p. 319).

51. Polo, *Il Milione*, p. 214: 'e non crediate che gli buoni diamanti si rechino di qua tra gli Cristiani; anzi si portano al Gran Cane, ed agli re e baroni di quelle contrade che hanno lo gran Tesoro.'

52. Ishrat Alam, 'Diamond Mining and Trade in South India in the Seventeenth Century', *Medieval History Journal*, iii/2 (2000), pp. 291–310 (p. 293).

53. Ciriacono, 'Il diamante a Venezia'. 關於在安特衛普參與鑽石貿易的外國貿易團體亦可參見：Hans Pohl, *Die Portugiesen in Antwerpen (1567–1648): Zur Geschichte einer Minderheit* (Wiesbaden, 1977)；以及：Jean Denucé, 'Het Huis Affaytati', *Antwerpsch Archievenblad*, 2nd series, iv (1929), pp. 218–24。關於十六世紀末以來在威尼斯設立分支機構的安特衛普公司，可參見一份個案研究：Christina M. Anderson, 'Diamond-studded Paths: Lines of Communication and the Trading Networks of the Hellemans Family, Jewellers from Antwerp', in *Gems in the Early Modern World: Materials, Knowledge and Global Trade*, ed. Michael Bycroft and Sven Dupré (London, 2019), pp. 65–86.

54. 威尼斯商人在伊斯坦堡建立據點已經有很長一段時間，他們的蹤影可以追溯至拜占庭時期。參見：Silvano Borsari, *Venezia e Bisanzio nel* xii *secolo: I rapporti economici* (Venice, 1988); Donald M. Nicol, *Byzantium and Venice: A Study in Diplomatic and Cultural Relations* (Cambridge, 1988)。關於威尼斯勢力在地中海

36. Ibid.,p.80.

37. Laufer, 'The Diamond', pp. 6-21.

38. Ibid.,p.10.

39. Ibid.,pp.7–10.

40. 討論參見：Friedrich Hirth, 'The Mystery of Fu-Lin', *Journal of the American Oriental Society*, xxxiii (1913), pp. 193–208.

41. Jamel Eddine Bencheikh and André Miquel, ed. and trans., *Les Mille et Une Nuits*, vol. iv: *Sindbad de la mer et autres contes des Mille et Une Nuits* (Paris, 2002), pp. 340–466.

42. Deckard, *Paradise Discourse*, p. 134.

43. Marco Polo, *Il Milione*, ed. Antonio Lanza (Pordenone, 1991), cap. cxxxviii.

44. Geneviève Bouchon and Anne-Laure Amilhat-Szary, eds, *Le Voyage aux Indes de Nicolò de' Conti (1414–1439)*, trans. Diane Ménard (Paris, 2004), p. 317.

45. Gordon Mackenzie, *Manual of the Kistna District in the Presidency of Madras* (New Delhi, 1990), p. 246. 在印度鑽石礦中常見到祭祀及其他宗教儀式（圖7）。直至今日，儀式仍持續在鑽石開採中扮演重要角色，可參照：Lorenzo D'Angelo, 'God's Gifts: Destiny, Poverty, and Temporality in the Mines of Sierra Leone', *Africa Spectrum*, liv/1 (2019), pp. 44–60.

46. Bouchon and Amilhat-Szary, eds, *Le Voyage aux Indes de Nicolò de' Conti*, p. 117.

47. 《加泰隆尼亞地圖集》由固定在木板上的六張羊皮紙組成，現存於巴黎的法國國家圖書館（Bibliothèque Nationale）。參見：'Ciel & Terre: L'Atlas Catalan', www.bnf.fr. 關於地圖集的木板也可查閱：'The Cresques Project', www.cresquesproject.net. 兩者讀取於二〇二〇年五月四日。

48. 英文譯本發表於克雷斯克斯計畫（Cresques Project）網站「加泰隆尼亞傳說 >第四板」（'Catalan Atlas Legends > Panel VI'）。

49. Ruslan Kostov, 'The Mineralogical Knowledge of the Ancient Bulgarians According to Some Medieval Sources', *Annual of the University of Mining and Geology 'St Ivan Rilski'*, xlvi/1 (2003), pp. 87–92 (p. 90). 亦可參見：Abdulmamad Iloliev, 'The

Beyond', *American Journal of Archaeology*, xcii/4 (1988), pp. 547–52 (pp. 548–9).

24. Casson, 'Patterns of Seaborne Trade in the First Century a.d.', pp. 39–47.

25. Lenzen, *The History of Diamond Production*, pp. 1–8, 15–25.

26. Laufer, 'The Diamond', p. 45. 雖然不清楚人們在多大程度上將衣索比亞視為鑽石來源地。

27. Lenzen, *The History of Diamond Production*, pp. 21, 35–41.

28. Hakim Mohammad Said, ed., *Al-Beruni's Book on Mineralogy: The Book Most Comprehensive in Knowledge on Precious Stones* (Islamabad, 1989), pp. 75–80.

29. Nachum Gross, ed., *Economic History of the Jews* (New York, 1975), p. 158.

30. 參見：Salvatore Ciriacono, 'Il diamante a Venezia tra la fine del medioevo e il secolo xviii: Tecniche, produzione, competizione internazionale', *Nuova rivista storica*, xcviii/1 (2014), pp. 199–224.

31. Lenzen, *The History of Diamond Production*, pp. 60–61.

32. Annelies De Bie, 'The Paradox of the Antwerp Rose: Symbol of Decline or Token of Craftsmanship?', in *Innovation and Creativity in Late Medieval and Early Modern European Cities*, ed. Karel Davids and Bert de Munck (Farnham and Burlington, VT, 2014), pp. 269–94 (p. 271). 亦可參見：Ludo Vandamme and John A. Rosenhøj, *Brugge diamantstad: diamanthandel en diamantnijverheid in Brugge in de 15de en de 20ste eeuw* (Beernem, 1993)。關於義大利人在布魯日的行跡，參見：Peter Stabel, 'De gewenste vreemdeling: Italiaanse kooplieden en stedelijke maatschappij in het laat-Middeleeuwse Brugge', *Jaarboek voor middeleeuwse geschiedenis*, iv (2001), pp. 189–221.

33. 關於早期阿拉伯學者著作中提及寶石的內容，可參見一段簡短的介紹：William John Sersen, 'Gem Minerals in Early Arabic Literature', *Mineralogical Record*, xxvi/4 (1995), pp. 43–8.

34. Aloys Sprenger, trans., *El-Mas'údí's Historical Encyclopaedia entitled 'Meadows of Gold and Mines of Gems' Translated from the Arabic* (London, 1841), p. 269.

35. Said, ed., *Al-Beruni's Book on Mineralogy*, pp. 75–80.

五〇年。

9. Ibid.,p.123.

10. 一個語言混亂的好例子。這很可能和李特爾的威拉加爾是同一個地方。

11. Biswas,'Gemminerals',p.403.

12. 一部可追溯至六世紀的梵文文獻《星象廣論》（*Br.hatsamhitā*）提到了印度的八個鑽石產地，全都跟《實利論》中提到的地方不同。R. P. Kangle, *The Kaut. ilya Arthaśāstra. Part* iii*: A Study* (Delhi, 1965), p. 86.

13. 關於對托勒密的鑽石河主張，參見：Biswas, 'Gem-minerals', p. 409.

14. Corey Abshire, Dmitri Gusev, Ioannis Papapanagiotou and Sergey Stafeyev, 'A Mathematical Method for Visualizing Ptolemy's India in Modern GIS Tools', *e-Perimetron*, xi/1 (2016), pp. 13–34 (p. 32).

15. Berthold Laufer, 'The Diamond: A Study in Chinese and Hellenistic Folklore', *Publications of the Field Museum of Natural History. Anthropological Series*, xv/1 (1915), pp. 32–4.

16. Lionel Casson, 'Patterns of Seaborne Trade in the First Century a.d.', *Bulletin of the American Society of Papyrologists*, xxi/1–4 (1984), pp. 39–47.

17. Pliny the Elder, *The Natural History*, ed. John Bostock (London, 1855), Book 35, Chapter 15.

18. Ibid.

19. Sharae Deckard, *Paradise Discourse, Imperialism, and Globalization: Exploiting Eden* (New York, 2010), p. 134.

20. Samuel Purchas, *Hakluytus Posthumus; or, Purchas His Pilgrims*, 5 vols (London, 1625), vol. iii, pp. 108–12.

21. J. Thorley, 'The Development of Trade between the Roman Empire and the East under Augustus', *Greece and Rome*, xvi/2 (1969), pp. 209–23 (p. 221).

22. Vimala Begley, 'Arikamedu Reconsidered', *American Journal of Archaeology*, lxxxvii/4 (1983), pp. 461–81.

23. Leonard Gorelick and John A. Gwinnett, 'Diamonds from India to Rome and

見：Simon Harvey, *Smuggling: Seven Centuries of Contraband* (London, 2016)，本書涉及了各種商品及不同歷史時期。

36. 人們今天想到童工總是認為它只發生在非歐洲世界，但歐洲國家擁有剝削兒童勞動的悠久歷史，無論是在國內或是在各國殖民地，而礦業一直都是這方面一個重要的行業。關於十九世紀英國的研究，參見：Danielle Kinsey, 'Atlantic World Mining, Child Labor, and the Transnational Construction of Childhood in Imperial Britain in the Mid-nineteenth Century', *Atlantic Studies*, xi/4 (2014), pp. 449–72.

第一章　亞洲鑽石：奢侈品的發現（五〇年至一七八五年）

1. John Keats and Paul Wright, eds, *The Poems of John Keats* (Ware, 1994), p. 18.
2. 'Golconda', www.merriam-webster.com, 讀取於二〇二〇年五月四日。
3. Arun Kumar Biswas, 'Gem-minerals in Pre-modern India', *Indian Journal of History of Science*, xxix/3 (1994), pp. 389–420 (p. 392).
4. Earl Marshal, 'A Description of the Diamond-mines, as It was Presented by the Right Honourable, the Earl Marshal of England, to the R. Society', *Philosophical Transactions (1665–1678)*, xii (1677–8), pp. 907–17 (pp. 908, 913).
5. Carl Ritter, *Die Erdkunde von Asien*, 21 vols (Berlin, 1817–59), vol. iv (1836), p. 343. 另一位早期重要研究者洪堡德在俄羅斯鑽石礦的發現上扮演了重要角色。
6. R. Shamasastry, trans., *Kaut.ilya's Arthaśāstra* (Bangalore, 1915), p. 115. 關於這份手稿其寫作、重新發現及一個新英文譯本的討論，參見：Patrick Olivelle, *King, Governance, and Law in Ancient India: Kaut.ilya's Arthaśāstra* (Oxford, 2013). 提及督導職責的文字出現在本書第一百零九頁。
7. Shamasastry, *Kaut.ilya's Arthaśāstra*, pp. 115, 343.
8. CE這一縮寫代表公元紀年。關於奧利維爾的論證，參見：Olivelle, *King, Governance, and Law*, pp. 26–9. 根據他的觀點，我將本章的起始日期訂為公元

25. David Jeffries, *A Treatise on Diamonds and Pearls* (London, 1751), p. 66.

26. 不要與工業鑽石混淆。

27. 關於礦業在南非歷史上扮演的角色，參見：Martin Meredith, *Diamonds, Gold and War: The British, the Boers, and the Making of South Africa* (New York, 2007); 以　及：Jade Davenport, *Digging Deep: A History of Mining in South Africa* (Johannesburg, 2013).

28. 'De Beers, Six Others Form Diamond Producers Association', www. miningweekly.com, 28 May 2015; 也可參見DPA網站：www.diamondproducers.com, 讀取於二〇二〇年五月四日。鑽石生產商協會的七名成員為：阿羅莎（俄羅斯）、戴比爾斯（南非、加拿大、波札那、納米比亞）、多米尼鑽石公司（加拿大）、盧卡拉鑽石公司（Lucara Diamond Corporation，波札那）、佩特拉鑽石（Petra Diamonds，南非、坦尚尼亞）、珍寶鑽石（Gem Diamonds，賴索托 、波札那），以及力拓（澳洲、加拿大）。

29. 參見：kimberleyprocessstatistics.org, 讀取於二〇二〇年五月四日。

30. 'The Diamond Insight Report 2019', p. 7, www.debeersgroup.com, 讀取於 二〇二〇年五月四日。

31. 有關所有交易所的更多資訊，參見世界鑽石交易所聯盟網站上的概述，網址為：www.wfdb.com, 讀取於二〇二〇年五月四日。

32. 'The Diamond Insight Report 2019', p. 4.

33. 一旦在某個地方找到鑽石就不把土地所有權當回事，這已經是從古代、中世紀到近代早期印度王國及蘇丹國專制政權一脈相承的基因了，但在歐洲殖民主義及其遺緒上表現得尤為無恥。

34. Jillian Ambrose, 'Ecotricity Founder to Grow Diamonds "Made Entirely from the Sky"', *The Guardian*, 30 October 2020.

35. 本書沒有或鮮少觸及這一黑暗面的兩個要素均和犯罪有關。首先是竊盜，針對此一主題的討論參見：Pointon, *Rocks, Ice and Dirty Stones*, pp. 171–202. 焦點在鑽石與珠寶的完成品。其次是走私，由於缺乏資料來源，加上究竟何謂走私的觀念不斷變化，因此很難加以評估。關於走私現象的一個有趣研究參

18. 關於合成鑽石的歷史，參見：Hazen, *The Diamond Makers*. 關於奇異公司部分，參見： Thomas F. O'Boyle, *At Any Cost: Jack Welch, General Electric, and the Pursuit of Profit* (New York, 1998), pp. 277–331.

19. Nazanin Lankarani, 'Lab-grown Diamonds? This New Paris Jeweler Says They're the Future', *New York Times*, 11 September 2018.

20. 參見：www.lightboxjewelry.com, 讀取於二〇二〇年五月四日。

21. Lankarani, 'Lab-grown Diamonds?'

22. 如此書所引：Martin Thomas, *Violence and Colonial Order: Police, Workers and Protest in the European Colonial Empires, 1918–1940* (Cambridge, 2012), p. 265.

23. Crookes, 'The Romance of the Diamond', p. 375. 這段引文繼續以一種厭女的語氣說道：「就為了拿到幾顆小石頭來裝飾我夫人的手指頭！一切都是為了滿足女人的虛榮心！『還有』我聽到我公正的讀者說，是『男人的墮落』！」這段話令人想起溫斯頓・邱吉爾（Winston Churchill）在一八九一年說過的話。Dorothy O. Helly and Helen Callaway, 'Constructing South Africa in the British Press, 1890–92: The *Pall Mall Gazette*, the *Daily Graphic*, and *The Times*', in *Imperial Co-Histories: National Identities and the British and Colonial Press*, ed. Julie F. Codell (Cranbury, NJ, 2003), pp. 125–44 (p. 135).

24. 許多學者已寫過鑽石成品的重要文化和經濟史著作。下面這幾本書是很好的例子：Marcia Pointon, *Brilliant Effects: A Cultural History of Gem Stones and Jewellery* (New Haven, CT, 2009); Marcia Pointon, *Rocks, Ice and Dirty Stones: Diamond Histories* (London, 2017).也可參見著作： Joan Evans, *A History of Jewellery, 1100–1870* (New York, 1953); Herbert Tillander, *Diamond Cuts in Historic Jewellery, 1381–1910* (London, 1995).最後一本書的作者專注於討論珠寶的歷史演變。關於早期鑽石史的近期著作：Jack Ogden, *Diamonds: An Early History of the King of Gems* (New Haven, CT, 2018).本書概述了印度鑽石的近代早期史，並聚焦於貿易及切工的發展。但其關注主要仍是成品的文化面向，而不是礦業管理及勞動環境。下面這本書的範圍和主題與其類似，但焦點放在十九和二十世紀：Rachelle Bergstein, *Brilliance and Fire:A Biography of Diamonds* (New York, 2016).

Semiprecious Stone Scam', *Configurations*, ix/3 (2001), pp. 381–412.

9. Godehard Lenzen, *The History of Diamond Production and the Diamond Trade* (New York, 1970), pp. 20–21.

10. 引用自：Nichola Erin Harris, 'The Idea of Lapidary Medicine: Its Circulation and Practical Applications in Medieval and Early Modern England: 1000–1750', PhD thesis, Rutgers University, 2009, p. 170.

11. 儘管幾個世紀以來人們一直根據這四要素來評估鑽石的價值，但在一九三〇年代，美國地質學研究所（Gemological Institute of America）制定了一個正式的評級架構，並得到國際承認。參見：'4Cs of Diamond Quality', www.gia.edu, 讀取於二〇二〇年五月四日。

12. 剩下的百分之二十以另一種風格切割。'The Diamond Insight Report 2019: Diamonds and Love in the Modern World', p. 26, www.debeersgroup. com, 讀取於二〇二〇年五月四日。

13. 一克拉的重量不是古今及四海皆同，而且有時其他地區也會使用其他的重量單位。

14. 其中一千九百萬來自剛果民主共和國、一千八百萬來自俄國、一千四百萬來自澳洲。'Mineral Commodity Summaries 2018', p. 55, www.usgs.gov, 讀取於二〇二〇年五月四日。

15. National Archives The Hague (hereafter NATH), 2.05.80: Archief van het Ministerie van Buitenlandse Zaken te Londen (Londens Archief) en daarmee samenhangende archieven, (1936) 1940–1945 (1958), N°3007: Stukken betreffende de doorvoer via de ambassade te Washington van per diplomatieke koerier vanuit Portugal verzonden diamanten, deels bestemd voor NV Philips, deels voor Nederlandse vluchtelingen, en een partij bestemd voor de schrijver M. Mok in Engeland, 1941–1942.

16. Humberto Fernández-Morán Villalobos, 'Method of Making Diamond Knives' (patented 22 June 1965), patents.google.com, 讀取於二〇二〇年五月四日。

17. Donald W. Olson, 'Diamond (Industrial)', in *u.s. Geological Survey, Mineral Commodity Summaries, January 2016*, ed. Joyce A. Ober (Reston, VA, 2016), pp. 56–7.

註釋

引言

1. William Crookes, 'The Romance of the Diamond', *North American Review*, clxxxvii/628 (1908), pp. 371–8. 克魯克斯是一長串試圖製造合成鑽石的人之一。Robert M. Hazen, *The Diamond Makers* (Cambridge, 1999), pp. 25–8.
2. John P. Rafferty, 'Kimberlite Eruption', www.britannica.com, 讀取於二〇二〇年五月四日。
3. C.H., 'Why Diamond Production May Be About to Peak', 9 March 2017, www.economist.com, 讀取於二〇二〇年五月四日。只有百分之十五的金伯利岩管蘊藏鑽石，大部分金伯利岩管均無法以商業上可行的方式開採。
4. 史密德森·天南（Smithson Tennant）在一七九六年就已發現鑽石的成分不過是碳而已。Smithson Tennant, 'On the Nature of the Diamond', *Philosophical Transactions of the Royal Society of London*, cxxxvii/1 (1797), pp. 123–7. 同素異形體一詞指的是某種元素可能具有的各種物理形態之一，例如木炭和鑽石均為碳的同素異形體。
5. Joshua M. Garber et al., 'Multidisciplinary Constraints on the Abundance of Diamond and Eclogite in the Cratonic Lithosphere', *Geochemistry, Geophysics, Geosystems*, xix/7 (2018), pp. 2062–86. 估計蘊藏量達到千兆噸：一後面加上十五個零。Maya Wei-Haas, 'A Quadrillion Tons of Diamonds Lurk Deep Inside Earth', www.nationalgeographic.com, 17 July 2018.
6. 「太陽形成前」指的是它們在太陽存在前即已形成。
7. Roy S. Lewis, Tang Ming, John F. Wacker, Edward Anders and Eric Steel, 'Interstellar Diamonds in Meteorites', *Nature*, cccxxxvii (1987), pp. 160–62; 以及：Masaaki Miyahara et al., 'Unique Large Diamonds in a Ureilite from Almahata Sitta 2008 TC3 Asteroid ', *Geochimica et Cosmochimica Acta*, clxiii (2015), pp. 14–26.
8. 關於鑽石其實不配得到鑽石及半寶石之王的地位，讀者可在此書中找到有趣的看法：Robert N. Proctor, 'Anti-agate: The Great Diamond Hoax and the

國家圖書館出版品預行編目 (CIP) 資料

Diamond：鮮血、汗水與泥土，一部鑽石貿易的全球史／蒂爾.瓦內斯特(Tijl Vanneste)著；陳雅馨譯. -- 初版. -- 新北市：臺灣商務印書館股份有限公司, 2022.08
面； 公分. --（歷史. 世界史）
譯自：Blood, sweat and earth : the struggle for control over the world's diamonds throughout history
ISBN 978-957-05-3439-9（平裝）

1.CST: 國際貿易史 2.CST: 鑽石

558.09　　111010496

歷史・世界史

Diamond：
鮮血、汗水與泥土，一部鑽石貿易的全球史
Blood, Sweat and Earth: The Struggle for Control over the World's Diamonds Throughout History

作　　者—蒂爾・瓦內斯特（Tijl Vanneste）
譯　　者—陳雅馨
發 行 人—王春申
審書 顧問—林桶法、陳建守
總 編 輯—張曉蕊
責任 編輯—陳怡潔
特約 編輯—李曉芳
內文 排版—菩薩蠻
封面 設計—盧卡斯
營 業 部—張家舜、謝宜華、王建棠
出版 發行—臺灣商務印書館股份有限公司
231023 新北市新店區民權路 108-3 號 5 樓（同門市地址）
電　　話：(02)8667-3712
傳　　真：(02)8667-3709
讀者服務專線：0800056193
郵　　撥：0000165-1
E-mail：ecptw@cptw.com.tw
網路書店網址：www.cptw.com.tw
Facebook：facebook.com.tw/ecptw

局版北市業字第 993 號
初　　版—2022 年 08 月
印 刷 廠—鴻霖印刷傳媒股份有限公司
定　　價—新臺幣 720 元
法律 顧問—何一芃律師事務